上海文化发展基金会图书出版专项基金资助项目

顾　问　张伟江
总主编　杜成宪

蒋纯焦　著

第三卷
一九四九——一九七六

上海教育史

上海教育出版社

总序

如果将上海教育放在中国教育的历史图景中加以考察,就会发现上海教育发展的独特性:起步较晚而发展迅速,初始微小而不断壮大,表现出独特的发展道路和历史面貌。

上海教育的历史大致可以分为三个阶段,即宋代兴学前、宋代兴学后、近代开埠以来。在第一个阶段,上海教育远逊于中原各省,也不及湖广、巴蜀、闽赣诸地区;在第二个阶段,随着江浙地区教育的崛起,上海教育也颇有起色,尤其是在这一阶段后期(明清时期),虽与全国其他省份相比难称优势,却已不显逊色;到第三阶段,即开埠进入近代社会后,上海教育迅速发展起来而成为全国翘楚。可谓其兴也迟、也微,其成也速、也盛。

相比较而言,古代上海是中国教育的后来者,"后起之秀"可以作为对上海古代教育的概括。

虽然考古发掘证明,6 000多年前在今松江、青浦一带就有先民生息繁衍,但包括今天上海行政区全境的上海地区成陆较晚,最迟的区域于千年中方始形成,文化根底自然有欠深厚。人们说起上海古代教育的历史,往往会列举到南宋嘉定年间上海地区青浦和嘉定的兴学,以之为上海兴学之始。上海兴学虽晚,但上海教育(甚至学校)的历史可以追溯到更为早远的年代。如三国魏晋时代,吴郡吴县华亭(今松江区)陆氏家族人才辈出:三国吴名将陆逊、陆抗父子,三国吴名将、陆逊族子陆凯,西晋文学家陆机、陆云兄弟等。尤其是陆机、陆云兄弟文才倾动京城洛阳,时称"二陆"。百多年间,一个家族代有英才,如果当地没有较高水平的学校教育,实在难以想象。只是有关的历史记载十分缺乏,使我们对上海教育历史的第一阶段所知甚少。如,当西周实施"六艺"教育时,当春秋战国诸子展开争鸣而奠定中国传统教育思想基础时,当西汉建立太学实施读经教育时,当隋唐建立完备的学校教育体制时,上海的教育状况究竟如何?这些都因文献不足而难言其详。而上海古代教育的难以确考本身，确也反映出当时上海教育的相对落后状况。

上海教育进入第二个阶段后逐渐呈现出良好的发展状态，颇有后来居上之势。据文献记载，上海历史上第一次大规模兴学是在宋元时期。因农业、盐业、渔业、手工业、商业和江海漕运的发展，上海地区的区域经济和行政地位迅速提升。北宋熙宁年间(1068—1077)始设上海务以征收酒税，南宋末设市舶分司以管理海上贸易，咸淳年间(1265—1274)设上海镇，元至元二十九年(1292年)乃建上海县。于是，教育事业也因势而发。北宋哲宗元祐年间(1086—1093)建华亭县学，到南宋嘉定十二年(1219年)又建嘉定县学，是为上海地区较早的县学。元至元十五年(1278年)置松江府，华亭县学升格为府学。崇明县于嘉熙(1237—1240)中建书堂，元初改为州学，明初复改县学。南宋嘉定十五年(1222年)青龙镇学创立；咸淳间上海人唐时措、唐时拱兄弟捐资兴建古修堂，实为上海镇学，上海建县后又升格为上海县学。上海地区记载最早的书院是创建于南宋淳祐四年(1244年)的天赐书堂，宋代所建书院尚有九峰书院(松江)、北府书院(嘉定)、白社书院和孔宅书院(青浦)；元代则先后建有西湖书院、石洞书院、燕居书院(松江)、清忠书院(青浦)、三沙书院(崇明)。

之后的明清两代，因经济取得重大发展，上海成为"江海通津，东南都会"，商业繁荣，贸易繁盛，城市发达，社会发展，文化繁兴，上海地区的官私学校也更上层楼。上海地区先是明代建起金山卫学、青浦县学，清代建起南汇县学、宝山庙学、奉贤县学、金山县学，县学建设齐备；明代新建书院8所，清代兴建书院更是多达52所，分布在上海地区十县。由此形成上海古代第二次大规模兴学。从官私学校的数量和分布看，当时的上海地区已经不逊于全国任何其他地区，这就成为上海古代教育发展的物质保障。尤其是上海地区还形成了西南部以华亭(松江)为代表、西北部以嘉定为代表、东部以上海为代表的三个文化教育优势区域，很是引人瞩目。即以传统中国衡量地区人文教化水平的科第获取为例，明代始有上海地区士人状元及第，共3人，都为华亭人；清代则有4位，华亭1人，嘉定3人。[①] 据清人应宝时修、俞樾纂《同治上海县志》载，明代自洪

[①] 参见周腊生所著唐、五代、宋、辽金元、明、清状元谱系列，紫禁城出版社于1994—2004年出版。

武三年(1370年)至崇祯十六年(1643年)共150科,上海县取中进士195人;清代自顺治二年(1645年)至道光二十年(1840年)间的111科考试,上海县取中进士72人。① 尽管所载取中进士数未必确切,但可以想见的是上海地区明清时期文化教育水平获得极大提升的事实,而这又成为进入近代社会后上海得以迅速发展的传统文化资源。

上海教育真正令世人瞩目是在它发展的第三个阶段。从上海开埠起,上海教育开始了意义深远的转型和加速发展,即从古代教育转而为近代教育,又进而开始教育现代化的探索。在一个半世纪中,上海从一个教育并不占优势的区域迅速崛起为一个教育强势发展的区域,并常常扮演引领中国教育现代化进程的角色,事实上成为中国教育现代化的缩影。可以说,近代以来的上海堪称教育改革的先行者、教育思想的策源地、教育探索的园地、教育交流的窗口。在取得成果后,上海教育又向全国其他地区辐射。

上海是教育改革的先行者

实施近代教育以来的150多年,中国社会发生了翻天覆地的变化。时代发展不断向教育提出新的课题和挑战,上海也总是能以自己的方式作出应对,走在教育改革的前列,每每有开风气之举,不断创造着教育上的"第一",事实上成为教育改革的先行者。

出于求强的目的和应对外交的需要,1862年6月京师同文馆在北京创办,标志着中国近代新式学校和教育的起始。次年,江苏巡抚李鸿章奏准仿同文馆例创办上海广方言馆,成为在中央政府之外最早的地方政府官办新式学校。1864年广州同文馆在广州开设,1866年福建船政学堂在福州创办,等等。30多年里,全国各地陆续兴办了30余所洋务学堂,掀起了中国近代第一波兴办新式学校的热潮。

1878年张焕纶在上海创办的正蒙书院是一所兼采西方学校制度和中国传统学校之法办理的近代小学,1882年改名梅溪书院,民国后改为

---

① 陈科美,金林祥.上海近代教育史1843—1949[M].上海:上海教育出版社,2003:26—27.

梅溪高等小学校。这是中国近代第一所实施普通教育的新式小学,在专重外文、军事和科技教育的洋务运动时期,尤显其价值。1918年学校40周年校庆时,黄炎培曾给予高度评价:"吾国教育上海发达最早,而上海小学梅溪实开其先。"①

甲午战争之后,受维新派兴学启蒙、启蒙救国思想的影响,上海地区在19世纪末兴办新式学校成绩卓著。继1895年10月创办天津中西学堂之后,盛宣怀于1896年奏请创办上海南洋公学,陆续建起师范院、外院、中院和上院,在一所学校中形成了完整的学校体系,象征着中国近代学制的孕育,而其最早办起的师范院也是中国师范教育的肇始。1898年5月,经元善等人在上海创办经正女学,是为国人自办的第一所女子学校,开兴办社会化女子教育机构的风气,而与维新教育倡导女学思想相呼应,也直接引发20世纪初全国范围的办女学热潮,1902年上海创办的务本女塾和爱国女学也为其中出色代表。由此又促成清政府于1907年颁布《女子小学堂章程》和《女子师范学堂章程》,对女子教育在法律上予以认定,标志着中国教育取得巨大进步。

进入20世纪后,上海教育进入新的发展阶段。清末"新政"时期,上海教育的发展除了兴办新式学校之外,还表现为近代社会的教育事业取得多方面成就。1901年,罗振玉发起创办《教育世界》,是为中国近代最早的教育杂志,成为传播西方教育的窗口,通过介绍西方的教育制度、学科、教材、思想、理论,对中国近代新式教育的建设起了启蒙作用。创办于1897年的商务印书馆本以出版《英华初阶》《英华进阶》两种英文课本而享誉沪上,1902年适应兴办新式学校的形势,从出版杜亚泉主编的蒙学课本《文学初阶》起,开始系统编写和出版中小学校各学科、各年级教科书,成为兴学初期中国新式教材出版重镇。早在1896年,钟天纬、张焕纶等人就发起建立教育社团性质的组织——申江雅集,之后又先后成立中国教育会、沪学会、群学会等,1905年江苏学务总会成立,次年改为江苏教育总会,选举张謇为会长,以上海为总会所在地,分设事务所于江宁、苏州两地,是为创办最早、影响最大的省级教育社团,对清末民初上

---

① 朱有瓛.中国近代学制史料(第一辑下册)[M].上海:华东师范大学出版社,1980:576.

海、江苏乃至中国近代教育事业的推进作用极大。教育刊物、教育出版和教育社团的兴废存无是一个国家、一个社会现代化程度的重要指标,在这些方面,上海都走在了全国的前面。

20世纪50年代,新成立的中华人民共和国全力以赴开展社会主义建设,大力发展教育事业。然而,由于底子薄,学校容量有限,不能完全满足劳动人民子女的入学需要。时任上海市东中学校长的吕型伟创造出一种"三班两教室"的办学模式,即用30个教室招收45个班级的学生,每个学生每周有2天全天上课,另4天,半天上课半天活动,既用足了校舍,也能保证教学质量。这一做法迅速在上海推广,使全市在不增加校舍的情况下,多招收近1/3的学生。之后,这种"两部制"成为上海和全国很多地区中小学校普遍采用的办学方式,沿用到20世纪六七十年代。

1985年5月《中共中央关于教育体制改革的决定》发表,要求改革教育体制,以解决教育同社会主义现代化建设尤其是同经济建设协调发展的问题。在此背景下,20世纪80年代后期,上海在中央支持下,率先开展了中小学校课程和教材改革,中国教育几十年来"一纲一本"的状况开始被打破,为根据本地情形编制课程、编写教材作出了探索,提供了经验。与之相联系,上海又向中央政府争取到高考自主命题考试权,几十年来"全国一张卷"的局面也被打破。之后,自主命题的省份逐年增加,至今,全国已有过半省市、自治区实行高考自主命题。

上海是教育思想的策源地

中国近代以来的教育变革是一个由传统教育向现代教育转型的过程,这一过程意味着国人千百年来习以为常的教育经验不断被颠覆,这是一个教育观念需要不断更新的过程。因此,教育的每一次变革都必然伴随着认识、观念和思想的重新调整、建设或者启蒙。而上海,每每在教育变革的关键时期,都能够提出反映改革大势的教育理念、教育思想和教育理论,成为新教育思想的策源地。

19世纪60年代兴起的洋务教育作为一次教育改革,开始在学习西方教育方面取得突破,但"中体西用"指导思想下坚持不改变君主专制统治的立场,极大地限制了改革的程度。19世纪70—90年代,中国新知识界形成了早期改良派群体,提出改革科举制度、广设学校、培养新式人才等革新主张,对维新派的教育改革有直接影响。其代表人物冯桂芬、王韬、郑观应等都长期生活在上海,其著作如《校邠庐抗议》《韬园文录外编》《盛世危言》等,不少都写于上海,出版上海。

20世纪初,上海是以孙中山为代表的资产阶级革命派宣传革命的重要思想阵地。1903年,章太炎在《苏报》发表《驳康有为论革命书》一文,批驳康有为的保皇观点,强调以革命的手段推翻清王朝,并提出"先革命,后教育"的主张。同年,留日学生邹容在上海写成《革命军》一书,倡言革命,并专列一章"革命与教育",指出"革命之前,须有教育;革命之后,须有教育。今日之中国,实无教育之中国也"。这些思想成为革命派推翻专制政权,建立民主共和国的教育纲领。

辛亥革命后至新文化运动时期,上海在教育思想的解放方面尤其扮演了重要角色,堪称新教育思想的策源地。1913年教育家黄炎培发表《学校教育采用实用主义之商榷》,对中国办新教育几十年、办新学堂十年来教育脱离实际、学校脱离生活的弊端提出批评,倡导切合实用的教育,建议改革学校教育的目标、内容和方法,提倡教育与学生生活、学校与社会实际相联系,由此开了一个世纪中国中小学校教育教学改革的先声,也成为20世纪20年代中国学校教育转型的思想先导。1915年9月《新青年》在上海创刊,成为新文化运动传播民主、科学思想的重要阵地。直至1916年末《新青年》杂志迁北京,其间,陈独秀、李大钊等人在杂志上发表大量文章,抨击封建专制教育和"尊孔复辟"的教育逆流,其中陈独秀的《敬告青年》《驳康有为致总统总理书》《宪法与孔教》《孔子之道与现代生活》等如同檄文,讨伐了旧思想、旧文化和旧教育,推动了新思想的传播,唤醒了一代人的思想觉悟,推进了新文化运动和五四运动的开展,为20世纪20年代以科学、民主为追求的教育思潮和教育运动的兴起作了充分的思想准备,也成为之后百年里教育思想解放的历史资源。

1921年中国共产党成立后,在制定政治、组织等方面纲领的同时,也形成了新民主主义的教育纲领及方针、政策,而对这种新型教育需要作理论上的阐释;同时,当时关于"中国向何处去"的问题存在各种歧见,也相应地存在关于教育的不同看法。20世纪20年代,共产党人杨贤江在上海凭借商务印书馆《学生杂志》等平台,在指导青年、参与论战的过程中思考教育理论问题,于1928年在日本避难时撰写了中国第一本运用历史唯物主义分析世界教育历史的著作《教育史ABC》,1930年又在上海撰成中国第一本运用马克思主义论述教育原理的著作《新教育大纲》,对教育的本质、教育的历史与未来作了系统阐述,奠定了中国马克思主义教育理论的基础。

"文革"结束后,中国教育进入改革开放的新时期。如何提高学生的素质,培养实现"四个现代化"的新人成为教育的新课题。20世纪80年代初,时任上海市教育局副局长的吕型伟提出"第二课堂"的概念,主张培养学生不能局限在课堂内,还要重视课外的各种活动和影响对学生的作用。1983年他发表《改革第一渠道,发展第二渠道,建立两个渠道并重的教学体系》一文,后又发表《再论两个渠道》,强调改善课堂教学,扩展课外活动,两个渠道并举,引发从上海市到全国、从理论界到实践界的广泛争论,极大地推动了学校教育教学改革。当时,从黑龙江到海南岛,全国中小学的课程教材是统一的,学生念一样的书,考一样的题,谓之"一纲一本"。针对统得过死的状况,吕型伟又提出"多纲多本"的主张,以适应中国幅员辽阔、发展不平衡的实际,再次引起激烈争论,最终达成"一纲多本"的共识,即兼顾中央统一领导和地方自主。如今,在教育发展中发挥中央和地方的积极性已成为教育改革的主流。所有这些改革,都导因于上海的教育思想和观念的开放与创新。

上海是教育探索的园地

在经过最初的简单模仿之后,中国的教育先行者们认识到,"他山之石"只有进行本土转化才能尽其效用;同时,要建设中国自身的教育理论和实践模式,更有必要进行创造性的探索,这就需要进行试验性的教育实践。近代以来,上海教育发展的又一特点是主动开展教育试验,产生出不少影响全国的理论和实践成果,使上海成为教育探索的园地。

1913年,黄炎培提出"学校采用实用主义"的主张后,即尝试在学校教育的目标、内容、方法等方面开展改革。经过考察皖、浙、赣、鲁、冀、京、津等地教育,遍访美国25座城市50多所学校,黄炎培提出,改变中国"教育与社会脱节,求学与服务脱节"的最有效途径是发展职业教育。于是,1917年在上海成立中华职业教育社,次年又创办中华职业学校,开始职业教育探索,在实践中逐步形成普通学校办职业科、小学进行职业陶冶、初中进行职业指导、高中设职业分科的职业教育思想体系;20年代中期又提出"大职业教育主义",提出"富、政、教合一"的农村职业教育思路,成为中国职业教育事业的先行者和表率。

20世纪20年代,中国兴起引进和实验美国新教学法和教育研究方法的热潮,上海开风气之先。1921年,上海的《教育杂志》等连续介绍美国教育家帕克赫斯特(Helen Huss Parkhurst)所创的道尔顿制;1922年秋,上海的中国公学中学部在舒新城等人主持下率先试行道尔顿制,在国文和社会常识两科先行实验。随之,上海和全国其他地区的一些中小学校也纷纷尝试,一度声势浩大。之后舒新城出版《道尔顿制概况》等书,指出道尔顿制的优点,强调其"精神可取,方法不一定完全照搬"。1924年,上海的商务印书馆出版主持东南大学附中实验的廖世承所撰《东大附中道尔顿制实验报告》,更为客观地评价了道尔顿制,并指出传统的班级授课制也不可轻易否定。这是典型的通过实验检验国外先进教育经验是否适用于中国的案例,而上海则提供了实验的园地和发表实验成果的园地。

在将上海作为教育实验园地,持续多年进行教育探索,最终形成和发展教育思想的教育家中,陶行知堪称典型。20世纪20年代,陶行知即在上海引介杜威教育思想和开展平民教育运动。1931年他从日本返回上海后即开展"科学下嫁"运动,普及科学知识,丰富了生活教育思想;1932年在上海宝山大场创办山海工学团,在北新泾创办晨更工学团,之后又办起报童工学团、流浪儿童工学团等,在此过程中提出改革传统教育目的、教育场所、教学方法、师生关系、获知方式的"小先生制",极大地丰富了生活教育理论;1934年他在上海创办并主编《生活教育》杂志,介绍和推广生活教育的理论与实践;1936年发起国难教育,倡导教育与国家危亡相联系,促进了生活教育内容与形式的发展。陶行知生活教育理论的初步形成是在南京晓庄,而其发展成熟则离不开上海,上海提供了试验生活教育的宽广舞台。

在人民共和国不同历史时期都贡献出教育改革成果,不仅影响上海教育,而且对全国教育产生深远影响的,还有段力佩与上海市育才中学逾半个世纪的教育改革探索。1959年,针对之前"教育大革命"造成的混乱,中央提出"调整、整顿、发展、提高"的方针,要求"以教学为主",60年代初又制定了"高教六十条""中学五十条""小学四十条"作为办学依据,但带来的新问题是,教师尤其是学生负担过重。上海市育才中学校长段力佩着手与教师一起尝试改革教学方法,形成"紧扣教材,边讲边练,新旧联系,因材施教"的"十六字经验",教师教得活泼,学生学得主动。"育才经验"被中宣部、教育部树为教改的一面旗帜,广为传播,影响全国。"文革"结束后恢复了正常教学秩序,针对当时学生文化知识水平低下的实际,段力佩先提出培养读书习惯的"读读"要求,继而提出发展思维的"议议"环节,进而要求通过"练练、讲讲"加深理解和巩固所学,这就形成了"读读、议议、练练、讲讲"的"八字教学法",即有领导的"茶馆式"教学法。在80年代,新的育才经验再一次影响全国。进而,学校又开展了"多样课程,大小课时""统编为主,自编为辅""寓考于平时""男拳女舞"等涉及学校教育、课程、教材方面的改革。在此基础上,90年代段力佩又提出"自治自理,自学自创,自觉体锻"的"三自"育人思想,成为新的办学特色。育才中学的教改历程堪称上海教育探索的缩影。

上海是教育交流的窗口

中国教育的现代化总体上是一个在外力推动下开展起来的教育变革过程,建设新式教育在民族文化传统中不易找到可资借鉴的资源,通常需要取法国外尤其是西方的先进经验。在一个多世纪里,中国学习国外教育经验,先后经历了学欧、学美、学苏和全面学习等阶段。而上海始终站在学习的前沿,将引进的国外先进教育经验先加以消化吸收,继而传播到各地,事实上成为中外教育交流、各地教育交流的窗口。

1872年8月11日,清政府选派的第一批留美幼童30人赴美,上海是出发地。为实现容闳提出的这一造才计划,曾国藩特建议将幼童出洋留学管理机构"幼童出洋肄业局"设在风气更为开放的上海,并附设预备学校。从上海先后成行四批留美幼童共120人。① 之后,在《马关条约》后出现的留日高潮,第一次世界大战期间出现的留学美国、法国和欧洲的高潮,抗日战争胜利后出现的留美高潮中,上海都是留学生集群出发之地。上海是中国学人走向世界的码头。

1901年,《教育世界》在上海创办,当年的第九、十、十一号上连载了日本立花铣三郎讲述、王国维译的《教育学》,使这本书成为第一本从日文翻译进中国的教育学理论著作。1902年,杂志继续连载了另外两种日本学者教育学著作的中译。之后,各地刊物刊载的日本学者的教育论著纷至沓来。1902年,上海文明编译印书局出版天眼铃木力著、张肇熊译的《教育新论》,是为所见中国最早的教育学著作出版。1903年,又有京师大学堂上海译书局两种、上海的会文学社三种、广智书局一种出版。② 之后,各地书局出版教育学著作愈见其多。1904年1月所颁《奏定大学堂章程》,在其中的经学科大学各学门的课程表中都列有"中外教育史"一门课,在对这门课的说明中特地写道:"中外教育史(上海近有《中国教育史》刻本,宜斟酌采用)。"可见,在最初以日本为中介引进西方教育理论的过程中,上海实是一鞭先着。

与此同时,上海的教育实践界也在做着同样的工作。据赵宪初回忆,1901年南洋公学附属小学创办之初,设施多仿效西洋与东洋,制度方面引进日本更多些,如星期几的叫法,还有就是唱歌的简谱。学校的教师沈叔逵(笔名沈心工)引进简谱,还以"独览梅花扫腊雪"七个字来指唱"1234567"七个音符。沈心工所编的唱歌集在江浙和全国风行一时,推进了音乐简谱的普及。③ 1909年初,设在上海的江苏省教育总会派遣龙

---

① 孙培青.中国教育史[M].上海:华东师范大学出版社,2009:321.
② 周谷平.近代西方教育理论在中国的传播[M].广州:广东教育出版社,1996:18—23.
③ 赵宪初.我所知道的南洋模范中学[M]//朱有瓛.中国近代学制史料(第二辑上册).上海:华东师范大学出版社,1987:239.

门师范教员杨保恒、浦东中学教员兼附小主任俞子夷、通州师范学生周维城赴日考察单级小学编制及各种教学方法,回国后举办了两届单级教授练习所。首届学员来自江苏省内,第二届学员来自苏、浙、皖、豫、闽、赣、湘、桂多省。在此过程中,赫尔巴特"五段教学法"也传播开来。为推广新教授法,上海的一些教育杂志和出版社纷纷举办有奖教案征集评比。1909年《教育杂志》先后举行了两期教案评比,获一、二等奖的教案都是以"五段教学法"为方法依据的。影响了中国农村中小学半个多世纪的单级教学制度、影响了中国中小学课堂教学程序的"五段教学法",就这样从上海走向全国。

20世纪20年代,中国教育发生了重要转型,从取法欧、日转为学习美国,从简单模仿转为在借鉴中自主探索,这一转变的发生与上海关系紧密。由于认识水平的提高和中国留美学生的推动,20年代中国引进美国教育理论的力度增大,不仅引介了大量教育论著,且直接邀请美国和欧洲学者来华考察、讲学和指导。据统计,从1919年5月杜威(John Dewey)来访到1931年2月文纳特卡制的创始人华虚朋(Carleton Wolsey Washburne)来访,共有11批美欧重要学者和团体访华,他们几乎都将上海作为访华首站。尤其是他们的学说和在华讲演等,也多在上海的报刊发表,或在上海出版。如杜威在上海发表了其在华的首次讲演《平民主义的教育》。早在杜威来华前,上海的《教育杂志》即连续刊登介绍杜威教育学说的文章。1919年初创刊的《新教育》不仅连续三期刊发相关文章,且赶在杜威到访前出刊"杜威专号",刊发胡适、蒋梦麟等人文章,系统介绍杜威的教育理论。杜威在南京的三个讲演由上海泰东图书公司出版为《杜威三大讲演》,商务印书馆等也出版了其《平民主义与教育》《教育哲学》等著作,上海江苏省立第二师范学校编辑出版了《杜威在华演讲集》。可以说,上海是传播西方当代教育思想和理论的前沿。

上海教育的区域文化特质

近千年来,尤其是近一个半世纪以来,上海教育为什么会越走越强,在全国独树一帜?有说是得益于上海所在的江南地区明清以来经济崛起的得天独厚,也有说是得益于近代上海的开埠而尽享天风海雨,还有说是得益于上海人和上海文化的独特,即包容、务实、灵活等。所言多是事实。但问题是:明清时期迅速崛起的江南地区更有苏州、杭州这样一些经济、文化地位长期以来远在上海之上的传统优势城市,为什么上海会后来居上?近代中国被迫次第开埠的城市口岸不独上海一处,从南到北的广州、福州、宁波、上海、青岛、天津、大连都濒海临江,地理条件不相上下,为什么历史会更垂青上海?其实,是上海独一无二的区域文化特质在上海教育的崛起中发挥了内因性作用。

上海文化是具有鲜明个性的文化,人们常以"海派文化"名之。海派文化的特质,人们多指出在于它的包容性。既然能包容,也就造成多元,称上海为中国文化乃至世界文化的大熔炉并不为过。但也必须指出,海派文化的特质尤其在于它的边缘性。既然是边缘,就意味着它远离核心文化区,甚至远离所在文化区域的中心,也意味着它处在不同文化的接壤、交汇、融合之地,甚至意味着它的区域文化归属的不明确,这也就造成上海地区持续而频繁的不同文化的流入流出状态,造成上海的文化精神较少框框、较为务实、较为灵活、自行其是等特点,而这一切,不又都可以导致上海文化的包容、多元和开放吗?

上海文化的边缘性导因于上海地理位置的边缘。历史上,上海地区的行政归属大致有三种,即北属吴,南属越,西属楚。春秋战国时期,或是吴越在此对峙,或又先后归属吴、越、楚,说明上海在这些诸侯国的版图上均非核心区域;秦时属会稽郡,为其东北边缘;西汉为楚国、荆国、吴国所有;东汉分会稽郡为浙东、浙西,浙西为吴郡,上海属吴郡;三国时上海属东吴郡;隋时上海地区分属吴州和杭州;唐天宝十载(751年)合昆山、嘉兴、海盐各一部置华亭县,从传统区域归属看,昆山北属,嘉兴、海盐南属;五代十国时期,上海地区的归属更是极其复杂多变……所以,上海一直处在江(吴)浙(越)两区域的交界处,北部,远受淮扬、近受苏锡常区域文化辐射;南部,远受宁绍、近受杭嘉湖区域文化影响;西部,溯江而上,与皖鄂区域文化遥相联络;东部,到近代又受异域文化的波及,文化的边缘性可想而知。在中国历史上,河洛、齐鲁、三晋、三秦诸处于中国腹地的文化区共同构成了中华文化的核心,湖湘、巴蜀相对边缘,而吴越、闽粤更为边缘。古代上海地区既远离中原,又非吴非越,也就是双重的边缘化了。再以上海城而言,又是处在上海地区的边缘,上海属松江府,地区的政治文化中心在松江,又可以说是边缘的边缘了。由此造成上海文化善于吸纳、包容、多元、务实等特质。当近代以来,西方文化大规模输入,中国各区域文化频繁集聚,上海自然就会一如既往地对待,从善如流,纳新存异,并不断地进行文化的自我更新,就像历史上多次重复过的过程那样。

迨至近代,上海文化的边缘性又多了一层含义,即当上海开埠,西方殖民势力东来而在上海形成英、美、法租界,西方文化也渐次侵润进上海地区,将西方近代国家和社会的治理模式、生活方式、价值观念等精神形态和物质形态的文化带来上海,予以逼真再现。于是,隔着重重大洋,上海又成为欧美文化的边缘区。尤其是当上海的租界势力日益强大,逐渐演变为在中国土地上的"国中之国",在上海城市范围内就形成华界、公共(英美)租界和法租界三个治理区域以及事实上的三个政府。这就使上海地区的文化更加呈现难以归属的边缘而又多元的特质。正是这种特质,对上海的发展产生了多方面的和十分复杂的影响。上海在历史上形成的区域文化特质表现在教育上,促使上海成为中国现代教育的领跑者。

第一,是示范效应。① 上海城市人群非常容易接受并效仿新鲜事物,进而形成一套自己的做法和样式,又成为对他人的示范。上海开埠后,包括商人、传教士在内的大量西方人进入上海,也将西方一系列生活方式和社会制度带来上海,希望在上海营造一个无异于其故土的生活环境,学校也是其中的重要组成部分。19世纪中叶到末年的半个多世纪里,上海形成了从小学到大学完整的学校体系。这些学校以新颖的校舍、课程内容、教学方式、活动仪式等打开了国人眼界,并令国人逐渐体会到其有益,从而接受、崇尚甚而主动仿效。1850年,美国公理会传教士裨治文夫人创办裨文女塾,是为上海第一所女子学校;1851年,美国传教

---

① 本部分所提出的示范效应、即时效应、间离效应、辐射效应,受到熊月之先生的启发。他在《东方的世界,西方的上海》的演讲中,提出上海城市发展的四个效应:示范效应、缝隙效应、孤岛效应、集聚效应(见《上图讲座》月刊,2014年第3期)。

士琼司女士创办文纪女塾;1861年,美国长老会传教士范约翰夫妇开办清心女塾;1881年,裨文、文纪两女校合并为圣玛利亚女校;1892年,美国监理会传教士林乐知、海淑德等发起创办中西女塾……女子学校接二连三地创办,这样的办学实践自然会对中国人产生示范性影响,国人所办第一所近代女子学校务本女塾诞生在上海并非偶然。1852年,西班牙建筑雕塑家范廷佐(Jean Ferrer)在土山湾孤儿院创立土山湾画馆,从孤儿院中挑选学生学习西洋雕塑、绘画,以培养宗教艺术人才。这是中国最早的西洋美术传习机构,1907年出版了中国最早的美术教科书。1912年,该画馆的毕业生张聿光、丁悚(漫画家丁聪之父)和刘海粟等人共同创办了上海美术专科学校,这是中国第一所美术学校。亲身感受到西方新式教育的优越性,主动地仿效和追求,成为上海人的自觉行动,开风气之先就是自然而然的事了。

第二,是即时效应。对新鲜事物的接受和学习表现得十分敏感、迅速,追求时尚成为上海城市的风气。将西方国家的最新发明创造引入上海,最初是从生活在上海的外国人开始的。当西方国家有了电灯,上海马上就有了,电话、电报乃至服装、时尚……无不如此。影响所及,也逐渐养成上海人喜好追逐新鲜事物的习惯,并从关注日常生活发展到关注文化教育。西方国家出现的教育新创,时隔未几,就会出现在上海,几乎可称同步,是所谓即时效应。1918年,美国教育家克伯屈(William Heard Kilpatrick)在前人基础上提出设计教学法。当实验还在进行中时,体现"设计"理念的一些教学法探索就已经在上海、南京等地一些小学里进行。如在1917年前,上海的万竹小学、江苏省一师附小、南京高师附小等校就开展了"联络教材"的教学改革试验。当1919年俞子夷在南京高师附小正式开始设计教学法试验后,上海也是积极试验的重点地区。1920年,美国教育家帕克赫斯特在马萨诸塞州道尔顿中学试验一种个别教学方法,即道尔顿制,1921年,《教育杂志》《中华教育界》就刊文予以介绍。1922年10月,舒新城在中国公学中学部率先开展道尔顿制试验,由此影响全国。而此时,距道尔顿制在美国正式问世也只两年多。尽管后来上海的舒新城和南京的廖世承都对各自的道尔顿制试验作了反思,教育理论界和实践界也都对骤然而起的"道尔顿制热"提出批评,但对国际最新教育发展动态几乎是同步作出学习和引进的反应,确实表现出上海教育一种特别的敏感,这也成为上海教育求新求变、勇为人先的原因。

第三,是间离效应。作为历史地形成的五方杂处之地,上海的城市自然生态和社会生态本就有一种间离效应,即不同籍贯、区域、文化、民族的个体和人群可以在此共处,自行其是而能相安无事。尤其是在相对独立的租界治理格局形成之后,一国之中存在着不同的社会制度、价值观和治权,这就更加造成了社会的间离状态,而这种状态又成了产生新思想、新事物的有利空间。对洋务教育和维新教育都产生过重要影响的早期改良派思想家代表冯桂芬、王韬、郑观应,都是通过上海租界的报刊发表对政府和社会改革的意见,他们关于改科举、采西学、兴学校、育人才的主张,在清政府地方当局和一些思想保守者眼里颇显得危言耸听、蛊惑人心,却能在租界报刊上发表,不仅见容于上海特殊的环境,且能广为流传,对民众产生启蒙影响。20世纪初年,资产阶级革命派开展革命教育活动同样得益于上海特殊的城市空间环境。蔡元培等人通过集会、演说、刊文宣传革命教育,通过组织教育会和学校培养革命人才,只是多次被租界当局传讯;邹容、章太炎等人刊文抨击专制教育,酿成《苏报》案,虽因清政府压力而被判刑,却未致杀身。20年代恽代英、杨贤江在上海著文阐述历史唯物主义教育,宣传革命的青年教育,也都与当时相对松动而并非"铁板一块"的社会环境有关。正是这种因间离而造成的相对宽松的社会环境,成为新教育思想和教育新事物得以产生和生存的理想土壤。

第四,是辐射效应。上海作为商业城市,人们从四面八方汇集而来,又四散开去;尤其是开埠后成为一个国际化都市,上海城市的流动性与旧时不可同日而语。城市流动性带来的一个结果便是信息量的急剧增加,这使上海事实上成为一个信息"高地"。近代以来,有关教育的新信息不断地从海外汇聚于上海,又向上海周边地区乃至距离更远的内地发散出去,即为辐射效应。明代,西方科技知识就已经在上海传播,大学士上海人徐光启与利玛窦等传教士合译《几何原本》(前六卷)等西方科学书籍。在中断传播西方文化200多年后,1843年上海第一个翻译西书的机构墨海书馆成立,之后又有美华书馆(1860年)、江南制造局翻译馆(1868年)、格致汇编社(1876年)、益智书会(1877年)、广学会(1887年)等译书机构出现,它们大多译介科技西书,也翻译西方史地、时政书籍。据徐维则《东西学书录》、梁启超《西学书目表》等书统计,在20世纪之前,全国总共翻译出版西学书籍556种,上海就有434种,占77.4%。① 其中有299种是自然科学书籍,很多学科是第一次引入中国,如伟烈亚力与李善兰合译《几何原本》(后九卷),使这部古希腊数学名著的中译本得以完帙,《代微积拾级》第一次引入了解析几何和微积分②……正因为上海引进西学书籍屡屡开新,也就难怪《奏定大学堂章程》在关于课程的说明中,会向学校推荐上海各书馆出版的教材了。上海教育辐射效应的事例不胜枚举,而辐射效应又反过来推动上海教育的不断开放、探索和求新,继续着先行之路。

民国初年,上海人姚公鹤曾说过:"上海与北京,一为社会中心点,一为政治中心点,各有其挟持之具,恒处对峙地位。"③ 其所谓社会中心,是指社会活动、文化活动而言。100多年过去了,上海在中国的发展中贡献颇多,在文化建设方面的可圈可点之处亦复不少,尤其是在教育的整体改革和发展方面,更是深得世人首肯。上海教育的表现是与上海显得"另类"的文化互为表里的。

由于迄今未见有完整的上海教育历史著述,本书可称草创之作。全书分为四卷,尝试展现一部相对完整的上海教育历史。论述的时段始于远古,终于2002年。未将上海教育的历史书写至当下的缘由,是希望让历史有一些沉淀,让还在进展的事业有一个相对的结果,可能会更容易把握和评说。四卷的分段:第一卷为古代至辛亥革命,第二卷为民国建立至1949年,第三卷为中华人民共和国建立至1976年,第四卷为1976年至2002年,分别由王伦信、黄书光、蒋纯焦、金忠明负责编写。原计划古代部分单独成卷,但因史料不足的缘故,单独成卷显得与其他四卷相比篇幅失衡,遂将古代部分合并于第一卷。四卷书的内容安排似乎显出我们对上海教育历史的把握有些厚今薄古,但这确实可以反映上海教育发展的实际情形。

---

① 原文如此,实际应为78.1%。
② 施宣圆.上海700年[M].上海:上海人民出版社,2000:369.
③ 姚公鹤.上海闲话[M].吴德铎,标点.上海:上海古籍出版社,1989:50.

十分感谢原上海市教育委员会主任张伟江教授！感谢他在任时独具学术眼光地提出研究和撰写上海教育史的意见，并通过有关管理部门专门为此书的撰写立项。我们曾经多次访问他，听取他对项目工作的意见，而学者出身的他，虽然早年所学专业既非教育，也非历史，却每每能够对此书的研究和撰写说出切中要害之语。如：考虑到不同历史阶段的教育历史的不同情形，尤其是去时未远的人民共和国上海教育的历史，事未竟，人尚在，把握、评说确有不易和不便处。针对我们的困惑，他提出了一条对我们的工作影响至深的建议：越古远，越像史；越近前，越似志。这就启发我们灵活地确定和把握了各卷的编写原则。之后，他虽离开教委主任岗位，却始终关心我们的工作，不时垂询。可以说，没有他的多方关照，就不会有此书的问世。事实上，我们始终也是将他视为课题组的一员。

十分感谢原上海市教育委员会办公室、上海教育史志办负责人赵关忠老师！由于他的信任，我们才荣幸地获得编写《上海教育史》的重要任务。在之后几年里，赵老师时时督促，处处帮助，为我们提供了诸多条件和保障，而他的热情鼓励则成为我们克服困难的勇气和动力。尤其需要记住的是，由于他对上海教育的人与事的谙熟，常常给予我们的写作以精到的指点，如果不是他，我们还不知会有多少外行之语！

十分感谢上海教育出版社原党委书记袁正守老师！由于她的信任和坚持，《上海教育史》得以在上海教育出版社立项，还给予我们以项目资助，使我们的研究和撰写工作没有后顾之忧。十分感谢上海教育出版社教育编辑室资深编辑黄强华老师！本书因篇幅较大，费时过长，前期的编辑工作都是由他精心在做，对我们督促、帮助良多。十分感谢上海教育出版社副总编辑袁彬老师！本书后二卷因事关当代，所牵涉的人与事颇多敏感之处，编辑、审读、修改也就颇多周折，由于她的耐心、细致和周到，使书中诸多问题一一得到妥善解决。先后承担编辑工作的还有南钢、周晟等老师，没有他们的工作，就不会有现在呈现在读者面前的《上海教育史》。

《上海教育史》是华东师范大学教育学系教育史教研室的一项集体研究成果，各位同仁不计得失，尽心尽力，为上海教育留下了一份可览、可学、可鉴的历史记录,也留下了一份同事合作的美好记忆和珍贵纪念。谢谢大家!

尽管我们自以为本书的写作是尽心的,但不当、不周、不确、不是之处一定还会存在,如果读者、方家、前辈能不吝赐教,那就是我们的幸运了!在此,先致谢忱!

杜成宪

于华东师范大学教育学系

2013年10月初稿,2014年4月二稿,6月改定

CONTENTS 目录

本卷前言 ›1

第一章 接管和整顿上海教育 ›7

第一节 人民政府对上海旧教育的接管 ›7
一、接管公立学校 ›7
二、接管教会学校 ›10
三、接管私立学校 ›13

第二节 对旧教育的初步整顿 ›16
一、革新教育行政机构 ›16
二、组建新的学校领导班子 ›17
三、整顿学校课程 ›20
四、解决学费问题 ›23
五、救济困难师生 ›27

第三节 密切教育和政权建设的关系 ›29
一、青年学生参军南下 ›29
二、积极推销公债 ›30
三、参与抗美援朝 ›31
四、统一分配和统一招生 ›34
五、参加土地改革 ›37
六、"镇反""三反""五反" ›39

第二章 上海教育的社会主义改造 ›43

第一节 学校教育向工农大众开门 ›43
一、学制改革 ›44

二、开设晚班,实行二部制 ›46
三、建立大批中小学校 ›48
四、创办工农速成中学和工农学校 ›50
五、高等教育向工农开门 ›52
六、开展群众扫盲与职工业余教育 ›53

第二节 稳定和充实师资队伍 ›58
一、稳定师资队伍 ›59
二、充实师资队伍 ›60
三、举办师范教育 ›62
四、加强师资培训 ›64

第三节 团结、改造知识分子 ›65
一、前期准备 ›65
二、批判电影《武训传》 ›67
三、高校教师的思想改造 ›68
四、中小学教师的思想改造 ›69
五、批判资产阶级教育思想 ›70

第四节 整风运动和反右斗争 ›71
一、"胡风事件"在上海高校 ›71
二、贯彻"双百"方针 ›71
三、整风运动 ›74
四、反右斗争 ›77

第五节 理顺学校教育发展中的若干关系 ›78
一、纠正干扰教学的混乱局面 ›78
二、克服工作中的忙乱现象 ›79
三、鼓励中小学毕业生参加生产 ›82
四、推行学生守则 ›85

第三章 上海高校的院系调整 ›87

第一节 1949—1951年的院系调整 ›88
一、1949年的院系调整 ›88
二、1950年的院系调整 ›88
三、1951年的院系调整 ›89

第二节　1952年的院系调整　　　›89
　　一、调整院校　　　›90
　　二、新建院校　　　›95
　　三、停办或迁移院校　　　›96
　　四、调整中等技术学校　　　›98
第三节　1953年及其后的院系调整　　　›99
　　一、1953年的院系调整　　　›99
　　二、1954—1958年的院系调整　　　›100
　　三、成绩与问题　　　›101
第四节　交通大学西迁　　　›103
　　一、高等教育部的决策　　　›103
　　二、到新校区安家　　　›104
　　三、不同的声音　　　›105
　　四、支援西北的方针不变　　　›107
　　五、一分为二　　　›108

第四章　学习苏联教育经验　　　›111

第一节　学习苏联教育理论　　　›111
　　一、舆论准备　　　›111
　　二、凯洛夫《教育学》　　　›112
　　三、其他苏联教育理论　　　›114
　　四、改革教育制度　　　›115
第二节　高等学校教学改革　　　›116
　　一、举措　　　›116
　　二、问题　　　›123
　　三、批评　　　›123
　　四、矫正　　　›125
　　五、研究生教育　　　›126
　　六、向科学进军　　　›127
第三节　普通中小学教学改革　　　›129
　　一、主要措施　　　›129
　　二、顾巧英的生物教学　　　›134

三、袁瑢的语文教学 〉137
四、幼儿园教学改革 〉139

第五章 上海教育在"大跃进"运动中 〉141

第一节 教育大辩论 〉141
一、教育与生产劳动相结合 〉142
二、"红"与"专"的关系 〉148
三、关于教育学问题的大辩论 〉151
四、"插红旗,拔白旗" 〉154
五、厚今薄古 〉155

第二节 试行"两种教育制度" 〉155
一、半工半读 〉156
二、半农半读 〉157
三、学校办工厂、农场 〉158
四、工厂、农场办学校 〉159
五、大炼钢铁 〉160
六、勤工俭学 〉161

第三节 学制和教学改革 〉162
一、学制改革 〉162
二、高考改革 〉164
三、教材改革 〉164
四、教学改革 〉166
五、大搞科研 〉173

第四节 全民办学运动 〉175
一、群众办学 〉175
二、运动式扫盲 〉182
三、师资问题 〉184

第六章 调整充实与稳步提高 〉187

第一节 教育领域的调整充实 〉187
一、调整事业,精简职工 〉187

二、贯彻"高校六十条" ›188
　　三、贯彻"中学五十条"和"小学四十条" ›190
　　四、执行新的学生守则 ›194
第二节　稳步提高教育教学质量 ›196
　　一、教育事业发展 ›196
　　二、教育质量提高 ›198
　　三、育才经验 ›201
　　四、"文"与"道"的讨论 ›206
第三节　发展半工半读教育 ›209
　　一、重整旗鼓 ›209
　　二、新的发展 ›211
　　三、业余教育快速推进 ›215
第四节　前进中的曲折 ›217
　　一、上海高校的社会主义教育运动 ›217
　　二、《茉莉花》事件 ›219
　　三、片面追求升学率 ›223
　　四、青年学生上山下乡 ›225

第七章　"文化大革命"中的"教育革命" ›229

第一节　破字当头 ›229
　　一、"文革"的全面发动 ›229
　　二、红卫兵运动 ›232
　　三、"一月夺权" ›235
　　四、"三支两军" ›237
　　五、革命委员会 ›238
第二节　"斗私批修" ›239
　　一、批判"文革"前的"修正主义教育路线" ›239
　　二、批判育才经验 ›239
　　三、批判凯洛夫教育学 ›240
　　四、"两个估计" ›241
　　五、批判"读书无用论" ›241
第三节　课堂里的"革命" ›242

一、"复课闹革命" ›242
二、制订纲要 ›244
三、缩短学制 ›245
四、精简课程 ›245
五、改革教材 ›247
六、推行"教学革命" ›249
七、改革考试制度 ›251

第四节　知识青年上山下乡 ›252
一、四个面向 ›252
二、知识青年到农村去 ›253
三、青春之歌 ›255
四、统筹解决知识青年下乡后的问题 ›255
五、沉重的句号 ›257

第八章　工人、贫下中农进驻学校 ›259

第一节　工人领导学校 ›259
一、进驻学校 ›260
二、领导学校 ›261
三、改造学校 ›261
四、工人上讲台 ›262

第二节　贫下中农管理学校 ›264
一、管理学校 ›264
二、改造学校 ›265
三、贫下中农上讲台 ›266

第三节　市区中小学下放由街道、工厂管理 ›266
一、尝试 ›266
二、下放 ›267
三、多种形式 ›267
四、学工学农 ›268

第四节　对教师队伍的伤害 ›269
一、清理阶级队伍 ›269
二、接受再教育 ›270

三、破师道尊严 ›272
　　四、考教授 ›272

第九章　大学如何办 ›275

第一节　"七二一指示"与七二一工人大学 ›275
　　一、上海机床厂的道路 ›275
　　二、"七二一指示" ›276
　　三、七二一工人大学 ›277

第二节　理工科大学如何办 ›279
　　一、对"文革"前理工科大学的批判 ›279
　　二、教学与生产劳动相结合的"新"探索 ›280
　　三、开门办学 ›281
　　四、上海理工科大学"教育革命"座谈会 ›283
　　五、同济大学"五七"公社 ›283

第三节　文科大学如何办 ›285
　　一、对"文革"前文科大学的批判 ›285
　　二、把文科大学办成"大批判"写作组 ›286
　　三、以社会为工厂 ›287
　　四、复旦大学"五七"文科 ›287

第四节　工农兵学员"上、管、改" ›289
　　一、普通高校招生体制"改革" ›289
　　二、工农兵学员上大学 ›292
　　三、工农兵学员管大学 ›293
　　四、工农兵学员改造大学 ›293

第十章　整顿与"反复辟" ›295

第一节　教育调整与复苏 ›295
　　一、落实知识分子政策 ›295
　　二、重整学校秩序 ›296
　　三、提倡基础理论 ›297
　　四、开展师资培训 ›298

第二节 "反潮流" ›300
　一、"批林批孔" ›300
　二、张铁生事件对上海的影响 ›301
　三、批"九斤老太" ›303
　四、"评法批儒" ›304
　五、小夏在黄陵事件 ›305
　六、刘丽华谈话 ›306
　七、骊山中学事件 ›307
　八、学习"朝农经验" ›307
第三节 "反右倾翻案" ›308
　一、三项指示为纲 ›309
　二、"反击右倾翻案风" ›310
第四节　破坏与发展 ›311
　一、灾难性的破坏 ›311
　二、逆境中的发展 ›313

附录　1949—1976年上海教育事业发展统计表 ›319

主要参考文献 ›321

本卷前言

本卷是《上海教育史》的第三卷,时间跨度为27年(1949—1976)。上海教育在这27年中,发生了翻天覆地的变化,既完成了从资本主义教育向社会主义教育的转型,又经历了"文化大革命"的十年浩劫。这是一个重新自我认识、自我定位、自我发展的转变过程。依据中华人民共和国史的分期,本卷所论之上海教育亦可分为三个典型时期:社会主义改造时期(1949—1957)、自我探索时期(1958—1965)、"文化大革命"时期(1966—1976)。本卷以时间为主线,在不同时期分若干专题渐次展开。本卷共十章,按上述三个时期分配,依次为:第一章至第四章阐述社会主义改造时期的上海教育,第五章至第六章阐述自我探索时期的上海教育,第七章至第十章阐述"文化大革命"时期的上海教育。

一

上海解放后,人民政权需要有为之服务的新的文化教育。上海教育在开埠以来所累积的优势面临着新的变革。"华东地区,特别是以上海为中心的江南地区,是文化教育较为发达,并有着革命优良传统的地区,但同时,它又是帝国主义百年来文化侵略的角逐场所,与国民党二十多年来反动统治的坚固堡垒。"[①] 上海是近代中国教育最为发达的地区,也是知识分子最为集中的地区。上海积极贯彻中央政府的各项决策,在接管和整顿教育的过程中,批判了"旧"的教育思想和教育制度,并向东北等广大解放区学习,进行了一系列脱胎换骨式的改造。如,上海的教会学校和私立学校被全部改造为公立学校。教育在为国家建设服务和为人民大众服务的宗旨下,发挥着政府职能和社会公益等作用。

上海是全国高校最集中的地区之一,高等教育十分发达。中华人民

---

① 戴伯韬.上海市教育工作的一般情况与今后任务[J].新教育,1950(创刊号).

共和国成立之初，为了使高校的地区分布配合国家工业基地的区域格局，以便更好地为经济建设服务，1952年全国开始了大规模的院系调整。1949年底上海高校数为37所，经过调整，1953年降至15所。根据中央的安排，上海高校顾全大局，融入全国、服务全国，以兄弟般的情怀帮助内地发展高等教育事业，如暨南大学并入燕京大学，同济大学医学院内迁武汉，上海航务学院迁往大连，交通大学在西安设立西安交通大学等。还有一大批教职工积极响应政府号召，迁往内地众多高校，以加强其师资力量。高等师范教育原本是上海高等教育的薄弱环节，随着1951年华东师范大学的成立，上海成为高等师范教育的南方重镇。

在新中国成立之初学习苏联教育经验的过程中，上海以一种后来居上的姿态走在了全国教育界学习苏联的前列，各级各类学校的教学内容、教学方法、考试制度，甚至师生的教学话语系统，都发生了深刻的变化，出现了一批具有全国影响的典型经验，如上海中学顾巧英的生物教学、上海市实验小学袁瑢的语文教学、华东师范大学的新教育理论研究等，树立了上海教育的新形象。

20世纪五六十年代，上海在市区和市郊新建了一批工人住宅区（如曹杨、甘泉、宜川、凤城、控江、天山、日晖等工人新村），为吸收大量的工农子弟入学，每个工人新村都建有配套的中小学和幼儿园，使上海普通教育的重心迅速下移。这些新建学校一般都有良好的教育设施和教学质量，其中以曹杨新村幼儿园最为典型。曹杨新村幼儿园1956年改名为上海市实验幼儿园，是当时党和国家领导人以及许多外宾来沪参观新上海建设成就的典范之一。

经过阵痛和新生，上海教育在20世纪50年代中期初步完成了从"旧"到"新"的重大转变，在改变传统优势的基础上创造性地获得了新的发展优势，得到了应有的关注和尊重。

二

1958年，上海周边数县从江苏省划归上海市，上海的辖区面积扩大。①

---

① 1958年1月17日，国务院批准江苏省的嘉定县、宝山县、上海县划归上海市管辖。11月21日，国务院批准川沙县、青浦县、南汇县、松江县、奉贤县、金山县、崇明县由江苏省划归上海市管辖。此举意在确保上海的粮食和副食品供应，为日后在上海周边建设卫星城镇打基础。

由此，上海教育事业获得了规模和数量上的空前突破，形式和内容也有了许多新的变化。

在"大跃进"运动中，全民办学、全民上学，大搞运动式扫盲，各种正规和非正规的教育形态迅速膨胀，这使上海的教育规模盲目扩大。尤其是农村地区，不切实际地把教育普及视为短时期可以实现的目标，竞相追求。1958年春，上海市三个郊区和上海、宝山、嘉定三县7天内就办了420所中学，相当于上海市原有中等学校总数的80%，报名入学人数已有1.2万人。① 1959年，全市掀起了郊县大办农业中学、工厂车间办学的热潮，各种形式的业余高等教育和大众扫盲教育也乘势而上。

由于片面理解教育与生产劳动相结合，生产劳动作为正式课程被列入各大中学校的教学计划，许多学校与工厂、公社、农场建立了常规性的劳动联系。广大师生大炼钢铁，纷纷下乡、下厂，接受锻炼，花大量时间参加生产劳动，致使教育质量迅速下滑。1960年秋，在"大办农业、大办粮食"的形势下，上海7万多名大中学师生分期分批进入市郊农业生产第一线，参加秋收、秋种工作，与农民同吃、同住、同劳动。

"大跃进"期间，上海青年掀起了支援各地建设事业的热潮，共有9.5万余名知识青年离开上海，支援边疆、内地的工农业和文化教育事业。② 其中不少初高中毕业生被分配到新疆生产建设兵团医学专科学校、农业学校、政干校，以及师范、水利电力、建筑工程学校等单位学习，成为新疆的各种建设干部；赴江西的知识青年，则被分配到江西共产主义劳动大学的各个分校实行半农半读，然后参加工作。

"大跃进"的三年"跃进"换来三年调整。这一时期，教育规模逐渐收缩，由粗放型发展转变为集约型发展。通过认真贯彻"高校六十条""中学五十条"和"小学四十条"，上海教育的正规化、规范化不断增强，教育教学质量蒸蒸日上，进入新中国成立以来的第二个发展高峰。20世纪60年代前期，上海教育再次焕发光彩。普通教育方面，

---

① 上海郊区办起420所中学[N].文汇报,1958-04-04.
② 支援外地建设,踏上锦绣前程[N].文汇报,1961-09-01.

上海大力提倡"少而精、启发式"教学,产生了具有全国影响的"育才经验",①在全国被大面积学习和推广,为提高教学质量贡献了上海的智慧。高等教育方面,华东师范大学和复旦大学承担了部分全国高校文科教材的选编任务;复旦大学、交通大学、华东化工学院主持和承担了部分全国高校理科教材的编写任务。

三

十年"文革"中,上海成为重灾区,在"四人帮"的干扰下,上海教育所受的破坏较其他地区更深、更广。

"上海历来是资产阶级和无产阶级进行生死搏斗的重要战场。"② 1965年11月10日,姚文元在《文汇报》上发表《评新编历史剧〈海瑞罢官〉》,成为十年"文革"的导火索。1966年5月"文革"开始后,上海教育界即掀起暴风骤雨。8月11日,上海市的第一个红卫兵组织——"红卫兵战斗组"在复旦大学成立。③ 秋季开学后,各校的教学工作基本停止。10月12日,红卫兵上海市大专院校革命委员会成立,充当上海造反组织"工总司"的马前卒。1967年初,上海爆发了震惊全国的"一月夺权",原市委领导班子被夺权批斗,张春桥、姚文元等人全面掌控上海。

"文革"大肆贬低知识分子,"出身论""成分论"泛滥,教育界许多干部、教师遭到审查、迫害,被调离教学岗位和教育系统。据统计,上海中小学教师被审查、受迫害的占教师总数的21.7%。④

由于用"两个阶级、两条路线"的斗争作为管理学校的原则,原有的教育理论、办学模式、教学方法、招生制度、管理体制等无不受到批判。同时,上海的学校又进行了一系列"革命性"的改革和探索,产生了一批以七二一工人大学、同济大学"五七"公社、复旦大学"五七"文科等为典

---

① 育才中学校长段力佩将"育才经验"总结为16个字:紧扣教材、边讲边练、新旧联系、因材施教。参见:上海育才中学改变注入式教学法初步形成生动活泼的教学局面[N].人民日报,1964-04-11.
② 为加强无产阶级专政而斗争[N].人民日报,1967-06-08.
③ 中共上海市教育卫生工作委员会党史资料征集委员会办公室.中共上海市教育卫生体育系统党史大事记(1949—1989)[M].上海:上海交通大学出版社,1993:218.
④ 吕型伟.上海普通教育史(1949—1989)[M].上海:上海教育出版社,1994:362.

型的"教育革命经验"。为了改变知识分子对学校的"统治",工宣队和军宣队大量开进学校,领导并参加学校的"斗、批、改"。

"文革"期间,经济发展受挫,城市就业压力过大,加上高校招生的停顿和变革,越来越多的城市青年学生得不到及时、有效的安置。在"知识青年到农村去,接受贫下中农的再教育,很有必要"的号召下,从1968年起,上百万上海青年学生离开亲人,到生产建设兵团、国营农场、人民公社插队落户,将宝贵的青春挥洒在"广阔的天地"之间。

"文革"后期,各地整顿学校秩序,落实知识分子政策,教师陆续回到教学岗位,学校重新加强基础知识和基础理论教学,科学研究也得以部分恢复。尽管受到"反复辟""反右倾"的冲击,但客观上为上海教育在"文革"后尽快走出"左"的错误路线奠定了基础。1976年10月22日,中共中央宣布粉碎"四人帮"反党集团。稍后,中共中央决定由苏振华、倪志福、彭冲主持上海市委工作,清除了"四人帮"在上海的余党。随着"文革"的结束,上海教育终于迎来了新的春天。

四

上海是不甘寂寞的,上海教育尤其如此。这27年中,上海教育的发展可谓反反复复,历尽坎坷,既有令人骄傲的辉煌成就,也有不堪回首的记忆。上海教育在"文革"前似乎找到了自己在新社会的位置,但"文革"中又陷入了深深的迷惘。

试图发现这段时期上海教育剧变的内在原因相当困难,不能仅仅归之于政治形势的风云突变,尽管这是根本原因。上海的文化、上海人的心理、上海的自我定位、上海与内地的关系等,都是影响上海教育发展的内在因素。课题组对本卷的写作难度有充分的估计,经过与上海市教育委员会相关领导的多次研讨,确定了偏重记事、以志带史的写作指导思想。因此,我们尽可能详实地向读者展开新中国成立后的27年中上海教育发展的历史画卷,让事实本身来说话,将思考的权利更多地留给读者。当然,全书并非历史材料的简单罗列,而是有明确的写作思路和逻辑加工。

教育问题在很多时候并非纯粹是教育上的问题,而是其他社会问题在教育上的反映。为了更好地说明问题,也为了提供一个宽泛的理解氛围,便于读者厘清和思考某些关系,本卷在写作中还力求将上海教育发展置于国家和上海社会发展的背景之下进行考察。

本卷涉及人物众多,基于多方面的原因,未列专门的人物章节,对主要人物尽量以脚注形式简要介绍其生平与贡献。需要说明的是,对人物的选择并无固定标准,乃以事带人。当然,尚有许多先贤对本时期的上海教育贡献不菲,而不能悉数列入,深以为憾。此外,在历次政治运动中,任何人都不可能置身于外,为了尊重历史,我们本着不为贤者讳的原则,援引了部分材料,相信能得到理解。

本卷从2002年立项到最后定稿,历时8年。原计划由我和汪灏同志共同承担,我负责前17年,他负责"文革"部分。汪灏同志参与了前期写作提纲的拟定和部分资料收集工作,后因人事变动,于2003年春退出了课题组,对他的劳动,在此表示感谢。本书的写作还得到了上海市教育委员会教育史志办公室的关心和帮助,初稿完成后,教育史志办公室组织专家审读,提出了修改意见,对此深表谢意。由于水平有限,书中难免有不足、欠妥甚至错误之处,敬请专家学者和广大读者批评赐正。

作者谨识

2015年8月20日

第一章

接管和整顿上海教育

淮海战役后,人民解放军挥师南下,百万雄师渡过长江天险,一举攻占南京,国民政府的统治正式瓦解。1949年5月27日,人民解放军进驻上海,美国《生活》杂志为此发表评论说:"各项消息指出了一个历史性的事实,即国民党的时代已经结束。"① 上海解放后,为保持教育事业的连续性,使之适应新生政权和经济发展的需要,人民政府对国民党政府留下来的上海教育进行了接管和整顿,为构建上海新教育奠定了基础。诚如新中国成立后上海市首任教育局长戴伯韬所言:"今天的政治经济是反映新兴阶级的需要,为他们所掌握的。而在文化教育上,就要求有为这种新政治经济服务的新文化教育。"②

第一节　人民政府对上海旧教育的接管

人民政府对上海旧教育的接管工作分两部分进行,即先接后管。人民政府首先接管的是国民党政府遗留下来的公立学校系统,然后随着形势的发展和实际需要,逐步接管了接受外国津贴的教会学校系统和中国人自办的私立学校系统。与此同时,人民政府又对旧学校进行了初步整顿,革除了一些不合时宜的因子,增添了新的元素。

一、接管公立学校

为了保护文教机关,中国人民解放军总部于1949年4月25日发布布告说:"保护一切公私学校、医院、文化教育机关、体育场所和一切公益事业。凡在这些机关供职的人员,均望照常供职,人民解放军一律保护,不受侵犯。"③ 这是

---

① 熊月之.上海通史・第11卷:当代政治[M].陈祖恩,叶斌,李天纲,著.上海:上海人民出版社,1999:5.
② 戴伯韬.怎样研究和贯彻新教育政策[J].新教育,1950(创刊号).
③ 中央教育科学研究所.中华人民共和国教育大事记1949—1982[M].北京:教育科学出版社,1983:9.

一个全国性的布告,为文教机关免遭战争损毁作了基本保证。在具有世界影响的大都市上海,这一布告得到了示范性的执行。解放军入城后,纪律严明。在没有找到营房以前,部队一律睡马路,尽量不占用文教机关的房舍,树立了人民解放军的良好形象,也给上海市民留下了深刻印象。

上海解放前夕,以随军南下干部为主的上海市军事管制委员会已在江苏丹阳着手筹备。1949年5月27日上海解放当天,上海市军事管制委员会(简称"军管会")即正式宣告成立,陈毅为主任,粟裕为副主任,下辖政务、财经、文教、军事四个接管委员会。接管委员会成立后,立即投入了接管工作。同日,戴伯韬①代表上海市军事管制委员会文化教育接管委员会市政教育处,正式接管旧上海市教育局机关。紧接着,便着手接管各级各类公立学校。由于战乱,上海的学校在解放前后曾不同程度地出现停课。5月30日,上海市军管会发出复课号召。② 从31日开始,全市大、中、小学在欢庆解放的热烈气氛中陆续复课,教学秩序逐步稳定。

1. 接管中小学

上海是全国文化教育比较发达的城市,解放初计有公立和私立中等学校282所,公立和私立小学1 113所,职工补习学校199所,共有教职员工21 933人,学生约48万人,其中中等学校学生约9.8万人。③ 接管工作在上海解放后即着手进行,以戴伯韬、舒文、杭苇④为代表负责接管中学,以舒文、洪林、盛震叔为代表负责接管小学。由于公立中小学数量众多,主要采取分级接管的方式,

---

① 戴伯韬(1907—1981),一作"戴白韬",江苏丹阳人。1927年入南京晓庄师范就读,1931年于上海创办《儿童半月刊》《师范》杂志,在陶行知的指导下开展"科学下嫁行动"。1941年先后任盐阜行政公署文教处处长、中共盐阜地委宣传部副部长、苏北行政委员会委员等职。1949年后历任上海市军管会文教委员会副主任兼市政教育处处长、华东军政委员会文教委员会委员、上海市教育局局长、局党组书记。1954年任人民教育出版社第一副社长兼总编辑。1962年至1966年任教育部党组成员,兼中央教育科学研究所所长。主要著作有:《陶行知生平及其学说》《小学教师工作手册》等。
② 此前,各校已有一些自觉复校、复课之举。如交通大学师生员工在解放军进入上海的第一个早晨(25日),就纷纷回到学校,至26日,回校学生已经有1 000多人,临时校务委员会也于26日开始工作(参见:沪交大师生随我军返校[N].人民日报,1949-05-29)。暨南大学30日开始正式办公,中华工商专科学校、国立上海商学院30日正式复课(参见:暨南大学等三校准备复课[N].人民日报,1949-05-30)。
③ 戴伯韬.上海市教育工作的一般情况与今后任务[N].新教育,1950(创刊号).
④ 杭苇(1908—1988),江苏无锡人。1933年与陆静山、潘一尘合办《儿童新闻》。1934年到广西创办《广西儿童》周刊。1936年与王洞若、孙铭勋等在上海合作创办《少年知识》《中国少年》。上海解放后在上海市教育局工作,先后任副局长、局长。1983年积极推动上海陶行知纪念馆的创建,落成后担任名誉馆长。

中等学校(包括普通中学、师范学校、职业学校)全部由市政教育处接管,小学除两所市区中心国民学校和上海市实验小学由市政教育处接管外,其余均由各区接管。上海部分郊县的解放时间早于市区,由于当时均属江苏省辖,其接管工作不在市军管会职责内。

1949年6月25日,全市公立中小学接管工作基本结束。据1949年8月公布的数字,共接管公立中学28所,小学292所,社教机关28所,民校154所,另有12所中心国民学校和250多所国民学校。① 晋元中学、市北中学、复兴中学、格致中学、敬业中学、育才中学、江湾中学等一大批较有影响的学校回到了人民的手中,这些学校在接管后基本沿用旧名。上海市各公立小学原多称国民学校,1951年2月经市教育局报请市人民政府核准,一律改称小学,以所在地地名为校名(如上海市××区××路小学或××路第×小学)。

2. 接管高等学校

国立高等学校由上海市军事管制委员会文化教育接管委员会内的高等教育处、市政教育处、文艺处、卫生处等多家单位分别接管。1949年6月,市军管会派出代表分头接管全市公立高校,对教会学校和私立高校则暂时"维持原状,逐步改造"。第一所被接管的高校是交通大学,由唐守愚于6月15日亲临接管。校长王之卓致辞说,这是交大校史上划时代的新纪元,从今后,交大全体师生员工在中国共产党和人民政府领导下走向为人民服务的正确道路。② 6月20日,国立复旦大学被接管,全体复旦师生欢庆"复旦从此属于人民了!"。校长章益致辞说:"今天是我们复旦全体师生最快乐的日子,44年的复旦在今天光荣地归还了人民,今后的一切措施,都应该为人民服务。……从今天起,我们复旦参加了伟大的革命行列,来建设新中国。"高教处副处长李正文③讲话表示,教职员保留原位,但顽固反动分子必须清除,特务学生许予自新,怙恶不悛者绝不姑息宽容。教职员的待遇,以能维持他们的生活,也照顾到人民政府现今的财政情形为原则。④ 1949年7月29日,上海市军事管制委员会主任陈毅、副主任粟裕签署发往复旦大学的人事命令,全文如下:

---

① 文管会两月余努力,基本完成接收任务[N].文汇报,1949-08-23.
② 《交通大学校史》编委会.交通大学校史 1949—1959[M].北京:高等教育出版社,1996:7.
③ 李正文(1908—2002),山东潍县人。1932年1月投身革命,参加中国左翼作家联盟,曾任北平左联执委会理论部部长。20世纪40年代在上海从事党的地下工作。上海解放后,先后担任复旦大学党委书记兼副校长、中央高等教育部政治教育司副司长等职。
④ 复旦大学昨日接管[N].文汇报,1949-06-21.

国立复旦大学：

兹派张志让、陈望道、钱崇澍、卢于道、周谷城、潘震亚、李炳焕、章靳以、金通尹、章益、胡曲园、张明养、胡文叔、张薰华、谢发揪为常务委员，张志让为主任委员，陈望道为副主任委员，以周谷城兼教务长，胡曲园兼秘书长，陈望道兼文学院长，钱崇澍兼农学院长，卢于道兼理学院长，潘震亚为法学院长，李炳焕为商学院长，除分令各新任人员即日到职视事外，着该校原有负责人克日办理移交，并将交接情形具报。此令①

6月25日，杨西光②、韦悫③代表军管会接管同济大学。其他公立高校的接管与此相类。市军管会共接管大专院校15所（国立10所，市立5所④），其中高等教育处接管8所，市政教育处接管4所，文艺处接管2所，卫生处接管1所。

二、接管教会学校

教会学校是外国宗教组织在旧中国建立的学校，其接管涉及国际关系。新中国成立后，为缓和国际紧张气氛，对教会学校采取了长达一年多时间的宽容政策。后来，随着朝鲜战争爆发，西方资本主义国家敌视中国，利用教会学校暗中进行反动宣传和反革命活动，尤其是在全国抗美援朝运动广泛开展之际，其破坏活动更加活跃。教会学校的存在意义日益受到人民大众的质疑，加上其所面临的经济困难，中央政府于1950年底考虑着手接办各地的教会学校。上海在中央政府的部署下，根据地方特点，于1951年开始有步骤地对教会学校进行接管，到1953年全部接管完毕。

---

① 邓明以.陈望道传[M].上海：复旦大学出版社，1995：214—215.
② 杨西光（1915—1989），安徽芜湖人。华东地区解放后于1949年8月到福建工作，任中共福建省委宣传部副部长、部长等职。1954年任复旦大学党委书记，后兼副校长。1959年任中共上海市委教育卫生工作部部长。1965年任中共上海市委候补书记。1978年任《光明日报》总编辑。是中共十二大代表，第六、七届全国政协常委。
③ 韦悫（1896—1976），广东珠海人。1914年留学英国，翌年转赴美国，1920年获芝加哥大学哲学博士学位。1921年归国后，曾任孙中山护法政府外交部秘书及孙中山秘书。1928年任上海市教育局局长。1929年后，历任国民政府教育部社会教育处处长、中央大学教育学院院长，复旦、光华、暨南、大夏等大学教授。1948年奉中共华东局之命在山东筹建华东大学，任校长。上海解放后，任上海市副市长兼高等教育处处长。1949年10月，任政务院文化教育委员会委员、教育部副部长。是第一届全国政协委员，第一、二、三届全国人大代表。
④ 解放初上海的国立高校有：交通大学、复旦大学、同济大学、暨南大学、上海商学院、上海医学院、上海音乐专科学校、吴淞商船专科学校、中法大学药学专修科、国立幼稚师范专科学校。市立高校有：上海戏剧专科学校、吴淞水产专科学校、市立工业专科学校、市立体育专科学校、市立师范专科学校。

1950年9月中旬,美国军队登陆朝鲜。应朝鲜党和政府的请求,中国人民志愿军赴朝作战。12月29日,中央人民政府政务院发布《关于处理接受美国津贴的文化教育救济机关及宗教团体的方针的决定》,要求有关部门迅速制定实施办法,率先接管美国人办的教会学校。郭沫若在政务院第65次会议上的报告中指出:在中国的20所教会高等学校中,受美国津贴的即占17所之多;300余所教会中等学校中,受美国津贴的约近200所,几占2/3;小学方面受美国津贴的约1500所,约占全部教会小学的1/4。①

1951年1月10日,教育部发出《关于处理接受美国津贴的教会学校及其他教育机关的指示》,要求当年将所有接受美国津贴的各级学校处理完毕。接受其他外国津贴的学校除个别政治上十分反动者应收归自办外,一般的履行登记,加强管理。而对接受美国津贴的教会学校,又视情况作三种不同的处理:一是经费全部或绝大部分由美国津贴之学校,其财源断绝后,又无改为中国人私人出资办理的,接收为公立学校;二是经费之一部分来自美国津贴,一部分来自其他外国津贴者,应改组其董事会与学校行政,其行政权必属于中国校长,政府在停止美国津贴后应酌予补助,但表现反动者政府应予以接办;三是经费之一部来自美国津贴,大部靠学费收入及中国人私募者,改为完全由中国人自办的私立学校,当其经费有困难时,政府可予以适当补助。在处理过程中一般维持学校现状,不迁校,不合并,不调整院系。在处理分工上,高等学校由中央直接领导处理,中等学校由各大行政区教育部(文教部)直接领导处理,初等学校(包括幼稚园)由各省市教育厅、局直接处理。②

1951年1月16日至22日,教育部召集19所教会大学负责人和师生代表在北京开会,研究处理接受外国津贴的高等学校问题,集中解决接受美国津贴的高等学校问题。陆定一强调,必须把处理美国津贴的文化教育救济机关及宗教团体的任务,看作是一场反对美帝国主义的政治斗争。钱俊瑞指出,为了胜利地完成处理工作,必须坚决地、彻底地、全部地、永远地割断和美帝国主义的联系,从经济上到思想上肃清美帝国主义的全部反动影响。会议最后通过了《拥护处理外国津贴的高等学校会议的决定宣言》,从而将处理范围扩大到所有

---

① 郭沫若.关于处理接受美国津贴的文化教育救济机关及宗教团体的方针的报告[G]//中华人民共和国教育部办公厅.教育文献法令汇编1949—1952.内部资料,1958:59—61.
② 关于处理接受美国津贴的教会学校及其他教育机关的指示[G]//中华人民共和国教育部办公厅.教育文献法令汇编1949—1952.内部资料,1958:63—65.

的教会大学。①

华东地区,尤其上海,是教会在中国办学的重镇。当时,全国接受外国津贴的中等学校共有316所,华东即占182所,且其中62%接受美国津贴。在政务院的决定发布后,华东军政委员会立即就执行政务院的决定发布了指示。② 上海教会学校学生反美爱国联合会随即发表意见:"上海过去是美帝国主义对华侵略的堡垒,而教会学校也就是帝国主义文化侵略的据点。""彻底肃清美帝对我们文化侵略的影响,确立爱祖国、爱人民自尊心的观念。……深入开展反美爱国运动,使全上海的教会学校与帝国主义的关系从此一刀两断!使我们的学校回到中国人民怀抱!"③

1951年2月,华东教育部召开华东区处理外国津贴中等学校会议,到会的学校领导和师生代表向大会控诉了他们亲身体会到的美帝的压迫和侮辱。唐守愚在会上说:处理外国津贴的教会学校这一工作,绝不是一件单纯的技术工作,或是单纯的经济问题,而是我们全体教育工作者,特别是在外国津贴学校中工作和读书的教职员工和学生的一个反对帝国主义,特别是反对美帝国主义文化侵略的严重的政治斗争任务。唐守愚提出的处理方针是:不迁校、不并校,不调整班级,不增加学杂费,不减低教职员待遇,不裁减人员;如经费不足,政府予以适当补助。④ 会议还确定了对美国津贴学校的四种处理方案:(1)立即由政府接办;(2)政府定期接办;(3)改组行政领导,暂归私人办理;(4)继续由私人办理。对于其他外国津贴中等学校,一般只予登记,加强领导,进行逐步改造。⑤

1951年4月3日,上海市处理接受外国津贴的初等学校会议在逸园举行,全市接受外国津贴的109所小学、幼稚园、教养机关、特殊儿童学校的负责人、师生代表及区文教科长与会。会议号召大家集中一切力量摧毁美帝国主义的文化侵略,切断与美帝国主义的一切关系。教育局局长戴伯韬在讲话中说:"我们绝不允许祖国的新一代再受美帝国主义的思想影响,绝不允许美帝国主义来把持、掠夺我国的文化教育主权。"⑥

上海第一所被接管的教会学校是接受美国津贴的伯特利中学,于1951年4

---

① 处理接受外国津贴高校,中央召开会议[N].文汇报,1951-01-26.
② 华东军政委员会发布指示[N].文汇报,1951-01-10.
③ 坚决拥护政务院的决定,深入开展反美爱国运动[N].文汇报,1951-01-09.
④ 唐守愚.关于处理外国津贴中等学校的政策和方针[J].新教育,1951(3).
⑤ 华东处理外国津贴中等学校会议闭幕[N].文汇报,1951-02-27.
⑥ 本市处理接受外国津贴初等学校会议开幕[N].文汇报,1951-04-04.

月被接管,改名为沪西中学。1952年7月,市教育局接办了中西、圣玛利亚两所著名的教会女子中学,并将其合并为上海市第三女子中学,要求做好思想改造,做到向工农开门。① 到1953年7月,市政府接收了所有外资津贴学校,计普通中学34所、小学71所、职业学校6所、幼儿园3所,仅黄浦区就达15所之多。教会学校被接管之后,其经费列入国家行政支出。

教会大学经过短暂维持,陷入政治、经济绝境。抗美援朝开始后,人民政府于1951年将其全部接管,改为中国人自办,维持私立,并由政府予以经济等方面的补助。② 次年,结合大规模的院系调整,教会大学被全部撤并。③

三、接管私立学校

由中国人自办的私立中小学校,在新中国成立之初获得了相当大的政策支持,并不时有所新建,这与私立高校的快速国有化形成鲜明对比。除小部分因经济问题难以为继,自动停办外,上海绝大部分私立学校在自力更生的原则下都坚持了下来。1950年3月初,私立中学校将要停办的有52所,私立小学将要停办的有118所,根据当时统计,仅中学生将失学的就有16 344人,但经全体师生相互团结、互助互济、艰苦奋斗,这些濒临倒闭的学校大都维持了下来。市人民政府为了帮助这些私立中小学克服困难,曾发放近60万千克大米,救济了306所私立学校,大大鼓舞了他们克服困难、办好学校的信心。④ 但是,上海还存在个别学店式的私立中小学,引起了学生和家长的极度不满,被市教育局强行取缔。⑤⑥ 解放初,上海各地还允许塾师设塾,仅普陀区就新设私塾200所,入塾学生达4 000余人。⑦ 1951年4月全上海有私塾693所,学生21 516人,塾师783人。到1956年私立中小学全部被接办,却尚存私塾247所,学生10 154人,塾师486人。⑧ 表1-1是1952年卢湾区私塾的情况。

---

① 中西和圣玛利亚两女中合并,上海市第三女子中学昨成立[N].文汇报,1952-07-06.
② 其他地区的教会大学接管后多改为公办,唯独上海教会大学接管后仍多维持私立。参见:刘光.新中国高等教育大事记[M].长春:东北师范大学出版社,1990:22.亦可参见:中共上海市教育卫生工作委员会党史资料征集委员会办公室.中共上海市教育卫生体育系统党史大事记(1949—1989)[M].上海:上海交通大学出版社,1993:27—28.
③ 新中国成立之初,上海的教会大学有:沪江大学、圣约翰大学、震旦大学、震旦女子文理学院、之江大学(沪校)、东吴大学法学院。其撤并的详细情况,请参见本书第三章。
④ 戴伯韬.这一学期我们要做些什么[J].新教育,1950(9).
⑤ "申江""夏氏"两补习班投机牟利,上海市教育局明令取缔[N].文汇报,1953-04-03.
⑥ 私立经世中学校长陆嘉南行为恶劣,把学校当作商店损害国家教育计划[N].文汇报,1953-04-21.
⑦ 上海市普陀区志编纂委员会.普陀区志[M].上海:上海社会科学院出版社,1994:745.
⑧ 吕型伟.上海普通教育史(1949—1989)[M].上海:上海教育出版社,1994:108—109.

表 1-1　1952 年卢湾区境私塾一览表①

私塾名称	办学地址	私塾名称	办学地址
沪南学塾第三班	徐家汇路 686 弄 41 号	沪南学塾第十九班	打浦路 53 弄甲字 55 号
沪南学塾第五班	斜徐路 852 弄 123 号	沪南学塾第二十班	中山南一路 826 号
沪南学塾第八班	斜土路 750 弄 33 号	区联合学塾第六班	南塘浜路 147 弄 26 号
沪南学塾第九班	打浦路 213 弄 32 号	山东学塾	鲁班路 336 号
沪南学塾第十六班	日晖东路 313 号	卢湾区开明学塾	南铁道路 998 号
沪南学塾第十七班	日晖东路 63 弄甲字 11 号	卢湾区万津学塾	打浦路 303 弄 3 号
沪南学塾第十八班	打浦路 210 弄居委办公室	卢湾区儿童学塾	斜徐路 768 弄 46 号

说明：本表未含嵩山区私塾。

1952 年 6 月，北京市委向中央反映私立学校的多数学生交费困难，生活清苦，毛泽东批示："如有可能，应全部接管私立中小学。"根据毛泽东的批示，教育部于 1952 年 9 月发出《关于接办私立中、小学的指示》，决定自 1952 年下半年至 1954 年，全国私立中、小学全部由政府接办，改为公立。步骤是：先接办外资学校，后接办中国人自办的学校；先接办办理较坏的学校，后接办办理较好的学校；先接办经费困难的学校，后接办尚能维持的学校；先接办中学，后接办小学。②

私立学校实际被接办的时间比政府预定的稍迟。1956 年 1 月 19 日，上海市教育局召开上海市私立学校接办大会，副市长刘季平宣布，一次性全部接办全市私立中小学，改为公立。根据"一次接办、逐步整顿"的方针，上海市 115 所私立普通中学、42 所私立补习学校、606 所私立小学、4 所私立聋哑伤残学校全部改为公立。③ 在此过程中，全市 38 所独立幼儿园和私立中小学的附属幼儿园也全部改为公办。接管后，过去的民校一律改成工人夜校和工农学校，并迁到工厂附近。表 1-2 是徐汇区部分私立中学的变化情况。

---

① 上海市卢湾区志编纂委员会.卢湾区志[M].上海：上海社会科学院出版社，1998：837. 本表在排列方式和顺序上有所调整。
② 关于接办私立中、小学的指示[G]//中华人民共和国教育部办公厅.教育文献法令汇编 1949—1952.内部资料，1958：201—202.
③ 上海私立学校全部由国家接办[N].人民日报，1956-01-21.

表1-2 徐汇区部分私立中学在新中国成立前后的变化情况①

学校名称	创办年份	校 址	新中国成立后异动情况
启明女校（教会办）	1904	天钥桥路144号	1953年改为市立第四女中,1968年添招男生,易名为第四中学。
浦东中学	1907	今东湖路21号	1955年夏撤销。
青华初级中学	1925	今安福路36号	1951年8月停办。
正风中学	1926	今永嘉路56弄4号	1953年,正风、乐远两校合并,改名实践中学。1956年初改公立时,实践和志农初级中学合并,定名第六十八中学。
乐远初级中学	1937	今襄阳南路317号	
志农中学	1949	建国西路506弄15号B	
南光中学	1941	今淮海中路1698号	1956年,沪新中学的高中部并入第七十一中学(即南模中学),初中部与南光中学合并,定名武康初级中学。
沪新中学	1946	初中部:肇嘉浜路604号 高中部:武康路390号	
培真初级中学	1938	今华山路875号	1956年与复旦中学合并,归入长宁区。
树民初级中学	1939	今安福路185号	1950年2月停办。
肇光中学	1939	今淮海中路1353号	1956年改为公立第六十四中学。
成义中学	1942	天平路123弄1号	1956年改公立时并入第七十一中学。
群化初级中学	1943	市政府路273号	1950年2月,迁入市政府路(今平江路),何时停办不详。
中华理科高中	1944	安福路247号	1950年增设初中,改名中理中学,1956年初改为公立,同年夏和黎明初中文化补习学校合并,更名黎明中学。
黎明初中文化补习学校	1955	安福路229弄9号	
华光中学	1955	东湖路18号	1956年改公立,迁至天平路204号。

私立高校与教会大学的命运一样,也在1952年的院系调整中被分解到其他学校,或以之为基础成立新校。②

---

① 徐汇区志编纂委员会.徐汇区志[M].上海:上海社会科学院出版社,1997:722—726.本表在形式和内容上有所调整、删节。
② 上海解放初的私立高校有:大同大学、大夏大学、光华大学、同德医学院、东南医学院、上海牙医专科学校、上海法学院、上海法政学院、新中国法商学院、中国纺织工学院、诚明文学院、新民学院、无锡国学专修学校(沪校)、上海美术专科学校、中国新闻专科学校、民治新闻专科学校、光夏商业专科学校、上海商业专科学校、立信会计专科学校、中华工商专科学校、上海纺织专科学校、诚孚纺织专科学校、南京工业专科学校(沪校)、东亚体育专科学校。这些学校部分在上海解放后陆续停办,其余部分的撤并调整情况详见本书第三章。

至此，上海学校全部变成公立，私立学校不复存在。学校教育也进入了"唯官有学而民无学"的状态，完全成为政府的事。尽管后来出于教育普及的需要，鼓励企事业单位、里弄居民委员会、农村生产队办学，但在本质上还是国家办学，因为这类学校的教育教学活动直接受教育行政部门管理，只是在经费和人事方面由办学单位负责，不具有"另类"性质。政府对教育资源的全面掌控，有利于迅速扩大学校教育的发展规模，为教育普及服务；也有利于实施革命的教育内容和教育形式，通过教育来革新社会的精神面貌和生活模式。

第二节 对旧教育的初步整顿

一、革新教育行政机构

随着旧上海市政府的彻底瓦解，其下的各个行政管理部门自然不复存在，其权力也开始由人民政府的相应职能部门来行使。1949年5月27日，上海解放，中国人民解放军上海市军事管制委员会成立，其所属单位有财政经济接管委员会、文化教育接管委员会、军事接管委员会、政务接管委员会等机构。文化教育接管委员会又下设高等教育处、市政教育处、文艺处、新闻出版处等。高等教育处处长为钱俊瑞，副处长唐守愚、李亚农[①]、李正文；市政教育处处长为戴伯韬，副处长舒文，旧上海教育局的教育管理职能基本由市政教育处取代。6月21日，高等教育处处长由副市长韦悫兼任。9月1日，新上海市教育局在市政教育处的基础上宣告成立，并从军管会中分离出来，成为市政府所属的工作部门，首任局长戴伯韬，副局长舒文。高等教育处则在中央政府成立后，移交中央管辖；华东军政委员会成立后，又并入华东教育部；1953年大区改组，又转变为华东行政委员会高等教育局；1954年6月大区撤销，又演变为高等教育部领导下的上海市高等教育局，脱离了市政府的行政系统。

上海市的各区接管委员会在1949年6月成立，均设有文教股。翌年，各区人民政府相继成立，文教股改为文教科，管理本区的私立小学、儿童晚班、工农

---

① 李亚农(1906—1962)，四川江津人。早年赴日本留学，回国后任中法大学教授、上海孔德研究所研究员。1941年，赴华北抗日民主根据地，历任新四军政治部敌工部副部长、华中建设大学校长兼党委书记、华东研究院院长。1949年后，任上海社会科学院历史研究所所长。主要著作有：《铁云藏龟拾零》《殷墟摭佚》《金文研究》《李亚农史论集》等。

学校、小规模私立补习学校,以及居民宣传教育、文化娱乐、群众识字教育。①1957年1月,市委决定,在区文教科的基础上,升格成立区教育局。②

为了领导迅速开展的职工业余教育和大众扫盲运动,1950年9月7日成立市职工业余教育委员会,属于与市教育局平行的教育管理机构。

二、组建新的学校领导班子

1. 高等学校方面

上海市军管会于1949年8月决定在部分公立高校成立校务委员会,并任命了校务委员会主任:交通大学,吴有训③;复旦大学,张志让;同济大学,夏坚白④;暨南大学,李正文;上海医学院,宫乃泉⑤;上海商学院,褚葆一;吴淞商船专科,曹仲渊⑥。私立大学的校务委员会名单则直接由市政府高等教育处审核批准,如大同大学校委会名单于1949年9月17日获高等教育处批准。⑦ 部分

---

① 上海市编制委员会办公室.上海党政机构沿革(1949—1986)[M].上海:上海人民出版社,1986:25.
② 中共上海市教育卫生工作委员会党史资料征集委员会办公室.中共上海市教育卫生体育系统党史大事记(1949—1989)[M].上海:上海交通大学出版社,1993:98.
③ 吴有训(1897—1977),江西高安人。1920年毕业于南京高等师范学校,1926年获美国芝加哥大学博士学位。1937年任清华大学理学院院长,1945—1947年任国立中央大学校长,1948年选聘为中央研究院院士。1949年任华东军政委员会委员,兼教育部部长,同时担任上海交通大学校务委员会主任。1950年赴北京任中国科学院近代物理研究所所长,同年12月任中国科学院副院长。1958年当选为中国科学技术协会副主席。是第二、三届全国政协委员,第一、二、三、四届全国人大代表。
④ 夏坚白(1903—1977),江苏常熟人。1929年毕业于清华大学,1937年获德国柏林工业大学测量学院特许工程师文凭,1939年获该校工学博士学位。1939年秋回国,先后在中央研究院地理研究所、同济大学、陆地测量学校任职。1949年后,历任同济大学校务委员会主任委员、副校长,武汉测绘学院副院长、院长。主要著作有:《应用天文学》《养路工程学》《测量平差法》《航空摄影测量学》《大地测量学》等。
⑤ 宫乃泉(1910—1975),辽宁营口人。1935年毕业于奉天医学院。1936年到福州协和医院当外科医生。1937年参加新四军,任新四军军部医务主任,参与组建新四军军医处。1941年创办《医务生活》杂志。1945年组建华东白求恩医学院,兼任院长。新中国成立后,任华东军政委员会卫生部副部长、部长,组建了上海第一医学院和上海第二医学院,并兼任两院院长。1951年任军事医学科学院首任院长。1953年任总后勤部卫生部副部长。1962年任沈阳军区后勤部卫生部部长。著有《战伤疗法》,译有《苏联的医学和保健》。
⑥ 曹仲渊(1892—1972),浙江玉环人。1916年毕业于南京海军雷电学校无线电专科。1928年赴英国马可尼无线电专科学校留学。1932年回国,在上海开设大华无线电公司,任总经理兼总工程师。1943年任大夏大学教授兼理学院院长。1949年春任上海吴淞商船专科学校代理校长。上海解放后,任吴淞商船学校校务委员会主任委员。该校改名为上海航务学院后,任总务长。1953年随校北迁大连,任大连海运学院总务长。主要著作有:《无线电发明及发展史》《通俗无线电学》《无线电常识》等。
⑦ 大同校委会名单,高教处业已批准[N].文汇报,1949-09-18.

私立大学的校务委员会主任为：沪江大学，余日宣；圣约翰大学，赵修鸿；大同大学，胡刚复；大夏大学，欧元怀①；上海法学院，褚凤仪②；诚明文学院，蒋维乔③；立信会计专科，李鸿寿；上海美术专科，刘海粟④；诚孚纺织专科，张方佐⑤；上海牙医专科，司徒博。⑥

各高校的校务委员会为整顿和恢复正常的教学秩序，为实行教学和行政管理等各项改革做了大量工作。同济大学校务委员会委员李国豪⑦教授说：

> 在学校制度方面讲，校务委员会与过去校长决定一切有了基本上的不同，尤其是讲师、助教、同学，都能够有发言权利。
>
> 对于校各行政方面，过去责任百分之九十是由校长来负的，而在校委

---

① 欧元怀(1893—1978)，福建莆田人。1919年获美国哥伦比亚大学硕士学位，曾任厦门大学教授，大夏大学副校长、校长，贵州省教育厅厅长，华东师范大学教授。著有：《抗战十年中国的大学教育》《论战后我国的留学政策》等。

② 褚凤仪(1897—1975)，浙江嘉兴人。1917年留学日本，1920年后转赴法国格城大学南锡理学院、德国柏林大学哲学院。1926年回国，历任东南大学医学院、暨南大学、复旦大学、大夏大学、光华大学教授。上海解放后，历任上海法学院院长、上海财经学院副院长、上海社会科学院经济研究所研究员。是九三学社上海市委常委。主要著作有：《统计大纲》《商业算术》《投资数学》等。

③ 蒋维乔(1873—1958)，江苏武进(今常州市武进区)人。光绪十八年(1892年)秀才，肄业于南菁书院。曾任爱国学社教员，商务印书馆编译所编译，江苏省教育厅厅长，东南大学校长、光华大学教授等职。1941年先后兼任上海鸿英图书馆副馆长、馆长。上海解放后，曾任上海文史研究馆副馆长、气功疗养院院长等职。主要著作有：《孔子与释迦》《中国佛教史》《因是子静坐法正续编》《中国近三百年哲学史》等，译有《新教育学》等。

④ 刘海粟(1896—1994)，江苏武进(今常州市武进区)人。14岁入常州绳正书院学习诗文书画，1912年创办上海图画美术院，1918年在北京大学画法研究会任教，1929年任法国巴黎格朗休克美术研究院研究员，1945年后任上海美术专科学校校长。1952年后，历任华东艺术专科学校校长，南京艺术学院教授、院长。是第三、四、五、八届全国政协委员，第六、七届全国政协常委。主要著作有：《画学真诠》《存天阁谈艺录》《黄山谈艺录》《刘海粟艺术文选》《中国绘画的继承与创新》等。

⑤ 张方佐(1901—1980)，浙江鄞县(今宁波市鄞州区)人。1925年毕业于日本东京高等工业学校纺织科。1926年回国后，曾在无锡振新纱厂、浙江萧山通惠公纱厂、南通大新纱厂、上海申新二厂、新裕二厂任工程师、厂长。1946—1950年任中纺公司工务处副处长、总工程师，兼诚孚纺织专科学校校长。后历任华东纺织管理局副局长，兼任上海交通大学纺织系主任，华东纺织工学院院长。1956—1970年任纺织工业部纺织科学研究院院长，兼北京化纤学院院长。主要著作有：《棉纺织工厂设计和管理》《工务辑要》等。

⑥ 中共上海市教育卫生工作委员会党史资料征集委员会办公室.中共上海市教育卫生体育系统党史大事记(1949—1989)[M].上海：上海交通大学出版社，1993：12—14.

⑦ 李国豪(1913—2005)，广东梅县(今梅州市梅县区)人。1936年毕业于同济大学土木系，并留校任教。1946年获德国达姆斯塔特工业大学博士学位。1952年任同济大学教务长，1956年任副校长，1977年任校长。是第三、五届全国人大代表。主要著作有：《悬索桥的振动分析》《桥梁结构稳定与振动》《箱梁和桁梁桥的分析》等。

会组织之下,是大家来负责了。

校政管理方面,过去是校方的特权,但现在校务委员中也包括了同学,今后同济人是自己来管理自己的学校了。这是同济过去所没有的团结合作精神。

对于这次校委的人选问题,大体上是很理想的,是征求过各方面的意见,慎重考虑后才决定的。①

1949年底,为配合新中国成立初期的爱国主义思想教育运动,校务委员会专门设立了政治学习委员会,在全校师生中组织了新民主主义学习运动。1950年1月,政务院公布《关于任免工作人员暂行办法》,规定:大学校长、副校长由政务院提请中央人民政府任免;高等专门学校校长、副校长由政务院任免。

2. 中小学方面

人民政府改造了公立及部分私立中小学的行政领导机构,成立了新的校务委员会作为学校的决策机构,并要求其中有学生代表。这一举措得到了广大师生的热烈拥护。中小学校务委员会的组织系统见图1-1,其主要任务是:决定校务方针,并设计校务方案;通过预算及审核决算;厘定及审核各项章则;聘请及解聘教职员。

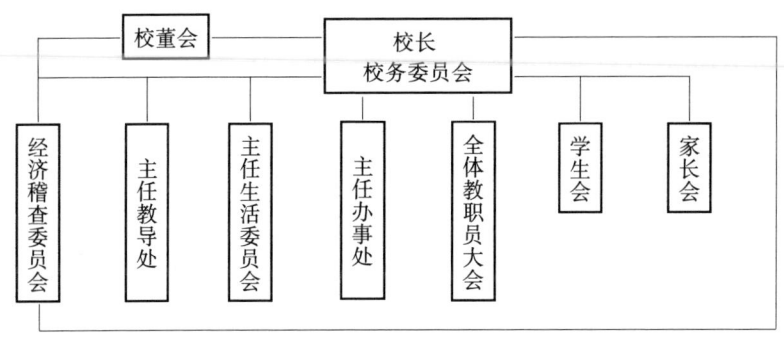

图1-1 中小学校务委员会组织系统②

上海解放后,人民政府只停办了最为反动的中正、青白、青年三所中学,撤换了中学校长3人,其余基本照旧。有的因校长逃跑或内部纠纷或校政腐败,师生要求接管,政府为照顾学生学业,一般均指定师生或派员帮助师生进行整理,如此中学有11所,小学有13所。而对一般私立学校则采取加强领导、积极

---

① 同济一定走向进步[N].文汇报,1949-08-03.
② 吕型伟.上海普通教育史(1949—1989)[M].上海:上海教育出版社,1994:26.

改造的方针。上海许多私立学校有着浓厚的商业性质,解放初劳资纠纷不断;有些私校则完全依赖学生学费,校董会有名无实。为使这些私立学校能够维持下来,并为人民服务,政府对其进行了两方面改革,一是经济公开,二是领导民主。但由于私立学校数量众多,有不少学校并没有得到应有的改革。①

三、整顿学校课程

1. 废除旧的意识形态课程

1949年8月新学期开学后,上海各级各类学校已有了一些明显变化,取消了某些课程(如党义、军训、童子军等课程),改公民课为政治常识课,废除训导制度,提倡教导合一。国民党、三青团、民社党、青年党等反动党派在学校的活动全部停止,建立了新的学校团组织和少年儿童先锋队。② 团市委于1949年7月2日决定在高校建立团组织,复旦、同济等高校当即开始筹备团组织,大量发展青年学生入团。到年底,复旦大学团员达到698人,同济大学医学院有128人被批准入团。③ 10月25日,《解放日报》发表了团中央关于建立中国少年儿童先锋队(简称少先队)的决议,全市开始在初中生、小学生中建立少先队组织。对于尚未接管的教会学校,则取消了宗教作为必修科。

人民政府在中小学教材上也努力进行废旧换新的改革,但新教材的编写出版不能及时跟进。为此,市政教育处于1949秋季学期开学前,在各书店所出版的中小学教科书中选择若干种,指定为上海市各公立和私立中小学的临时教本。为正视听,市政教育处负责人就这些临时课本发表谈话说:

> 这些教材是有缺点的,特别是旧课本,例如史地教科书,都是用资产阶级的,甚至法西斯的反动立场和观点说明事实的,一般是不能用。新编的史地课本,立场观点虽正确,但具体事实和材料不够多,教师应加补充。自然科学教本,观点也多陈旧,例如高中生物学书中,多详讲门德尔和马更一派的遗传学说,提倡优生学,把人的个性及智慧之形成认为是遗传决定一切,而与环境无关,这些都应删掉。谈到师范学校课本,教育概论都是从庸俗的社会观点出发,充满反共反苏的谬论,歪曲教育本质,简直找不出可作

---

① 上海市人民政府教育局.一年来的上海教育工作[N].文汇报,1950-05-29.
② 如江湾中学青年团支部成立月余,团员人数即已发展近200人(参见:建团工作在各校[N].文汇报,1949-12-05)。1949年12月上海还有900名小学教师加入团组织(参见:上海九百小学教员入团[N].人民日报,1949-12-03)。
③ 中共上海市教育卫生工作委员会党史资料征集委员会办公室.中共上海市教育卫生体育系统党史大事记(1949—1989)[M].上海:上海交通大学出版社,1993:11—12.

课本者;旧心理学教本也都充满着反科学的遗传说和优生学思想,以及各种错误的机械的学习理论。凡是指定教本中如遇有反共、反人民、反苏、反世界人民民主运动的,反科学的,以及违背人民政府法令政策的各种错误观点与思想,教师均应自动删去。能同时根据正确观点和理论予以驳斥当然更好,除指定教本外,其他各书店所出自然科学教科书可作为参考书。①

为了适应新形势,教好新的政治课显得尤为重要。为保证普通中小学在新学期开学后能普遍开设新的政治课,对学生进行有系统的政治思想教育,市政教育处成立了政治教育研究会,培养了近200名政治教员。② 9月14日,市政教育处发出通知,要求初中三年级以上增加政治课时间,为每周3小时;规定中学政治课本,初中三年级以上,一律改用新华书店编印、三联书店发行的《中国革命读本》上册,初中一、二年级,由教员根据《中国革命读本》另编提纲教学。③ 9月17日,上海市中等以上学校政治教育研究会在成都北路和安小学举行成立大会,共有337位政治教员到会。市政教育处中学教育室主任杭苇在讲话中说:"政治课研究人与人之生产关系,并找出社会发展的规律,使我们认识了新中国和新世界的前途。这一门功课主要叫青年认识新中国和新世界的前途,以建立正确的思想意识、新的生活作风、新的道德观。"④ 1950年寒假,市教育局为落实学校的政治思想教育,提高政治课质量,再度将政治教员集中起来学习,对政治水平较低、不能胜任教职者,予以解职,对于因其他事务不能全力从事政治教育者,解除其政治教员兼职。⑤

高校新政治课的开设稍晚。1949年12月4日,公立和私立大学政治课教师在高等教育处举行座谈会,就高校政治课的教学方法和教学内容广泛地交换了意见。⑥ 到上海解放一周年时,大专院校已经能够开出3门政治课:社会发展史、中国革命问题(包括新民主主义论及三十年来中国革命运动史)、政治经济学。前两门为各院系一年级第一、二学期共同必修课,每周2—3学时;后一门为文法商教等学院二年级必修课,分两学期学完,每周3学时。高校政治教育以课堂讲授和课后讨论的形式进行:课堂讲授要求联系学生的具体思想情

---

① 对秋季临时课本,市教处发表谈话[N].文汇报,1949-08-22.
② 戴伯韬.上海市教育工作的一般情况与今后任务[J].新教育,1950(创刊号).
③ 中学课程的时间和教本,市政教育处昨通知修正[N].文汇报,1949-09-15.
④ 政治教育研究会昨日开成立大会[N].文汇报,1949-09-18.
⑤ 政治教员集中学习[N].文汇报,1950-01-31.
⑥ 大学政治教授、助教座谈会,讨论改进教学方法[N].文汇报,1949-12-05.

况,穿插时事,有重点有系统,以便及时解决学生的思想问题;课后学习主要是以小组为单位进行讨论,强调自由思考,鼓励每个人暴露思想,发现问题。通过学习,大学生们看到了社会主义与共产主义的远景,树立了对新中国建设的信心,理、工、农、医学院的同学还初步纠正了技术科学可以离开政治而存在的纯技术观点。①

2. 精简课程

上海解放初期,中小学就因时势之需,对数、理、化等自然科学教材进行了适当精简,减少中学英语课教学时间,停开小学英语课。1950年按部颁《中学暂行教学计划(草案)》规定,中学统一开设语文、政治、外语(英语或俄语)、历史、地理、数学、物理、化学、生物、动物、植物、生理卫生、体育、美术、音乐等课程。由于新教材的编写跟不上形势发展的需要,各校便将华北和东北出版的中小学课本加以修改利用。到1950年春,上海小学的全部教科书和中学的文、史、地、政治等已全部改用新课本。但中等以上学校的数、理、化、生物及其他自然科目,仍用旧教本;专科及一般技术学校的业务课本大都沿用旧本。而新改编的教材,因为时间仓促,缺点和错误不少,急待改正,尤其是专科及技术学校的课程教材,如何使其适应国家建设的需要,是一个十分迫切的问题。②

高等院校方面,精简课程运动是在高等教育处的号召下进行的,力求理论与实际一致,使课程内容适应国家建设的需要。"一方面要克服旧有学校中长期存在的脱离实际的教条主义,另一方面要防止不顾长远利益和全面利益、轻视理论学习和狭隘的实用主义。"③ 1949年11月,同济大学师生开展了"团结师生,改造学习"的运动,以贯彻新民主主义的教育政策。在论及课程精简时,要求:(1)强调理论与实际密切配合,而以应用为主;(2)相关系科的相同课程应尽量合并;(3)同一系科性质相仿的课程也应适当合并。如测量系将地球物理、重力测量等课程合并为地球形状,电机系将投影几何、工程画合并为机械画,热机学、热工学合并为热工工程。④ 在精简课程之初,校方采取了一项临时紧急措施,限制各系、级每周上课的时间,讲授和练习总共不得超过34小时。接着,有计划地推动课程改革工作,将与某系或某组关系较少的课程尽量划出

---

① 解放一年来大专院校的政治学习[N].文汇报,1950-05-28.
② 上海市人民政府教育局.一年来的上海教育工作[N].文汇报,1950-05-29.
③ 上海市高等教育研究所.上海高等教育年鉴(1949—1983)[M].上海:上海外语教育出版社,1989:10.
④ 同济精简课程获初步成功[N].文汇报,1950-01-15.

该系或该组的范围,同时充实、增设本系或本组的专门课程,系组的划分力求专业化,分工越细,课程越好精简。过去自四年级分组,改为自三年级分组。但分组太细,又容易发生狭隘的流弊,所学过专,就缺乏广大的基础。为补救这个流弊,同济大学多开各种概要课程,以使学生能用很少的时间获得相关领域约略而全面的知识。①

复旦大学在上海解放之初也存在许多内容重复或不切实际的课程,造成学分太多和课程繁重,如农化系每周上课、实习达36小时,直接影响了学生的政治学习和课外活动,甚至妨碍了学生的健康。在明确教学任务的前提下,复旦大学的文、法、商、理、农各学院以"提高质量,减少数量,照顾学生负担""先求简,后求精""对事不对人"等为原则,有步骤、有计划地进行课程精简。以批判的态度分析过去所开的课程,凡是内容不妥、重复、较为次要或过分高深且不急切需要的课程,分别予以改进、合并、停开或改列为选修。②

但是,精简课程操之过急。如同济大学工学院在1950年春季开学后精简课程,每周只上课21小时,结果出现散漫松懈,许多人课后不去自修,而去打乒乓球、打桥牌,还有些同学下半天睡懒觉,大部分集体学习活动也停顿了下来。③

四、解决学费问题

战争和战后遭受的经济封锁使上海的经济出现严重困难,不少家庭陷入贫困,一些原本富足的家庭也收入锐减,使不少学生因经济问题无法正常入学。为了解决学生的入学问题,并尽可能地增加新的就学机会,1949年8月18日,市政教育处在英士路国民小学召开学费问题座谈会,要求校方及教员在处理收费问题时,应当爱护学生,顾及家长负担。会议确定了小学、初中、高中的收费标准,以供各校参考;还规定各校原则上必须设立免费学额,中学以上组织免费审查委员会;免费生以清寒为标准,但烈士家属、供给制干部和公教人员、警察子弟享有优先权。④ 由于私立学校主要靠学费维持正常开支,因而其学费问题显得格外突出。8月19日,上海学联在上海女中召开私立学校学费问题座谈会,共有各校学生代表200余人出席,会议探讨了各校对解决学费问题的意见和实际经验。⑤ 9月2日至5日每晚9点半至10点,上海人民广播电台还专门

---

① 李国豪.国立同济大学工学院学制及课程改革经过[J].新教育,1950(11).
② 史明.解放后的新复旦[J].新教育,1950(5).
③ 精简课程未作深入宣传,同济工学院学习松懈[N].文汇报,1950-04-16.
④ 学费问题座谈会上戴伯韬作总结报告[N].文汇报,1949-08-19.
⑤ 对私校学费问题交换意见,学联发表座谈纪录[N].文汇报,1949-08-29.

播送有关学费问题的节目,介绍各校的经验。大家认为,解决学费问题的主要关键,在于争取校方经济公开,节省学校不必要的开支,根据量入为出的原则做好学校预算。①

1950年1月25日和2月6日,国民党军队的飞机两度轰炸上海,1950年的学费问题被提高到反轰炸斗争的高度来认识,许多学校主动降低学杂费。教育工作者也纷纷自动降低薪水20%至50%,有的甚至不拿薪水,用尽各种方法克服困难,协助政府渡过难关。② 2月24日,教育局在市体育馆召集上海市私立中小学校长及教职员代表100多人,座谈学费问题。大家表示要在人民政府的领导下,加强团结,刻苦节约,发挥工人阶级的优良作风,来克服当前困难,最后由戴伯韬局长提出解决学费问题的五个原则:③

(一)要加强师生团结,号召同学、家长、校方和教职员工紧密地团结起来,共同克服困难。

(二)以民主协商照顾三方面为原则。

(三)校方应以刻苦节约的精神,造好预算。水电纸张等都应尽量节约,修建设备不是特别必要的,可以缓办。

(四)收支合理,免减合理,分配合理:(甲)支出方面力求节约。(乙)校方收入的绝大部分应该作为维持教职员工的生活费用。但如校方有特殊困难者,办公费可酌量提高,唯必须在三方照顾和民主协商的原则下来共同商讨决定。(丙)关于校长与教职员工的薪金比例,希望不要相差太大,但也不要平均主义,对于过去有个别的只拿薪金不工作的挂名教师,希望校方另予安置,以减轻学生家长的负担。(丁)校方的经济公开应该彻底,使学生家长都能了解校方困难,争取大家帮助,克服困难。(戊)免减费学生应以清寒为标准,免减名额希望各校根据实际情况作决定。

(五)缴付学费原则上号召学生家长应一次付清,但照顾到个别困难者可分期缴付,分期缴者必须向校方保证按期缴清。

---

① 学联每晚广播学费问题节目[N].文汇报,1949-09-03.
② 如光中中学、奉化中学等校教员自愿将薪水减半,家境较好或负担较轻的教员还捐出部分薪水帮助经济困难的教员和学生。参见:紧缩开支,师生互助,沪各校克服经济困难[N].人民日报,1950-04-26.
③ 教育局召集私校代表,座谈中小学学费问题[N].文汇报,1950-02-25.

然而,减免费政策不易操作,致使一些原本负担得起学费的家长也借机逃避责任。如光中中学1950年春申请减免学费者达80%,开学时仅有两人缴费,家长们普遍抱观望态度,学费迟迟不交。① 许多私立学校因学费没有收齐,教师们的薪水不得不打折扣,个别学校甚至欠薪一至两个月。加之经济困难,私立学校的学生人数锐减,1949年秋季,全市私立中学学生数为75 252人,到1950年3月中旬仅58 908人,比上学期减少了16 344人。② 为了配合学费解决,有许多教师自愿对薪水进行打折,工友们也放弃了加薪要求,以增加免费名额。1950年10月,市文化局局长夏衍说:"今年二六轰炸之后,由于本市经济情况发生困难,严重地影响了私立学校的经营,当时教育局与学联及新民主主义青年团市工委积极配合协力,曾反复的讨论研究,并召开了多次有代表性的师生座谈会,讨论和拟具了克服困难的办法,并确定了私立学校春季征收学费的几个原则,就是:一、师生团结,克服困难;二、民主协商,三方照顾;三、刻苦节约,做好预算;四、收支合理,减免合理。……一面动员学生缴纳学费……一面用民主评议的方法,使真正贫寒的学生能够得到减免。此外,我们更号召私校负责人和教师精打细算,简化机构,经费公开,办好教育,取得社会和家长的支持,并介绍某些克服了困难的私校的具体经验,作为借镜和参考;这样,上海绝大部分的私立学校终于在师生合作自力更生的原则之下,渡过了三、四月间的难关。"③ 市人民政府也特地发放中央人民政府政务院下拨的近60万千克粮食,救济了306所私立学校和1 394位教师。④

1951年春,随着工农子弟的大批入学和学生中申请减免费者甚众,新学期开始后,学费问题又凸显出来,市教育局为帮助私立学校处理好学费问题,发出指示,号召家庭能够负担的同学和家长踊跃缴纳学费,不短少,不拖欠;对经济确有困难的同学,则本着团结互助的精神,按照困难程度,分别予以公平合理的免费、减费或分期缴付的照顾。⑤ 1951年秋,市教育局再次就私立学校学杂费问题发出指示,"解放后,学生成分已发生了变化,工农子弟入学的比以前多了,他们对于学杂费的负担,今天还是有困难的,学校必须考虑这一现实情况,认真做到教育向工农开门"。为确保清寒学生入学,"各校应设25%的减

---

① 李震同.光中中学克服了困难[J].新教育,1950(5).
② 陈怀白.上海各私立中学克服困难情况介绍[J].新教育,1950(5).
③④ 夏衍.上海文教工作概况与今后工作任务[N].文汇报,1950 - 10 - 19.
⑤ 正确处理本学期学杂费问题,教育局对私校发出指示[N].文汇报,1951 - 02 - 15.

免全费的名额"。① 但实际操作中,有些家长采取蒙骗等方法向学校申请减免学费。直至1955年,这一问题仍没有得到很好的解决。②

高等教育方面,国民党统治时期,上海的国立大专院校和职业学校学生是免缴学杂费的。但为了度过解放后暂时的经济困难,节省政府开支,加强支援前线,新政府决定对国立大专院校和职业学校的学生收取少量学杂费,在教育费用的具体操作上,对富裕人家的子弟和贫苦人民的子弟采取区别对待,要求拿得出钱的学生应该多缴纳学杂费;同时,设立相当数量的减免费名额,务使有志向学习的贫苦青年均能获得继续读书的机会。但是,由于调查研究和审查工作做得不好,很多缴得起学费的学生也乘机不缴学费,或请求缓缴,致使学校经费紧张。如1949年下学期,大夏大学就因学生欠费不缴,校董会捐款不来,导致教师薪水发不出。1950年春,按教育局的规定,该校的免费学额仅有18.75%,而请求减免学费者却占了总人数的50%以上。③

为了既照顾高校学生的正常入学,又兼顾学校的办学需要,市政府于1949年9月13日公布了《上海市人民助学金暂行条例》,正式对高校学生部分实行国家资助。一年后,华东教育部又公布了《华东区人民助学金暂行办法》,凡在国立大专院校、师范学校、职业学校读书的学生,符合条件的均可申请。④

上海市人民助学金暂行条例⑤

(一) 总则:人民政府设置人民助学金之目的,在于帮助家境贫苦而努力向学之青年使其在文化学术上获得一深造之机会,俾使学有专长,以遂其为人民服务之志愿。乃上海解放不久,元气未复,而帝国主义及国民党残余匪帮之封锁,更造成我严重的经济困难,打破封锁,克服困难乃成为全上海市民当前之首要任务,因之政府对于人民助学金之申请,不能不有较为严格之限制,为此特制定人民助学金暂行条例如左(下):

(二) 申请人民助学金之条件:

---

① 指示还对一些私立学校将学费大量用于提高教师待遇,而不改善办学条件提出了严厉批评。参阅:为使私校正确处理学杂费问题,市教育局发出指示[N].文汇报,1951-08-19.
② 做好减免学费的审核工作[N].文汇报,1955-02-13.
③ 吴泽.大夏大学怎样克服困难的[J].新教育,1950(5).
④ 华东教育部公布人民助学金暂行办法[N].文汇报,1950-07-06.
⑤ 上海市人民助学金暂行条例和上海市国立大专院校及职业学校学生减免学杂等费暂行办法同时公布[N].文汇报,1949-09-13.

凡在国立或市立大专院校师范学校,职业学校读书之学生,合乎下列条件者,均可申请人民助学金。

甲、革命烈属或供给制人员例须由其本人负担生活费用之直系亲属。

乙、贫苦职工或贫苦公教人员无力供给在校读书子女之生活。

丙、家不在上海而有当地政府证明其家境确系贫苦,无力负担求学子女之生活。

丁、曾参加革命一年以上又行复学之革命青年,家中清寒确有困难者。

……

五、救济困难师生

接管学校教育后,新政府立即对成绩优良而经费暂时困难的私立学校和生活困难的师生给予了适当救济,前者由政府发给部分行政经费补助,后者则由政府直接下拨钱粮。据统计,在1949年秋季开学前,公立和私立学校有5 596位教职员工、3 540名学生得到救济。①

1950年8月24日,教育工会上海市委员会遵照上海市失业工人救济委员会的指示,办理全市失业教职员工的全面突击登记。登记对象为上海解放(1949年5月25日)后,在上海市失业之教职员工。② 市教育工会对有1年半以上工龄的失业教职员工,按月发给救济粮,每人22.5千克,直系家属每人7.5千克,每户以45千克为限。据统计,1950年6—8月,领取救济粮的失业教职员工共769人,家属3 023人,发放救济粮2.7万余千克;9月,申请救济粮的教职员工共730人,直系家属2 163人,以北四川区、普陀区、提篮桥区、蓬莱区等最多。③ 至1950年10月,市人民政府发放中央人民政府政务院下拨的大米近60万千克,用于救济私立中等以下学校的全部清寒教职员工。④

1950年9月,为进一步救济失业教师,处理失学问题,执行中央人民政府政务院发布的《关于救济失业教师与处理学生失学问题的指示》,华东军政委员会发布指示指出,华东地区在国民党统治时期,知识分子失业和学生失学问题就特别严重,上海解放后,尽管各地人民政府曾多方设法维持公立和私立学校,但由于1949年各地的灾荒及旧的经济改组所造成的城乡经济暂时困难,由于部

---

① 文管会两月余努力,基本完成接收任务[N].文汇报,1949-08-23.
② 本市失业教育工作者,今开始全面突击登记[N].文汇报,1950-08-24.
③ 照顾失业教职员工,教育工会发救济粮[N].文汇报,1950-09-21.
④ 市府拨米59万余斤,救济私校清寒教职员工[N].文汇报,1950-10-06.

分处理不善的学校在新旧交替时期无法自存,因此,华东教师失业和学生失学的现象仍相当严重。私立之大中学校,除少数条件较好者外,大都有经济困难,部分学校且已停闭。指示要求:

(1) 各省、市人民政府除尽可能维持公立学校外,还应积极维持私立学校。……实在无法维持的可与性质相近的学校合并办理,其失业的教职员应予以适当的安置。

(2) 维持私立学校的重点,应放在大中学校方面。……政府方面,可以采取增设人民助学金,或添设私校学生工读助学金,可以奖励办理有成绩的私校,补助其教师生活。

(3) 对于办理尚有成绩经多方设法仍难维持的小学校,应着重解决或补贴其教员的生活,使其有可能坚持教育岗位。

(4)(略)。

(5) 对于已经失业的教师和一般的知识分子,应……进行普遍登记和救济,并根据政务院的指示,举办各种训练班,"施以政治及思想教育,并辅以各种业务教育",树立为人民服务的思想,打破其对于工作地点、生活待遇及工作条件的个人顾虑。

(6)(略)。

(7)(略)。①

人民政府还动员大批失业知识分子和经济困难同学南下,或到部队参加革命工作,或到东北、西北参加建设工作,以缓解就业压力。同时还招收部分失业教师,施以政治上、思想上的教育,辅以业务训练,并在结业后帮助解决工作。如私立大夏大学在解放初就有300多名学生奔赴东北、华北、华东各种革命工作岗位。②

关于救济失学问题,新政府的工作主要是:(1) 开办夜中学计90班,收容学生4 500余人;(2) 增设市立补习学校,到1950年10月份止,已可容纳学生5 000余人;(3) 与团市委和市学生福利工作委员会配合,举办失业失学青年短期政治训练班;(4) 委托私立补习学校举办技术学习班;(5) 1950年暑期拨款

---

① 救济失业教师,处理失学问题,华东军政委员会发布指示[N].文汇报,1950-09-15.
② 吴泽.大夏大学怎样克服困难的[J].新教育,1950(5).

34 000余万元,作为清寒学生助学金;(6)采用以工代赈的办法,配合市学联共同组织学生参加暑期服务,部分解决清寒学生秋季入学的学费问题。① 为照顾清寒学生,市政府于1951年初拨款设置了市属中等学校清寒学生生活临时救济金,分甲乙两级,甲级每月9万元,乙级每月4.5万元。但享有人民助学金的学生不得申请临时救济金。②

第三节 密切教育和政权建设的关系

新教育是新社会的一部分,理应融入社会主义建设事业,并为之服务。除了在教育教学、人才培养上较好地反映时代变化和国家需要外,学校教育还直接参与或促进新建设,采取多种措施密切教育与社会的关系。上海教育为尽快与旧社会脱离,积极主动适应新变化,让师生们在直接的社会服务和社会活动中感受新时代的强劲脉搏。上海解放当天,交通大学、同济大学、复旦大学、暨南大学、美术专科学校等校学生就出现在街头,贴标语,挂漫画,扭秧歌,向解放军献花。其中有一条标语写着:"我们的日子来了!"美专学生还画了一张房屋一样高的毛泽东巨幅肖像,张挂在"大世界"门前。第二天,中华职业学校等联合组成的宣传队冒雨在街头欢歌,其中有一首歌唱道:"春天到了百花开,反动政府倒了台。夏天到了荷花开,人民军队到上海。"③

一、青年学生参军南下

上海解放后,教育界积极响应和支持全国的解放事业,许多知识青年由此走上了革命道路,参加了上海知识青年随军南下服务团与西南服务团。1949年6月19日,上海知识青年随军南下服务团成立,复旦、暨南、圣约翰、上海法学院、大夏、大同、东吴、同济、沪江、上海商学院、上海幼稚师范、南洋女中、麦伦等大中学校学生都踊跃报名参加南下服务团。④ 21日,上海学生联合会召开全市大、专、中各校学生南下服务动员大会,动员青年学生南下。到24日,即有6 000多名学生报名南下(其中复旦大学400多人,上海法学院140多人,同济大学120余人)。⑤

---

① 夏衍.上海文教工作概况与今后工作任务[N].文汇报,1950-10-19.
② 本市教育局设置生活临时救济金[N].文汇报,1951-02-15.
③ 林麟,温国华.新上海巡礼[N].人民日报,1949-05-29.
④ 上海知识青年随军南下服务团成立[N].人民日报,1949-06-23.
⑤ 上海学联召开动员大会号召学生南下服务[N].人民日报,1949-06-25.

首批核准南下的上海知识青年共4 879人,其中有4 000名是由学联委托各校自治会代办录取的毕业生和在校生。因名额有限,还有许多学生未能如愿,①足见上海青年学生的革命热情之高。同时,还有许多青年报考华东人民革命大学、华东军政大学、上海市青年干部训练班,成长为上海和全国新建设的高级管理人才。随着解放形势的迅猛发展,参军入伍和到军事学校学习的学生越来越多。1949年六七月间,上海共有2万余名学生参加南下服务团、西南服务团、华东军政大学以及各种革命工作。② 复旦大学在一个月内就有1 200名学生离校参加革命,占该校学生总数的70%。③ 格致中学在解放初有119名学生参加中国人民解放军南下服务团或进入军事干校。④

1949年12月13日,华东军政委员会发布关于执行中央人民政府人民革命军事委员会及政务院"招收青年学生青年工人参加各种军事干部学校联合决定"的指示,指出,华东地处国防前线,对加强国防建设、保卫祖国和平责任重大,要坚决号召青年学生青年工人参加军事干部学校。⑤ 其中,上海财经学院学生参加军校的热情尤高,由160多名学生组织了6个战斗队。格致中学也有265名学生参加了军事干校。中华职业学校在宣传动员后,有200多名学生决心投身国防建设,热烈报名参加军校。另外,江湾中学150多名,陆行中学70多名,大经中学100多名,民立女中74名,越旦中学40多名,钱业中学50多名,格致夜中126名学生都踊跃报名参加军事干校。⑥ 私立大学如大同、光华、沪江等校也分别举行了不同形式的动员会,一致认为参加军事干校是青年最光荣的任务。⑦

二、积极推销公债

从1949年5月底开始,上海经历了四次物价波动,到1950年3月才步入正轨。第一次是从上海解放到6月,一般物价上涨270%左右,主要是银元、美钞投机,对人民币不信任。1949年6月初,为配合政府取缔扰乱市场的银元投机买卖活动,上海市大中学校组织学生去工厂、街头宣传,以造声势。第二次是从

---

① 革命号角不断召唤,南下青年今天入团[N].文汇报,1949 - 06 - 29.
② 讨论学运当前任务,沪举行学代大会,学联报告五个月来工作[N].人民日报,1949 - 11 - 14.
③ 中共上海市教育卫生工作委员会党史资料征集委员会办公室.中共上海市教育卫生体育系统党史大事记(1949—1989)[M].上海:上海交通大学出版社,1993:11.
④ 上海市黄浦区志编纂委员会.黄浦区志[M].上海:上海社会科学院出版社,1996:1176.
⑤ 关于招收学生工人参加军校,华东军政委员会发布指示[N].文汇报,1949 - 12 - 13.
⑥ 本市公私学校一齐动员,参加军校同学继续增加[N].文汇报,1949 - 12 - 13.
⑦ 大同、光华、沪江等校掀起参加军校热潮[N].文汇报,1949 - 12 - 13.

6月下旬到7月底,仅米价就上涨了338%,主要原因是人民币发行量增大,以对付大军南下带来的庞大的军费开支。第三次是从10月到11月,全国币值大跌,物价猛涨,主要原因是政府财政赤字庞大,纸币发行大量增加。第四次是从1950年1月到2月,涨价原因是人民币发行量增加,以及因杨树浦发电厂被炸导致的市民抢购。①

1949年底,为稳定物价,支持解放战争胜利完成,全国已解放地区发行人民胜利折实公债。12月25日,市高教联在解放剧场召开高教界大会,请华东区财经委员会副主任委员许涤新阐述发行公债的需要和意义,会议通过了推行人民胜利折实公债委员会名单,希望上海高校一致拥护并推销公债。② 会后,各校宣传并动员师生积极购买公债,还通过学生发动广大家长和亲友购买公债。复旦大学截至1950年1月21日,已购买公债2万份,有的学生甚至拿出家传首饰和黄金来购债。③ 南洋女中折实公债推销委员会在1950年1月23日召开寒假工作动员大会,认为推销公债是对全体师生的一次考验,一定要负起带头模范的使命。沪北区中等学校也掀起推销热潮。④

1955年,上海市各大、中、小学教师又积极认购国家经济建设公债。

三、参与抗美援朝

1950年10月,应朝鲜党和政府的请求,中国人民志愿军开赴朝鲜战场。对广大师生进行抗美援朝、保家卫国的教育显得特别重要。

1. 校内教育

上海各校从1950年11月开始,掀起了紧张的时事学习活动。学校的政治思想教育特别注重反对美帝国主义的新的法西斯思想,肃清美帝国主义长期在中国人民中传播的一切有毒的思想影响,发扬民族自尊心和人民革命战争的伟大传统,树立打败帝国主义的坚强信心。中等以上学校组织师生系统地揭露、批判过去美帝国主义在中国所传播的一切有毒思想以及对美帝的幻想和"恐美病"。所谓美国的"民主"、生活方式、科学文化及其强大等,都是批判的对象,目的是端正青年思想,使之具体认识"美帝正是在威胁中国人民、世界人民的最卑鄙最残忍最反动的敌人。它是纸老虎,是中国人民手下的败军

---

① 熊月之.上海通史·第12卷:当代经济[M].朱全海,甘慧等,著.上海:上海人民出版社,1999:35.
② 高教联召开高教界大会,通过推行公债委员会名单[N].文汇报,1949-12-26.
③ 杨履谟.复旦人买公债的故事[N].文汇报,1950-01-24.
④ 寒假前夕的各校[N].文汇报,1950-01-24.

之将,是完全可以战胜的"。① 小学则采取讲美帝侵略的故事和朝鲜人民奋战的英雄故事、唱抗美歌曲、唱童谣、展览图片、看连环画、看电影等方式,帮助儿童了解这一伟大的斗争。有的还通过各种游戏来对学生进行时事教育,如"打纸老虎""捉战犯""抓特务"等。

一些学校在学习报纸、文件的基础上,召开了各种座谈会、讨论会,帮助学生提高对国际形势的认识。如民立女中在各个班级召开了诸如"原子弹与战争""朝鲜问题""联合国问题""对苏联的认识""对美国的认识""十月革命与中国"等座谈会,通过各种具体事例和理论分析,激发学生对美帝国主义的仇恨和对抗美援朝的支持。一些学生还上书毛泽东,以表决心。② 在教会学校里,师生掀起抗议美帝的怒潮,成立了教会学校反美爱国联合委员会。接受美国津贴的教会学校也积极参与抗美援朝宣传,叫人们不要收听"美国之音"。

2. 校外宣传

在全国轰轰烈烈的抗美援朝保家卫国运动中,上海各级各类学校纷纷组织学生宣传队,走上街头,参与全社会的群众性宣传教育运动。交通大学学生自愿向工厂的工人进行了一次大规模的时事宣传,宣传形式主要有话剧、相声、舞蹈、歌唱等。交大共有2 000多名学生外出宣传,访问了附近50家工厂,表演了150多个文娱节目。③ 1950年12月9日,上海学生借纪念"一二·九"的时机,举行反对美帝侵略朝鲜大会,并在会后组织10万多名大中学生进行声势浩大的游行示威。④ 12月14日,上海41所大学、专科、研究院等高等教育机关的3 000名大学教师举行抗美援朝保家卫国大会,会后进行示威游行,游行队伍从大光明戏院出发,经南京路、河南路、福州路、西藏路,回到大光明。⑤ 12月17日,上海1万多名小学教师组成了92个大队、600多个小队,向全市里弄、工厂展开抗美援朝、保家卫国宣传。⑥

3. 踊跃参军

1950年12月1日,中央军委和国务院发布《关于招收青年学生、青年工人

---

① 社论. 开展抗美援朝的政治教育[J]. 人民教育,1950(1).
② 余立. 上海民立女中的时事政治教育[J]. 新教育,1951(3).
③ 永年. 交通大学是怎样下厂宣传的[J]. 新教育,1950(12).
④ 中共上海市教育卫生工作委员会党史资料征集委员会办公室. 中共上海市教育卫生体育系统党史大事记(1949—1989)[M]. 上海:上海交通大学出版社,1993:26.
⑤ 蒋述. 上海三千大学教师大示威[J]. 新教育,1950(5). 另见:沪大学教师三千人示威,决心保卫世界和平制止美帝侵略,以爱国的实际行动回击美帝侮辱[N]. 人民日报,1950-12-16.
⑥ 龚家昌. 万余教师走向里弄、工厂[J]. 新教育,1951(1).

参加各种军事干部学校的联合决定》,上海青年学生积极响应号召,参加国防建设,在军事干部学校招生办法公布的第一天,就有虹口中学、格致中学、上海中学等校学生踊跃报名,要求参加军事干部学校。① 不到半个月,报名学生人数多达1.8万。其中,交通大学有319名学生投笔从戎。② 1951年7月,军事干部学校再次招收学生,上海各大中学校有1.2万人参加。

4. 爱国公约

上海教育界订立了关心国防、支持抗美援朝的"爱国公约"。许多学校据此订立并履行爱国公约,开展了多种形式的课外活动,进行爱国宣传,师生们彻底改变了"亲美、崇美、恐美"的态度。

上海教育界爱国公约

一、拥护毛主席,拥护中国共产党,拥护中央人民政府,拥护中国人民解放军。

二、坚决反对美国对日片面媾和及重新武装日本,为保卫世界和平而斗争。

三、继续以实际行动,加强国防,解放台湾,努力支援中国人民志愿军和朝鲜人民军。

四、提高教学质量,改进教学方法,贯彻爱国主义与国际主义思想,为办好人民教育事业而努力。

五、加强时事、政治、理论与爱国主义的学习和宣传,提高政治水平,树立民族自尊心,彻底肃清亲美、崇美、恐美思想。

六、彻底肃清美帝国主义在上海一切侵略势力与影响,所有美帝国主义津贴或经营的教育机关,必须坚决与美帝国主义割断关系。

七、在爱国主义旗帜下,加强师生员工的民主团结,互相帮助,爱护公共财物,全力办好学校。

八、开展文娱体育活动,培养青年儿童的强健体格。

九、协助政府肃清匪特,消灭反革命谣言,防止破坏,保护学校。③

---

① 育才等校同学热烈响应号召,争先要求参加军干校[N].文汇报,1950-12-03.
② 上海交通大学校志编纂委员会.上海交通大学志[M].上海:上海交通大学出版社,1996:11.交通大学142位教授曾联名发表告同学书,鼓励他们积极参加军事学校,做一个国防建设上的优秀干部(参见:上海学生参加军事干部学校,受到师长家长鼓励[N].人民日报,1950-12-11).
③ 上海教育界爱国公约[N].文汇报,1951-03-11.

5. 捐款捐物

上海教育界还以各种实际行动为抗美援朝作贡献,给志愿军寄去了上万封慰问信和大量慰问品。育才中学发起"万发子弹捐献"运动,提出"捐献一颗子弹,消灭一个侵略军"的口号。复旦大学在援朝捐献中发起"一人一弹、一人一信"运动。交通大学发起的"上海教工号"飞机捐献活动,一开始就募集到3 590万元,还有子弹78 000多发,手榴弹1 100多枚,慰问袋430多个,以及药品、日用品多种。1951年5月4日,交通大学又发起捐献"交大号"高射炮一门。

四、统一分配和统一招生

1. 统一分配

统一分配是将个人融入国家建设的一种制度化方式。在此过程中,学生得到自我定位,社会按政府规划得到人才供应。当然,其主要目的侧重后者。1950年夏天,新中国对其成立后的首届高校毕业生实行统一分配。6月14日,上海市毕业生出路问题座谈会在南京西路美华酒家举行。主持人发言说,毕业生的出路基本上是不成问题的,但现阶段还在过渡的暂时困难中,只在重点恢复,大学生或中学毕业生不可能自由选择职业,统一调派的职业不仅不会完全符合个人兴趣,甚至不一定完全与所学的相符合。最后问道:"在今天的情况下,我们该不该讲待遇,讲地区,强调个人的困难呢?也就是说,我们为人民服务,革命要不要讲条件呢?"参加座谈的人都表示,在经过形势教育和政治动员以后,大家都确定了革命利益高于一切的观点,要抛开个人"小算盘",积极配合国家需要,坚决服从统一分配。① 7月,华东教育部部署华东区高校毕业生的统一分配工作,各高校也成立了毕业生工作小组。复旦大学教务长周谷城②对毕业生说,旧社会毕业即失业,在新社会毕业后要为人民服务,要放弃小我,站稳立场,任何个人问题都可以解决。③ 当年,上海有半数高校毕业生分配到国家重点建设的东北地区。

---

① 当然,同学们也经过了激烈的思想斗争。交通大学的杨啸荪说,机械系有几位同学曾为此两三天不想吃饭。参阅:毕业生出路问题座谈会[N].文汇报,1950-06-19.
② 周谷城(1898—1996),湖南益阳人,1921年毕业于北京高等师范学校。1930—1933年任中山大学教授兼社会学系主任。1932—1942年任暨南大学教授兼历史社会学系主任。自1942年秋起,一直在复旦大学执教,曾任历史系主任、教务长等职。是第一、二、三、五届全国人大代表,第五届全国政协常委,第六、七届全国人大常委会副委员长。主要著作有:《中国通史》《世界通史》《中国政治史》《周谷城史学论文选集》等。
③ 中共上海市教育卫生工作委员会党史资料征集办公室.中共上海市教育卫生体育系统党史大事记(1949—1989)[M].上海:上海交通大学出版社,1993:22—23.

1951年7月18日至8月16日,为顺利做好毕业生分配工作,上海高校举办了毕业生学习班,分四个单元进行爱国主义学习,旨在让学生了解国家前途就是个人前途,扫除思想上的顾虑,建立为人民服务的观点。经过学习,有96%的学生坚决表示无条件服从统一分配,并上书表决心:"祖国分配我们到哪里,就到哪里,人民需要我们做什么,就做什么。"① 在制定统一分配方案时,1951年时,首先是满足中央各部委的需要,然后是东北重工业基地的需要。

1952年春,中央人民政府教育部决定将高校理工科若干系原应在1953年和1954年暑期应届毕业的学生,提前一年毕业,以适应工业建设的需要。华东军政委员会将提前毕业的系划定为机械、电机、化工、土木、纺织、航空工程、建筑、造船、测量、水利、采矿、冶金、地质、数学、物理、化学、气象。决定下达后,交大、同济、复旦、圣约翰、震旦、大同等大学的理工学院相继举行了动员大会,纷纷作出不降低教学质量的保证,并探讨如何在3年内教好学好4年的课程。②

到1952年夏天,统一分配已成定制。各校公布统一分配名单时,学生们纷纷举行"接受光荣任务大会""决心会"。③ 1953年,上海各高等学校参加统一分配的毕业生有4 700余人,交通大学、复旦大学、华东师范大学、华东纺织工学院等校在毕业生临行前,华东行政委员会、上海市人民政府和各高等学校联合举行了热烈的欢送大会。

2. 统一招生

1949年8月,上海解放后高校开始招生,公立大学实行联合招生,考生只填系科志愿,不填学校。私立大学则仍由各校单独招生。由于各私立大学入学考试时间不统一,考生便有多个机会参加各校的入学考试,成绩好的考生常常会被几个大学同时录取,结果造成新生的报到率很低。这种单独考试虽然给了考生很大的选择空间,但加重了考生的精神负担和经济负担;同时,学校方面用于考试的费用也不低,且无法保证其所录取的新生全部到校学习,使招生计划难

---

① 高校毕业生静待分配[N].文汇报,1951-08-17.
② 祖国需要大批高级工业建设干部,大学理工各系二三年级学生提前一年毕业[N].文汇报,1952-02-05.交通大学教务长陈大燮提出了四种缩短学程的办法:(1)大量停开不必要的课程,使课程专业化;(2)开设课程应与目前工业建设的需要密切配合;(3)对于内容不够充实的课程,应当精简学时;(4)提高教学效率,节省讲授和学习的时间。
③ 上海市高校毕业生统一分配名单公布,同学们欢欣鼓舞接受光荣任务[N].文汇报,1952-09-10.

以完成。1950年5月26日,中央首次对全国高等学校的招生工作作了统一规定,内容包括报考资格、考试科目、考试日期等。报考资格要求有相当于高中毕业的文化程度,考试科目为国文、外国语(英或俄)、政治常识、数学、中外历史、中外地理、物理、化学,考试日期为7月21日至8月10日。尽管各校仍可单独考试、单独招生,但考试科目、考试日期、报考条件必须符合中央政府的统一规定,这就为统一高考创造了条件。① 根据中央人民政府教育部的指示,华东地区上海、南京、杭州及镇江等地11所公立专科以上学校1950年暑期实行统一招生,这11所高校是:国立同济大学、南京大学、交通大学、复旦大学、浙江大学、上海医学院、江苏医学院、上海商学院、药学专科、吴淞商船专科及上海市立工业专科学校。② 统一招生既降低了各校的招生成本,也方便了广大考生复习迎考。

1951年4月24日,教育部在高校招生文件中规定:"为进一步改正各校自行招生所产生的混乱状态,减少人力、物力及时间上的浪费,各大行政区教育部(文教部)可根据各地区的具体情况,分别在适当地点,争取实行全部或局部高等学校统一或联合招生。如统一或联合招生有困难时,得斟酌情形,允许各校单独招生。"教育部还规定,单独考试应在统一或联合考试后举行,以免冲突。5月15日,华东地区参加统一招生的41所公立和私立高校成立统一招生委员会,并在上海、南京、杭州、福州设立了四个考区。③

1952年6月12日,中央发布《关于全国高等学校1952年暑期招收新生的规定》,第一次明确规定全国高等学校实行统一招生考试。该规定指出:中央成立全国高等学校招生委员会;高等学校的招生对象是"高中毕业生或相当于高中毕业程度"的青年;各校的招生名额应报请大区人民政府教育部,根据全国招生计划审核批准;考试科目为政治常识、国文、外国文、中外史地、数学、物理、化学、生物,均由全国高等学校招生委员会组织命题,制定参考答案和评分标准;全国统考于8月15—17日三天举行。考试结束后,教育部在北京组织统一录取。1953年暑期,全国高等学校仍实行全国统一招生,但录取工作由全国统一录取改为由各大区组织录取。

全国性统一高考制度的推行,结束了上海高校单独招生考试的历史。这与新政府在国家建设的各个方面积极推行计划体制相一致,既加强了高等教育的

---

① 杨学为.高考四十年[J].中国考试,1997(1).
② 华东区十一所高等学校今年暑假统一招生[N].人民日报,1950-06-22.
③ 华东41所高等学校成立统一招生委员会[N].文汇报,1951-05-24.

计划性,也为国家运用高考"指挥棒"统一和规范高中教育奠定了制度基础。

五、参加土地改革

参加土地改革是对师生进行阶级教育和思想教育,帮助他们了解社会面貌和农村形势的一种有效手段。1950年6月30日,中央人民政府公布施行《中华人民共和国土地改革法》,上海即组织大中学校师生学习土地改革法,认识土地改革是中国新民主主义革命的基本内容,是我们国家克服困难,争取财政经济状况基本好转的首要条件,是实现我国工业化、民主化,独立、统一和富强的稳固基础,是关系我们整个国家的发展前途与人民幸福生活的远景问题;认识在土地改革中划分农民的阶级成分,是一件复杂且极其重要的工作;认识经过土地改革,农民的觉悟将空前提高,人民民主专政将在农村普遍地加强起来。

1950年10月,上海高校就有部分师生分批到市郊和安徽、江苏等地农村参加土改,接受阶级斗争的教育和锻炼。1951年4月初,"上海市大学教师土改工作队"122人(其中教授占80%,讲师、助教占20%,内有陈大燮①、姚舜钦②、蔡尚思③、冯契④、曹未风⑤等知名教授),经过连日紧张的学习后,分成11个小队,

---

① 陈大燮(1903—1978),浙江海盐人。早年毕业于交通大学,后去美国普渡大学攻读机械工程,获硕士学位。1928年回国,先后任浙江大学副教授,中央大学、交通大学教授。新中国成立后任上海交通大学教务长。1959—1966年任西安交通大学副校长。是第二、三届全国人大代表,九三学社中央委员。主要著作有:《工程热力学》《传热学》《高等工程热力学》等。

② 姚舜钦(1902—1970),江苏武进(今常州市武进区)人。1927年毕业于光华大学文学院教育系,曾任光华大学教授、华东师范大学教授。主要著作有:《八大派人生哲学》《近世西洋哲学史纲要》《秦汉哲学史》等。

③ 蔡尚思(1905—2008),福建德化人。北京大学研究生毕业,曾任复旦大学、大夏大学、光华大学、沪江大学等校教授。新中国成立后任复旦大学历史系主任,1978年任复旦大学副校长。主要著作有:《中国近代学术思想史论》《中国古代学术思想史论》《中国思想研究法》等。

④ 冯契(1915—1995),浙江诸暨人,1944年清华大学研究院肄业。抗战胜利后到上海同济大学、复旦大学任教。20世纪50年代起任华东师范大学教授,并先后任政治教育系主任、哲学系主任。1984年兼任上海社会科学院哲学研究所所长、上海社会科学院副院长。主要著作有:《怎样认识世界》《中国古代哲学的逻辑发展》《中国近代哲学的革命进程》《智慧的探索》等。

⑤ 曹未风(1911—1963),浙江嘉兴人。1931年前后开始翻译莎士比亚戏剧。后去英国留学,搜集有关莎士比亚戏剧的资料。所译《威尼斯商人》等11种剧本,由文通书局用《莎士比亚全集》的总名于1934年出版。1945年起,曾任上海培成女中教务长,大夏大学教授兼外文系主任,并在暨南大学、光华大学任教。新中国成立后,历任华东军政委员会教育部高等教育处副处长,上海市高等教育管理局教学指导处长,上海市高等教育局副局长等职。另译有汤因比著《历史研究》。

赴上海市郊区及宁波等地参加土改工作。① 11月,上海许多中小学校的校长、教导主任和教师到皖北、苏北参加了土改工作。1951年新成立的华东师范大学,从一开学就参加了土改。廖世承②在学校成立大会上宣布:经华东军政委员会批准,全校师生去皖北参加土改两个月,作为开学后的第一课。经过为期10天的土改政策学习,10月26日,举行全校大会,热烈欢送参加土改工作的师生。全校共有968名师生(其中教职工132人)被批准去皖北参加土改,分3个大队和1个独立队,分别奔赴宿县、涡阳、淮南和凤台。1951年12月25日至1952年1月9日,参加土改师生分批回到学校。③

许多教师从来没有在农村生活过,也没有与农民进行过深入接触,尽管他们从书本上了解了中国历史上和现实中的农村和农民的状况,但农村和农民的极端贫穷落后还是超出了他们的想象。因此,师生们大都衷心拥护土地改革,希望土改给农民带来新的生活。参加土改的师生从繁华的大城市来到贫穷落后的农村,生活习惯、语言表达、思维方式等方面遇到的各种困难可想而知,但他们克服种种困难,努力学习,积极工作,给当地农民留下了深刻印象。复旦大学王谷良一次在雪夜中饿着肚子到另一地去工作,只吃了三个胡萝卜当晚饭,渴了就喝几口淮河里的水。许多同志表决心说:"要我终身做农村工作也愿意。"④华东师范大学的学生为了精确细致地做好统计工作,曾几夜不睡,天气愈冷工作愈起劲;教师们也和同学们一样卷入工作高潮,如谢循初⑤曾冒着大风大雪,跑了一二十里去检查各村工作的进展情况,及时纠正工作中出现的偏差。萧承慎⑥为帮助

---

① 大学教师122人下乡参加土改工作[N].文汇报,1951-03-29.
② 廖世承(1892—1970),上海嘉定人。1915年毕业于清华学校,并赴美留学。1919年回国,任南京高等师范学校教授兼附中主任。1927年任光华大学教育系主任,后又先后任光华附中主任和光华大学副校长。1938年任国立师范学院(湖南)院长。1951年,光华大学和大夏大学等院校合并组建华东师范大学,廖世承任副校长。1956年任上海第一师范学院院长;1958年任上海师范学院院长。是第二、三届全国人大代表,民盟第二、三届中央委员。主要著作有:《教育心理学》《中学教育》《中国职业教育问题》《教育测验与统计》。
③ 袁运开,王铁仙.华东师范大学校史1951—2001[M].上海:华东师范大学出版社,2001:7—8.
④ 复旦师生土改大队完成首期工作[N].文汇报,1951-12-19.
⑤ 谢循初(1895—1984),安徽当涂人。1918年毕业于金陵大学,1919年赴美国芝加哥大学攻读心理学。曾任北京师范大学、北京大学、暨南大学、光华大学教授,新中国成立后任复旦大学、华东师范大学教授。译有《心理学》《现代心理学派别》等。
⑥ 萧承慎(1905—1970),湖北江陵人。1930年毕业于中央大学教育系,1932年获美国哥伦比亚大学师范学院硕士学位,曾在英国伦敦大学皇家学院研究教育理论,曾任中央大学、河南大学、复旦大学教授。新中国成立后任复旦大学、华东师范大学教授。著有:《教师基本素养三讲》《师道征故》《我国中学校长制度之探讨》等。

同学们解答疑难问题,好几夜都工作到两三点才上床。①

土改归来,师生们在思想认识上都有了很大的转变,他们了解到农村的阶级剥削和压迫,培养了工农感情、阶级觉悟和为人民服务的思想。回校后,师生还举行报告会,总结参加土改的收获和体会。

六、"镇反""三反""五反"

1. "镇反"

新中国成立初期,全国各地并不太平,一些反动势力转入地下,袭击、围攻人民政府,破坏铁路、厂矿,残杀干部、群众,此类事件时有发生。1950年10月10日,中共中央发出《关于镇压反革命活动的指示》,要求镇压那些罪大恶极、怙恶不悛,新中国成立后继续作恶的反革命分子。12月,全国各地大张旗鼓地开展了"镇反"运动。

教育界的"镇反"运动与全市其他部门一样,采取群众路线,先进行广泛的宣传与动员,发动群众自觉检举、揭发,协助政府追捕反革命分子。学校内知识分子居多,"镇反"重点乃是反动党团骨干分子。1951年1月13日,市教育局为贯彻市军管会关于反动党团特务人员实施登记的命令,在市体育馆举行4 000人大会,要求以诚恳的与人为善的态度规劝督促本单位应该进行登记的人,迅速前往登记。② 当日,交通大学就有11人到徐汇区反动党团特务人员登记处交大登记室进行登记,希望放下包袱,重新做人。复旦大学也召开了座谈会,欢迎一切失足分子坦白悔过,回到人民的怀抱里来。同济大学则请市登记处负责人到校讲解,号召同学们协助政府搞好登记工作。③ 1952年4月28日,公安机关到同济大学逮捕反革命分子10余人。④ 1955年七八月间,上海市军管会军法处对一批潜伏在大中小学的反革命分子进行了宣判。⑤

2. "三反"

新中国成立之初,由于多种原因,国家财政面临一定困难,抗美援朝又急需大量军费。1951年秋,全国开展了精兵简政、增产节约运动。11月20日,毛泽东提出开展"三反"斗争。"三反"即反对贪污、反对浪费、反对官僚主义。12月

---

① 参加皖北土改归来,华东师大师生员工思想上提高了一步[N]. 文汇报,1952-01-16.
② 协助政府肃清暗藏的敌人,教育工作者举行大会[N]. 文汇报,1951-01-14.
③ 仇恨反革命分子罪行,各校纷纷控诉[N]. 文汇报,1951-01-14.
④ 《同济大学志》编辑部. 同济大学志(1907—2000)[M]. 上海:同济大学出版社,2002:11.
⑤ 判处隐藏在学校中的反革命集团案件[N]. 文汇报,1955-07-09;判处一批潜伏在学校里的反革命分子[N]. 文汇报,1955-08-03.

1日,中共中央作出《关于实行精兵简政、增产节约、反对贪污、反对浪费和反对官僚主义的决定》。"三反"运动的重点是打击大贪污犯,通过对典型重大案件的严肃处理,引起全党和全社会的警惕,在全社会开创艰苦朴素、廉洁奉公的一代新风。

1951年12月10日,上海教育界召开增产节约大会,戴伯韬认为,浪费问题主要表现在六个方面:(1)许多学校将旧的物件搁置堆积一旁,而又向教育局请求购置新的;(2)买了不用的现象普遍存在;(3)纸张文具的浪费;(4)水电的浪费;(5)对储藏物资,听其霉烂、损坏,对公物漠不关心;(6)浪费房屋和人力。贪污方面,主要是部分学校教职员虚报账目,挪用公款,盗卖公物,卷款潜逃。而浪费和贪污问题,与学校行政上的官僚主义和教师中存在的个人主义与自由主义思想作风是分不开的。① 12月24日,华东教育部召开"三反"动员大会。② 次年1月,上海教育系统的"三反"运动进入高潮,贪污腐化分子得到清理,官僚主义分子被撤换,一批符合要求的人被提拔到领导岗位。但在追查贪污犯的"打老虎"阶段,也产生过偏差,一些高校还出现了学生斗老师的反常局面。

3. "五反"

由于"三反"中发现的严重违法活动和贪污分子大多与不法资本家的拉拢腐蚀有关,中共中央于1952年1月发出指示,在大中城市开展"五反"斗争。"五反"即反对行贿、反对偷税漏税、反对盗骗国家财产、反对偷工减料、反对盗窃国家经济情报(这些违法活动简称"五毒"),是对资产阶级猖狂向党进攻的一次坚决反攻。

上海的"五反"运动于1952年3月开始。3月24日,市教育局、市教育工作者工会召集市属公立和私立中等学校、职工业余学校、补习学校的校长、教导主任、政治教师、时事政策教师及公立和私立小学校长、教导主任等在上海市体育馆举行大会,传达全市教师"五反"学习计划的精神和要点,要求教师们利用业余时间,向里弄居民宣传"五反"斗争。③ 据统计,上海被审查的私营工商业中,85%存在"五毒"行为,上海被抽样调查的351家纳税户中,偷税漏税者

---

① 反浪费、反贪污、反官僚主义,教育界昨开增产节约动员大会[N]. 文汇报,1951-12-11.
② 展开反贪污反浪费反官僚主义运动,华东教育部召开动员大会[N]. 文汇报,1951-12-25.
③ 上海市千余中小学教师积极参加"五反"斗争[N]. 人民日报,1952-03-31.

占 99%。①

1952 年 4 月 3 日,4 000 多名教育工作者参加了全市"五反"宣传动员大会,随后一面进行系统内的"五反"工作,一面到社会上进行"五反"宣传。一些学生还回家做父母的思想工作,动员亲属主动向政府交待问题。华东师范大学先后有 161 位资产阶级家庭出身或与之有亲友关系的上海学生请假回家,动员家长或亲友参加"五反"运动的坦白检举活动。②

"三反""五反"运动到 1952 年 10 月基本结束。

---

① 何沁.中华人民共和国史[M].北京:高等教育出版社,1997:74.
② 袁运开,王铁仙.华东师范大学校史(1951—2001)[M].上海:华东师范大学出版社,2001:12.

第二章

上海教育的社会主义改造

新政权稳固后,国家对文化、经济等重大社会领域进行了社会主义改造。上海教育界在党和国家的坚强领导下,同兄弟省市一道,也开展了一系列脱胎换骨式的社会主义改造。"执行文教政策改造学校,其中心关键在于改造师生的思想观点,这主要就是站在人民的立场上去教育学生,用理论与实际一致的辩证唯物论的观点和方法去教育学生。"① 无论是宏观的学校教育培养目标、学校系统结构,还是微观的教学内容、教学方法,甚至师生的头脑世界、教学话语系统,在改造中都发生了剧烈而深刻的变化。这种变化声势浩大,一浪高过一浪,席卷着每一位学校教育工作的参与者和领导者。鉴于上海的特殊文化背景,上海教育界积极配合国家各项政策,主动进行自我剖析,在改造中获得了新生,成功构建了切合新形势需要的上海新教育。

第一节 学校教育向工农大众开门

《共同纲领》提出新教育是"民族的、科学的、大众的"。在以无产阶级为领导的人民当家作主的社会,工农子女的受教育权自然必须得到充分的保证和实施。为此,全国于1951年开始改革学制,从制度上保障工农及其子女的受教育权。1952年夏天,在上海中等学校新招收的70 385名新生中,有40 678名属工农成分,比重达57.8%。② 市教育局为贯彻学校向工农开门的政策,采取了一系列措施:一方面充分利用原有的教育资源,多开班级,如大量开设工农子弟晚班;另一方面扩建和新建了一大批学校,以确保能够接纳大量的工农子女入学,如在工厂区设立工人子弟小学、工人业余学校,在郊区农村设立农民业余学校。

---

① 戴伯韬.怎样研究和贯彻新教育政策[J].新教育,1950(创刊号).
② 一向以"贵族化"出名的市三女中(由私立中西女中和圣玛利亚女中合并而成),当年夏季录取的新生中,初一工农成分学生达到92%,高一工农成分学生达到69%。详见:全市中等学校向工农开门,工农子女4万多人考进中学[N].文汇报,1952-09-04.

考虑到工农家庭的经济困难和文化背景,各级学校又都采取了一些减免费措施,并在招生时优先录取工农子女。广大教师经过政治学习,阶级觉悟提高,主动跑到工农群众中去动员他们送子女入学。

由于大力采取多种措施,切实贯彻学校教育向工农大众开门的政策,上海普通中小学急速膨胀,以小学生为例,上海解放初只有32万人,1952年即增至近50万人。[①] 随着战争的结束和土改的完成,一些地方的许多党、政、军干部转入学校学习,这些干部和军人多是工农出身,文化基础较差,政府为他们设立了速成中学,并让他们优先进入高校学习。在城区,政府和企业还大量举办工人业余学校,使工人群众利用业余时间学习文化、政治和业务。在农村,则开展大规模的冬学运动,以提高农村干部和青年农民的文化水平。

一、学制改革

1951年10月1日,政务院发布《关于改革学制的决定》,废除旧学制,颁行新学制。该决定规定:幼儿教育由幼儿园实施,招收3—7岁幼儿。初等教育由小学实施,儿童7岁入学,修业5年(1953年又改为6年)。中等教育由普通中学、工农速成中学、业余中学和中等专业学校实施。普通中学又分初高两级,各3年,初中12岁入学,高中15岁入学;工农速成中学招收参加革命斗争和生产工作达到规定年限,且具有相当于小学毕业程度的工农干部和产业工人,施以相当于普通中学程度的教育。业余中学分初高两级,各修业3—4年。中等专业学校分技术学校、师范学校、医药及其他中专,招收初中毕业生和小学毕业生或同等学力者,修业2—4年。高等教育包括大学、专门学院和专科学校,招收高中毕业生和具有同等学力者,不规定入学年龄,其中大学和学院修业3—5年,专科学校修业2—3年。[②]

新学制有三个重要特点:(1)缩短了小学修业年限,取消初小和高小分级,有利于广大劳动人民尤其是农民子弟接受完全的初等教育;(2)将各种形式的干部学校、成人文化补习学校和工农速成学校置于重要地位;(3)使中等专业教育和高等教育多样化,以满足国家建设对人才的急切需求。新学制颁布后,得到了教育界和社会各界的广泛拥护。"它标志着教育这一武器已从地主、资产阶级的手里,转移到全中国人民,主要的是劳动人民掌握中了。……这是劳

[①] 斯绳.坚决贯彻学校向工农开门的方针,完成小学秋季招生任务[N].文汇报,1952-08-15.
[②] 中央人民政府政务院.关于改革学制的决定[G].中华人民共和国教育部办公厅.教育文献法令汇编(1949—1952).1958:29—32.

动人民文化翻身的一个标记,是劳动人民在文化教育上的胜利。"① 上海教育工作者表示要"克服一切困难,奋勇前进,为胜利完成新学制的完全实现而奋斗!"② 潘汉年副市长表示,1952年上海在教育工作方面,要根据政务院《关于改革学制的决定》,有计划有步骤地分轻重缓急,开始改革;克服学校中的混乱现象,加强各种培养干部的专业教育。③

新学制的一个重要内容是小学实行五年一贯制,以普及初等教育。1952年9月1—5日,全市公立和私立小学、儿童晚班及幼儿园全体教师学习新学制。通过听广播报告、学习文件和小组讨论等方式,教师们明白了学制改革的重大意义和基本精神,学习了京津地区实施五年一贯制的经验。④ 1952年秋季,即新学制颁行近一年后,上海正式实行小学五年一贯制。上海当年招收的16万多小学一年级新生中,工农成分学生占70.1%。许多底层劳动者过去"做梦都不敢想的事情,今天居然实现了"。为了满足随之而来的教学需求,市教育局临时调配了2 900名教师到公立和私立小学及儿童晚班,并扩充了2 000多个班级。⑤ 市教育局还在各区规定了1—2个重点学校作为实施五年一贯制的典型,成立了市五年一贯制课堂教学研究小组。

由于普通中小学向工农大众开门,上海市中小学生的数量猛增。1949年全市共有小学生31.2万人,1952年即增加到57万人,三年增加了83%;1949年全市共有中学生9.3万人,1952年增加到16.4万人,增幅为76%。到1953年,学龄儿童进入小学学习已无多大困难,但小学升初中仍有很大困难,当年初中招生名额不足小学毕业名额的70%。⑥ 淮海中路附近的向明中学,上海解放前全校学生中没有一个是工农子女,到1954年,工农子女已上升到22%。⑦ 据全国1952年的统计数据,工农子女占小学生总数的80%以上,占中等学校学生总数的57%以上。1953年全国高等学校里工农成分的学生占学生总数的

---

① 柳湜.论中华人民共和国的学制[N].文汇报,1951-12-11.
② 上海3万余教育工作者热烈拥护改革学制决定[N].文汇报,1951-10-05.
③ 潘汉年.上海市人民政府八个月来的工作报告[N].文汇报,1951-12-15.
④ 详阅:本市小学教师学习新学制以后,明确了学制改革的重要意义[N].文汇报,1952-09-10.
⑤ 本市实施五年一贯制获初步成绩[N].文汇报,1953-01-27.
⑥ 上海小学和初中毕业生升学问题大部获解决[N].文汇报,1953-09-14.到1959年,上海市中学生中的工农成分学生已由1949年的10.1%增长为52.8%;小学生中的工农成分学生已由1949年的29%增长为58.2%。参见:陈琳瑚.跃进的十年[N].文汇报,1959-09-29.
⑦ 吕型伟.上海普通教育史(1949—1989)[M].上海:上海教育出版社,1994:40.

22%左右。①

为了让学校的各方面工作与学制改革协调并进,教育部还出台了一系列规范中小学教育的重要文件:1951年3月18日颁发了《幼儿园小学暂行规程(草案)》,1952年3月18日颁发了《中学暂行规程(草案)》和《小学暂行规程(草案)》。尽管如此,小学五年一贯制在全国的推行并不顺利,许多地方因师资、教材等条件不足而感到困难重重,为此,政务院于1953年11月决定停止五年一贯制,恢复"四二制",政务院《关于整顿和改进小学教育的指示》指出:"关于小学五年一贯制,从执行情况来看,由于师资教材等条件准备不足,不宜继续推行。因此已从本学年起,一律暂行停止推行。小学学制仍沿用四二制,分初、高两级。初级修业期限四年,高级修业期限二年。"②这样,上海市小学又恢复六年制。

二、开设晚班,实行二部制

为了吸收更多的学龄儿童入学,让广大工农子弟有学可上、有书可读,自1949年下半年起,上海在私立小学内附设工人子弟晚班和儿童晚班。1950年12月,市教育局颁发《儿童晚班暂行实施办法(草案)》,其中指出,开设儿童晚班的目的是"广泛吸收工农子弟以及失学贫苦儿童就学,并照顾其家庭生产劳动"。

为了更好地指导和规范晚班的教育教学活动,市教育局于1952年9月12日公布《关于上海市公私立小学半日制班及儿童晚班教学计划和上课时间的规定》:

> ① 低级半日制上午班上课时间最早不得在上午八时以前;下午班结束,一般不迟于五时半。如有特殊情况,经区文教科批准,可酌量延长。每次课间休息时间为十分钟。郊区半日班上课及放学时间,根据当地具体情况,可酌量提早。
>
> ② 为了照顾晚班排课起见,各校低中年级全日班上课尽可能于下午三时前结束。过去星期六下午不排课的必须排课,并利用星期日上课与活动。
>
> ③ 半日制班级上课和活动时间可以上下午交叉在室内或室外举行

---

① 中共中央宣传部.关于高小和初中毕业生从事劳动生产宣传提纲[J].人民教育,1954(6).
② 政务院.关于整顿和改进小学教育的指示[J].人民教育,1954(1).

(如部分上午班的音乐、体育或周会等课可在下午上,部分下午班的课可在上午上),并利用星期日上课与活动。①

与小学开设晚班相对应,中学则试行二部制,以扩大学生规模。从1952年下半年开始,上海市一些中学就开始施行二部制。最先由市东中学试行"七班六教室"的办法。一学期后,取得了一些经验,又从"七班六教室"改为全校实施"三班二教室",45个班级共使用30个教室,学生容量扩充1/3。1953年上半年,又在晋元中学采取另一种形式试行二部制,将初中16个班级分成甲乙两部,实行"二班一教室",使用8个教室。后将该办法推广到市一女中、市二女中、市北中学、五爱中学4校试行。上述6所中学因试行二部制,共增收学生43个班级,2 408人。"三班二教室"的缺陷是全日上课总节数须排8节,学生回家时间太晚。"二班一教室"的不足是每天全校上课总节数须排10节,上午5节、下午5节,早晨学生到校时间过早,下午放学时间又过迟。②

据1954年的统计,各公立和私立学校采取二部制教学后,当年初中可多收新生11 659人,高中可多收新生4 491人。③ 1955年夏,二部制急剧扩充,仅二部制中学就由16所猛增至41所。④ 1956年,二部制全面推广,上海有80%的中学实行了二部制,其形式有两大类,即"三班二教室"和"二班一教室",以后者为主。在时间安排上,普遍采用"二三、三二"交叉制,"五五"半日制,"四二"半日制(即学生每天上午或下午上四节课,每周还有2—3个下午或上午各上两节课)。⑤ 后来,市教育局发出指示,要求推行"四四排课"形式,这其实就是第三类。

二部制在中学大面积推行后,又推广到小学。1955年,全市已有46%的小学生上二部制教学班。1956年秋,市教育局准备在全市实行普及义务教育,二部制成为解决大批新生入学的法宝。⑥

二部制和晚班办法变更了学校活动秩序,容易造成混乱。学生在学校受教育和活动的时间比全日在学校上课的时间要少三分之一到二分之一,也就是

---

① 市教育局公布《关于上海市公私立小学半日制班及儿童晚班教学计划和上课时间的规定》[N].文汇报,1952-09-13.
② 上海市教育局.上海市中学试行二部制初步总结[J].人民教育,1954(9).
③ 本市今年新建和扩建一批中、小学校[N].文汇报,1954-08-06.
④ 上海市各中小学校今年扩大招生名额[N].文汇报,1955-07-22.
⑤ 谷强.哪一种"二部制"的形式比较好[N].文汇报,1956-11-17.
⑥ 上海市积极准备实行普及义务教育[N].人民日报,1956-07-05.

说,中小学生在校外的时间要延长三分之一到二分之一,这样,学生的课余活动成了问题。为此,许多学校就在如何搞好校外教育上做文章,如组织家庭自学小组,带领学生去公园或工厂参观、看电影等,以集体活动来丰富课余生活。与教育相关的其他部门也积极开展中小学生的校外教育,如扩充少年儿童的活动场地,电台每日为中小学生布置专门节目,开放体育场。①

20世纪60年代以后,上海的中小学校逐步恢复全日制,但二部制在少数地区仍大量存在。以吴淞区为例,1961年时,按二部制学习的小学生有7 527人,占小学生总数的72%;到1963年底,全区小学共有320个班,学生14 799人,其中二部制教学的共有189个班8 478人,②分别占59%和57%。闸北区小学直到1979年才结束二部制,③而黄浦区则到80年代末90年代初才全部取消二部制。④

三、建立大批中小学校

人民政府一方面想方设法利用原有校舍和条件扩充入学机会,另一方面视财政状况新建和扩建了大批中小学,确保工农子女上学。1951年,市政府在财政困难的条件下,分别在隆昌路、齐齐哈尔路、长阳路、长寿路兴建了4所小学,专收职工子弟。1954年,市政府新建工农速成中学和师范学校各1所,普通中学14所,小学9所;扩建普通中学15所,小学6所。新建扩建工程完工后,当年即可增收中学生1.7万人,小学生5 000多人。另有一些中等技术学校也进行了扩建。⑤

从上海解放初到1959年,市政府投入巨资在市区和市郊建造了大量工人住宅区,包括曹杨、甘泉、宜川、凤城、控江、天山、日晖等34个工人新村,住宅面积共计500万平方米,⑥形成了市郊工人新村包围大上海之势。原来散居在草棚、狭窄闷热的阁楼和苏州河上小木船里的60多万职工和他们的家属搬进了

---

① 舒新城.中小学实行二部制后的新问题[N].文汇报,1956-10-04.
② 上海市宝山区史志编纂委员会.吴淞区志[M].上海:上海社会科学院出版社,1996:370.
③ 上海市闸北区志编纂委员会.闸北区志[M].上海:上海社会科学院出版社,1998:959.
④ 上海市黄浦区志编纂委员会.黄浦区志[M].上海:上海社会科学院出版社,1996:1162.
⑤ 本市今年新建和扩建一批中、小学校[N].文汇报,1954-08-06.
⑥ 1965年,工人新村扩展到70多个。参见:顾雪生.上海市区居民消费收入状况分析[M]//上海社会科学院经济研究所,上海市经济学会,《上海经济研究》编辑部.上海经济四十年:回顾与展望[M].上海:上海社会科学院出版社,[出版年不详]:96—106.曹杨一村作为中国第一个工人新村,在2004年还被列为上海市第四批优秀历史建筑。参见:刘昊,郭泉真.诉说城市那割不断的历史[N].解放日报,2004-11-22.

新居,这相当于一个中等城市的人口。每个工人新村都建有配套的中小学和幼儿园,以方便搬进新村的工人子弟就近入学,其中以曹杨新村的教育设施建设最为典型。曹杨新村第一小学和曹杨新村幼儿园兴建于 1952 年,作为新建工人住宅区首先开办的学校,这两所学校有着良好的设备和器具。曹杨新村幼儿园更是上海在劳动人民居住区创办的第一所新村幼儿园。由于入园幼儿较多,幼儿园分上午、下午两班上课。① 1956 年,曹杨新村幼儿园改名为上海市实验幼儿园,成为新上海新学校的典范,是党和国家领导人、许多外宾来沪参观的重要场所之一。

> 走进大门,就可以看到短短的篱笆围着运动场,里面有大风车、大转椅、攀登架、摇荡船、独木桥、跷跷板等,这些运动器具都漆着鲜艳的红颜色。孩子们一群一群地在那里转啊、跳啊、笑啊、唱啊地玩耍,旁边有好几位老师照顾着他们。篱笆外有好些大人围着看,都笑得合不上嘴来。有人说:"这些小孩白相的东西,从前有钱人家的小囡才能白相,穷人家的小囡看也看不到的。现在有了共产党,我们的小囡也享福了!"幼儿园的房子是长形的,样式很别致,墙是白颜色,窗门是碧绿色,一切设备,全是按照儿童的条件而设计的。教室有六间,都非常明朗。教室里和走廊上,都挂了毛主席和斯大林的彩色像,以及儿童所喜爱的画片。课桌课椅全是新的,漆着橙黄色;每间教室里有很多五颜六色的积木、拼木、串珠等玩具;还有三架大型的钢琴。在教室后面,有一间大型活动室,室内挂灯结彩,布置得美丽极了。里面也有大钢琴、沙堆和各式各样的玩具等,可以供一二百个孩子在一起玩。
>
> 白天,走进幼儿园,可以听到孩子们的歌声和笑声是不断的。在中午至二时前,孩子们就午睡了,一个一个躺在厚厚的垫子上,盖了花棉被或羊毛毯,呼呀呼呀地睡得挺香甜。老师们就守在他们旁边,小心照顾着,看到有的把棉被踢开,就赶紧去盖好;有的醒了不高兴睡了,就忙着去哄着玩,不让他们吵醒别的孩子。
>
> 孩子们上下午吃的点心,每天更换,有面、豆腐浆、赤豆粥、饼干、菜粥、枣子粥等。孩子们虽然进幼儿园才一个月,已养成了很多好习惯。他们在吃点心的时候,很有秩序。那些劳动人民的孩子,不论是梳着小辫的,或者

---

① 曹杨新村第一小学和幼儿园落成[N].文汇报,1952-12-26.

剃了光头的,都是那么结实、活泼。他们穿了一式的雪白外套,上面绣着"曹杨新村第一幼儿园"九个红字,从头到脚,干干净净。①

这里以解放前比较落后的普陀区和杨浦区为例来说明这种变化。这两个区的居民多是工人和劳动人民,普陀区解放前有20万人口,但全区只有30多所小学,学生8 300多人。到1954年,该区已有87所小学,学生近3万人,先后新建、扩建了长寿路第一小学及附属幼儿园、曹杨新村第一小学、曹杨新村第一幼儿园、曹杨中学、晋元中学等一批教育设施。劳动人民子女入学率从1949年的53.2%增加到1955年的77%以上。杨浦区解放初只有8 000多名小学生,1954年增加到1.7万多人;1949年只有300多名幼儿入园,1954年增加到2 200多人。②

1953年11月26日,政务院颁布《关于整顿和改进小学教育的指示》,鼓励工矿企业、机关和团体办学,以进一步普及教育。1954年夏天,上海许多企事业单位在市政府的鼓励和协助下,积极筹办职工子弟学校,有的办初中,有的办小学,经费、师资、校舍等问题都由各单位负责解决。③ 申新纺织厂一厂、五厂、九厂,以及上海邮局、电信局、上海电机厂、上海汽轮机厂、华成烟厂、上海钢铁一厂等,当年都建起了子弟学校。④

1949年上海市高中学生共28 255人,至1956年增长到59 163人,共增长1.1倍。1949年全市初中生共57 200人,至1956年增长至232 175人,共增长了3倍。1949年全市小学生共315 041人,至1956年增长到743 589人,共增长1.3倍。⑤

四、创办工农速成中学和工农学校

1. 工农速成中学

新中国成立时,大量在革命工作中锻炼出来的工农骨干分子成为国家干部,这些人的文化素质较低,只有施以快速、强化式的提高,才能适应和平时期国家建设的需要。1949年12月23日,教育部在北京召开第一次全国教育工作会议,草拟了《工农速成中学暂行实施方案》,要求全国部队、机关、团体、工厂、

---

① 崔景泰.幸福的童年——记曹杨新村第一幼儿园[N].文汇报,1952-12-26.
② 本市普陀、杨浦两区学校有很大发展[N].文汇报,1954-08-05;普陀区志,745.
③ 上海许多工厂积极筹办职工子女学校[N].文汇报,1954-08-07.
④ 上海许多工厂筹办职工子女学校[N].人民日报,1954-08-12;上海新建一批中、小学校[N].人民日报,1954-08-22.
⑤ 上海中小学生逾百万人[N].文汇报,1957-07-11.

学校尽可能设立此类学校。工农速成中学首先招收参加革命三年以上的机关、部队的干部、战士和其他工作人员,他们是工农同志进入大学或者专科学校学习的桥梁。① 时任中宣部部长的陆定一说:"我们企望在七年或十年以后,中国能够开始出现数以万计的由工人农民出身的受过高等教育的知识分子。……政府正在计划从1950年开始由全国各地教育机关、工厂、部队普遍地创办一种三年制的工农速成中学,抽调工农干部及解放军指挥员战斗员,在三年中间学完中等学校的基本课程,以便毕业以后直接升入大学或高等专科学校。"②

1950年12月,中央政府政务院发出《关于举办工农速成中学和工农干部文化补习学校的指示》,决定在全国范围内有计划、有步骤地举办这类学校,以尽可能使全国工农干部的文化程度在若干年内提高到相当于中学的水平。后来,为进一步提高工农干部的文化水平,教育部又在1951年2月颁布的《工农速成中学暂行办法》中指出,招收参加革命或产业劳动一定时期之优秀的工农干部及工人,施以中等程度的文化科学基础知识的教育,使其能升入高等学校继续深造,成长为高级建设人才。为了便于这些学员升入高校深造,教育部于1952年7月规定,工农速成中学应附设于大学。

华东地区开办的第一所工农速成中学是华东人民革命大学附设工农速成中学,于1950年9月1日开学。中共华东局文教委员会主任舒同③在开学典礼上说,工农速成中学是以供给制的工农干部为对象,采取速成的方法以提高其文化水平,灌输普通科学知识,其步骤是由近及远、由浅到深,求得在三四年内完成中等程度的文化及科学的基本知识,俾能升入大学继续深造。参加学习的198名学生都是来自华东各地区、乡和营、连以下的各级干部,以及产业工人,其中46%的家庭出身是贫农。④ 1951年春,上海市工农速成中学开始筹建,1952年秋开始招生。由于教育部要求工农速成中学应附设于大学,原先招收的4 801名工农速成中学学生分别进入交通大学、华东师范大学、同济大学附设的工农速成中学学习。中国人民大学正是吸收苏联先进教学经验,为工农干部在

---

① 程今吾.迎接工农速成中学的创办[J].人民教育,1950(创刊号).
② 陆定一.新中国的教育和文化[N].人民日报,1950-04-19.
③ 舒同(1906—1998),江西东乡(今抚州市东乡区)人。1921年考入江西省立第三师范,1926年任中共东乡县委书记,1930年转入红军,红军长征时期,有"红军书法家"之称。1949年后历任中共华东局文教委员会主任,中共山东省委、陕西省委第一书记,军事科学院副院长等职。曾为全国政协常委、中国文联委员、中国书法家协会第一任主席、名誉主席,开创了"舒体"。题写过同济大学、华东师范大学等校校名。著有《舒同字帖》《舒同书法艺术》等。
④ 华东工农速成中学开学[N].文汇报,1950-09-20.

短期预科补习基础上接受长期的正规高等教育而创办的新型大学。绝大部分工农干部和产业工人,在经过短期的预科学习后,都能达到高等学校的入学标准。

1954年,上海财经学院、上海第一医学院、华东纺织工学院分别成立附设工农速成中学,加上两所独立设置的速成中学,上海共有8所工农速成中学。7月7日,上海工农速成中学招生委员会成立,确定当年招生名额为3 020人,比上年增加5倍。①《文汇报》在社论中说:"随着大规模经济建设的进展,国家迫切地需要大量的建设人才,尤其需要具有高度政治觉悟和文化科学知识的工人和工农干部,以作为国家各项建设事业中的骨干。"②

然而,教育毕竟不是生产、打仗,不能以单纯的经济思维或战事思维来发展教育,要想使基础差、年龄大的人在短期内达到中学毕业文化程度,并没有想象中那样容易。鉴于速成中学在提高干部文化素质上不能收到预期的效果,1955年7月,教育部和高等教育部联合发出《关于工农中学停止招生的通知》,指出:"对工农干部文化科学知识的学习,不用循序渐进的方法而用短期速成的方法,使之升入高等学校,从根本上说来,并不能达到预期的目的。……对广大工农干部和工农群众的学习,应坚决贯彻业余为主的方针,不再采用举办工农速成中学的办法。"③ 1957年后,工农速成中学转为大学工农预科。

2. 工农学校

为采取多种形式的办学方式招收工农子弟入学,上海解放后还在市郊办了不少工农学校。据1950年4月的统计数据,全市10个郊区(分别是杨思、洋泾、高桥、江湾、吴淞、新市、大场、真如、龙华、新泾)设立的工农学校有44所,230多个班,学生9 800多人,其中农民5 800多人,工人1 900多人,商贩700人左右,其他职业者1 300多人。除了买课本以外,全部免费,且上课时间都在晚上。可贵的是,学生中有4 500名女生,几占46%。④ 1951年,全市工农学校学生增至2.3万人。当然,这些新兴学校在办学上存在着这样那样的一些问题,诸如留生问题、行政领导问题、教学问题等。

五、高等教育向工农开门

为了培养来自工农大众的知识分子,上海高校也纷纷向工农开门。1950

---

① 上海工农速成中学招生委员会成立[N].文汇报,1954-07-08.
② 做好今年工农速成中学的招生工作[N].文汇报,1954-07-08.
③ 工农速成中学今年停止招生[N].文汇报,1955-07-15.
④ 市郊工农学校已有44所[N].文汇报,1950-07-07.

年,在上海解放后的首次高校招生中,新政府就要求"对有三年以上工龄的产业工人、革命干部、革命军人、兄弟民族学生和华侨学生从宽录取",这种优惠政策直到 20 世纪 60 年代初才逐渐取消。一批产业工人和工农干部,都通过特设的各种通道进入高校学习。前述的工农速成中学也是上海高校贯彻开门方针的重要举措。

工农学生进校后,有少数工农学生因家庭经济困难、身体不好、学习跟不上等原因而中途退学。与此同时,各高校对工农学生给予了适当照顾,如免修或缓修部分次要课程,以便减轻负担,集中精力学好主要课程;部分课程(如外语)为他们单独开班,放慢进度,指定学习指导教师对他们进行个别辅导;放宽对工农学生因功课成绩差而退学、留级的标准和临时补助标准等。

1956 年初,国营上海汽轮机厂、国营上海电机厂和上海电器制造学校合办了上海工厂里的第一个夜大学,设有汽轮机制造、机械制造工艺和电器制造三个专业。第一期共录取各厂科室、车间技术人员和管理干部等 180 多名学员。学校聘请了交通大学和华东化工学院等校的教授担任教师。① 到暑期,又新增为纺织业职工举办的两所夜大学,一个附设在华东纺织工学院,另一个由华东纺织管理局和国棉十七厂合办。②

尽管沪上高校工农学生的比重逐年增加,但总的比例并不高。到 1957 年底,本人是工农和工农家庭出身的上海高校学生占学生总数的 20%—30%,其中,社会科学各专业的工农学生远比自然科学各专业要多,医科学生中工农学生最少,理科次之。③

六、开展群众扫盲与职工业余教育

在 1945 年中共第七次全国代表大会上,毛泽东在《论联合政府》中指出:"从 80% 的人口中扫除文盲,是新中国的一项重要工作。"扫盲的重点是工人和农民,形式多种多样,有冬学、夜校、识字班。扫盲工作从新中国成立后就开始了,一直常抓不懈。1956 年 3 月,中共中央、国务院发布《关于扫除文盲的决

---

① 工厂里的业余大学[N].人民日报,1956-03-22.
② 新学年开始了,上海十七万纺织业职工大部参加学习[N].人民日报,1956-09-04.
③ 上海高教部门贯彻阶级路线,检查培养工农学生情况并提出扩大工农学生来源办法[N].文汇报,1957-12-23;贯彻阶级路线坚决向工农开门,上海高等学校采取改进办法[N].人民日报,1957-12-24.1956 年 9 月,全国高校学生中 34.29% 是工农子弟,比例明显高于上海;各高校、中国科学院的研究生中,工农子弟分别占 17.46% 和 5.92%。参见:费正清(John King Fairbank)、麦克法夸尔(Roderick Macfarquhar).剑桥中华人民共和国史(1949—1965)[M].王建朗,等,译.上海:上海人民出版社,1990:230.

定》,提出在5年或7年内基本上扫除全国文盲。其中,2—3年扫除机关干部中的文盲,3年或5年扫除工厂、矿山、企业职工中的文盲,5年或7年基本扫除农村和城市居民中的文盲。实行"以民教民",发动识字的人教不识字的人,积极举办识字教育。在办好识字教育的基础上,积极举办工农业余小学,尽可能地吸收受完识字教育的工农群众继续学习,把他们的文化水平提高到相当于小学毕业的程度。①

1. 在农村开展冬学

冬学教育,包括政治和文化两个方面。冬学的开展,旨在提高广大农民的政治觉悟和文化水平。1949年12月5日,即新中国成立后的第一个冬天,教育部发出《开展今年冬学工作》的指示,指出:"农村冬学运动是团结教育广大农民的有力武器之一。""冬学文化教育的内容应当以识字为主。可能时还可以加入适当的卫生常识教育和春节文艺娱乐活动的准备,为了扩大冬学教育的效果,应当在冬学中有计划地建立识字组、读报组等类经常的组织,并选择条件较好的冬学有准备地在冬学结束以后转变为经常的农民半日学校、农民夜校或小学。冬学政治教材以共同纲领为主。各省教育厅、市教育局或行政公署教育科应指定专人,根据共同纲领内容,结合当地具体情况与群众切身问题,编印通俗的教学提纲,发给各县应用。"②

1952年11月,教育部又在《关于1952年冬学运动的通知》中说:"按照以往经验对农民群众进行识字教育,并结合当地中心工作进行时事、政策教育和思想教育……在有条件的区、乡、村有重点地推行速成识字教育。"③

上海在1950年春就出现了群众自办的冬学和识字班。1954年10月,教育部指示冬学工作要以政治教育为主,并根据冬闲时间的长短提出一些教学要求。而政治教育主要是进行宪法宣传教育、学习农业互助合作政策、学习统购统销政策,以及开展时事教育和国防教育。④ 当年冬天,上海市郊约有2万多名乡村干部和农民进入冬学学习。⑤ 冬学在进行识字、生产、卫生教育,推动生产运动,端正社会风气,破除迷信等方面起了一定作用,但这种教育形式是随意性和临时性的,缺乏制度保障,许多农民反映"年年上冬学,年年从头学"。

---

① 关于扫除文盲的决定[J].人民教育,1956(4).
② 教育部发布指示,开展今年冬学工作[N].文汇报,1949-12-07.
③ 中央人民政府教育部关于今年冬学运动的通知[N].文汇报,1952-11-27.
④ 教育部和青年团中央委员会发出1954年冬学工作指示[N].文汇报,1954-10-22.
⑤ 上海市郊两万农民入冬学[N].文汇报,1955-01-21.

2. 创办夜中学、工人夜校和业余文化学校

(1) 夜中学

上海是全国工人最集中的城市,在解放前,这些职工大多没有受教育的机会。新中国成立后,政府办了不少工人夜校和夜中学,旨在让在职青年工人和其他一些失学青年能接受中等程度的文化教育。1949年夏天,市教育局利用缉槼中学、育才中学、敬业中学、晋元中学、格致中学、虹口中学、师范学校的校舍,附设了7所夜中学,共办了18个职工班和29个普通班,职工班以在职的或失业的职工店员为对象,普通班以失学青年为对象。1950年秋,教育局又决定增设夜中学9所,分别附设于3所市立中学(市北中学、复兴中学、洋泾中学)和6所私立学校(淮海中路启秀女中、天平路成义中学、长宁中路省吾中学、昼锦路三牌楼糖业中学、胶州路肇光中学、共和新路国民学校)。① 1952年又增设夜中学10所。夜中学的升学、转学、毕业等办法与普通中学一样。

(2) 工人夜校

上海市总工会自1949年下半年即致力于发展职工教育,发动各产业分会、行业分会、区分会,积极组织职工参加各种学习,不少工厂办了厂校和短期训练班。据1950年春的统计,已办工人夜校49所,352班,学生1.7万余人。② 到夏天,全市各工会共有104个单位举办了工人夜校,10个工会开展了识字运动,并举办了165期短期学习班,有4万余人次参加轮训。1951年新学制颁布后,职工业余教育在学制中取得正式地位,工人的学习热情大增,工会系统办学有了更大发展,工人夜校学员增加到15万余人。③ 据报道,1956年秋,在隶属于华东纺织管理局系统的上海17万多名纺织职工中,有70%—80%的人参加了从小学到大学的学习。④

(3) 业余文化学校

为了早日消除在职干部和勤杂人员中的文盲半文盲,提高他们的文化水平,打下学习政治理论的基础,华东教育部于1950年6月决定在华东地区普遍设立机关干部业余文化学校,其办法为:① 每县至少设立机关干部业余文化学校1所,可酌量增加,新区如目前普遍设立有困难,得先从专署以上机关办起。② 学员

---

① 提高职工文化、照顾失学青年,教育局增设中学9所[N].文汇报,1950-09-07.
② 夏衍.上海文教工作概况与今后工作任务[N].文汇报,1950-10-19.
③ 王永贤.上海成人教育史(1949—1989)[M].上海:上海社会科学院出版社,1991:24—25.
④ 新学年开始了,上海十七万纺织业职工大部参加学习[N].人民日报,1956-09-04.

以文化程度不及高小毕业者为对象(个别有条件的机关规定为不及初中毕业程度)。③ 机关干部业余文化学校每两班(每班至少30人)得设专任教员1人,较小的学校也得设1名专任教员。专任教员待遇一般为供给制,但亦可参照当地普通学校教员待遇标准拟定。④ 学员的学习费由机关职工文教费及机关文教费中解决。⑤ 校舍及设备应利用各地普通学校条件,不作设备及其他费用支出。⑥ 学校经费原则上由各地方、机关自筹,教育部可酌予补助,但以不超过每校两个专任教员(每人每月补助标准以加工粮60千克计算)、每县一校为限。① 依此,上海各机关的业余文化学校纷纷成立。据统计,当时已有19所业余文化学校,其中较有成绩的如中共华东局暨上海市委机关初级学校、上海市立联合机关学校等。至1954年,全市共有3.8万名工人、职员和店员在业余中等学校学习,市教育局和总工会共举办了44所业余中学,有些大型企业还在本厂举办的职业业余学校内设立了中学班。② 尽管如此,职工业余学校的流生问题却越来越突出,以长宁区第一职工业余学校为例,1953年上学期第一周出席人数占开学人数的68.43%,第二周出席人数比例降为60.89%,第四周则降至53.50%。③

为了加强对全市职工教育和业余教育的统一领导,1950年9月7日,上海市职工业余教育委员会成立,④ 将上海市职工业余教育的主要对象定为不识字的产业工人,以识字教育为重点,争取三五年内使职工中现有的文盲能识1000字上下,能读通俗的书报,能写简单的书信和报告等。对已识字的工人,则继续提高。⑤ 为满足广大市民学习文化的要求与热情,缓解师资不足和学校数量少的问题,上海市于1956年举办了工农业余初中文化广播学校,采用广播教学,学制四年,以至苏州、无锡等地也有人收听广播学校的广播讲课。

3. 其他形式的识字运动

除以上形式外,上海市各区的群众文化馆也投入到识字运动中来。沪南蓬

---

① 提高干部文化水平,华东地区普设业余学校[N]. 文汇报,1950-06-29.
② 上海有三万八千多名工人职员和店员在业余中等学校进行学习获得良好成绩[N]. 文汇报,1954-12-01.
③ 杜宇成. 对职工业余学校解决"流生"问题的几点意见[N]. 文汇报,1953-09-16.
④ 新成立的上海市职工业余教育委员会委员名单:市教育局局长戴伯韬、社教处处长李凯亭,市总工会文教部部长李家齐、副部长王若望,市劳动局局长马纯古,华东工业部部长汪道涵,华东纺管局局长刘少文,市青年工作委员会宣传部长冯兰瑞,市民主妇联文教部部长李仲培,市工商联文教委员会主任委员包达三,市教育工作者工会文教部部长张树人,中国纺织工会上海市委员会文教部部长包敬第,市五金工会文教部部长邵菊华。1962年8月14日,市人大常委四届一次会议决定撤销市业余教育委员会,与教育局合并。
⑤ 争取完成扫除文盲的任务,职工业余教育委员会成立[N]. 文汇报,1950-09-08.

莱、邑庙两区是小型厂职工、三轮车工友、搬运工友、劳动者集中居住的地方,仅蓬莱区的43万居民中就有20多万是文盲。为满足群众迫切要求学习文化的需要,在缺少师资、校舍、经费的情况下,沪南人民文化馆于1951年8月开始试办以民教民的识字教育,仅3个月时间就办了232个工厂和里弄识字班,吸收了8 672人参加学习,培养了483位群众教师,在茶馆、里弄、庙宇、码头、车间、大棚户,甚至棺材作坊内上课,连做棺材的木材都成了现成的课桌课椅。①

为了布置识字环境,巩固识字效果,人们在各种器具上写上名字,例如在盛黍的用具上写"黍"字,在门上写"门"字,在槐树上写"槐"字,使识字者随时可以"抬头见字"。由于实物与字形同时出现,经过多次的刺激,形成"条件反射",人们看到字形,也就可以直接读出音来了。②

1951年,全国推广"速成识字法",尤其是在军队推广祁建华首创的"速成识字法"③,将学习变成一种政治任务,一方面提高了军人的文化水平,另一方面也提高了他们的思想觉悟。

1952年6月3日,华东速成识字推广委员会成立,主任舒同,副主任冯定、孟宪承。④ 上海铁路局自1952年8月中旬全面推行速成识字运动以来,不到半年就有4 100多人从速成识字班毕业,大部分人能阅读通俗的书报,能写二三百字到四五百字的短文,政治觉悟和生产热情都有所提高。⑤ 但由于速成识字运动开展过速,"回生""夹生""流生"的现象也相当普遍。

上海市郊的广大农民和工厂里的普通工人大多是文盲半文盲,新社会给了他们识字读书的机会,激起了他们学文化的热情。一个原本不识字的人,当有一天能读懂与自己的工作、生活有关的文章,并能把自己的想法用文字表达出来时,是多么兴奋啊。当时,《文汇报》刊登了一篇没有经过任何修改的文章——《我认识二千个字了!》。

以前我勿识字格辰光,做人是胡里胡涂的,混一日算一日,我活到三十

---

① 怎样进行以民教民的识字教育?——介绍沪南人民文化馆的初步经验[N].文汇报,1952-02-22.
② 丁锦均.怎样布置识字环境[J].新教育,1950(9).
③ 据称:祁建华的"速成识字法"能在150小时左右,使一般文盲和识字不多的人初步会认、会讲1 500到2 000个汉字,然后再教阅读和写作,以巩固所识的字,最终达到会认、会讲、会写、会用。参阅:介绍"速成识字法"[N].文汇报,1952-01-06.
④ 华东速成识字推广委员会成立[N].文汇报,1952-06-04.
⑤ 铁路局全面推行速成识字法获得成绩[N].文汇报,1953-01-07.

九岁,弄堂里住了二十二年,我都勿晓得住的这条路是啥格路,只晓得救火会对过鑫森里。别人问我啥格鑫森里？我只晓得三个字都是连勒一道。在车间里做生活要是有了坏布,叫生产小组长来看。伊问我几号车还有坏布？我因为勿识号头字,只晓得在王桂英的隔壁。……我第一天到速成识字法实验班来,谭先生在开学典礼会上讲保证我伲两个月好识二千字,不但是读,而且还要看、写。我心里想伊拉识字格人讲讲便当来,像我三十九岁了,脑筋里厢结珠罗网,结得蛮厚来,那能吃得进,后来三日一学,味道蛮崭,先生越教越有劲,同学也越学越高兴。三个礼拜二千个字全部吃下去。那能会加便当？就因为教师勿但忍耐细心,吃饭的辰光端了饭碗,来搭同学谈话……我以前勿识字格辰光,总想识了几个对自己好。现在我识了字看了报,就好像看见毛主席搭子首长们讲话。我现在识了字,勿是为了我自己便当,我要尽量格为大家多做一些事体。①

上海国棉一厂的朱法弟是纺织工业劳动模范、上海市人民代表大会代表。她以前不识字,报社请她写文章,她虽很高兴,但做不到。很多志愿军写信给她,她得请别人读给她听和代她写回信。后来她进了速成识字学校,没多久就具有小学三年级的文化程度,能写简单的复信,能读《劳动报》。②

第二节　稳定和充实师资队伍

新中国成立后,上海教育从宏观到微观都得到了全方位改造,为了向工农开门,显示新社会的优越性,学校数量不断扩大,办学条件不断改善,学生人数更是激增。落实到具体的教学层面上,就导致了对师资的庞大需求。为此,新政府在留用原有学校师资的基础上,采取各种方法,努力从数量和质量上加大师资队伍的扩容、培训力度。据统计,1953年至1957年的上海教职工人数,幼儿园从1 200人增加到3 500人,小学从2.96万人增加到4.04万人,中学从1.08万人增加到2.24万人,③增加幅度分别为192%、36%、107%。

---

① 王月英.我认识二千个字了！[N].文汇报,1952-05-20.
② 孟凡夏.女工们[N].人民日报,1954-09-26.
③ 吕型伟.上海普通教育史(1949—1989)[M].上海：上海教育出版社,1994：154.

一、稳定师资队伍

上海解放时,人民军队对一切公立和私立学校采取了保护政策,在学校供职的教师均照常供职,以维护教育发展的连续性,也为新教育发展打下一定的基础。在接管工作中,举措也相当稳健、审慎,依靠教师中的进步分子,团结大多数知识分子,只对少数反动教师予以有分寸的打击。同时,对教师们的生活给予了适当照顾。广大教师感到新政府的温暖和新时代的可爱,欣欣然继续工作,队伍中没有发生大的波动。据统计,解放初上海公立学校中,中学教职员被解聘166人,仅占全部教职员的12.6%;小学教职员被解聘458人,仅占全部教职员的10.6%。① 南洋模范中学赵宪初②回忆说:

> 解放后,上海市文教局对学校的接管,执行了团结、教育、改造旧知识分子的政策,对学校校长不予更换,只通知两项:一是取消训导处,改设教导处;二是取消党义、公民和童子军等政治上反动的学科,其余暂不变动,课本也暂时沿用原教材。这样,南模从旧社会到新社会,人事上仍然比较稳定。③

1949年6月5日,上海市委、市政府召开文教界人士座谈会,教育界知名人士陈望道、周谷城、吴有训、周予同④、陈鹤琴等与会。陈毅市长阐述了新政权的文化、教育政策和团结知识分子政策,欢迎文教界人士团结合作,共同建设新上海、新中国。翌日,大中小学教师2 000人在上海大戏院庆祝教师节,陈毅市长到会讲话,鼓励大家继续努力,"以谦虚的态度团结更多的人",为建设新民主主义和社会主义教育事业而奋斗。陈毅市长的两次讲话极大地鼓舞了广大教师,对稳定教师队伍、凝聚人心起到了关键性作用。

教育部副部长钱俊瑞1949年12月30日在第一次全国教育工作会议上

---

① 吕型伟.上海普通教育史(1949—1989)[M].上海:上海教育出版社,1994:76.
② 赵宪初(1907—1998),浙江嘉善人。1928年毕业于交通大学。历任南洋模范中学数学教师、教务处副主任、校长。曾任徐汇区副区长、上海市社会主义学院副院长、中国民主促进会中央委员、民进上海市委副主任,上海市政协常委、副主席等职。著有《赵宪初教育文集》。
③ 南洋模范中学九十周年纪念特刊(1901—1991).内部资料:157.
④ 周予同(1898—1981),浙江瑞安人。1921年毕业于北京高等师范学校。曾任《教育杂志》编辑主任,安徽大学、暨南大学教授,新中国成立后任复旦大学历史系主任、副教务长。是第三届全国人大代表。主要著作有:《经今古文学》《中国现代教育史》《周予同经学史论著选集》等。

说,新区教育工作的关键,是争取团结改造知识分子。次年6月,周恩来在第一次全国高等教育会议上说,只要是为人民服务的科学家、知识分子,不管是工农出身、小资产阶级或剥削阶级出身,我们都应该团结,对他们都要尊重。

为了组织团结教师,中国教育工会上海市委员会筹备委员会于1950年1月8日召开成立大会。5月26日至30日,上海市教育工作者第一届代表大会召开,这是上海教育工作者有史以来的第一次聚会,会上正式成立了上海教育工作者工会,选出了市教育工会委员会委员和财经审查委员会委员。方明任中国教育工会上海市委员会主席。① 上海3万多名教育工作者第一次有了自己统一的组织和统一的领导机构。1954年5月15—17日,中国教育工会上海市第一届第一次代表会议召开,刘佛年②致开幕词,会议号召教育工作者加强团结和改造,共同努力,为过渡时期的总路线服务。③

二、充实师资队伍

由于向工农开门,全国中小学大量增设班次,导致师资需求大大增加,尤其是中学师资。为此,中央要求各地采取应急办法,切实缓解师资不足。这些办法有:抽调优秀的初中教师教高中,抽调优秀的小学教师教初中,对失业的知识分子加以短期训练,将其吸纳进教师队伍。

1952年7—8月,上海市教育局举办了一期失业知识分子师资训练班,通过市处理失业知识分子委员会考选了2 852名失业知识分子,到教育学院进行集中学习,以把他们培养成中小学教师。这批学员中包括家庭妇女1 294人,失业教师523人,职员444人,其他失业人员500余人。④ 其中有250名学员经过两个月的学习,被吸收为上海市中学师资,其他则大量充任小学教师。许多家庭主妇在经过短期培训后,走出家庭,积极参与新的社会建设,活跃在上海小学教师的岗位上。为适应上海市中等教育的发展需要,华东速成实验学校于1953

---

① 第一届教代会昨胜利闭幕,教育工作者工会正式成立[N].文汇报,1950-05-31.
② 刘佛年(1914—2001),湖南醴陵人。1935年毕业于武汉大学哲学教育系,1937年赴英国剑桥大学、法国巴黎大学留学。1950年任上海师范学校校长,1954—1966年任华东师范大学副校长,1978—1984年任校长。是第五、六届全国人大代表。主要著作有:《教育学》《刘佛年教育文集》等。
③ 中国教育工会上海市第一次代表会议闭幕,决议加强团结为国家总路线服务[N].文汇报,1954-05-25.
④ 本市失业知识分子2 800余人学习结业光荣走上教育工作岗位[N].文汇报,1952-09-24.这批人中包括东吴大学毕业生,后曾任华东师范大学党委副书记的吴铎教授,他当时经过学习,分配到中国女中任教。

年秋举办了中等教育师资训练班。① 1954年,上海又有1 000多名初高中毕业生经过短期训练,被培养为初等学校教师。② 1955年春,市教育局又吸收复员转业军人中的知识分子和解放前大学毕业、肄业,或高中毕业做过教师工作的失业知识分子,举办师资训练班,经过6个月的学习,分配其到初中任教。1956年上海各中学新进的2 000多名教师中,有近500人是从家庭中走出来的知识妇女,她们有的过去长期失业或者闲居家中。③ 如郁达夫夫人王映霞曾于1956年在徐汇区第四中学参加"中等学校师资训练班",并于1957年分配到六合路的一所小学当老师。④

以黄浦区和虹口区为例:上海解放初,原黄浦区中小学教职工共有865人,其中教师731人。随着教育事业的迅速发展,师范院校毕业生供不应求,为此,就必须采取多种途径补充教师。1956年吸收部分失业知识分子和银行、税务干部充实教师队伍,使中小学教职工达到1 591人,其中教师1 383人。⑤ 1949年秋,虹口区共有中小学教师2 564人,其中中学教师647人、小学教师1 917人。1957年,中学教师增至1 546人,小学教师增至2 730人。高中教师中,有67%为从社会上吸收的知识分子,23%为大学本科毕业生,10%由初中教师提升;初中教师中,有53%为从社会上吸收的知识分子,20%为机关转业干部,14%由小学教师提升,13%为大学本专科毕业生;小学教师中,有56%为速成师范班培训而成,21%为从社会上吸收的知识分子,15%为中师毕业生,8%为机关转业干部。⑥ 同时,一些优秀的中学教师也被抽调到大学任教。1956年暑期,上海就有100多位优秀中学教师应聘到高等学校担任讲师和助教。⑦

1953年后,上海每年都要吸收相当数量的来自全国各大专院校的毕业生当教师。据1957年10月的统计数据,上海教师中有来自全国其他地区近30所大专院校的毕业生2 463人。

此外,还有大批专家学者从香港和海外归来,投身新上海的教育事业。如:

---

① 适应上海市中等教育需要培养初中师资,华东速成实验学校举办中等教育师资训练班[N].文汇报,1953-10-17.
② 本市未升学的初中高中毕业生一千名正在培养成为初等学校的人民教师[N].文汇报,1954-11-25.
③ 上海两千多新教师学习结束将分配工作[N].人民日报,1956-08-28.
④ 王映霞.王映霞自传[M].南京:江苏文艺出版社,1996:230—231.
⑤ 上海市黄浦区志编纂委员会.黄浦区志[M].上海:上海社会科学院出版社,1996:1199.
⑥ 上海市虹口区志编纂委员会.虹口区志[M].上海:上海社会科学院出版社,1999:1023.
⑦ 上海一批中学教师到高等学校任教[N].人民日报,1956-08-05.

生物学家张作人①1950年从香港回到上海,出任同济大学理学院教授,兼动物系主任;物理学家谢希德②由美国绕道英国,于1952年11月到复旦大学任教;女子教育专家薛正③放弃即将取得的博士学位,于1950年从美国回沪,到中西女中任校长。

三、举办师范教育

解放初,上海有高等师范院校两所,分别是国立幼稚师范专科学校和市立师范专科学校。但这两所学校在解放后不久即遭调整,于1949年连同市立体育专科学校,并入南京大学师范学院。这使新上海自己培养中小学师资的途径几乎断绝,也与新政府大规模发展普通教育的政策很不协调。因此,上海急需建立自己的师范教育体系,以使师资队伍源头有活水。

1. 成立华东师范大学

1951年8月,第一次全国初等教育和师范教育会议提出:"每一大行政区至少建立健全的师范学院一所";"各省和大城市原则上设立健全的师范专科学校一所";"现在大学中的师范学院或教育学院,以逐渐独立设置为原则,并增设文理方面的系科";"根据需要和条件,得以个别大学文理学院为基础,改组成独立的师范学院"。中央对华东地区的高等师范教育寄予很大希望,早在全国师范教育会议筹备期间,就决定在华东地区创办一所独立设置的、学科齐全的、高水平的师范大学,与北京师范大学南北呼应。

当时,华东地区仅山东、福建两省分别设有省立师范学院和师范专科学校。上海虽有几所大学设有教育系,如复旦大学、大夏大学、光华大学、大同大学、圣约翰大学、震旦大学等,但培养目标不明确,专业狭窄,师资不足,教育质量不

---

① 张作人(1900—1991),江苏泰兴人。1917年考入北京高等师范学校,1921年去日本留学,1923年受聘于中国公学、上海大学和大夏大学,1930年在比利时获得博士学位,1932年受聘为中山大学教授。1950年任同济大学理学院教授,兼动物系主任。1952年秋在院系调整中由同济大学调任华东师范大学教授。主要著作有:《动物学》《生物哲学》等。
② 谢希德(1921—2000),福建泉州人。1946年毕业于厦门大学数理系,1951年获美国麻省理工学院博士学位。次年回国,任教于复旦大学。1958年在复旦大学建立固体物理教研组,后改名为半导体物理教研组,任组长。1958—1966年兼任上海技术物理研究所副所长。1978—1982年任复旦大学副校长兼现代物理研究所所长。1983—1988年任复旦大学校长。是中共十二大、十三大、十四大代表。主要著作有:《半导体物理学》《固体物理学》《群论及其在物理中的应用》等。
③ 薛正(1901—1995),江苏无锡人。1918年就读于上海圣玛利亚女校。1924年就读于燕京大学教育系,毕业后任上海中西女中教导主任、校长。1940年赴美国哥伦比亚大学攻读教育学,获硕士学位,回国后仍任职于中西女中。1948年再次赴哥伦比亚大学攻读博士学位,1950年回国,继续担任中西女中校长。1952年中西女中与圣玛利亚女校合并为市三女中,薛正于1960年任市三女中校长。1961—1966年任长宁区副区长。

高,无法满足新教育对师资培养的需要。华东教育部在领会中央的精神后,积极筹备创办新的师范大学。经过全面的调查研究,决定以私立光华大学和大夏大学的文理科为基础,调进其他高校的有关系科(复旦大学教育系、同济大学动物系和植物系、沪江大学音乐系及东亚体育专科学校),合并成立华东师范大学,先行设立11个系,校址选定在大夏大学。经中央批准后,华东师范大学筹备委员会于1951年7月24日成立。筹委会在大夏大学设立办事处,由刘佛年任办事处主任。9月,华东师范大学开始招收第一届新生。当时有教职工338人(其中教师131人),学生1 032人。①

1951年10月1日,华东师范大学正式开学。在经过有关"人民教师"的建校学习后,华东师范大学于10月16日举行成立暨开学典礼。华东教育部部长孟宪承②(于1951年12月28日被政务院任命为华东师范大学校长)在成立大会上说:"做一个人民教师是光荣的!"③

2. 成立上海师范专科学校

1953年11月26日,政务院通过《关于改进和发展高等师范教育的指示》,指出:"我们国家已经进入了有计划的经济建设时期。高等师范教育是办好和发展中等教育的关键,高等师范学校的数量和质量直接影响中等教育。4年来,我国高等师范学校,经过迅速恢复,有了很大的发展。但今天的高等师范学校,不论在数量上或质量上都还不能适应中等学校的要求。"④ 1954年3月,教育部提出要加强和发展高等师范教育。由于华东师范大学属华东教育部管辖,主要面向华东地区培养师资,且培养目标是高中及以上学校师资,因而不能解决上海中小学的新师资培养问题。为了培养初中各科教师,市教育局决定成立自己管辖的师范院校。经市委批准,1954年7月正式成立上海师范专科学校(简称上海师专),校址在西体育会路,当年就招收840名新生。1955年9月,上海师专

---

① 袁运开,王铁仙.华东师范大学校史(1951—2001)[M].上海:华东师范大学出版社,2001:1—4.
② 孟宪承(1894—1967),江苏武进(今常州市武进区)人。1916年毕业于圣约翰大学,先后赴美、英留学,获教育学硕士学位。1921年回国任东南大学教授,曾任圣约翰大学、中央大学、浙江大学等校教授。1951年任华东军政委员会委员、华东教育部部长。华东师范大学成立后,任首任校长。是第一、二、三届全国人大代表;上海市第三、四届政协副主席。著述和译作甚丰,达60余种,主要有:《教育概论》《教育哲学》《西洋古代教育》《新中华教育史》《中国教育史》《外国教育史》《中国古代教育文选》《中国古代教育史资料》等。参阅周谷平,赵卫平.孟宪承教育论著选[M].北京:人民教育出版社,1997.
③ 孟宪承.做一个人民教师是光荣的[N].文汇报,1951-10-17.
④ 关于改进和发展高等师范教育的指示[J].人民教育,1954(1).

迁至桂林路。

1956年夏,市教育局以上海师专为基础,建立上海第一师范学院和上海第二师范学院。第一师范学院设置文科专业,院长廖世承;第二师范学院设置理科专业,院长由市教育局局长陈琳瑚①兼。1958年,第一、第二师范学院合并为上海师范学院,由廖世承任院长。同年,上海第四师范学校升格为上海师范专科学校。

3. 成立中等师范学校

为了培养小学和幼儿园师资,中等师范教育在上海解放后得到了快速发展。新政府兴办的第一所中等师范学校是上海市师范学校(即第一师范学校),于1949年9月由市立新陆师范学校和市立女子师范学校合并而成。1952年7月,私立岭南中学改建为上海市幼儿师范学校,陈毅市长亲自题写校名。

1953年秋,上海市新建了第二师范学校。1954年6月,教育部发布《关于师范学校今后设置发展与调整工作的指示》,要求"根据小学教育的发展计划与可能条件,有计划地发展师范学校"。② 市教育局当年分别在第一、第二师范学校开办师资短训班。1956年又将这两个附设的短训班独立建制为第一速成师范学校、第二速成师范学校。同时,第四师范学校也于1956年建校。

四、加强师资培训

建立一整套师范教育体系或许并不困难,但要改变旧有的对待教师职业的观念,树立新的教师观,却并非一朝一夕之功。针对旧的"教师是最没有出息的社会职业""家贫无奈做先生""家有二斗粮,不当孩子王"的传统观念,本着塑造新型人民教师的良好愿望,市教育局在造就大量新教师的同时,还加强了对在职教师的思想和业务培训。这些培训主要从教育与国家建设的关系、新中国教育发展的前景、人民教师光荣等方面着手。

1950年5月,上海市人民政府批准建立上海市新教育学院。第一期就抽调在职的公立和私立学校和社教机关教职员200人,进行三个月轮训,培训内容

---

① 陈琳瑚(1918—1980),山东文登人。1937年赴延安抗日军政大学学习,曾任中共中央组织部部长陈云的秘书。新中国成立后曾任华东人民革命大学教务处长、中共上海市委宣传部副部长、教育卫生工作部副部长,兼上海市教育局长及党委书记、市府文教办公室主任等职。1954年兼任上海师范专科学校校长,1956—1958年兼任上海第二师范学院院长,1954—1965年兼市体委主任。"文化大革命"结束后,任上海市政府教育卫生办公室顾问。

② 中华人民共和国教育部办公厅. 教育文献法令汇编(1954)[C]. 中华人民共和国教育办公厅,1955:26.

为历史唯物论——社会发展史、中国革命基本问题、思想方法论等基本理论和业务知识。① 1953年10月16日,上海市初等学校教师业余进修学校开学,为每届学员提供为期一年的政治、文化、业务培养。② 同年还创办上海市中学教师进修学院,培训中学在职教师。

第三节　团结、改造知识分子

新中国成立后,社会剧变使人们普遍感到有必要加强学习,加强自我改造,以适应新时代的需要。市政府则利用寒暑假与教师联合会共同举办短期研究会和学习班。1949年暑假,上海就有5 000多名教师受到革命教育的洗礼,寒假则有1.3万多人进行了集中和分区学习。此外,每星期还有讲座,学校里平时还进行各种小组学习。1950年春季开学后,市教育局还组织成立了全市性的教职员学习委员会总会,并在各区设分会,以领导全市教师学习。③ 教师们在新的社会洪流中,在政治认识上、思想观点上、工作作风上、生活态度上,都有了显著改变。许多教师尽管生活非常清苦,却仍努力工作。同时,政府也特别重视青年学生的思想改造运动,在中等以上学校里,普遍开设了政治课。这些大规模的学习与思想改造运动,正是保证贯彻新民主主义教育的必要条件之一,没有教师的自我改造,旧的学校很难改造,人民教育事业也就不易发展起来。

一、前期准备

教师的思想改造是改造旧教育的关键。教师们在思想改造运动中,前期多采取寒暑假集训的方式,通过阅读文件、听报告、分组讨论、个人检查等,在自觉的基础上,针对个人的历史、思想情况和问题,展开了批评和自我批评,并用毛泽东思想来改造自己、武装自己,以确立为人民服务的人生观和科学的世界观,使自己成为"光荣的人民教师"。

1949年4月23日,时任中共华北局宣传部部长的周扬在北京大学演讲时谈到知识分子问题和知识分子改造问题。他说:"今天的知识分子大多出身资产阶级、地主、买办或小资产阶级的家庭,而我们所受的教育也是资产阶级的教育……我们学习的环境,工作与活动的方式和态度都使我们在生活、观点和方

---

① 吕型伟.上海普通教育史(1949—1989)[M].上海:上海教育出版社,1994:83.
② 提高在职初等教师水平,本市教师业余进修学校开学[N].文汇报,1953-11-24.
③ 上海市人民政府教育局.一年来的上海教育工作[N].文汇报,1950-05-29.

法上与工农有距离。虽然我们愿意参加革命,为工农服务,但是由于出身,生活与工作的态度,观点和方法的不同,使我们不能和工农结合得很好,不能为工农服务得很融洽。这样便提出了知识分子问题,提出了知识分子的团结和改造问题。……有很多知识分子听到'改造'两个字就感觉不舒服,不顺耳。但是'改造'两个字并没有不好的意义,改造不过是不断进步的意思。……知识分子的改造便是如何与工农结合的问题。"①

1949年暑假,市高教联举办暑期学习会,共有2 646人(占上海大专院校教职工的80%左右)参加了为期三个星期的学习。刘佛年总结了此次学习的六点收获:"(一)开始摆脱个人主义倾向;(二)有了虚心学习的态度;(三)学得了群众观点、唯物科学观点等;(四)开始把理论与实践结合起来;(五)开始掌握了批评与自我批评的武器;(六)取得了许多学习经验与创造了若干学习。"② 当时人们有一个基本共识,即改进教学的关键在教育者自身的思想改造,教育者必须自己受教育,才能运用正确的立场、观点、方法来教导学生。

新中国成立后在上海出版的《新教育》杂志创刊号提出,教育工作者既须密切注意国家的各种革命工作与建设工作,时刻为它服务,还必须研究马列主义与毛泽东思想,因为这是指导我国革命和建设的指南针,新的教育是和这种革命思想与理论分不开的。只有在这方面有了认识,对自己的思想立场观点和方法有了改造之后,新的教育理论、方法和教学法才能产生出来。这种政治上思想上的自我改造教育,对目前我们的教育工作者是很重要的。③ 市教育局长戴伯韬说:"目前最要紧的是教师的自我改造,及对青年学生的思想政治教育。教师的新思想、新观点不建立起来,就是有新的课程教材、新的制度办法,也施展不开。……(教师)均应加强学习历史唯物论,认清历史,弄清思想方法中的立场、观点、方法,这是加速改造思想的捷径。"④ "要改造学校,当务之急,乃是加强政治思想教育。"⑤ "从旧教师转变而为人民教师,这种自我改造不但必要,而且是必须经历的过程。……自从去年暑假各地风起云涌地办起各种研究会、学习班、训练班等等集体学习,以听取革命的报告开其端以来,各校均建立了学习

---

① 周扬.论知识分子问题[N].文汇报,1949-06-30.
② 经过三个星期学习,高教联昨作总结[N].文汇报,1949-08-19.
③ 冯定.发刊词[J].新教育,1950(创刊号).
④ 戴伯韬.怎样研究和贯彻新教育政策[J].新教育,1950(创刊号).
⑤ 戴伯韬.在克服困难中改造学校[J].新教育,1950(3).

委员会,进行了经常性的政治学习和业务学习。教师们学习了用正确的立场去分析问题。"①

二、批判电影《武训传》

《武训传》为上海昆仑公司拍摄,由孙瑜编导,赵丹主演,所有演职人员都是上海的电影工作者。1951年初《武训传》刚上映时,曾获得一些好评,观众的反映也比较热烈,人们大体上肯定了武训这一人物,教育界人士提出,"应该学习武训那样赤诚的始终如一不避任何艰苦困难为人民服务的精神,把全国的工农都教育起来,使他们都具有近代进步的知识与文化修养"。②

1951年3月底,有人开始否定武训,认为他"是歪曲中国人民斗争,反现实主义的人物",并对《武训传》是不是一部好电影提出疑问。③ 5月20日,《人民日报》发表毛泽东撰写的社论《应当重视电影〈武训传〉的讨论》,其中说:

> 《武训传》所提出的问题带有根本的性质。像武训那样的人,处在清朝末年中国人民反对外国侵略者和反对国内的反动封建统治者的伟大斗争的时代,根本不去触动封建经济基础及其上层建筑的一根毫毛,反而狂热地宣传封建文化,并为了取得自己所没有的宣传封建文化的地位,就对反动的封建统治者竭尽奴颜婢膝的能事,这种丑恶的行为,难道是我们所应当歌颂的吗?向着人民群众歌颂这种丑恶的行为,甚至打出"为人民服务"的革命旗号来歌颂,甚至用革命的农民斗争的失败作为反衬来歌颂,这难道是我们所能够容忍的吗?承认或者容忍这种歌颂,就是承认或者容忍污蔑农民革命斗争,污蔑中国历史,污蔑中国民族的反动宣传,就是把反动宣传认为正当的宣传。
>
> 电影《武训传》的出现,特别是对于武训和电影《武训传》的歌颂竟至如此之多,说明了我国文化界的思想混乱达到了何等程度!④

---

① 戴伯韬.论教师自我改造中的学习问题[J].新教育,1950(5).
② 戴伯韬.看了武训传之后的意见[N].文汇报,1951-01-03.
③ 贾霁.不足为训的武训[N].文汇报,1951-05-03.该文另见:人民日报,1951-05-17."贾霁的文章很有代表性:武训没有能够透过生活的现象深入到生活的本质去求得根本的理解、根本的觉悟,以为穷人受欺负的根本原因或者主要原因,就是不识字。因此,他以为穷人只有识了字才不受欺负,才会改变穷人的命运,过起好日子来。武训的实践结果至少在客观上提高了地主阶级的名流学者在群众中间的政治影响力,降低了群众对阶级敌人的仇恨情绪。"
④ 应当重视电影《武训传》的讨论[M]//毛泽东文集(第六卷).北京:人民出版社,1999:166.

此论一出，昆仑公司即函电全国各地，自5月24日起停映《武训传》。5月23日，中共上海市委发布《关于开展对〈武训传〉的讨论的指示》，号召所属党组织及党员严肃认真地参加关于《武训传》的讨论。① 紧接着，全国各地的文教干部展开了一场为期不短的《武训传》大讨论。6月2日，教育部发出指示，要求在各级教育行政机关及各级学校中深入讨论《武训传》及有关武训的著作，对武训这一人物及所谓"武训精神"进行科学的、系统的讨论与批判工作，并强调这一运动必须普及到每一所学校每一个教育工作者，且要将运动结果逐级总结上报。② 要求弄清楚革命者与封建统治拥护者的原则区别，提高政治思想认识，学会掌握革命的立场、观点和方法，以正确地进行爱国主义教育工作。

三、高校教师的思想改造

从1951年9月起，全国开展了一场声势浩大的知识分子思想改造运动。③ 9月26日，周恩来对京津高校教师作《关于知识分子的改造问题的报告》，着重阐明知识分子转变立场、改造思想的必要性，强调要分清敌我，要求知识分子自觉站到人民的立场上来。10月23日，毛泽东在政协第一届全国委员会第三次会议上说："思想改造，首先是各种知识分子的思想改造，是我国在各方面彻底实现民主和逐步实现工业化的重要条件之一。"并号召知识分子以批评和自我批评的方法，进行自我教育和自我改造。11月30日，中共中央发出《关于在学校中进行思想改造和组织清理工作的指示》。

上海是旧中国高等教育最发达的城市，也是高级知识分子云集之地。上海高校教师的思想改造开展得好，能在全国起到模范作用。因此，上海高教界积极响应中央号召，在1951年底掀起了一场轰轰烈烈的"努力改造思想，做一个新中国的人民教师"运动。许多教师和学生本着改造自己、服务国家的真诚，努

---

① 指示称：这部电影是在上海摄制的，并首先在上海上映；但是负责领导上海宣传文化教育工作的干部，一直没有指出它在思想上、政治上严重的原则错误，并且有不少同志发表了歌颂与赞扬的意见。对于此种混乱错误的思想，市委也负有责任。因此，严肃认真地来开展对于这些错误思想的批判，并由此将所有党员的思想水平提高一步，乃是重要的政治任务。参见：中共上海市委发出指示、天津市委宣传部召集会议，号召党员参加电影《武训传》的讨论[N].人民日报，1951-05-25.
② 关于开展电影"武训传"和"武训精神"的讨论与批判的指示[G]//中华人民共和国教育部办公厅.教育文献法令汇编(1949—1952).内部资料，1953：39.
③ 思想改造运动是由北京大学教师率先发起的。1951年6月，马寅初出任北京大学校长后，看到由于旧思想和旧习惯的存在，教育改革方面出现了不少问题和阻力。因此，他会同汤用彤副校长、张景越教务长等12人，发起北京大学教员政治学习运动。中共中央肯定了北京大学的行动，并决定推广到京津各高校，在取得经验后，再推向全国。参阅：何沁.中华人民共和国史[M].北京：高等教育出版社，1997：90.

力学习马列主义、毛泽东思想,对不符合时代要求的思想作了细致的自我剖析和自我批评。

1952年9月底,上海高等学校思想改造运动全部完成。① 通过思想改造,高校教师揭发和肃清了封建、买办、法西斯思想,批判了资产阶级和小资产阶级的错误思想,初步树立了无产阶级思想在上海高校的领导地位,也为学习苏联教育经验扫清了思想认识上的障碍。为了进一步提高高校教师的政治理论水平,1953年9月24日,上海市高校教师学习委员会成立,② 计划以自学、小组讨论、专题报告的形式,组织教师们学习中国革命史、马列主义基础、政治经济学、辩证唯物主义与历史唯物主义。在后来的批判资产阶级教育思想和反右斗争中,高校师生又开展了思想改造。

四、中小学教师的思想改造

中小学教师的思想改造较高校稍晚,且是经过试点后才大面积铺开的。1951年冬,华东学习委员会上海市教育工作者分会先后在10所中学和1所小学进行思想改造试验,取得了良好成绩。1952年7月23日,市教育局开办了中等学校教师暑假学习班,③ 教师们经过一个多月的认真改造,分清了敌我,初步明确了工人阶级的立场、观点和方法,树立了全心全意为人民服务的思想。

中等学校的学生在"三反""五反"的基础上,也普遍开展了思想学习运动,以划清无产阶级和资产阶级的思想界限,防止"资产阶级思想对青年学生的侵蚀和危害"。④ 这种思想学习主要在初中三年级和高中阶段开展,重点是批判资产阶级的生活方式、享乐主义、个人主义、拜金主义,树立劳动观念和为人民服务的思想。

---

① 上海高等学校的思想改造运动是分批进行的,第一批:交通大学、复旦大学、同济大学、华东师大、上海医学院;第二批:圣约翰大学、沪江大学、震旦大学、大同大学、上海工业专科学校;第三批:上海学院、上海美术专科学校、中华工商专科学校、同德医学院、东吴大学法学院、之江大学建筑系、上海商业专科学校、上海戏剧专科学校、沪江大学商学院夜校、立信会计专科学校、同济医学院、华东航务学院、华东水产学院、华东纺织工学院、上海财政经济学院、华东交通专科学校、中央音乐学院上海分院。参阅:上海市高等学校思想改造运动全部胜利完成[N].文汇报,1952-10-20.
② 主任委员:彭康,副主任委员:陈望道、孟宪承、沈志远、薛尚实、林枫,委员:王子成、王文锐、王亦山、李正文、李培南、周予同、林冬白、吴蕴瑞、姚耐、涂峰、孙仲德、孙陶林、夏坚白、陈大燮、陈石英、陈其五、陈修良、陈琳瑚、张江树、黄家驷、盛华、舒文、程孝刚、贺绿汀、廖世承、熊佛西、郑文卿、卢于道、颜福庆、苏步青。参见:进一步提高高校教师的理论政治水平 上海市高校教师学习委员会成立[N].文汇报,1953-10-11.
③ 本市中学教职员思想改造运动开始[N].文汇报,1952-07-25.
④ 本市中等学校展开思想学习运动[N].文汇报,1952-06-18.

1953年3月,上海市中等学校教职员的思想改造学习运动在历时一年后结束。全市319所中等学校的9 000余名教职工,有7 087人参加了思想改造学习运动,普遍提高了政治觉悟和思想水平,批判了自私自利、个人主义、名利思想和雇佣观点,树立了人民立场和为人民服务的思想。① 之后,上海市3万多名中小学教师开始进行系统的政治理论和业务学习,内容包括马列主义理论和毛泽东思想、时事政治、教育学,时间为1953年4月20日至6月底。②

五、批判资产阶级教育思想

早在1949年6月20日,即复旦大学被接管的当日,上海高等教育处副处长唐守愚在和复旦大学的教授们座谈时就说:"将来新民主主义社会下的学术思想是自由的,但绝对没有反对人民压迫人民的自由,请教授们把握时机,全心全意地为人民服务,自命清高是要不得的。"③ 漆琪生在《文汇报》发文指出:"解放后的新中国,一切都是属于人民的,就是学术和文化也不能例外,因此赶快确立一种人民的学术和文化,协助新中国的建设乃是当前中国学术工作者急要之图。所谓人民的学术,必须要能反映广大劳动人民的意志,要能适合他们的幸福,更须能实现他们的利益,与增进他们的发展,才可算是真正的人民的学术。"④

在"兴无灭资"的语境下,要真正做到学校向工农群众开门,使教育和学术为人民大众服务,为国家建设服务,就必须与旧的阶级和社会决裂,清算资产阶级教育思想。上海在解放前是中国教育向西方学习的一个窗口,自然是资产阶级教育思想影响较深的地方,因此必须大批特批,方能显示其革命性和时代性。当时认为,高等教育所受资产阶级教育思想的影响范围最大,因而批判资产阶级教育思想先从大学入手,然后逐步向中小学下延。1955年3月,上海市教育局召集中小学教师代表召开动员大会,要求清除资产阶级反动教育思想的影响,进一步提高教师的社会主义觉悟。4月,全市中等、初等教育界开展了学习社会主义教育思想、批判资产阶级唯心主义教育思想的运动,着重批判了实用主义。为了配合这种批判运动,上海一些专家学者纷纷撰文,"揭发"杜威及其实用主义教育思想。文科高校还对唯心主义思想在文史哲等领域的影响进行

---

① 本市中等学校教职员思想改造学习运动胜利结束[N].文汇报,1953-03-31.
② 上海市三万多中小学教职员进行系统的政治理论和业务学习[N].文汇报,1953-04-25.
③ 复旦教授座谈今后教育问题[N].文汇报,1949-06-21.
④ 漆琪生.人民学术的确立及其内容[N].文汇报,1949-06-28.

了批判,其中包括胡适等人的思想。有人还将教育家陈鹤琴的"活教育"作为实用主义教育的典型进行批判。

第四节 整风运动和反右斗争

一、"胡风事件"在上海高校

1955年5月13日,《人民日报》发表胡风的检讨《我的自我批判》和《关于胡风反党集团的一些材料》,掀起了全国规模的批判"胡风反党集团"的运动。[①] 教育界尤其是高等学校被认为存在"胡风集团"的骨干分子,必须彻底肃清其影响。各级学校的师生,不管是青年教师、老教授、幼儿园的教养员、学校的职工,还是学生,都投入了声讨"胡风反革命集团"的斗争。上海知识界有不少胡风的旧友,因而也成了全国批判胡风的一个窗口。6月21日,市委学校工作部提出《关于本市高等学校清理胡风集团分子的情况与进一步清理一切反革命分子的意见报告》。当年召开的全市教育工会代表会议也要求教师们积极投入"肃清一切反革命分子"的斗争。

二、贯彻"双百"方针

1955年12月底,高等教育部上海高等教育管理局召集了一个座谈会,国务院副总理陈毅在座谈会上对知识分子的合理安排等问题作了指示。陈毅指出,对高级知识分子在社会主义建设中的地位和作用应该有正确的估计,应当采取一系列措施改善他们的工作条件和生活条件,让他们能够充分发挥自己的智慧和能力,为社会主义建设服务。[②]

1956年,党对知识分子的政策进行了大的调整。1月,中共中央召开知识分子问题会议,周恩来作了《关于知识分子问题的报告》,指出:"知识分子已经成为我们国家的各方面生活中的重要因素。而正确地解决知识分子问题,更充分地动员和发挥他们的力量,为伟大的社会主义建设服务,也就成为我们努力

---

① 胡风(1902—1985),湖北蕲春人。早年留学日本,曾于20世纪30—40年代主编多种文学刊物,写了大量文艺批评和文艺理论著作,1947年出版《胡风文集》。1954年,写"30万言书"上呈党和国家领导人。胡风的文艺思想被认为是"资产阶级唯心论、反党反人民",遭到批判。1955年5月,"胡风小集团"被定性为敌我矛盾,胡风及其部分亲友被捕入狱。1978年胡风被释放。1980年9月中央为胡风平反,凡被牵连人员也一律平反。
② 华东地区高等学校负责人举行座谈会,讨论如何充分发挥知识分子的作用等问题[N].人民日报,1955-12-27.

完成过渡时期总任务的一个重要条件。"并提出要解决知识分子的生活待遇问题,保障其工作岗位和对于社会有用的研究,尊重和发挥其对社会有用的专长。报告在上海高教界引起了强调反响,老教授们奔走相告,深受鼓舞,并纷纷发表谈话,以抒胸臆。

1956年2月18日至3月9日,上海市委召开知识分子问题会议,制定1956—1957年知识分子工作纲要,提出应该切实建立各级党组织、国家机关工作人员和知识分子互相信任、互相接近的同志关系,经常关心并积极支持知识分子的科学研究和业务活动。各级党组织的负责人要经常和高级知识分子保持联系,和他们工作有关的重大事情,事先必须共同商量。党的组织应该邀请一些政治上进步的知识分子列席党的有关工作会议。各单位应当切实改善领导方法,改进工作制度,精简不必要的会议,做出具体计划,保证专家、学者有充足的业务活动时间。为了提高高等学校的科学研究水平,开展学术讨论,高等学校要办好学报。除复旦大学、华东师范大学已有学报外,交通大学、同济大学等校应相继创办学报,1957年全市各高等学校都要办好一种学报。① 之后,上海教育系统又制订了工作规划,以切实解决知识分子的工作、学习和生活问题,调动其积极性。②

1956年5月,中央提出"百家争鸣,百花齐放"的方针,③ 号召知识分子自由发表意见。5月26日,中宣部举行报告会,部长陆定一作题为《百花齐放,百家争鸣》的讲话,以促进学术工作的发展。上海教育界积极贯彻"双百"方针,将政治问题与思想学术问题分开,学校工作出现了知识分子与党政干部密切合作的局面,人际氛围得到了极大改善。到9月新学期开学时,上海高校的课程出现了新气象,一些教授以选修课的方式开出扩展学生视野的新课,如复旦大学

---

① 中共上海市委制定上海市知识分子工作纲要[N].人民日报,1956-03-13.
② 据刘述周1957年3月在全国政协第二届委员会第三次全体会议上的发言,一年以来,中国科学院上海办事处、复旦、交大、华东师大等七个单位为高级知识分子增加了470名助手和辅助人员;各公共图书馆经费增加了一倍以上;全市18所高等学校10 979个教职员调整了工资,平均工资总额增加16.34%,其中教学人员平均增加20.84%;市人民委员会专门调拨了350套较好的住宅供给高级知识分子。参见:关于上海市的知识分子工作[N].人民日报,1957-03-23.
③ 1956年5月2日,毛泽东在最高国务会议第七次会议上正式宣布了这个方针,他说:"现在春天来了嘛,一百种花都让它开放,不要只让几种花开放,还有几种花不让它开放,这就叫百花齐放。百家争鸣,是说春秋战国时代,二千年以前那个时候,有许多学派,诸子百家,大家自由讨论,现在我们也需要这个。"参阅:杨先材,等.共和国重大事件纪实(上卷)[M].北京:中共中央党校出版社,1999:367.

历史系胡厚宣教授①开"甲骨学"课,陈守实教授开"南北朝隋唐土地问题"课,生物系谈家桢教授②开"孟德尔、摩尔根遗传学"课。同年,教育系统有大批高级知识分子被发展入党,全年沪上各高校、中专及科学院上海办事处共吸收新党员2 500名,其中高级知识分子155名,如郭绍虞、方令孺、朱物华③、黄席椿、李国豪、杨钦、刘佛年、冯契、张江树、丁善德、周小燕等。④

"双百"方针对繁荣学术起到了极大的促进作用。《人民教育》在探讨教育科学时说:

> 从原则上讲,我们政府只不许反革命分子有反革命的自由;至于人民内部要有高度的民主自由,为着探求客观真理,在各种学术问题上都可以争论。在教育方面,对于中国现在和过去的教育理论,可以争论;对于苏联的教育学有不同的意见,可以争论;讨论学理时有和当前某些工作原则不一致的意见,只要有事实根据,也可以争论。就我们今天来讲,怎样实现全面发展与因材施教相结合的教育问题,同时也联系到怎样改进教材教法、教学怎样结合生活、理论怎样结合实际等问题,这都是基本而重要的问题。⑤

上海学术界在百家争鸣和"向科学进军"的号召下,研究工作日趋活跃,自

---

① 胡厚宣(1911—1995),河北望都人。1934年毕业于北京大学史学系,曾任职于中央研究院历史语言研究所考古组。1940年任齐鲁大学国学研究所研究员、大学部教授,并先后任中文系主任、中国历史社会学系主任。1947年任复旦大学历史系教授,兼暨南大学教授。1956年任中国科学院历史研究所(今属中国社会科学院)研究员。主要著作有:《甲骨续存》《五十年甲骨文发现的总结》《五十年甲骨学论著目》《殷墟发掘》等。
② 谈家桢(1909—2008),浙江宁波人。1930年毕业于东吴大学生物学专业,1932年获燕京大学理学硕士学位,1936年获美国加州理工学院哲学博士学位。1937年任浙江大学生物系教授,新中国成立后兼任理学院院长。1952年任复旦大学生物系教授兼系主任。1961年起先后担任复旦大学副校长、遗传学研究所所长、生命科学院院长等职。主要著作有:《谈家桢论文集》《谈家桢论文选》等。
③ 朱物华(1902—1998),江苏扬州人。1923年毕业于交通大学电机系,1926年获美国哈佛大学电工博士学位。1927年8月回国,历任中山大学、交通大学唐山工学院、北京大学、西南联合大学教授。新中国成立后,任交通大学副教务长、工学院院长。1955年任哈尔滨工业大学教务长兼副校长。1961年任上海交通大学副校长,1978年任校长。是第三届全国人大代表,第二、三、五、六届全国政协委员。编著有:《电力系统自动化》《电气自动学》《无线电技术基础》《信息论》《水声工程原理》等。
④ 详见:中共上海市教育卫生工作委员会党史资料征集委员会办公室.中共上海市教育卫生体育系统党史大事记(1949—1989)[M].上海:上海交通大学出版社,1993:93—96.
⑤ 略论教育科学中的百家争鸣[J].人民教育,1956(7).

由讨论的气氛逐渐浓厚，上海高校的科研工作得到了较快的恢复和发展，各种科学协会、科研小组和科学论文报告会纷纷建立、组织起来。各高等学校普遍举行了科学讨论会，宣读学术论文，展开自由讨论。上海财政经济学院对价值规律作用问题、专业公司作用问题，华东政法学院对旧法继承问题，复旦大学对中国古代史分期问题、形式逻辑与辩证法关系问题等进行了讨论。不同思想体系的学说在各个大学里自由讲授，如复旦大学的遗传说课程既有米丘林、李森科学说，又有摩尔根学说。很多专家积极进行学术研究工作，撰写著作，如郭绍虞编著《中国文学批评史》，胡厚宣编写《甲骨文论丛》，周谷城修改《世界通史》。仅复旦大学在1956年就举行了100次学术活动。① 复旦大学校长陈望道在1956年5月27日举行的51周年校庆节纪念活动和第三次科学讨论会上说："全校已有学生科学小组77个，成员598人。全校已在本学期中举行过小型的科学报告会、科学讨论会共约146次以上。……全校教师向这次科学讨论会提出的科学报告共有117篇，其中属于人文科学的计有54篇，属于自然科学的计有63篇。"② 华东师范大学校长孟宪承于1956年6月2日在该校第一次学生科学讨论会上说，建立学生科学小组，开展科学研究，是组织同学向科学进军的一种重要形式，全校已有学生科学小组51个，参加同学629人。会上进行了科学论文报告，提出专题论文67篇。③

三、整风运动

为密切党群关系，防止干部特殊化，中共中央于1957年4月27日发出《关于整风运动的指示》，要求在全党重新进行一次普遍的、深入的反官僚主义、反宗派主义、反主观主义的整风运动，主题是整顿作风、改进工作，正确处理人民内部矛盾，加强党和广大人民群众的联系。特别强调邀请党外人士对党和政府提出批评，以改进工作。5月6日，教育部举行了党员干部的整风动员大会，布置整风学习计划。5月11日，中共上海市委第一书记柯庆施在市委宣传工作会议上作了长达三小时的报告，宣布上海整风运动开始。

上海教育系统各单位按中央和市委的部署进行整风，先"小鸣小放"，后"大鸣大放"。4月26日，柯庆施举行中小学校、职工业余学校与体育界知识

---

① 百家争鸣的方针深入人心[N].文汇报,1957-01-23.
② 邓明义.陈望道传[M].上海：复旦大学出版社,1995：262—263.
③ 华东师范大学大事记(1951—1987)[M].上海：华东师范大学出版社,1991：68. 华东师范大学此前已于1956年1月30日到2月2日举行了第一次科学讨论会，教师们在会上提出了42篇科学论文。参见：华东师范大学举行科学讨论会[N].人民日报,1956-02-07.

分子座谈会,号召普遍发动全市中小学教师,大胆把对于教育行政领导部门与学校行政领导的意见提出来。① 许多人指出,在中小学,领导和被领导之间还隔着一道"高墙";党员和群众的距离也很远,党员校长往往不够虚心,有的甚至盛气凌人,对教员采取粗暴的态度;教育局高高在上的官僚主义作风也受到了不少人的批评。② 5月8日,市教育局邀请部分中小学教师座谈,进一步要求广大中小学教师大胆地"放",勇敢地"鸣"。局长陈琳瑚说:"我们欢迎中小学教师对市教育局、各区教育科工作中的缺点,大胆提批评、提意见,大胆揭发教育行政部门的官僚主义、宗派主义和主观主义。教育行政部门和党的组织决不记账,决不报复。"③ 大中小学各校也号召大家就学校党组织建设,领导干部的工作、思想、作风和学校的教学改革、行政管理、人事编制、生活福利等提出意见。当时提出的口号是:知无不言,言无不尽;言者无罪,闻者足戒;有则改之,无则加勉。

市教育局局长陈琳瑚率先垂范,对教育行政管理提出批评:

> 为了要管得多、管得死,市级机构就要庞大,分工就要很细。机构大、分工细,就开会多,布置任务多,要材料多,统计报表多,条条道路通基层,学校经常处于被动应付的境地,上面制造了下面的忙乱;反过来,下对上,事事要请示,事事要报告,事事要找领导机关,上面就整天的忙于批公文、查档案、听汇报、看材料、处理来信与来访,又造成了领导机关自身的忙乱。这叫作上下循环,互为因果,不改变这种局面,是根本无法深入基层,深入群众的,也就不可能充分发挥学校和教师的主动性与积极性的。某些党组织神秘化和少数党员个人特殊化;对教师群众关怀信任不足,非党干部有职无权,党员干部越职越权,包办代替,疲于奔命。④

上海高校于1957年5月开始全面检查党委的领导问题,通过党外人士座谈会等各种方式,发动师生向党委提出批评和意见,以便克服"三个主义"(即官僚主义、宗派主义、主观主义)。在整风运动中,教授们对学校教育和其他

---

① 中共上海市委书记柯庆施号召全市中小学教师大胆提意见[N]. 文汇报,1957-04-27.
② 上海中小学教职员的呼吁:拆除领导与被领导之间的"高墙"[N]. 人民日报,1957-05-01.
③ 要求教师大胆提意见[N]. 文汇报,1957-05-10.
④ 陈琳瑚. 边学边放边改进,解决中小学教育工作中的矛盾[N]. 文汇报,1957-05-26.

方面工作中的不妥之处提出了尖锐恳切的批评。大部分学校的党委成立了处理问题的专门组织,及时研究解决群众提出的问题。① 复旦大学副校长苏步青②说:

> 过去的教研组既要受系主任的领导,又要受教务长和研究部主任的督促,表格重重下来,听报告、参加工作组和开教研组会议就占去许多的时间。……我建议及早划分权限,使各级负责人有职有权,充分发挥积极性和创造性,并且建议上级领导尽可能放手,简化公文来往手续,给系里以用人权和财产使用权。有人说,大学里这几年来,因为教学工作很忙,所以不能开展研究。这种说法也有它的一面理由。以往过分强调备课和教学法,使一些教师尤其是青年教师把时间和精力都花掉了,而不能开展科学研究。其实,以往的教学有一些把学生"牵着手、扶着走"的气味,不但没有它的必要,而且还养成学生的依赖性、不能独立思考等缺点。③

在"大鸣大放"中,上海21所高校和科研机构召开了1.4万多次"鸣放"会议,贴出大字报达11万多张。其中同济大学、复旦大学都在万张以上,带有普遍性的重大问题有:如何改进党的领导与党群关系、办学方针和学校发展方向、政治与业务的关系、青年教师进修与学生培养目标、知识分子政策、教育向工农开门的方针、中学生的升学和参加农业劳动等。④ 华东师范大学在"鸣放"中还谈到了高师问题,有人认为高师没有必要单独存在,应与综合性大学合并;有人说,高师学生专业知识学得太少;还有人说高师教育失败了。大家普遍认为,目前存在的问题并不是高师毕业生的专业知识不够,而是怎样在学好学透专业知识的基础上,更好地面向中学,理解中学教学的实际;在教育科学的学习上,应更好地把教育理论贯彻到实际中去;只有加强高师的师范性,才能进一步提高师资质量。⑤

---

① 上海高校边整风边改进[N].文汇报,1957-06-07.
② 苏步青(1902—2003),浙江平阳人。1927年毕业于日本东北帝国大学数学系,后入该校研究院,获理学博士学位。回国后,受聘于浙江大学数学系。1952年到复旦大学任教,任教务长、副校长、校长等职,1983年起任复旦大学名誉校长。是第七、八届全国政协副主席,第五、六届全国人大常委会委员,曾任民盟中央副主席。撰有《射影曲线概论》《射影曲面概论》等专著10部。
③ 苏步青.我所看到的高等学校中的三个问题[N].文汇报,1957-05-06.
④ 群众性大辩论进入高潮,上海高校整改有了很好准备[N].文汇报,1957-10-23.
⑤ 高等师范学校必须单独设置[N].文汇报,1957-10-31.

四、反右斗争

整风运动很快出现一些新的动向,引起了领导人的警觉。1957年6月8日,《人民日报》发表社论《这是为什么?》,号召全国人民行动起来"打退右派分子的进攻",并指出:"在我们的国家里,阶级斗争还在进行着,我们还必须用阶级斗争的观点来观察当前的种种现象,并且得出正确的结论。"次日又发表社论《要有积极的批评,也要有正确的反批评》,指出:"我国的社会主义改造才基本完成,阶级斗争并未结束,资产阶级思想还在各方面和无产阶级思想争夺阵地和领导权。"后又发表《全国人民在社会主义基础上团结起来》(6月12日)、《不平常的春天》(6月23日)等社论,要求"一切真正爱国的、愿意站在社会主义方面的人就应当同右派划清界限,使对于是非问题的根本认识更加明确起来"。全国反右派运动的序幕由此拉开。《人民教育》对教育界的右派言行也作了批判。上海各校将"鸣放"与反右结合起来,一边继续对学校工作提意见,一边批判右派的言论。

在反右斗争中,全市许多文教单位开始加强党的领导,上海市委在全市党员干部中挑选了100名左右处长以上干部,150余名科长级干部去担任高等院校、中等学校、科学研究、新闻出版、文艺、卫生等文教部门的领导工作。另外,还抽调500名左右一般党员干部去加强小学的领导工作,要求基本上做到每个基层文教单位都有较强的党的领导骨干。① 同时,针对整风中提出的问题,上海大中小学和教育行政部门还掀起了一个整改高潮,整改措施包括:扩大民主生活,健全民主制;加强思想政治工作,加强阶级教育、劳动教育以及群众路线教育,提高政治课质量;发扬艰苦朴素的优良传统,贯彻勤俭办学的方针;精简机构,提高效率,下放干部,充实基层;建立经常的时事政治报告制度。

由于反右斗争面一再扩大,到1958年,上海市属教育卫生系统共划定右派2 371人,其中局处级干部15人,正副教授87人,一般人员611人,大学生1 658人;区属教育单位划定右派2 624人。② 一些单位还以定指标的方式发动群众,

---

① 中共上海市委抽调干部加强文教工作领导[N].文汇报,1957-11-14.
② 吕型伟.上海普通教育史(1949—1989)[M].上海:上海教育出版社,1994:177. 在1958年的整风补课中,华东化工学院党委书记余仁、上海外国语学院党委书记涂峰、华东纺织工学院党委书记栾长明、市高教局副局长李向群等数十名领导同志遭到错误批判和处分。同济大学党委书记兼校长薛尚实、副书记刘准等被定为"薛、刘反党小集团",受到开除党籍、撤职处分。参见:中共上海市教育卫生工作委员会党史资料征集委员会公办室.中共上海市教育卫生体育系统党史大事记(1949—1989)[M].上海:上海交通大学出版社,1993:120.

"深入挖掘"右派。不少刚刚跨入校门的大学生被错划为右派,[①]一些老专家和中青年知识分子也被错划为右派,极大地影响了正常的教学和科研工作,身心遭受严重挫伤,给上海教育发展造成了不可估量的损失。

第五节 理顺学校教育发展中的若干关系

在新中国成立之初和社会主义改造时期,事关新上海建设的各种关系都处于不断的调整之中,以寻找新的合理的定位。政府的行政系统和机构设置以及人事也频繁变更。教育作为社会的一部分,不仅在人事和管理上存在诸多不顺,而且频频受到其他社会系统的牵制和干扰,学校工作出现混乱,师生疲于应付,正常的教育教学活动得不到制度保障,大量不能升学的中小学毕业生得不到合理安置。问题暴露后,华东军政委员会和上海市政府采取了一系列措施来改善学校管理,纠正混乱局面,克服忙乱现象,解决毕业生出路,使学校教育能在不脱离社会大环境的前提下,以自己的方式平稳运行。

一、纠正干扰教学的混乱局面

新中国成立后,上海各级各类学校的广大师生以极大的热情参与政府组织和倡导的各项运动,尽心尽力地为新上海乃至新中国的建设服务。比如,大批学生先后参加了解放西南、解放福建、土地改革、东北经济建设等工作,参加了军事干部学校。但这也给学校教育带来了不少问题,尤其是因强调"中心工作压倒一切",从而长期地和大批地将文教干部及学校教师抽调去做中心工作。有些地方任意调派学生从事突击工作或临时工作,如布置会场、欢迎欢送、组织晚会、参加社会宣传等,甚至商人集体纳税、农民集体缴公粮也要学生打腰鼓;区政府、派出所、工会、妇联等开代表会,也要教师和学生组织晚会。有的干脆以革命工作需要为由,不经过行政及组织手续,随意将师生从学校调出。而很多被调出来的学生,在使用上又极不合理,譬如大学理工科学生去搞文工团,大学毕业生做收发或当缮写等,学非所用,浪费国家建设人才。

管理方面也存在多头领导的现象,有些机关和团体往往通过其垂直系统,在学校里各自布置一套,造成学校行政人员和师生兼职多、会议多、活动多,严重影响了学校的日常教学工作,损害了师生的身体健康;有些单位借用了若干

---

① 中共上海市教育卫生工作委员会党史资料征集委员会办公室.中共上海市教育卫生体育系统党史大事记(1949—1989)[M].上海:上海交通大学出版社,1993:108.

中小学校舍,迟迟不归还,妨碍了学校教育的恢复与发展。这在社会上、在群众中造成了不好的影响。为此,华东军政委员会曾发布指示,要求纠正学校教育工作的混乱现象,①各级人民政府应从国家的长远利益和整体利益着眼,切实加强对学校教育工作的领导和管理。各个部门和机关团体均有责任帮助改进学校教育工作,克服任何妨害学校教育工作正常进行的错误倾向。

这个指示颁布后,学校教育中的混乱局面得到好转,教学工作有所强化,但仍有个别机关、公私营企业单位为完成招考工作人员的任务,依旧招收在校学生。如华东纺织工业局、闸北水电厂、华通电器厂、中华书局等一些单位因录取了一些上海市初高中在校学生而受到批评。②

二、克服工作中的忙乱现象

在改革旧教育、建设新教育的过程中,许多东西都需要逐步探索、不断修正,因此变动与反复较多。新形势下,教师们一方面要深入学习新的政治理论,改造和提高自己,参与各种社会事务;另一方面还要以新的指导思想和新的方式方法来开展教学;再加上教育管理上的多头,结果造成学校领导兼职多,严重者身兼十职;③ 教师们事务多、会议多、活动多,一天到晚忙忙碌碌。就全市教育系统来看,忙乱成为一个普遍现象,许多教师疲于应付,整日东奔西突,赶前赶后,甚至忙于各种交际应酬。一些业务水平低和政治思想不过硬的教师发现,尽管积极努力参与种种学习活动,却根本不可能从中得到真正的提高。

> 解放几年来,小学的学制、教学计划、教材已经变动了好几次。一会儿五年一贯制,一会儿恢复四二制;一会儿增加手工劳动科,一会儿又要取消……这学期开学以来,我校校长在 57 天里,有 31 天在外面开会。回到学校,当然也带来大小会议。学校里新的东西多,光是语文科就有口述、阅

---

① 指示的具体要求有:学校教师的基本任务是把学校办好,把学生教好;学生的基本任务是把功课学好;而教学的主要方式乃是校内的课堂教学。学校内一切社团组织,其基本任务都应该是保证胜利完成学校的教育计划,学校的行政当局是对教育行政当局负责办学的,因此学校内一切教育工作和行政工作均应由学校行政当局统一领导;一切社会活动则应由该校教育工会及学生会统一领导。除国家规定的假日外,严禁各校自行停课。如有必要中小学停课一天以上,须经县以上教育主管机关批准。所有学校现任教师及在校学生,任何方面均不得随意调派他们参加学校以外的各项活动。各级学校校舍,不论公立、私立,原则上一律不得占作他用,已借用的校舍,应分别视情形即行协商归还。参见:华东军政委员会发布指示,纠正学校教育工作中的混乱现象[J].新教育,1951(9).
② 华东个别机关、公私营企业违反规定招聘在校学生,严重影响学校教育工作[N].文汇报,1951-12-19.
③ 参见:赵亦农.一位身兼十职的小学校长的来信[N].文汇报,1953-02-19.

读指导、汉语、写作指导、长课文、古诗、识字重点，等等。再加五级记分一套。除了正课还有校会、班会、队会、早会、中小队活动、课外活动、家长联系、二部制校外小组工作，任务重重，又加会议连连。老师们说我们只有星期七没有星期天，与学生接触的时间也没有。①

一位普通小学教师对教师被抽调情况作了如下反映：

> 1951年1月寒假，我区部分教师被抽调参加土改的宣传工作，其中有一位姓张的教师寒假开学后仍被留在乡政府整整一个学期，而区文教科却以为他早就回校了。同年7月初，全区70多教师参加土改工作，原定2个月，结果一直拖延到12月底。"五反"运动时，抽调教师参加"五反"工作队。区规定每15个教师中抽调1人，我校当初恰巧有15人，却被抽2人。接着又抽调教师4人参加"五反"宣传队。他们不照规定办事，以致教导处排了六七次课程表。学生惊奇于课程表及任课教师变动得如此之多。②

学校领导更是忙得不可开交。一位身兼区教育工会主席、市教育工会委员会委员、区优抚工作委员、区爱国卫生运动委员、区人民代表、区抗美援朝代表、区教研会副主席等数职的小学校长这样描述自己的忙乱：

> 解放三年多来，我一直在忙乱中过生活。主要是因为兼职多、会议多。一天到晚，忙会客，忙接电话，忙开会，忙做报告，忙做总结，忙得头昏脑涨。……有一次，我上午在区里开了两个会，来不及吃中饭又赶到市教育工会去开会，没开到一半就晕倒在那里……又一次，在市里开会回来，又赶到区里听报告，也晕倒了。③

另一位细心的小学校长抱怨说：

> 我曾把一个星期（1月3—9日）的工作、学习、会议时间统计了一下，

---

① 吴俊明. 为我们小学教师说话[N]. 文汇报, 1957-05-18.
② 徐仲良. 说说我们心里早就想说的话[N]. 文汇报, 1953-02-26.
③ 沈旦明. 人家叫我"开会专家"[N]. 文汇报, 1953-02-28.

每天从早上7时到晚上12时,约16—17小时,合计一个星期112小时,其间开会(包括学校行政会议、整党学习、听报告,及其他会议共16次)花去42小时,最长的会议7小时(市教育工会选举各界人民代表会议代表),最短的1小时;学校工作(包括备课、上课、批改课卷等)约25小时;学习(包括政治、业务、时事学习)约8小时;路上时间约10小时;还余15小时用在处理其他零星事件上,主要是处理儿童偶发事件、拟工会通知、会客人、接电话等。根据这一统计,不由我为之一惊。说我是校长吧!只花了1/4的时间来照顾学校。①

在分析造成忙乱现象的根本原因时,教育局成了众矢之的,主要是批评教育局没有在教学方面对学校进行切实具体的领导,没有学期工作计划,常常不从实际出发,忙乱地临时布置工作,布置前考虑问题不周密,布置后发现先前的布置不妥当,中途变更办法,致使学校工作手忙脚乱,例如招生工作、人民助学金评定工作等。另外,教育局各主要领导以及各科、室在布置工作时互不联系,各搞一套,有时甚至自相矛盾,以致每个工作好像都是"中心工作",都"急如星火",都要校长亲自负责,且"限期完成",结果是上面多头多脑(一些企事业单位的子弟学校更为严重),下面昏头昏脑。

《文汇报》在综合通讯员和教师反映忙乱的来信后,首先批评市教育局不深入了解下边情况,布置工作不从实际出发;其次批评教育局和教育工会互不配合,重复布置工作;最后批评任意抽调干部教师。② 据市东中学的统计,在1952年9月至1953年1月的一个学期内,市教育局向该校发出指示、通告等公文共130件,其中关于人事方面的占1/3,关于召开会议的有20多件,有关教学方面的仅六七件。③ 也就是说,不但学校教学工作得不到应有的指导,而且还要花大量精力去忙其他与教学关系不大的工作和会议。

在高校,由于改革过急,要求过高,学校设备差,教师对苏联经验和苏联教材的理解不够,学生程度参差不齐,领导不统一,会议多,活动多,也不同程度地存在忙乱现象。④

---

① 雷如晏.我再不愿做一个没有理智的"骆驼"了[N].文汇报,1953-02-25.
② 本市中小学教师长期存在忙乱现象,市教育局应正视这一问题迅速加以克服[N].文汇报,1953-02-18.
③ 张忱.市东中学的忙乱现象是怎样造成的?[N].文汇报,1953-02-24.
④ 朱嘉树.本市高等学校存在的一些问题[N].文汇报,1953-03-30.

由于忙乱现象普遍、长期存在,大大影响了教学质量的提高,妨害了教师的身体健康,阻碍了教师积极性和创造性的发挥,许多教师都忙得晕倒了、病倒了。有的教师打趣说:"人民教师是很光荣的,就是怕我承当不起。"① 为了确保教师们得到应有的休息,市教育局、中国教育工会上海市委员会、青年团上海市工作委员会于1953年1月26日联合发出通知,各机关团体不得利用寒假布置教职员工作。②

学校教育的全国性忙乱引起了中央政府的高度重视。1953年11月,为了克服小学中的忙乱现象,政务院作出规定:小学校的工作和学习,应由教育行政部门统一领导布置,其他单位和团体,不得直接向学校布置工作,以免妨害学校工作计划的进行。教师在学期当中,参加校内外活动时间,每人每月不得超过12小时,寒暑假期间不得超过整个假期的1/6;学生在学期当中,参加校内外社团活动时间,每人每周不得超过1.5小时。对小学教师的工作,不得随便调动,使其能安心工作,熟悉儿童情况,以提高教学效果。学校的教室与办公室,在学期当中,不得任意借用;万一必须借用,亦应在课余时间,以免妨碍教师备课与学生作业。适当精简学校内的非教学组织,减少会议,减少教师与校长的兼职。除政府规定的假日外,学校不得任意停课、放假,教师不得随意旷课。③

三、鼓励中小学毕业生参加生产

新中国成立以后多年,中国教育呈"马鞍形"发展,"两头大,中间小"。一方面,为了让劳动人民子女享受平等的教育权,急速发展小学教育,上海除大量建设新学校外,还普遍实行二部制;另一方面,由于社会建设需要大量专业技术人才,高等教育也同样快速发展。但是作为衔接两端的初中和高中教育,却不能与之协调并进,成为上海乃至全国教育发展的瓶颈。④ 结果是大批初中、高小毕业生不能升学,直接流向社会。

---

① 张又著.克服忙乱现象,不能再光是喊喊就算了[N].文汇报,1953-02-22.
② 各机关团体不得利用寒假布置教职员工作[N].文汇报,1953-01-27.
③ 政务院.关于整顿和改进小学教育的指示[J].人民教育,1954(1).
④ "一五"期间,教育界出现了一个怪现象:中学数量不足,而高校规模扩充极快,以致高中毕业生的数量不能满足高校招生的需要,国家想办法动员非中学生报考,以完成招生任务。如1952年录取新生7.9万人,而当年全国只有高中毕业生3.7万人;1953年因高中毕业生不能满足高校招生的需要,由周恩来批示抽调了一批干部进入高校,教育部和高等教育部还指示各地选送了8 000名小学教师进高校学习;1954年新生来源仍严重不足(当年录取新生9.2万人,而高中毕业生仅6.8万人),中共中央为此特别要求各级党委采取措施,保证完成招生计划,中共中央组织部还发出通知,要求从县以上机关团体中选送5 000名干部报考各类高校。到1957年减少高校招生计划,情况才有了变化。详见:刘光.新中国高等教育大事记[M].长春:东北师范大学出版社,1990:34,51,69—70,104,121—122.

在当时,工业生产和农业的合作化、集体化、机械化,都需要有大量初级文化程度的劳动人才,加上国家财力有限,政府便鼓励中小学毕业生直接参加生产劳动。1953年12月3日,《人民日报》发表社论《组织高小毕业生参加农业生产劳动》。1954年4月中宣部发布《关于高小和初中毕业生从事生产劳动宣传提纲》,大搞宣传攻势。《人民教育》1954年6月号说:"参加生产劳动是一种崇高的光荣的事业,是有着光辉前途的。"①

据统计,1953年暑期,上海小学毕业生共计61 563人,升入初中42 722人,约占70%;初中毕业生共计23 409人,公立和私立高中、中等技术学校和师范学校共录取18 741人,占80%。还有30%的小学毕业生和20%的初中毕业生不能升学。为解决不能升学的小学毕业生和初中毕业生的出路问题,市政府采取区别对待的方针。对于小学毕业生:(1)允许部分小学生仍回原校学习;(2)鼓励有条件的机关、团体、公私工矿企业及工商业人士申请设立私立初级中学及私立初中程度文化补习学校,吸收小学毕业生前来学习;(3)组织未升学的小学毕业生收听文化补习的广播讲座,进行自学。对于初中毕业生,要求各机关及工矿有条件举办技术训练班者,招收初中毕业生学习技术,使他们经过短期学习后成为技术工人。②

1954年,上海中小学开始对学生加强劳动教育,积极指导学生正确解决参加生产与升学的问题,让学生认识到升入中等以上学校继续学习和直接参加生产劳动,都是国家所需要的。全市中小学生除二年级以下的小朋友外,都开始有组织地参加工农业生产劳动。有的学校和工厂正式签订了"劳动友谊公约";有的学校还将学生参加工农业劳动生产制度化,每周两次;市少先队组织则在全市少先队积极分子代表大会上发起了"万能双手运动"。这些劳动,有的是结合教学进行的,有的纯属简单的体力劳动,但都得到了很好的开展。通过教育,青少年学生改变了轻视劳动、轻视工农的不良习气,树立了热爱劳动、尊重工农的良好风尚。当年,上海有6 600名初中、高小毕业生陆续走上生产岗位,大多分布在冶金、机械、船舶、化工、建筑、纺织等工厂企业部门和机关、学校,还有一部分前往新疆、青海等地参加经济

---

① 大力指导初中、高小毕业生参加生产和升学[J].人民教育,1954(6).
② 上海、南昌、长沙等地采取积极措施解决小学毕业生就学困难[N].人民日报,1953-09-18.舒新城于1955年7月14日在《人民日报》发表《从初中高小毕业生自学看祖国的光辉前途——我视察上海市初中高小毕业生自学后的体会》,对上海不能升学的小学和初中毕业生的自学情况进行了详细报道。

建设。①

1954年12月,《文汇报》发起了关于"韩友范事件"的大讨论,质问"为什么他在学校里是个好学生,到工厂里却不是好的劳动者"。借此要求学校加强劳动教育,批判"学而优则仕"的传统观念,树立体力劳动和脑力劳动同样光荣的新思想,并认为中小学是基础教育,它的任务除了为中等以上学校培养合格的新生来源外,还要为国家生产建设事业培养劳动后备力量。②

1957年的政策开始有了变化,强调中小学毕业生参加农业(而不是工业)生产。4月8日,《人民日报》发表社论《关于中小学毕业生参加农业生产问题》,号召青年从党和人民利益的大局出发,投入到生产劳动,特别是农业生产中去。许多城市初高中毕业生响应号召,纷纷下乡。9月20日,《光明日报》报道,全国已有200万没有升学的中小学毕业生到农村参加生产劳动。

上海在这方面的问题尤为突出,由于上海市的农村无法解决全部的中小学毕业生参加生产劳动的问题,因而动员中小学毕业生到外省农村参加生产。1955年10月,闸北区就有42名知识青年去江西德安县落户。③ 1957年12月,安徽芜湖专区和上海市郊区农业社联合征求知识青年社员,前者1 000名,后者2 500名,招收对象的年龄为16—25岁,具有初中以上文化程度和上海正式户籍者。第一天就有3 947名青年报名。④ 由于报名者众,最后有4 000多名知识青年被批准派往芜湖和上海市郊。即将去芜湖安家落户的新沪中学毕业生罗荷英说:"参加农业生产是艰巨而又重要的工作,我担当了这个任务感到十分光荣和自豪,我要离开母亲的怀抱投向祖国的怀抱,我要用自己的双手去实现全国农业发展纲要。"⑤ 周恩来对上海下乡青年说:"庆祝上海的4 500名青年学生下乡上山,参加农林业生产。希望你们能够在同农民共同劳动和过集体生活中,建立起自己的劳动观点和群众观点,把自己逐渐锻炼成为既有政治觉悟又

---

① 上海有六千多名初中、高小毕业生参加生产[N].人民日报,1954-11-18.
② 韩友范是南洋模范中学的学生,于1951年毕业,作为干部培养对象被送到上海电业学校学习。1952年5月,被分配到上海电力公司发电厂实习。然而,他到工厂后的表现并不尽如人意,不好好劳动,擅自离职,并写信给厂长说:"假如我去考大学,岂不对我更合适,对祖国的建设事业不是仍然有利的吗?"经说服教育无效,韩被开除团籍和学籍。1953年12月,韩提出回校要求,并作检讨。1954年2月重新回到实习岗位。1954年12月10日,《文汇报》发表通讯《韩友范在学校里和在工厂里》。此后,《文汇报》开辟了"韩友范事件"的讨论专栏,刊登大量来稿和有关讨论会的记录,涉及中学教育目的和全面发展等问题。
③ 上海市闸北区志编纂委员会.闸北区志[M].上海:上海社会科学院出版社,1998:900.
④ 安徽、沪郊农业社征求社员第一天,上海知识青年报名踊跃[N].文汇报,1957-12-10.
⑤ 上海四千多知识青年下乡落户[N].文汇报,1957-12-25.

有文化知识的集体化的农民,并且在把我国建设成为一个具有现代工业、现代农业和现代科学文化的社会主义强国的进程中作出更多更大的贡献。"①

关于为什么1957年强调中小学毕业生要参加农业生产,《文汇报》的社论说:"党和政府大力动员青年学生参加农业劳动,除了为了迅速发展农业生产以外,在很大意义上讲,是要求青年能够从劳动中好好锻炼,培养起鲜明的无产阶级立场和劳动人民纯朴、吃苦耐劳等优秀品质,使广大青年成为新型的劳动知识青年。"②

四、推行学生守则

为了规范中小学生的日常行为,维护教学秩序,严肃学校纪律,加强对学生各方面的教育和引导,上海市教育局于1953年9月制定并公布了《中学生守则》(21条)、《小学生守则》(20条)。"公布本市学生守则,其目的在于给学生一个实践的标准,给教师一个教育的依据,以提高与巩固学校的纪律。……实施学生守则就是要养成学生各方面的优秀品质。"③ 学生守则的内容涉及学生生活的各个方面,包括思想意识、情感与行为习惯。

上海市中小学学生守则的施行较为慎重,为防止出现偏差,先选择了几所中小学进行试点。到1954年秋,全市各校才开始普遍而有步骤地推行学生守则,以提高学生的政治觉悟,改善学校教学秩序,使学生养成遵守纪律、端正仪表的行为习惯。

1955年2月10日,教育部发布《小学生守则》(20条),5月13日发布《中学生守则》(18条)。④ 自此,上海市中小学生守则废止,开始贯彻实施全国统一的学生守则。为取得理解上的一致,以利推广,市教育局发动市东中学、市西中学、上海中学、复兴中学、市一女中、民立女中等学校,在试点的基础上,对学生守则的条文逐一进行详细解释,并在《文汇报》设专栏发表。通过推行学生守则,全市中小学生的精神风貌和道德品质有了明显改善,学习纪律普遍好转,成绩显著提高,良好的生活和行为习惯也悄然养成。

在对教育进行社会主义改造的同时,上海的其他行业也进行了深入的社会主义改造,尤其以对资本主义工商业的改造最为引人注目。经过改造,作为"冒

---

① 上海四千多知识青年下乡落户[N].文汇报,1957-12-25.
② 社论.中学毕业生下乡是一个长期方向[N].文汇报,1957-09-03.
③ 吕型伟.上海普通教育史(1949—1989)[M].上海:上海教育出版社,1994:134—135.
④ 守则的详细内容见《人民教育》1955年7月号。

险家乐园"的旧上海变成了作为人民乐园的新上海。旧的学校教育也改造建设成为新型的、社会主义的人民教育事业,成为无产阶级改造旧社会和建设新社会的有力工具,在培养社会主义建设干部、发展科学和进行文化交流等方面,开始发挥巨大作用。上海广大教师的政治地位起了变化,受到党和政府的关怀爱护,受到人民群众的尊重,被称为"灵魂的工程师"。许多优秀教师被选为各级人民代表大会代表和政协委员。教师们的物质生活状况显著改善,职业和生活待遇有了保障,有了困难集体帮助,生了病有公费医疗。但是,政治运动也对学校及师生的生活、工作、学习和思维方式产生了重大影响。

第三章

上海高校的院系调整

院系调整有着多重背景,其中最主要的是,国家亟须发展经济,实现工业化,增强国力,改善人民生活,各项建设事业急需大量专业技术人才和管理干部,而原有的高校体系不适合在较短的时期内完成培养大批技术人才的任务,因此,"必须改变过去教育与国家建设完全脱节的恶劣情况。教育部门必须与各工业部门、农业部门、交通部门、财政金融管理部门等有密切的联系,为各种建设的需要而有计划地训练人才"。① 通过学习苏联高教模式,1952年全国开展了大规模的院系调整,几乎涉及所有高校。院系调整的基本原则是:(1)基本取消原有系科庞杂、不能适应培养国家建设干部需要的旧制大学,把它们改造成培养目标明确的新制大学;(2)集中建设国家迫切需要的系科专业,或独立建立新的专门学院,使之在师资、设备上更好地发挥潜力,在培养干部的质量上更符合国家建设需要;(3)将原来设置过多、过散的摊子适当集中,以利整顿;(4)条件太差,一时难以加强,不宜继续办下去的学校,予以撤销或归并。②

院系调整是以大行政区为单位进行的,其主要目的与实际效果相当一致,大致有三:(1)打破了原有高等学校的内部结构,进行全国性的、区域性的重组和新建,拆散了大量的综合性大学,组建和新建许多单科性学院,以培养经济建设急需的各种专门人才,适应尽快振兴国家经济的需要。(2)打破原有高校的区域分布,加强华北、西北和华中地区的高教力量,使学校分布配合工业基地的区域格局,引导高教重心随经济向北偏移,以便更好地为经济建设服务。(3)对各类学校实行明确分工,避免同一地区重复办学,使有限的师资和教育设备能得到最大限度的利用。

上海高校的数量在新中国成立之初为全国之最,1949年底为37所,1950

---

① 陆定一.新中国的教育和文化[J].新教育,1950(6).
② 上海市高等教育研究所.上海高等教育年鉴(1949—1983)[M].上海:上海外语教育出版社,1989:11.

年为 35 所,1951 年为 27 所(见本书附录),占全国的比重分别为 18%、18.1% 和 13.1%。在院系调整中,上海因为地处海隅,比邻台湾,以向内地输出为主。经过调整,1953 年上海高校数降至 15 所,占全国的比重降至 8.3%。

第一节 1949—1951 年的院系调整

一、1949 年的院系调整

尽管全国性的院系调整始于 1952 年,但上海地区高校在新中国成立之初就根据形势和需要开始了小规模的调整,堪称全国最早进行院系调整的地区。① 1949 年 8 月,上海解放不到三个月,为响应新政府的疏散号召,国立幼稚师范专科学校、市立师范专科学校、市立体育专科学校就决定迁校南京,与南京国立中央大学师范学院合并。② 随后,上海军管会于 8 月 19 日命令将暨南大学恢复为教育华侨子弟和培养华侨工作干部的高级学校,暨南大学文、法、商三院合并到复旦大学,理学院合并到交通大学。③ 因同济大学文、法两院学生人数太少,市军管会 9 月 2 日决定将这两院并入复旦大学文、法两院,以求合理发展。原在同济大学文、法学院工作的教职员工,由文化教育接管委员会高等教育处分别适当处理。④ 后来,市军管会又将暨南大学人类学系并入浙江大学,复旦大学水产系和海洋系并入山东大学。⑤

1949 年,在新旧社会的交接中,上海还有一些私立高校停办,其中包括新民学院、中国新闻专科学校等。同年,国立上海音乐专科学校改名为国立音乐学院上海分院。华东新闻学院在上海成立后,归属中共华东局宣传部领导。

二、1950 年的院系调整

1950 年 9 月,复旦大学生物系海洋组并入山东大学。同年,上海商学院更

---

① 北京的高校院系调整也从新中国成立后就开始了,但时间比上海略晚。1949 年底,北京大学、清华大学、华北大学三校的农学院合并成立了北京农业大学,北京大学和南开大学的教育系并入北京师范大学(参见:华大、北大、清华三校农学院将并组为农业大学[N].人民日报,1949-10-05.)。而上海从 1949 年 8 月就开始了院系调整。
② 幼专师专体专决定迁校南京[N].文汇报,1949-08-03.1949 年 8 月 8 日,国立中央大学更名为国立南京大学。1952 年,在南京大学师范学院和金陵大学相关系科的基础上,联合其他学校的有关系科,成立南京师范学院,院长陈鹤琴。1984 年改为南京师范大学。
③ 沪暨南大学恢复为侨胞高级学校[N].人民日报,1949-08-30.
④ 同济大学文法两院当局决定并入复旦[N].文汇报,1949-09-03.
⑤ 上海半年来的教育工作概况[N].人民日报,1950-03-25.

名为上海财政经济学院,上海法学院财经系并入该院,孙冶方①任院长。

同年,震旦女子文理学院并入震旦大学;中法药学专科学校并入上海医学院;东南医学院迁往安徽;中国纺织工学院、私立上海纺织专科学校、诚孚纺织专科学校三校合并,成立私立上海纺织工学院;吴淞商船专科学校与交通大学航运管理系合并,成立上海航务学院。中法大学药学专修科并入上海医学院。

无锡国学专修学校(沪校)和之江大学(沪校)在1950年停办。

三、1951年的院系调整

1951年4月,交通大学管理学院各系科并入北方交通大学和上海财政经济学院;光华大学、大夏大学的土木工程系、科并入同济大学,财经、政治、法律等系分别并入复旦大学和上海财政经济学院;复旦大学理学院的土木系并入交通大学工学院土木工程系。7月,交通大学纺织系、上海纺织工业专科学校纺织科、上海纺织工学院合并组建华东纺织工学院。10月,以光华大学、大夏大学两校为基础,调进其他高校的有关系科,成立了华东师范大学(详见第二章)。

同年,上海法学院的法律系与诚明学院、上海法政学院、新中国学院、新中国法商学院、光夏商业专科学校等六校合并组建私立上海学院;同济大学医学院分出,独立建院;暨南大学并入燕京大学;② 上海震旦大学与震旦女子文理学院合并为私立震旦大学,上海牙医专科学校并入震旦大学;民治新闻专科学校并入复旦大学。

华东新闻学院在1951年停办,有关人员并入复旦大学新闻系。③

第二节 1952年的院系调整

和全国一样,上海高等学校大规模的院系调整是在高校教师经过初步的思想改造之后进行的。当时有一种认识,认为绝大多数高等学校是旧社会留下来的遗产,校与校之间系、组重复,人才分散,教学效果差;高校教师大多直接或间

---

① 孙冶方(1908—1983),江苏无锡人。1925年秋去莫斯科中山大学学习。1927年在莫斯科东方大学、中山大学任政治经济学讲堂翻译。1937年任中共江苏省委文委书记。1941年任华中局宣传教育科科长,华中局党校教育科科长。抗战胜利后,历任华中分局财经委员、苏皖边区政府物管局副局长等职。新中国成立后,历任华东军政委员会工业部副部长、国家统计局副局长、中国科学院经济研究所所长等职。
② 燕京大学1952年并入北京大学、清华大学,暨南大学1958年在广州复校。
③ 上海市高等教育研究所.上海高等教育年鉴(1949—1983)[M].上海:上海外语教育出版社,1989:10.1951年上海高校院系调整详情还可参见:华东区高等学校院系已作适当调整[N].人民日报,1951-11-22.

接地受过资产阶级的教育,许多大知识分子都是留洋学生,受资本主义国家教育的影响,特别是美国教育的影响很深,因此,"必须从肃清资产阶级教育思想,学习苏联先进教育经验的高度来认识全国大规模的院系调整"。① 苏联高校教学强调理论联系实际,学生所学专业分得很专很细,毕业后即可进入各种专业工厂工作。新中国出于经济发展,尤其是国家工业化的急切需要,参照苏联模式进行全国性的院系调整。1951 年 11 月 3—9 日,教育部召开全国工学院院长会议,以华北、华东、中南地区为重点,拟订工学院调整方案。② 这个方案于1952 年 7—9 月正式实施。

1952 年 8 月 2 日,华东地区高等学校院系调整委员会成立。③ 随后,召开了华东区高等学校院系调整委员会议,确定调整方案,华东高校的院系调整正式展开。调整的基本方针是,"以培养工业建设人才和师资为重点,发展专门学院和专科学校"。教师们经过思想改造运动,思想觉悟普遍提高,克服了个人主义和本位主义,拥护院系调整,纷纷表示服从国家统一调配。④ 上海市全部 25 所高校都参加了 1952 年的院系调整,最后变成 17 所,详情如下。⑤

一、调整院校

1. 复旦大学

(1) 调整后的系科设置

① 中国语文系:由复旦大学、沪江大学、震旦大学及上海学院的中国语文系合组而成。

② 外国语文系:设俄文、英文两组。俄文组即原复旦大学外国语文系俄文组;英文组由复旦大学外国语文系英文组及沪江大学、圣约翰大学、震旦大学的

---

① 周培源.从高等学校的院系调整谈肃清崇美思想[N].文汇报,1951 - 12 - 05.
② 刘光.新中国高等教育大事记(1949—1987)[M].长春:东北师范大学出版社,1990:30—31.
③ 院系调整委员会主任委员:舒同。副主任委员:冯定、孟宪承。委员:舒同、冯定、孟宪承、陈国栋、魏文伯、胡立教、陈同生、陈望道、沈志远、崔义田、汪道涵、张克侠、陈其五、刘道生、徐平羽、方明、唐守愚、沈体兰、谷牧、姚耐、冷遹、彭康、林乎加、陈辛仁、石西民、俞铭璜、汪海粟、桂林栖、戴伯韬、张志让、华岗、陈石英、潘菽、孙陶林、许杰、夏坚白、王亚南、郑文卿、王国松、胡文耀、金善宝、李方训、余日宣、平海澜、潘世兹、刘海粟、笪移今、潘慎明、严叔夏、沈立人、张汇泉。办公室第一、第二主任:陈其五、唐守愚;副主任:曹未风。参见:华东学习委员会办公室.华东高等学校情况汇编(第四分册"华东高等学校院系调整情况")[G].1954:30.
④ 坚决拥护院系调整,无条件服从统一调配[N].文汇报,1952 - 08 - 03;本市高校教师拥护院系调整[N].文汇报,1952 - 08 - 04.
⑤ 华东区高等学校院系调整设置方案(草案)[G]//华东学习委员会办公室.华东高等学校情况汇编.第四分册.内部资料,1954:1—7.

外国语文系合组而成。

③ 历史系：原复旦大学历史系。

④ 新闻系：由复旦大学及圣约翰大学的新闻系合组而成。

⑤ 数学系：由复旦大学数理系数学组及交通大学、同济大学、浙江大学、大同大学的数学系合组而成。

⑥ 物理系：由复旦大学数理系物理组及交通大学、同济大学、浙江大学、沪江大学(除电讯组)、大同大学的物理系合组而成。

⑦ 化学系：由复旦大学、交通大学、同济大学、浙江大学、大同大学、沪江大学、震旦大学的化学系合组而成。

⑧ 生物系：由复旦大学、浙江大学、沪江大学的生物系合组而成。

⑨ 经济系：由复旦大学、南京大学、金陵大学、安徽大学、震旦大学、上海学院的经济系合组而成。

（2）调整出系科

① 原复旦大学财经学院会计、统计、企业管理、银行、贸易、合作六系，及统计、贸易、银行三个专修科调整至上海财政经济学院。

② 原复旦大学农学院农艺、园艺、农业化学三系调整至东北，成立沈阳农学院；茶业专修科调整至安徽大学农学院。

③ 原复旦大学外文系德文组调整至南京大学。

④ 原复旦大学法律、政治两系调整至华东政法学院。

（3）调整后，原复旦大学、沪江大学的社会系不继续办理，学生转系。原沪江大学人类学系调整至复旦大学，暂不设系。

2. 交通大学

（1）调整后的各类系科设置

① 机械类：由交通大学、同济大学、大同大学的机械系、中华工商专科学校华东交通专科学校的两年制机械科及上海工业专科学校动力科合组而成。

② 电机类：由交通大学、同济大学、大同大学、震旦大学的电机系、沪江大学物理系电讯组、交通大学电讯科及上海市工业专科学校电力科合组而成。

③ 造船类：由交通大学、同济大学、武汉交通学院的造船系及武汉交通学院、上海市工业专科学校的造船科合组而成。

（2）调整出系科

① 原交通大学理学院数学、物理、化学三系(留工学院所需师资外)调整至复旦大学。部分师资调整至华东师范大学。

② 原交通大学土木系调整至同济大学。

③ 原交通大学航空系调整至华东航空学院。

④ 原交通大学水利系调整至华东水利学院。

⑤ 原交通大学化工系调整至华东化工学院。

3. 同济大学①

（1）调整后的各类系科设置

① 土木类：由同济大学、交通大学、圣约翰大学、大同大学、震旦大学的土木系，上海市工业专科学校、中华工商专科学校、华东交通专科学校的土木科及上海市工业专科学校的市政、结构两科合组而成。

② 建筑类：由圣约翰大学、之江大学的建筑系合组而成。

③ 测量类：原同济大学测量系。

（2）调整出系科

① 原同济大学理学院数学、物理、化学三系（留工学院所需师资外）调整至复旦大学。部分师资调整至华东师范大学。

② 原同济大学机械、电机、造船三系调整至交通大学。

③ 原同济大学土木系水利组调整至华东水利学院。

4. 华东纺织工学院

调整后的各类系科设置

（1）纺织类：由华东纺织工学院棉纺织系、机织科、棉纺科，南通学院纺织系及中南纺织专科学校纺织科合组而成。

（2）纺织机械制造类：原华东纺织工学院纺织机械制造系。

（3）染化类：由华东纺织工学院染化系、印染科及南通学院染化系合组而成。

5. 华东师范大学

（1）调整后的系科设置

① 教育系：由华东师范大学、大同大学、沪江大学、圣约翰大学、震旦大学的教育系合组而成。

---

① 同济大学是当时上海院系调整中比较成功的事例之一。调整后,同济大学成为全国规模最大的培养基本建设中设计和施工人才的土木建筑工程大学,有学生2 500多人,设有铁路公路、上下水道、结构、建筑和测量五个系,包括18个专业和12个"专门化",学校的校舍也较调整前扩大一倍多。参见：上海同济大学大量培养基本建设人材[N].人民日报,1953－01－29.

② 中国语文系：原华东师范大学中国语文系。

③ 外国语文系：原华东师范大学外国语文系，设俄文、英文两组。俄文组兼办俄文专修科。

④ 历史系：原华东师范大学历史系，兼办历史专修科。

⑤ 地理系：由原华东师范大学、浙江大学的地理系合组而成，兼办地理专修科。

⑥ 数学系：由原华东师范大学、圣约翰大学的数学系合组而成，兼办数学专修科。

⑦ 物理系：由原华东师范大学、圣约翰大学的物理系合组而成，兼办物理专修科。

⑧ 化学系：由原华东师范大学、圣约翰大学的化学系合组而成，兼办化学专修科。

⑨ 生物系：由原华东师范大学、圣约翰大学的生物系合组而成，兼办生物专修科。

⑩ 音乐系：原华东师范大学音乐系，兼办音乐专修科。

⑪ 政治教育专修科：新设。

（2）调整出系科

原华东师范大学体育系及体育专修科调整至华东体育学院。

6. 上海第一医学院

调整后的系科设置

（1）医本科：原上海医学院医本科。

（2）药科：由上海医学院药科及浙江大学理学院药学系合组而成。

（3）医专科：原上海医学院医专科。

（4）公共卫生科：原上海医学院公共卫生科。

7. 上海财政经济学院

（1）院本部调整后的系科设置

① 经济系：由上海财政经济学院、大同大学、圣约翰大学、东吴大学的经济系合组而成。

② 会计系：由上海财政经济学院、复旦大学、大同大学、沪江大学、东吴法学院、浙江财政经济学院的会计系合组而成。

③ 统计系：由上海财政经济学院、复旦大学的统计系合组而成。

④ 财政金融系：由上海财政经济学院、浙江财政经济学院的财政金融系及

复旦大学、大同大学、沪江大学的银行系合组而成。

⑤ 工业管理系：由上海财政经济学院、江南大学的工业管理系，复旦大学、浙江财政经济学院的企业管理系及大同大学、沪江大学的工商管理系合组而成。

⑥ 财务管理系：原上海财政经济学院财务管理系。

⑦ 贸易系：由上海财政经济学院、复旦大学、浙江财政经济学院的贸易系及沪江大学国际贸易系合组而成。

⑧ 合作系：由上海财政经济学院、复旦大学的合作系合组而成。

⑨ 保险系：原上海财政经济学院保险系。

⑩ 会计专修科：由上海财政经济学院、上海学院、中华工商专科学校的会计专修科及立信会计专科学校合组而成。

⑪ 统计专修科：由上海财政经济学院、复旦大学的统计专修科合组而成。

⑫ 企业管理专修科：原上海学院企业管理专修科。

⑬ 银行专修科：原复旦大学银行专修科。

⑭ 贸易专修科：原复旦大学贸易专修科。

（2）夜校部调整后的系科设置

① 经济系：原上海学院经济系夜班。

② 会计系：由沪江大学、东吴法学院的会计系夜班合组而成。

③ 银行系：原沪江大学银行系夜班。

④ 国际贸易：原沪江大学国际贸易系夜班。

⑤ 工商管理系：原沪江大学工商管理系夜班。

⑥ 会计专修科：由沪江大学、震旦大学、上海学院、中华工商专科学校、上海商业专科夜校的会计专修科夜班及立信会计专科学校夜校合组而成。

⑦ 统计专修科：原震旦大学统计专修科夜班。

⑧ 企业管理专修科：由震旦大学、上海学院、上海商业专科夜校的企业管理专修科夜班，沪江大学工商管理专修科夜班及中华工商专科学校工厂管理科夜班合组而成。

⑨ 银行专修科：原震旦大学银行专修科夜班。

⑩ 合作管理专修科：原上海商业专科夜校合作管理科夜班。

⑪ 国际贸易专修科：原沪江大学国际贸易专修科夜班。

8. 上海水产学院

由原上海水产专科学校改设而成。设水产系，分设海洋渔业专业、航海专业、水产生物专业、水产加工专业及淡水养殖专业。

9. 中央音乐学院华东分部

原中央音乐学院上海分部,另调入金陵大学音乐系。设声乐、作曲、管弦、键盘四系。

10. 中央戏剧学院华东分部

原上海戏剧专科学校,另调入山东大学艺术系戏剧组。

11. 上海俄文专科学校

由原华东人民革命大学附设外文专修学校改设而成。原有东方语文系调整至北京大学。

12. 华东交通专科学校

中华工商专科学校五年一贯制机械科一、二、三年级学生调入华东交通专科学校。原华东交通专科学校两年制机械科调整至交通大学;两年制土木科调整至同济大学。

二、新建院校

借1952年各校大规模进行院系调整之机,为了更好地面向经济建设主战场,上海市还集中了一批教师和仪器设备,新建了4所专门学院。可以说,这批新建院校是院系调整的派生物。

1. 华东化工学院

以交通大学、大同大学、震旦大学、东吴大学、江南大学的化工系为基础合组而成,吸收了华东区12个有关学校的师资、设备及图书仪器,校址设在协议路1号原同济大学理学院旧址。华东化工学院设有三个系,分别是无机系、有机系、化工机械系;设四年制本科专业五个,分别是无机物工学、矽酸盐、有机合成、燃料、化学生产机器及设备;设两年制专科专业五个,分别是硫酸、食盐电解、工业分析、矽酸盐、制革。

2. 华东政法学院

由复旦大学、南京大学、安徽大学、震旦大学、上海学院、东吴法学院的法律系及复旦大学、南京大学、沪江大学、圣约翰大学的政治系合组而成,校址设在圣约翰大学旧址。该校在业务上由华东政法委员会具体领导,专科两年毕业,本科三年毕业。

3. 华东体育学院

由华东师范大学、南京大学、金陵大学的体育系及体育专修科合组而成,校址设在圣约翰大学旧址,设有体育系及体育专修科、选手训练班、短期训练班。

该校是中国历史上的第一所体育学院。

4. 上海第二医学院

由圣约翰大学医学院、震旦大学医学院及同德医学院合组而成,校址设在震旦大学旧址。该校本科专业有内科、外科、口腔科,另设有专修科。

三、停办或迁移院校

1952年院系调整后,上海地区停办或迁移的院校共有14所(整个华东地区共有22所,其他为南京1所,山东1所,浙江1所,福建1所,江苏4所)。分别是:

1. 沪江大学

(1)理学院物理(除电讯组)、生物、化学三系及文、法学院中文、外文、社会三系调整至复旦大学。

(2)物理系电讯组调整至交通大学。

(3)教育系调整至华东师范大学。

(4)政治系调整至华东政法学院。

(5)财经学院会计、银行、工商管理、国际贸易四系调整至上海财政经济学院;城中区商学院会计、银行、国际贸易、工商管理四系及会计、国际贸易、工商管理三个专修科调整至上海财政经济学院夜校部。

2. 圣约翰大学

(1)文学院外文、新闻两系调整至复旦大学。

(2)理学院数学、物理、化学、生物、教育五系调整至华东师范大学。

(3)政治系调整至华东政法学院。

(4)经济系调整至上海财政经济学院。

(5)土木、建筑两系调整至同济大学。

(6)医学院调整至上海第二医学院。

3. 震旦大学

(1)中文、外文、经济、化学(包括家政系营养组)四系调整至复旦大学。

(2)教育系调整至华东师范大学。

(3)法律系调整至华东政法学院。

(4)土木系调整至同济大学。

(5)电机系调整至交通大学。

(6)化工系调整至华东化工学院。

(7)托儿专修科调整至南京师范学院。

（8）医学院调整至上海第二医学院。

（9）夜校会计、统计、银行、企业管理四个专修科调整至上海财政经济学院夜校部。

4. 大同大学

（1）数学、物理、化学三系调整至复旦大学。

（2）教育系调整至华东师范大学。

（3）电机、机械两系调整至交通大学。

（4）土木系调整至同济大学。

（5）化工系调整至华东化工学院。

（6）财经学院经济、会计、银行、工商管理四系调整至上海财政经济学院。

5. 东吴大学法学院

（1）法律系日夜班均调整至华东政法学院。

（2）会计系日夜班分别调整至上海财政经济学院院本部及夜校部。

6. 上海学院

（1）法律系日夜班均调整至华东政法学院。

（2）经济系日班调整至复旦大学，夜班调整至上海财政经济学院夜校部。

（3）中文系调整至复旦大学（夜班转日班）。

（4）会计、企业管理两个专修科日夜班分别调整至上海财政经济学院院本部及夜校部。

7. 同济医学院

迁往汉口。

8. 同德医学院

调整至上海第二医学院。

9. 上海航务学院

迁往大连。

10. 上海市工业专科学校

（1）土木、市政、结构三科调整至同济大学。

（2）动力、电力、造船三科调整至交通大学。

（3）土木施工训练班仍在原址上课，由同济大学教师代为开课，维持至毕业为止。

11. 中华工商专科学校

（1）机械科调整至交通大学（夜班转日班）。

（2）土木科调整至同济大学（夜班转日班）。

（3）会计、工厂管理两个专修科日夜班分别调整至上海财政经济学院院本部及夜校部。

（4）五年一贯制机械科一、二、三年级调整至华东交通专科学校。

12. 立信会计专科学校

校本部及城区部分别调整至上海财政经济学院院本部及夜校部。

13. 上海商业专科学校

会计、合作管理、企业管理三科调整至上海财政经济学院夜校部。

14. 上海美术专科学校

绘画、音乐、工商美术、艺术教育四科均调整至华东艺术专科学校（杭州）。

四、调整中等技术学校

根据中央指示，中等技术学校必须作全面的调整、整顿和逐步发展，才能培养大批有用的中初级建设人才，以适应国家经济建设的需要。从1952年4月起，上海市教育局着手进行整顿与调整各类中等技术学校的工作，到9月底基本完成。调整前，上海共有中等技术学校40所，普通中学附设技术科的8所，其中公立的占44%，私立的占56%。这些学校科目庞杂，设科重点不明确，课程时数与教学内容缺乏统一标准，发展方向与培养目标不明确。调整后，上海中等技术学校为37所，其中70%为公立，学校的科目设置与发展方向逐步走向专业化与单一化。学生人数由9 000人增加到1.5万人。①

具体调整情况如下：爱国女中、正行女中、新群中学的商科合并成立上海市银行学校；沪新中学、上海中学的商科和宁波商职分别并入立信会计学校、上海市财经学校；机电工业学校的土木科并入华东交通专科学校；七宝、高行两农校的农艺与园艺科进行集中处理，农艺集中在七宝，园艺集中在高行；太和、惠生两产科学校分别迁至合肥、扬州；人和、生生、大德三助产学校合并为益民助产学校；中德、同德、惠旅三助产学校合并为健民助产学校。

为了重点发展工业学校，工科学校全部改为公立，并新建了3所工人技术学校，即上海纺织工业学校、上海电力工业学校、上海工业学校（其中，上海纺织工业学校由华东管理局领导，后两者由华东工业部领导）；另有东南、广澄两药科学校合并成立医药工业学校。为了适应国家建设的需要，一些学校还增设了新科目，如财政税务、市政建设、畜牧兽医等。

---

① 本市中等技术学校完成调整工作[N].文汇报,1952－11－24.

第三节 1953年及其后的院系调整

一、1953年的院系调整

1953年5月29日,政务院批准高等教育部《关于1953年全国高等学校的院系调整计划》。10月11日,政务院发布当年院系调整方案。教育部根据"以培养工业建设人才和师资为重点,发展专门学院,整顿和加强综合性大学"的方针,着重改组尚未调整的旧的系科庞杂的大学,以利于加强与增设高等工业学校,适当增设高等师范学校,对政法、财经院系则采取适当合并集中。① 据此,华东地区部分院校1953年继续进行调整。与上海有关的是:

（1）厦门大学财经管理学院并入上海财政经济学院,法律系并入华东政法学院。

（2）华东交通专科学校校名撤销,各科分别并入浙江大学、南京工学院、山东工学院、北京铁道学院、华东纺织工学院等校。

（3）山东财经学院撤销,并入上海财政经济学院。

（4）山东工学院化工系并入华东化工学院。

（5）浙江大学热处理及有线电两个专修科,南京工学院铸工及长途电话两个专修科,山东工学院有线电专修科调入交通大学。

（6）苏州苏南工业专科学校纺织科并入华东纺织工学院。

（7）1953年8月,华东教育部根据教育部的有关指示,颁发《关于1953年度各师范院校中少数文科调整的指示》,将"英文系（专业）集中到华东师范大学",学生人数少的班级予以归并集中。根据这一决定,江苏师院艺术科音乐组二年级23人,浙江师院外文系英文组三年级15人,安徽师院物理系三年级8人、历史系三年级3人、数学系6人、英文系4人,福建大学物理系三年级4人,华中师院英文系23人,调入华东师范大学。②

此外,全市中等技术学校1953年也略作调整,到当年9月,上海市共有中等技术学校30所。③

---

① 刘光.新中国高等教育大事记（1949—1987）[M].长春：东北师范大学出版社,1989：57—58.
② 袁运开,王铁仙.华东师范大学校史（1951—2001）[M].上海：华东师范大学出版社,2001：18.
③ 上海市中等技术学校调整工作初步完成[N].文汇报,1953-09-09.

二、1954—1958 年的院系调整

大规模的院系调整结束后,还进行了一些零星的小调整。

1954 年 7 月,上海师范专科学校成立。8 月,华东师范大学外文系撤销英文组,改为俄文系,师生分别转入复旦大学英文系和本校俄文系、中文系继续工作和学习。

1955 年 1 月,大连工学院造船系教师 20 余人及三、四年级学生 100 余人并入交通大学造船系,苏联专家 3 人随同来校工作。[1] 6 月,国务院决定创建武汉测量制图学院,不久,高等教育部宣布将同济大学工程测量、天文测量、制图学三个专业并入该院。7—8 月,中央决定,大连工学院造船工程系并入交大;交大电讯系调至成都电讯学院,汽车专业调至长春,成立长春汽车拖拉机学院。10 月,中央卫生部抽调上海第一医学院部分力量支援四川,筹建重庆医学院。11 月,第一医学院着手制订规划,明确重庆医学院师资的 2/3、行政人员的 1/3 由第一医学院配备。[2]

1956 年 2 月,华东体育学院改名为上海体育学院。6 月,上海俄文专科学校改名为上海外国语学院,设俄、英、德、法四个专业。同月,华东师范大学停办音乐系,该系学生转入新建的北京艺术师范学院继续学习,教师分别支援北京、南京、兰州等地师范院校的音乐系科。7 月,上海造船学院成立;青岛工学院纺织系并入华东纺织工学院;上海第一师范学院和上海第二师范学院在上海师专的基础上成立。作为新中国首批建立的四所中医高等院校之一的上海中医学院,也于 1956 年成立。[3]

上海高校教师为响应高等教育部和教育部的号召,于 1955 年秋开始派部分教师支援内地高校的教学工作,如交通大学、同济大学、华东化工学院派教师去北京航空学院、长春汽车拖拉机学院等校工作,复旦大学派教师去西北大学、兰州大学工作,华东师范大学派教师去西南师范学院、西北师范学院工作,上海第一医学院派教师去新疆医学院工作。这些教师对于所授的各门课程都有专

---

[1] 上海交通大学校志编纂委员会.上海交通大学志[M].上海:上海交通大学出版社,1996:48—49.

[2] 中共上海市教育卫生工作委员会党史资料征集委员会办公室.中共上海市教育卫生体育系统党史大事记(1949—1989)[M].上海:上海交通大学出版社,1993:71.重庆医学院于 1956 年 9 月正式成立。到 1958 年 7 月,第一医学院总共调去了 1/3 的教师和教辅人员支援重庆医学院。参见:上海高校发扬共产主义精神,抽调师资支援各地办大学[N].文汇报,1958-08-06.

[3] 新创办的四所中医学院是:北京中医学院、上海中医学院、广州中医学院和成都中医学院。参见:今年创办四所中医学院[N].人民日报,1956-05-19.

门研究和丰富的教学经验,他们为繁荣内地的文教事业作出了重大贡献。①

同期,复旦大学还大力支援合肥大学,后者的数学、生物、化学和外文系的教师都是由复旦大学调去的。华东师范大学则为合肥师范学院数学系、生物系和华中师范学院地理系配备了从系主任到助教的全套人员。

三、成绩与问题

院系调整是在思想改造运动之后进行的,这是它能得到绝大多数人拥护,顺利进行的一项重要保证。经过思想改造运动和亲历的三年来各项社会建设事业所取得的成就,上海高校师生的觉悟程度提高了,大家感受到即将展开的大规模经济建设对人才的急切需求,看到新政府所描绘的美好生活的远景,充分认识到院系调整对国家建设的必要,克服了过去旧大学里严重存在的本位主义、个人利益等思想障碍。

院系调整后,上海过去许多学科庞杂、门类齐全的大学,转变成为具有确定目标与范围的高等学校。按其培养人才的范围,分为大学、多科性工学院、工业单科性学院(如纺织工学院、化工学院等)、医学院、财经学院、政法学院、师范学院、艺术学院等。这种高度的专门化,使上海各高校很快形成了自己的特色,成为某一专门领域内高素质人才的培养基地。如同济大学成为全国规模最大、学科最全的培养基本建设中设计和施工人才的土建测量工程类大学;华东师范大学成为与北京师范大学齐名的高素质教师培养基地;交通大学成为机械工程、造船运输类的名校;复旦大学成为新型文理科基础理论人才的摇篮;华东纺织工学院成为全国纺织类高校的龙头老大等。

中国的经济即将走上计划性,计划性的经济必须有计划性的教育与之配套,而确定专业是高等教育计划性的重要环节。为此,政府有步骤地确定每个高等学校所设的"专业",使各校皆有明确的任务,以集中力量培养某几行国家建设所需要的专才,同时使各地区内各校专业的设置得到适当配合,以减少人力、物力的浪费。高校专业的设置是根据国家基本建设需要,并参照苏联模式确定的。由于工业发展趋向高度的专门化,因而工学院在这方面的专业便分得特别细,如机械制造,以前不过是机械工程系下面的一个组,按苏联的制度,则分出了金属切削机及其工具、铸造机及铸造工程、自动机器等40多个专业。②同济大学的"上下水道",过去只是土木系中的一门课程,现在则设置了"上下水

---

① 实现发展内地高等教育的任务,上海高等学校教师积极支援内地教学工作[N].文汇报,1955-11-26.
② 曾昭抡.高等学校的"专业"设置问题[J].人民教育,1952(9).

道"专业和"上下水道"系,且在专修科中又分设为"上水道"和"下水道"。这种专门化的专业设置,使学校的发展局限于某一专门领域,与国际高等教育的综合化趋势不相符合。学生的学习陷入越来越狭窄的专业领域,虽说能集中精力学习一种专门业务,却不利于高等学校发挥整体优势,使培养出的人才知识结构过于单一。

高等学校的管理和组织系统也产生了变化。上海解放前,其高校的内部组织是"校(大学)—院—系—组",并规定一个大学至少有三个学院,一个学院至少有三个系,专门学院的地位低于大学。1950年,在第一次高等教育会议中,确定了专门学院与大学的平等地位。院系调整时,首先考虑的不是设系问题,而是设置专业的问题。专业确定后,再由几个相近的专业结合成一个系。系可大可小,也可以只有一个专业。一所高校所担负的任务,主要决定于其所设专业的种类和各个专业的招生人数。这样,高校的内部组织就成了"校(大学、学院)—系—专业"。此外,通过调整,上海私立高校全部改为公立。

上海各高等学校在调整后,为大量培养建设人才,迅速扩大规模,校舍和公共资源(如图书馆、饭厅、礼堂、体育馆等)纷纷告急。交通大学和同济大学1952年秋的招生数都较1951年增加3倍。① 1952年交通大学有学生3 000余人,而饭厅只能容纳700人,图书馆只能容纳400人;上海财政经济学院有学生近5 000人,而图书馆只能容纳70人。② 各校宿舍、教室、实验室也都超过收容量,均需及早增建。因此,在1953—1954年,各校均迎来基本建设高峰:复旦大学建成教学大楼1幢、学生宿舍4幢、饭厅2幢;华东师范大学建成教学楼5幢、学生宿舍3幢、食堂2幢。这些苏式建筑成为各个大学最亮丽的新景观,如华东师范大学的理科教学楼群还曾印在《上海交通图》上,成为新上海的标志性建筑。

院系调整并非没有引起异议,有个别教师和一部分学生不接受调整事实,如圣约翰大学的一部分化学系教师就不愿到华东师范大学去,个别教师和学生有抵触。还有人认为,理工分家降低了高等学校学生的培养质量,而且院系调整没有照顾到一些老牌大学值得继承的历史传统,一下子就全面铺开,有点操

---

① 上海各工业大学和中等技术学校大量地有计划地为国家培养建设人才[N].文汇报,1953-02-13.
② 华东区高等学校1952年院系调整工作情况综述[G]//华东学习委员会办公室.华东高等学校情况汇编.第四分册.1954:51—60.

之过急。① 有海外研究中国教育的学者认为,院系调整把各个大学弄得支离破碎,把各个系重新按条块划分组合,结果割断了各大学与新中国成立前的历史联系。②

第四节 交通大学西迁

交通大学西迁虽在全国性大规模院系调整后进行,但仍属于国家调整高校区域布局政策的一部分。③ "弱东南,强西北"是新中国成立初期国家建设的总体性政策倾向,在院系调整中虽然已经这样做了,但还不能一步到位。随着工厂大批迁往内地,内地高校也需加强。交通大学西迁正是在这种背景下,由高等教育部提出的。在"大鸣大放"中,师生对西迁有不同意见。后经国家高层领导人出面做工作,西迁之事才得以圆满解决。

一、高等教育部的决策

上海解放后,为贯彻"反封锁、反轰炸"的任务,有部分上海工厂疏散到内地,迁移的地点主要是郑州、安阳、开封、哈尔滨、徐州、扬州。仅1949年8月至1950年3月初,就有30多家工厂完成搬迁。④ 这种搬迁在当时既可解决工厂的安全问题,也可解决原材料问题和产品销路问题,更能帮助内地相关工厂进行技术改造,因而得到政府的大力提倡。同样,高等学校的搬迁也引起了人们的关注。

1955年3月,高等教育部在《关于沿海城市高等学校1955年基本建设任务处理方案的报告》中提出,基本停止或削减沿海城市高等学校的基本建设任务,采取减少沿海城市高等学校招生任务,适当缩小今后的发展规模,按照新工业基地的分布情况,相应地扩建内地学校,提前在内地增建新校等措施。决定交通大学由上海全部迁往西安;交通大学电讯系迁往成都,成立新校成都电讯工程学院;汽车专业调往长春,筹建长春汽车拖拉机学院。

1955年6月,高等教育部部长杨秀峰在《关于校院长座谈会的主要议题向国务院的报告》和《1955年至1957年高等学校院系调整及新建学校计划(草

---

① 子强.高等学校的院系调整到底搞错了没有[N].光明日报,1957-11-11.
② 许美德(Ruth Hayhoe).中国大学1895—1995:一个文化冲突的世纪[M].许洁英,主译.北京:教育科学出版社,2000:6—7.
③ 交通大学校史编委会.交通大学校史(1949—1959)[M].北京:高等教育出版社,1996:56—82.
④ 刘之明.把工厂疏散到内地去![N].文汇报,1950-03-06.

案)》中又提出,"将交通大学内迁西安,于 1955 年在西安开始筹建,自 1956 年起分批内迁,最大规模为 1.2 万人"。①

二、到新校区安家

交通大学党委于 1955 年春接到通知,4 月 9 日由校长彭康②在校务委员会上作了传达,5 月 7 日党委常委祖振铨在党委常委扩大会上作传达,与会各部门负责人、各系党总支书记、各系主任和各处负责人一致表示坚决贯彻中央的决定。会后,召开了各种形式的教师、职工、民主党派人士座谈会,征求意见,作思想动员。5 月上旬,彭康校长、朱物华教务长、程孝刚③教授等人专程赴西安选定新校址,作好建校准备。经过反复勘察研究,并与陕西省西安市负责人商讨,确定西安市皇甫庄原唐代"兴庆宫"遗址为交通大学新校址。

交通大学校务委员会扩大会议经过两天的讨论,于 1955 年 5 月 25 日作出"交通大学校务委员会关于迁校问题的决议"。决定 1955 年和 1956 年入学的学生及有关教师和相应的职工应于 1956 学年度起在西安新址进行教学,其余师生员工于 1957 年暑假前基本完成搬迁任务。校务委员会决定组织成立"交通大学迁校委员会"。7 月,高等教育部正式通知交通大学,"经我部研究并经国务院批准,决定你校自 1956 年开始内迁西安,并提前于 1955 年开始进行基本建设工作"。9 月 24 日,交通大学迁校委员会正式成立,主任委员为陈石英副校长。11 月 24 日,"交通大学迁校方案"经校务委员会讨论通过后公布。

1955 年 10 月 26 日,交通大学西安校区破土动工。1956 年 6 月 1 日,新建的 17 幢教工宿舍、14 幢学生宿舍竣工。1956 年底,中心大楼和各系的教学大楼相继落成。1957 年 1 月,新建的标准运动场也完工。一所美丽的高等学府基本建成。

第一批西迁师生员工名单于 1956 年 1 月 10 日公布。1 月 18 日,"交通大学西北访问团"一行 33 人在副校长苏庄的带领下由上海出发前往西安,共历时 20 余天。6 月初,先遣队的职工和家属首先到达西安。7 月 20 日,第一批赴西

---

① 交通大学校史编委会.交通大学校史(1949—1959)[M].北京:高等教育出版社,1996:58.
② 彭康(1901—1968),江西萍乡人。1921 年留学日本,曾入京都大学学哲学。1929 年为中共闸北区委员,1939 年任中共鄂豫皖省委宣传部长、组织部长、秘书长,1941 年任中共华中局宣传部长,1946 年任中共华东局宣传部长、秘书长。1949 年任华东人民政府文教委员兼山东大学校长;1952 年任交通大学校长,1953 年任党委书记兼校长;1959 年任西安交通大学党委书记兼校长。
③ 程孝刚(1892—1977),江西宜黄人。1917 年毕业于美国普渡大学机械工程系,新中国成立前长期从事铁路建设工作,1947 年志愿从事高等教育工作,曾任交通大学校长、浙江大学教授。新中国成立后曾任交通大学副校长。是第一、二、三届全国人大代表。

安的教职工及家属乘专列到西安新校区安家。8月10日,学生、教师及家属共1 000余人(其中学生600多名)乘专列赴西安。紧接着,大量的师生员工和家属分期分批迁往西安,图书、设备和物资也源源不断地运往西安。交大许多著名的老教授为支援西北建设,踊跃报名西迁,如赵富鑫、陈大燮、沈尚贤、殷大钧等。

1956年9月10日,交通大学西安新校在西安市人民大厦礼堂隆重举行第一次开学典礼。至此,交通大学迁往西安的教师、职工合计815名,录取新生2 137名,加上二年级老生,共3 908名学生,家属1 200名。共计师生员工及家属6 000余人。1957年1月9日,上海成立"告别活动办公室",以访问、联欢等形式向上海人民表示感谢。2月20日,交通大学正式成立"迁校办公室"。草拟通过了迁校的若干具体事宜和各项规定。3月,校党委颁布"交通大学1957年迁校工作安排"计划和具体工作日程,要求所有教职工和高年级学生必须于8月20日前到达西安,8月底全部物资迁往西安,9月初准时在西安开学上课。

三、不同的声音

正当迁校紧锣密鼓进行时,"大鸣大放"开始了。1957年3月,交通大学党委向全校师生传达毛泽东在最高国务会议和宣传工作会议上的讲话,号召全校师生贯彻"百家争鸣、百花齐放"的方针,开展整风运动,帮助领导改进作风。由此,拉开了交通大学的"大鸣大放"。短短两个星期,贴出大字报、小字报几万张,意见、建议数万条,上海和西安两处"鸣放"的意见都集中在交通大学西迁问题上。有的认为迁校西安是中央的部署,是正确的;有的认为形势变化了,迁到西安是不正确的;有的认为不要全迁,可以在西安设分校。结果是,认为迁校西安是不正确的意见占了上风,其主要理由有:教学质量提不高,生源质量下降,工业布局变化,专业结合不上,生活水平下降,人心不稳定等。具体意见是:1956年相对1955年,国内外形势有变化,在可迁可不迁的形势下,没有发扬民主,对群众提出的不同看法没有重视,搞硬性搬迁、"拔根移植";上海科技水平高,科研条件好,西北大中型企业尚在兴建之中,学校搬去后,科研工作和学生实习都要到外地去进行;西北文化教育水平比较落后,到西安后,很难招到高分数的考生,东南沿海地区学生对西北生活不习惯,怕来西安吃苦,不愿到西安读书,不如在上海培养后,分配去西北工作;教职员工来西安后,实际生活水平普遍下降,多子女教师生活更加困难,家属和子女的工作很难安排,西安中小学质量不高,子女升学就业都很困难;教职工来西安后,父母亲友远在南方,两头牵挂,老人得不到照应,小孩无人照料,工作不能安心。

1957年4月21日，彭康在校党委扩大会议上传达杨秀峰的电话指示，要求大家对迁校问题继续"鸣放"。4月25日，校党委扩大会议决定由陈大燮、郑家俊、程孝刚、钟兆琳①、邓旭初②组成五人小组，专门集中群众意见和各种迁校方案。为了使群众充分发表意见专心讨论问题，学校决定所有搬运工作暂停，西安新校区的基建也暂停。

之后，校党委和校委会不断召开扩大会议，对群众的建议和五人小组集中的各种迁校方案进行研究。5月6日，校务委员会扩大会议在上海举行，对五人小组提出的三个方案，即全部迁回上海、全部迁往西安、在西安设分校展开讨论。5月18日，彭康在校务委员会扩大会议上代表党委常委会综合师生们的意见提出，将西安部分有步骤地迁回上海，高等教育部如果认为西北需要增加工科大学，可以在西安设一所多科性工业大学，交通大学可以支援。会议还推派彭康等人为代表赴北京汇报讨论情况：交通大学目前已无必要迁往西安，已到西安的一部分应该有步骤地搬回上海。这是5月18日校务委员会扩大会议上得出的一致意见，认为既然西安部分重工业建设将要推迟，那么交通大学已无必要迁往西安。当初决定迁西安，是为了适应工业建设基地的分布情况。但根据目前条件来说，还对不上口径，即便在第二个五年计划期间，情况也改变不大。因此，交通大学的校址问题，就有重新考虑的必要。③

> 从毛主席提倡百家争鸣以后，最近我校当局也提倡同仁对交大迁校来一个争鸣，争鸣的结果怎样呢？可以归纳到下面几个方面：首先认为迁校难以与工业实际相结合，影响到科学研究，影响到教学效果。我们本来结合得相当好的，为何要迁往近期内尚难以结合的地方去呢？其次是西安的科学环境与技术环境太差，姑不论零星的修配与采购，有其莫大的困难，即以科学研究机构而论，在西安及其附近是绝无仅有的。为何政府对西安或西北，只以迁校为重点，而不把科学研究机构的分设或增设也作为重点

---

① 钟兆琳（1901—1990），浙江德清人。1918年入南洋公学（交通大学前身）电机科就读，1923年毕业。1924年赴美，入康奈尔大学电气工程研究生院，1926年获硕士学位。1927年回国，先后任交通大学、浙江大学教授，并在华生电扇厂、新中动力机械厂等处兼职。1946年任交通大学电机系主任。后随交通大学内迁西安。
② 邓旭初（1921—2012），广东开平人。1938年底毕业于陕北公学。1950年任志愿军汽车八团团长兼政委。1952年底转业到华东航空学院，任政治辅导处主任。1954年调至交通大学。1977年负责上海交通大学领导工作。
③ 交大有无迁西安的必要[N].文汇报，1957-05-19.

呢？……是不是单纯地为了交大在西安已有了接近完成的新建校舍，因此就忽视了教学质量、科学研究效果而强调迁校呢？……西安的大米价格较上海贵得多，教师们仍以上海的生活方式来生活有一定的困难。……我个人的看法怎样呢？1955年我是基本上同意的。……（现在）我认为西北只需要一个规模不太大的多科性的学校，而随着西北地区工业的进展，这个规模不大的学校，也完全可以逐年发展的。……交大是有力量可以在西安设置分部的。①

6月8日，《人民日报》发表社论《这是为什么？》，要求全国人民批判右派的言论。7月初，全国形势急转，交通大学的反右斗争也拉开序幕。由于交通大学的反右斗争和迁校辩论在时间上正好重叠，因此校方将反对迁校和"反党""反社会主义"的言论混在了一起，使许多因为对迁校有不同意见的同志被错划为右派。

四、支援西北的方针不变

交通大学反反复复的迁校辩论引起了国务院和高等教育部的高度重视，政府为此召开多次讨论会。1957年6月4日，周恩来在北京召开会议，参加会议的有上海、西安两地交通大学师生代表，西北工学院、西安动力学院、南洋工学院、上海造船学院等校代表，中宣部和国务院有关部门的领导，会议集中研究交通大学西迁问题。

周恩来对交通大学西迁问题进行了细致周到的分析，指出1955年决定交通大学迁校西安是对的，为了支援西北建设，同时考虑到沿海形势，交通大学搬去，可以收效快些。"十大关系问题"提出后，按照新的形势，1956年作出重新安排，交通大学可以不搬。但是交通大学在西安已招了2 200多名学生，西安校舍已基本建成，家也搬了一半，造船学院也分出来了，到1957年，产生了困难，形成了"骑虎难下"的局势。周恩来引用程孝刚教授的话说："现在是我们不能从哪里来还回到哪里去，不能否定一切，不能否定院系调整的正确方针。"针对如何解决交通大学的问题，周恩来根据一切有利于社会主义建设，变消极因素为积极因素的原则提出两个方案：

第一个方案是，坚持全部搬迁，少数不能去的不勉强，多数人要去。周恩来认为，交通大学已有8 000多名师生员工在西安经受了一年的风霜，表现是好

---

① 陈大燮.关于工业大学的几点意见[N].文汇报，1957-05-22.

的。上海余下的1 000多名学生和几百名教师,如能都去西北有什么不好呢?"既然实际上骑虎难下,为何不骑上虎跑一下?"

如果尽一切力量仍然说服不了大家,就考虑第二个方案,即说服不了而搬回上海的方案。一是现在交通大学教师搬不动,不愿搬到西安的占多数;二是目前形势允许交通大学搬回去。但搬回去也要和支援西北结合起来考虑,要以最大的可能支援西北,交通大学师生员工对此要尽自己的责任,否则无以面对西北人民。搬回上海可考虑三个方案:最高的、中等的、最低的。高的方案是多留些专业在西北,特别是新的专业,如热能动力装置、无线电、高压工程、应用数学、电子计算机、自动控制、应用物理、工程力学等。西北成立工业大学,将这些专业转入,使西北得到较多的帮助。低的方案是全部搬回上海,一个不留。可西北人民那样欢迎交通大学,一个不留就回上海是不行的,交通大学师生也会于心不安。几千人搬回去,短时间里不可能安排就绪。折中的方案是向全校师生作动员,讲清楚道理,师生愿留西安的留西安,一、二年级学生愿留西安学习的也可转专业,新专业设在西北,这样对支援西北也有很大好处。总之,要从团结出发,即使交通大学西安师生走了以后,也应使西北人民感到交通大学到西北来一趟,对西北人民还是有好处的。这样做就照顾到各方面,对全国人民的团结有利,对交通大学也有利。

最后,周恩来请到会的高等教育部部长杨秀峰和副部长刘皑风去西安和上海向交大师生员工讲清道理,并一再强调要合理安排,"支援西北方针不能变"。

1957年6月18日下午,杨秀峰接见上海各报记者,就交通大学迁校问题发表谈话。他说,根据新的形势,交通大学可以不搬。但交大已在西安建校招生,西北又需要,因此决定仍旧搬。交通大学校务委员会要领导全校广泛讨论,作出选择,报高等教育部批准。西北及另一个工业基地西南的建成,如果没有沿海先进地区的支援是不可能设想的,因此,上海的支援是很自然的事。现在条件略有变化,但西北仍要积极建设,沿海地区支援西北的方针仍然不变。①

五、一分为二

1957年6月23日,交通大学党委扩大会提出了交通大学分设西安、上海两地,一个系统、统一领导方案的原则意见。这个意见提出后,得到了中央机关的赞同和国务院的批准。1957年7月4日,交通大学校务委员会扩大会议正式通

---

① 上海各民主党派人士认为:交大迁西安方针正确　杨秀峰昨再传达周总理讲话精神[N].文汇报,1957-06-19.

过了新的迁校方案及细则。7月5日和9日,彭康校长分别给上海和西安的师生报告这个新方案,提出交通大学的主要力量、工作重点将在一两年内移到西安。7月29日,新方案正式呈报高等教育部。

经过与上海和西安两地高校做工作,根据高等教育部和中央的安排,上海造船学院和南洋工学院并入交通大学上海部分。西北工学院的采矿、地质、纺织系,西北农学院的水利系、土壤改良系,以及西安动力学院并入交通大学西安部分。1957年9月15日,西安并校工作基本完成,迁校、并校工作告一段落。交通大学分设上海、西安两地,有利于支援西北工业建设,也照顾到了上海的需要。同时,上海和西安两地的几所高等工科学校也借机进行了调整,各校进行了明确分工,合理安排专业,集中师资力量和设备,有利于提高教学质量和开展科学研究工作。①

1959年3月22日,交通大学的西安和上海两个部分均被列为首批全国16所重点大学。这既是国家对交通大学西迁的肯定,也是对这两所学校师生的鼓励和安慰。1959年6月2日,教育部给国务院打报告,拟将交通大学西安及上海两个部分分别独立为两个学校,上海部分改称上海交通大学,西安部分改称西安交通大学。7月31日,国务院批复教育部:"同意交通大学上海、西安两个部分分别独立成为上海交通大学和西安交通大学。"

至此,交通大学西迁问题以一分为二的方式得到圆满解决。半个世纪的实践证明,上海交通大学和西安交通大学已分别发展成为上海和西安的著名学府,为华东和西北地区乃至全国的高等教育发展作出了重要贡献。

---

① 西安、上海工业院校重新部署[N].文汇报,1957-09-14.

第四章

学习苏联教育经验

学习苏联经验是20世纪50年代中国教育的重要主题。上海各级教育行政领导和学校教师以高度的政治热情学习苏联经验。不论是在苏联教育理论的学习和推广上，还是在具体教学制度和课堂教学的改革上，上海教育都以一种后来居上的姿态走在了全国教育界学习苏联的前列，令周边地区争相仿效。上海曾是向西方学习的窗口，近代教育比较发达，也是欧美教育制度影响最深、最为集中的"前沿阵地"，新中国成立后，上海能够虚心地向苏联学习是很不容易的。这也使得上海教育得以在新社会中迅速甩掉"包袱"轻装前进，并成为全国新教育的一面旗帜。可以说，通过学习苏联，上海教育在20世纪50年代中后期重新焕发了风采。尽管也带来了些许不适，但并不妨碍上海教育取得骄人的业绩。

第一节 学习苏联教育理论

学习苏联是新中国成立初期各项建设的重要指针，不独教育，政治、经济、文化亦然。可以说，学习苏联既是尽快转变中国社会面貌的捷径，也是特定时代密切中苏关系的政治策略。教育上对苏联经验的学习深入到了每一个细微之处，几乎到了"言必称苏联"的地步。为什么要学习苏联经验？因为中国社会开始由新民主主义社会向社会主义社会过渡，教育上，资本主义的一套理论、制度、内容、方法不适用；而社会主义的一套，只有苏联经验可供借鉴。新中国社会主义性质的国营经济、计划化的生产建设等和苏联基本相同，在生产的设备、技术、管理等方面都学习苏联，因此教育建设的各方面也必须很好地学习苏联，以使培养出的人才与生产建设相适应。当时还认为，苏联的教材、教法以及教育理论、教学制度，不只在社会性质方面和中国最为接近，而且在科学性方面也是全世界最进步的。

一、舆论准备

东北地区解放较早，在新中国成立之前，东北的一些教育刊物，如《东北教育》就开始译介苏联教育的经验和理论。1949年10月,苏联文化艺术科学工作者代表团来中国访问。代表团成员、苏联人民教育部副部长杜伯洛维娜在北京、上海等地向我国教育工作者介绍苏联教育工作经验,并参观了一些学校,如交通大学。① 1949年12月23—31日,教育部召开第一次全国教育工作会议,正式提出建设新教育必须"借助苏联教育建设的先进经验"。② 1950年3月27日,应邀来华讲学的苏联生物学博士努日金、历史学博士吉谢列夫、经济学硕士马卡洛娃抵沪,受到华东军政委员会的热烈欢迎。③ 6月9日,教育部副部长钱俊瑞在全国高等教育会议上指出:"苏联的社会主义建设,是为了劳动人民;我们的新民主主义建设,也是为了人民大众,而且将来我们也一定要走向社会主义和共产主义,路子是一条,是属于同一范畴。因此,学苏联的经验,我们决不会上当,完全可放心学。"

1952年11月,《人民教育》为迎接"中苏友好月"发表社论,指出了学习苏联教育经验的具体内容。首先是教育制度,包括学制、行政领导制度、管理学生制度、校长负责制、教师负责制;其次是课程教材,除本国语文、历史、地理等课程外,凡是苏联已有的教材,都要尽可能地以它们作为蓝本,并尽可能结合中国实际来加以改编;再次是教学方法,要以把理论结合实际作为基本原则。"我们学习苏联,必须根据中国的实际需要,绝不是简单的模仿,而是创造性的学习。要吸收苏联的经验当作我们的养料,务必加以消化,务期达到中国化。"④

上海教育界对苏联经验的学习是广泛和深入的,不仅学习宏观的教育理论、教育制度、课程教材,还学习微观的工作方法、学校管理、课堂教学、考试考查等。

二、凯洛夫《教育学》

1. 主要内容

凯洛夫《教育学》是在苏共中央强调系统学习科学知识,提高教学质量的背景下产生的,力图以马克思列宁主义的方法论来分析人类教育的本质、功能和作用,十分注重加强基础知识、基本技能(即"双基")的教学,重视课堂教学,重视教师对教学活动的组织和引导,提出了一整套意在规范课堂教学的教学

---

① 中央教育科学研究所.中华人民共和国教育大事记(1949—1982)[M].北京:教育科学出版社,1983:5.
② 在全国教育工作会议上钱俊瑞副部长总结报告要点[N].人民日报,1950-01-06.
③ 苏联三教授昨由宁抵沪[N].文汇报,1950-03-28.
④ 社论.进一步学习苏联的先进教育经验[J].人民教育,1952(11).

原则。

凯洛夫《教育学》的理论要点是：教育是上层建筑，是经济基础的反映，阶级社会的教育具有历史性、阶级性；强调教育学的"党性"原则（教育学要为党的路线和政策服务）；强调系统知识的传授；强调教师的主导作用。其结构分为四大部分：（1）总论。说明教育的本质、学校的目的和任务，儿童成长和发展的基本阶段及教育、国民教育体系。（2）教学论。即教学过程、教学内容、教学原则、教学方法等。（3）教育理论。包括德育、体育和美育的任务、内容、方法，组织儿童集体、课外和校外活动，学校与家庭的合作组织等问题。（4）学校行政和领导。我国几十年来编写的大部分《教育学》都没有摆脱这个体系。

凯洛夫还将教学过程划分为六个环节：知觉具体事物，理解事物的特点、关系或联系，形成概念，巩固知识，形成技能、技巧，实践运用。

可以说，凯洛夫的教育学是一种知识本位的教育学说，强调书本和教师在教学中的中心地位，对如何发展学生的心智、个性等有所忽略。

2. 学习历程

在中国教育史上，从来没有哪一本教育学教科书像凯洛夫的《教育学》那样广为流传。《人民日报》于1949年11月14日开始发表凯洛夫主编的《教育学》（1948年俄文版）的部分章节译文。① 1950年，东北教育出版社翻译出版了凯洛夫的《教育学》。1950年12月，凯洛夫的《教育学》上册初版时，被列为"大学丛书"，由新华书店出版。1951年下册初版，分两册。自1951年上册第二版和下册第二版起，改由人民教育出版社出版，后经过修订，合成一册。1957年3月，人民教育出版社出版由凯洛夫任总主编，凯洛夫、冈察洛夫、叶希波夫、赞科夫主编，陈侠、朱智贤等翻译的凯洛夫《教育学》1956年版。

1952年，孟宪承在《新教育》杂志上提出凯洛夫《教育学》第二编的学习提纲，掀起学习凯洛夫《教育学》的热潮。之后，许多高校、中小学教师撰文交流学习心得，促进共同提高。② 凯洛夫《教育学》不只是供师范院校作教材使用，也是其他高校和中小学教师的教学必备书，还是一些非师范院校学生的学习课程。

---

① 瞿葆奎.中国教育学百年（中）[J].教育研究,1999(1).
② 参见：叶夫.教育的阶级性及其作用——凯洛夫《教育学》第一章学习笔记（上）[N].文汇报,1953-06-04;戴达卫.我是这样自学凯洛夫《教育学》的[N].文汇报,1953-06-08;李建钊.教师的主导作用——凯洛夫《教育学》学习笔记[N].文汇报,1953-08-07;李建钊.课堂教学的灵活性——凯洛夫《教育学》学习笔记[N].文汇报,1953-08-23.

1957年1月,凯洛夫专程来华,宣传他的教育学说,介绍苏联教育经验。1月17日凯洛夫向上海普通教育工作者作了关于提高教学、教育工作质量的报告,介绍了苏联近段时间的教育工作情况。①

随着20世纪50年代末60年代初中苏关系恶化,1958年开始对凯洛夫教育学说进行内部批判。1964年6月,《人民教育》6月号发表《社会主义教育学中的一个重要问题》和《资产阶级教育观点必须批判》等文章,对凯洛夫主编的《教育学》进行了不点名批判。60年代中期,这种批判开始半公开化,并一直延续到"文革"结束。②

三、其他苏联教育理论

除凯洛夫外,其他苏联学者的教育理论也被介绍到我国。1950年4月3日,《人民日报》译载了冈察洛夫著的《教育学原理》(1947年俄文版)的序言。1951年,人民出版社出版冈察洛夫著、郭从周等译的《教育学原理》(初译稿)。叶希波夫、冈察洛夫编,于卓、王继麟等译的《教育学》(上、下册)曾由东北教育出版社出版上册,后由人民教育出版社于1952—1953年出版。斯米尔诺夫著,陈侠、丁西成译的《教育学初级读本》1953年由人民教育出版社出版。申比廖夫、奥哥洛德尼柯夫著,陈侠、熊承涤等译的《教育学》1955年由人民教育出版社出版。③ 另外,马卡连柯的德育思想、苏霍姆林斯基的学校管理思想等,也都被上海教育界广为介绍。④

1952年12月至1953年2月,曹孚⑤在《文汇报》上连载关于苏联社会主义教育理论与实践的专题讲座,主要内容是"小学教育讲座"五讲,包括:为什么要学习全面发展的教育,什么是苏联教育的目的和新中国教育的目的,什么叫作全面发展,全面发展教育的意义,全面发展教育的内容,全面发展教育的目的对我们教育工作者的启示和要求,⑥ 为什么要学习苏联先进教学基本原则,关

---

① 凯洛夫谈提高教育质量[N].文汇报,1957-01-18.
② 顾明远.论苏联教育理论对中国教育的影响[J].北京师范大学学报(社科版),2004(1).
③ 瞿葆奎.中国教育学百年(中)[J].教育研究,1999(1).
④ 参见:高潮.马卡连柯论培养学生集体[N].文汇报,1954-01-28;燕国材.马卡连柯关于集体教育的学说[N].文汇报,1954-06-08.
⑤ 曹孚(1911—1968),上海宝山人。1937年毕业于复旦大学教育学系,并留校任教。1947年赴美留学。1949年回国,任复旦大学教育学系教授。1951年随复旦大学教育学系调整至华东师范大学。1954年调人民教育出版社,任编审。1956年以后,任中央教育科学研究所研究员。主要著作有:《教育学通俗讲座》《外国教育史》等。参阅:瞿葆奎,马骥雄,雷尧珠.曹孚教育论稿[M].上海:华东师范大学出版社,1989.
⑥ 曹孚.全面发展的教育——"小学教育讲座"第一讲[N].文汇报,1952-12-05.

于苏联教学法的基本概念,苏联教学原则的基础,苏联基本的教学原则(直观原则、自觉性与积极性原则、系统性与连贯性原则、巩固性原则、通俗性与可接受性原则),新旧教学原则的比较,怎样贯彻苏联教学原则,① 苏联课堂教学制度的优越性,苏联课堂教学的结构,关于课堂教学环节的几个问题,苏联课堂教学制度的基本精神,怎样学习苏联课堂教学制度,② 等等。③ 1953 年,曹孚将讲座稿结集为《小学教育讲座》,由人民教育出版社出版。1954 年再版时,更名为《教育学通俗讲座》。该书至 1958 年已印行 13 次,印数达 52 万余册。④(一说该书先后累计印行 80 余万册。⑤)

1956 年 1 月 27 日,《教育译报》创刊(1960 年第 3 期后停刊)。该刊为双月刊,主要从苏联出版的有关教育报刊中选译与当时我国教育工作亟待解决的问题有关的材料。4 月 18 日—5 月 25 日,苏联教育代表团访问我国,在北京、南京、上海、杭州、广州等城市参观了各类学校,在一系列报告会和座谈会上介绍了苏联教育工作的经验。《人民教育》自 6 月号起连续发表了苏联教育代表团的 10 篇报告。

四、改革教育制度

学习苏联教育理论的目的就是要改革教育制度。1951 年新学制规定小学为五年一贯制,入学年龄以七足岁为标准,就是受到苏联学制的影响。新学制强调工人农民的干部学校、各种补习学校和训练班在学校系统中的地位,这既继承了老解放区教育的传统,又借鉴了苏联经验。

高等学校的院系调整,也是在苏联高等教育体制的影响下进行的。如在高等教育的培养目标上,强调培养专才,批判通才教育,在专业设置上实行全国统一,求专求细。

我国还参照苏联模式,实行大中小学统一教学计划、统一教学大纲、统一教材、统一教学管理,从而使教学方式方法日趋僵化,不利于优秀人才的培养。高等学校以专业为单位设立教研室,所有教师都按照自己的专业被分配到相应的

---

① 曹孚. 苏联先进教学基本原则——"小学教育讲座"第二讲[N]. 文汇报,1952-12-18.
② 曹孚. 苏联课堂教学制度——"小学教育讲座"第三讲[N]. 文汇报,1953-01-03.
③ 曹孚."小学教育讲座"学习中的几个问题——"小学教育讲座"第五讲[N]. 文汇报,1953-02-11.上海教育界其他人士介绍苏联教育经验和教育理论的文章,还可以参见:张文郁.学习运用五级分制的问题[N].文汇报,1953-05-06;索洛维也夫.苏联学校中的考试[N].慧文,译.文汇报,1953-06-20,等等。
④ 毛礼锐,沈灌群.中国教育通史(第六卷)[M].济南:山东教育出版社,1989:96—97.
⑤ 曹孚.曹孚教育论稿[M].瞿葆奎,马骥雄,雷尧珠,选编.上海:华东师范大学出版社,1989.

教研室,共同备课,讨论本专业的学术问题,编写教材。中小学则以学科为单位设立教研组,教师以所授学科为依据,分别列入相应的教研组,共同备课,互相听课,集体参加学校的各种活动。这种组织有利于发挥教师的集体作用,保证教学质量,特别是能发挥老教师指导帮助青年教师的作用,但也会助长有些教师的依赖心理,抑制教师的创造性。此外,学年制、"三层楼"的课程结构(课程设置分基础课、专业基础课、专业课三个层次)、毕业论文、毕业设计等也采取从苏联引进的教学方式。

在当时的历史条件下,要建设中国的社会主义新教育,只有苏联模式可资借鉴。尤其是经过思想改造和批判资产阶级教育思想,彻底断绝了引进介绍西方教育学说、学习西方国家教育经验的可能性,也中断了中国与西方国家的教育文化交流。凯洛夫《教育学》及苏联教育理论的风行,使上海教师的眼睛由"向西看"转为"向北望",以前丰富多样的教育理论渐趋单一。因为地缘关系,上海作为中国引进国外教育理论的窗口地位也被东北和华北代替,以致上海不得不派出教师到北京和哈尔滨等地学习,以把握苏联教育的最新动向。但上海教育在学习中努力争取发展空间,其对苏联教育学说的研究和介绍产生了全国性的影响,《文汇报》和《新教育》杂志成为向全国展现上海教育的重要媒介。

第二节　高等学校教学改革

上海高等学校学习苏联经验,改革教育教学,是在院系调整后大面积推广的,具体时间是从1952年下半年到1957年。要使高等教育适应国家建设的需要,为经济、政治、文化、国防建设服务,就必须摆脱"为教育而教育""为学术而学术"的做法,强化专门教育,培养高级专业建设人才。经过全面、系统地学习苏联经验,我国高等教育在教师工作方式、教学内容、教学方法、考试考查等方面都发生了很大转变。尽管各高校也注意将苏联经验与自身实际结合起来,努力提高教学质量,但学习苏联经验还是带来了一些不适,也影响了高校科研工作的开展。

一、举措

1951年7月26—27日,上海各高校工会召开第二次业务专业会议,肯定了必须以吸收苏联在教学方面的先进经验作为改进教学的依据。[①] 1952年秋,各

---

① 为进一步开展高等学校的业务工作而努力[N].文汇报,1951-08-20.

校举行各种学习会议,开始对教学的各个环节"边学边教、边教边学",这种学习由工科院校带头,逐步在所有高校全面铺开。1953年11月,上海各高校总结开展"中苏友好"活动情况,进一步明确了要学习苏联经验,搞好教育改革。上海高校在教学上因学习苏联教育经验而实行的具体措施主要有:成立基层教学组织,制订教学计划和教学大纲,翻译和编写教材,改革考试制度,聘请苏联专家等。

1. 成立基层教学组织

成立基层教学组织是保证教学改革快速有效进行的组织保障。随着教学改革的全方位展开,学习苏联,建立健全各种教学组织,已属必然。其中,教研室(组)是基本的教学组织,即将相关学科的任课教师组织到学科教研室(组),共同研究如何开展具体的教学工作。

在教研室(组)的建立和发展上,一般是教学人员较多、力量较强的学科先成立教研室(组)。教学人员少、力量弱的学科先设教学小组,待条件成熟后,再向教研室(组)过渡。1953年初,同济大学共组织了29个教研组和教学小组,每一位教师都参加了教研组。① 1953年秋,华东师范大学成立了13个教研组、19个教学小组。该校把教研组的作用概括为:发挥了集体主义力量,保证了教学任务的基本完成;建立和推行了各种教学方法和制度,初步树立了计划观念,克服了盲目性、自由主义和个人主义思想;提高了教师的政治思想水平和业务水平。②

1954年底,教育部副部长柳湜率专家组到华东师范大学视察,此时华东师范大学已有34个教研组、13个教学小组。专家提出教研组有九大任务:(1)组织本教研组所包括的几门课程的教学过程;(2)编写和研究教科书和教学大纲,改进教学方法;(3)帮助学生进行独立工作,组织对学生的辅导;(4)准备考卷、考签,协同系主任共同组织并进行考试、考查工作;(5)教研组在学生成绩和知识质量方面对校长负责;(6)教研组在本系主任领导之下,和在负责领导科学研究工作的副校长领导之下,组织科学研究工作;(7)组织教师和助教的业务进修;(8)教研组的一切有关研究、实验的技术工作,由各个有关实验员管理,实验员由教研组主任领导;(9)领导培养本教研组的研究生,

---

① 学习苏联先进经验,同济大学教学改革工作获得成绩[N].文汇报,1953-01-3;适应国家建设需要,吸取苏联教学经验,同济大学大量培养基本建设人材[N].文汇报,1953-01-31.
② 华东师范大学校史(1951—1959)(初稿),华东师范大学档案馆藏.

规定一定的指导教师专门负责指导某几个研究生,但不等于教研组无责任,而是在规定指导教师后对研究生的质量负全责。①

教研室和教学小组的普遍建立,使教师教学走向集体化,教师们在教研组和教学小组内集体备课,相互听课,共同研究和讨论教学问题,改变了自由讲授的传统。教学工作在有计划、有组织的情况下进行,单独的教学行为已不再可能,这与当时奉行的生产劳动的集体主义原则是一致的。由于教师们是以教研室(组)成员的身份开展教学工作,其行为就要受到教研室(组)的约束,必须按既定的教学程式来组织教学,定期接受室(组)主任或系主任的教学检查,还要参加各种教学改革会议。

与教师集体教学配套实施的,还有学生们组织建立各种学习小组和学习互助组,有计划地在固定时间和地点开展课后集体学习。

2. 制订教学计划和教学大纲

民国时期,大学并没有制订教学计划和教学大纲的要求,教师上课的随意性很强。1952年底,教育部下达试行全国统一教学计划的通知,指出"为了配合祖国大规模经济建设与文化建设的到来,有计划地培养各种建设人才,彻底改革旧教育,制订全国高等学校各专业统一的教学计划,就成为高等教育改革的中心环节之一"。教学大纲是与教学计划相配套的教学文件,主要是对如何贯彻执行教学计划进行规范,其内容较教学计划更为详尽,且具体规定了各门课程的性质、任务、讲授内容及其深度和广度、各章节的学时分配、实验或作业时数、教科书和教学参考资料等。

由教育行政领导部门有计划地确定全国的专业设置,是苏联高等教育制度的主要经验。院系调整后,上海高校的工科、理科率先采用了苏联各种专业的教学计划和教学大纲,以使人才培养从欧美的"通才模式"转向苏联的"专才模式"。如同济大学在1952年秋就参照苏联经验拟订了各专业的教学计划;交通大学在1953年广泛组织教师突击学习俄语,对苏联高校有关专业的教学计划进行翻译,并立即在本专业实施。

1953年春,北京师范大学受教育部的委托,草拟了全国高等师范院校15个系的教学计划草案。这些草案经1953年秋的全国师范教育会议讨论、修改,于1954年由教育部正式颁布施行。② 据统计,1952—1955年,高等教育部组织制

---

① 柳湜.四个师范院校的视察报告[J].人民教育,1955(3).
② 北京师范大学校史编写组.北京师范大学校史(1902—1982)[M].北京:北京师范大学出版社,1982:143.

订和颁发本专科教学计划共193种,其中工科119种、理科11种、农科19种、医科5种、文科5种、政法2种、财经12种、师范20种。① 这样,每种专业各自执行一套具体的教学计划,很少考虑其他专业的情况。且各个专业的教学计划中,所列各种课程都是必修科目,没有选修科目。

另外,高校还采用苏联集中排课的方法,把全部课程集中排在上午,每天从7:30上到12:45,共6节课;下午开展各种集体活动,如政治学习、自学或补课、文体活动、党团活动等。

教学计划和教学大纲的制订,加强了教师教学的计划性,对课堂教学的目的、内容、方法等都作出规定,以生产管理模式规范学校教学,从而改变了旧大学自由讲学的风气。教学计划和教学大纲的普遍执行,虽然有利于造就统一规格的人才,使学生在短时间内成长为所学领域的专家,但对高校的学术自由是一种伤害,抹杀了教师教学的个性,限制了教师们自由阐发的空间。而由于过分强调讲课内容的统一和进度的一致,教师授课只能一讲到底,不能顾及对学生的启发、引导,置学生于被动接受知识的地位,忽视了调动学生课堂学习的积极性、主动性和培育他们的学习能力、思维能力,出现了学生学习消化不良、负担过重的现象。

3. 翻译和编写教材

贯彻执行统一的教学计划和教学大纲后,教材便成了迫在眉睫的问题,因为旧教材无法适应新的教学要求,而新教材又一时编写不出。由于教学计划和教学大纲都是根据苏联经验制订的,采用苏联教材自然再好不过。为此,1952年11月27日,中央人民政府教育部印发了《关于翻译苏联高等学校教材的暂行规定》,决定成立高等学校教材编审委员会,要求首先以翻译苏联高等学校一、二年级基础课程教材为主,同时兼顾一些急需的专业课程教材,以后再逐步扩大范围,完成主要学科教材的翻译工作。为了保证翻译质量,提出"集体翻译""合译互校""个别阅读,共同讨论,专人执笔,集体校订"等办法,要求翻译者必须先试译一万字,经学校转编委会审查合格后再行正式开译。高等教育部成立后,还专门组织力量编译和出版苏联教材,并在各高校掀起一阵翻译苏联教材的高潮。

为了响应中央号召,尽快翻译出苏联教材,许多高校举办了俄语速成班,组织新老教师突击学习俄语,以克服语言上的障碍。教师们突击学习俄语后,即加入编译苏联教材的行列。1953年,上海各高校大量开设专业俄文速成学习

---

① 郝维谦,龙正中.高等教育史[M].海口:海南出版社,2000:100.

班,各系教师及行政人员积极参加。许多人经过短期学习,都参加了苏联教材的翻译工作。

1953年初,同济大学全校教师编译教材已达96种。① 为有计划地解决各专业所需教材,同济大学还于当年成立了翻译苏联高等教材委员会,据6个系1954—1955学年第二学期统计,共开课107门,其中使用苏联翻译教材35本、本国教材3本、讲义91种。② 交通大学在50年代初期的教学改革中,也大量采用了苏联教材。院系调整后,交通大学各个班级有1/2以上的教材是直接采用苏联同类学校教材,或参考苏联同类学校教材进行编订的。③ 特别是基础课,由于苏联教材的理论性较强,所以全部以苏联教材为主,如采用了别尔曼的《高等数学》、福里斯的《物理学》、伏龙科夫的《理论力学》、别辽耶夫的《材料力学》等。④ 许多学科的教学内容和科学研究也极力与苏联接轨,除前述教育系学习凯洛夫外,还有生物系研究米丘林理论,心理系研究巴甫洛夫理论,历史系学习"斯大林历史学说"和"列宁论托尔斯泰"等。⑤

1956年1月,高等教育部下发《高等学校教材编写执行办法》,指出在学习苏联高等学校教材的基础上,应结合中国实际情况,编写适合我国高等学校使用的教材。至此,翻译出版苏联教材的势头才有所减弱,自编教材开始大量增加。

4. 改革考试制度

考试制度改革包括两个方面:一是改革考试方式,大量采用口试,重口试而轻笔试;二是改革评分模式,由百分制变为四级或五级计分制。1952年秋,交通大学借鉴苏联的做法,较早地在课程考试中大部实行口试,按优、良、及格、不及格四级来评定学生的成绩。⑥ 口试的一般程式为:先拟定复习提纲和试题,配置考签,每个考签包括两三个试题,并充分考虑考试内容章节的前后搭配、问题

---

① 适应国家建设需要,吸取苏联教学经验,同济大学大量培养基本建设人材[N].文汇报,1953-01-31.
② 《同济大学志》编辑部.同济大学志(1907—2000)[M].上海:同济大学出版社,2002:194.
③ 上海各工业大学和中等技术学校大量地有计划地为国家培养建设人才[N].文汇报,1953-02-13.
④ 交通大学校志编委会.交通大学校史(1949—1959)[M].北京:高等教育出版社,1996:45.
⑤ 华东师大积极改进教学培养新师资[N].文汇报,1954-01-03.
⑥ 交通大学校志编委会.交通大学校史(1949—1959)[M].北京:高等教育出版社,1996:47.

的大小搭配和难易搭配、题型的理解与记忆搭配等。然后拟定各试题的标准答案和评分办法,以便考试时当场评分。出题完毕,由教师组织考前辅导,以帮助学生应试,辅导有集体辅导、小班辅导、个别辅导等形式。考试时,学生们分成两三个小组同时进行考试,学生在抽取考签后,有15分钟到30分钟的准备时间,然后依次对所抽试题进行口头回答,如遇计算题,则当场计算。教师还可以根据学生的答问情况补充提问,以便了解学生对知识的掌握程度和理解程度。最后由教师当场评定成绩,采用5分(优等)、4分(良好)、3分(及格)、2分(不及格)四级记分制。

1954年7月9日,高等教育部颁布《高等学校考试与考查规程》,规定采用口试和四级分制来评定学生成绩。华东师范大学规定,从1955—1956年第一学期起,除个别科目外,一律采用口试。① 虽然口试可以杜绝学生作弊,锻炼学生的口头表达能力,但由于口试只能单个进行,大大增加了教师的工作量和劳动强度,而且由于口试题量少,信息量也少,不能准确检测出学生对课程的整体把握程度。口试试行了三五年,最终还是被证明并不比笔试优越,因而也逐渐偃旗息鼓。

对口试的过分强调招致一些学者的批评,他们更赞同采用笔试。因为笔试一方面可使学生独自冷静地对试题内容作一定的比较分析,最后作出适当的结论,同时还可能体现出学生的书面表达能力;另一方面还可使主试对于答案尽量做到回环展诵、反复推敲,而后给予比较公允的评价。笔试与口试总是伴随成绩检查的目的、科目的性质、检查的对象以及其他种种具体条件,而显出各有优劣,笼统地或抽象地断言口试优于笔试,或笔试优于口试,都会在考试制度实施中造成混乱,铸成错误。加之考前教师给学生发复习提纲造成学生死记硬背,考试时间延续两三周容易使学生精神过度紧张。评分标准较为复杂,不易掌握。②

5. 聘请苏联专家

"学莫便乎近其人""学之经莫速乎好其人"。③ 为了更好地学习苏联先进经验,就需要有人引进苏联经验,指导我们如何学习。这方面的最佳人选无疑是苏联人自己。中国人民大学和哈尔滨工业大学成立后,聘请了大量的苏联专家从事学习苏联经验的指导工作和直接的学校管理与教学工作,成为全国学

① 袁运开,王铁仙.华东师范大学校史(1951—2001)[M].上海:华东师范大学出版社,2001:29.
② 左任侠.现行考试制度的研究[J].人民教育,1957(7).
③ 荀子·劝学.

习苏联的模范。1953年夏天,高等教育部还组织苏联专家在北京、上海、武汉、重庆、西安等地举行报告会,内容有苏联高等学校业余教育的组织、苏联高等学校的授课方法及学生的自学组织计划与检查、苏联高等学校教研组的基本任务及其工作方法、苏联高等学校如何组织生产实习、苏联高等学校检查学生成绩的方法等。①

1953年起,上海高校在高等教育部的指导与协助下,开始聘请大批苏联专家来校任教。先后有123位苏联专家来复旦大学、交通大学、华东师范大学、上海体育学院等十余所高校供职,其中交通大学1953年至1959年陆续聘来任教的苏联专家共计26名。② 复旦大学1950年至1956年每年聘请1名苏联专家教俄语,共聘请6名;1956年至1960年先后聘请长期和短期苏联专家各4名。③ 华东师范大学自1954年起,共聘请了6位苏联专家,其中以教育学专家杰普莉茨卡娅时间最长,工作最多,影响较大。④ 她一面讲学,一面担任校长顾问,直接参与和帮助推动学校的教学改革。1954年11月,交通大学、同济大学、华东师范大学、上海俄文专科学校等校举行同苏联专家的联欢会、座谈会,感谢他们为上海高等教育作出的贡献。

一些暂时无法请到苏联专家的高校,就大量派遣教师到苏联专家比较集中的高校学习进修,以便正确领会和掌握苏联经验。如1955年在交通大学进修的88名教师,很多就在有苏联专家指导的教研室里进修起重机、内燃机、工业企业电气化、电气绝缘和电缆技术;华东师范大学为各高校地理系教师开办了普通自然地理进修班,由苏联专家祖波夫讲授。⑤

苏联在高等学校里传授先进的科学知识和教学经验,为我国高等教育的改革和人才培养作出了巨大贡献。他们在高校里增设了许多从未设立过的新课程,拓宽了学科领域和科研领域,培养了大批研究生和进修教师。一些工科院校的重点实验室,都是在苏联专家的指导下建立起来的。1951—1956年,苏联专家在各校先后开设了830多种课程,编写了600多种讲义。⑥

---

① 介绍苏联先进教学经验改进我国高等学校教学方法,高等教育部请苏联专家在各地举行报告会[N].文汇报,1953-06-11.
② 交通大学校志编委会.交通大学史(1949—1959)[M].北京:高等教育出版社,1996:51.
③ 复旦大学校志编写组.复旦大学志第二卷(1949—1988)[M].上海:复旦大学出版社,1995:713.
④ 袁运开,王铁仙.华东师范大学校史(1951—2001)[M].上海:华东师范大学出版社,2001:30.
⑤ 各地教师在上海高等学校进修[N].文汇报,1955-03-16.
⑥ 对我国高等教育的发展,苏联专家作了巨大贡献[N].文汇报,1956-11-10.

二、问题

对专业教育的强化和鼓励学生积极投身经济建设,提高了上海大学生的境界,激发了其学习动力,如交通大学的校园里随处可见用大字书写的"祖国在等待我们!"① 加之"五年计划"的制定,使计划经济和计划教育并肩而行,高校师生们以饱满的情绪和干劲,克服各种困难,认真学习苏联经验。

然而,高校学苏联也不同程度地出现了改革过急、教学分量过重的问题,加上教材缺乏,师资困难,学生程度参差不齐,影响了教学质量和师生健康。苏联高校是五年制,我们将苏联教材照搬过来,不仅学时不能保证,而且加重了学生的负担。如"理论力学"在苏联的大学要学 260 学时,而交通大学本科只学 180 余学时,专修科则只学 160 学时;交通大学锻工专修科一年级 77 个学生,对电工学讲授没有一个人听得懂;复旦大学的"数学"教了一个月,发现 90% 以上的学生听不懂;复旦大学化学系一年级的物理测验,76% 的学生不及格;同济大学一年级的理论力学习题,有一次 7 个学习小组联合做了 5 小时还是做不出来。② 这种高强度和高难度的学习,造成学生普遍头晕失眠、体力疲乏、精神紧张,甚至有不少人病倒,以致不能继续学习。

各校普遍出现了程度不同的学生学习负担过重的现象,有些学校学生每周课内外学习时间超过 60 小时,有些学生竟达 70 小时,妨碍了学生对时事政治的关心和学习。由于得不到充分的休息和睡眠,学生的身体健康也受到影响。学生们形容自己的生活是"三点、一线、平行四边形",意思是每天只在宿舍、教室、食堂三点之间来去,加图书馆是一线,合起来是一个平行四边形。1955 年 3 月,高等教育部专门下发文件,要求解决高等工业学校学生学习负担过重的问题,要求教师在教学工作中贯彻"学少一点,学好一点"的原则,克服教学内容的重复和脱节现象,改进教学方法,要求平时测验不要过多,强调每周内进行的测验不得超过 1 次,每学期课程至多不超过 9 门,每学期考试科目一般应为 3—5 门,降低考试考查要求。周学时至多不超过 36 学时,每周同时进行的作业不得超过 3 项。③

三、批评

由于学习苏联,过分强调统一的教学计划、教学大纲、教学方法和考试方法,影响到上海一些高校教学传统的传承。尤其是教学组织的建立,使教师教

---

① 《文汇报》在 1953 年 2 月 26 日以三篇文章重点介绍了交通大学同学搞好学习的经验。
② 朱嘉树. 本市高等学校存在的一些问题[N]. 文汇报,1953-03-30.
③ 关于研究和解决高等工业学校学生学习负担过重问题的指示[J]. 人民教育,1955(4).

学演变成一种集体活动,自由讲学的风气荡然无存。而在使用苏联教材和讲稿时,又存在严重的本本主义,照本宣科、生搬硬套,没有结合中国实际,也不照顾中国学生的程度,结果这些教材往往不合中国学生的口味。由于苏联高校教学难度深,专门化程度高,上海众多高校的师生感到不适应,学生学习负担过重,学习内容消化不了,产生忙乱现象,师生负担大大加重,身体状况急剧下降,引发了许多生理疾病。

针对上述问题,教育界学人不断提出意见,到1957年整风时,对高校学习苏联教育经验的批评比较集中。傅任敢提出,学习苏联教育经验存在四个缺点:浅尝即止、以偏概全、脱离实际、牵强附会。① 张健指出:第一,对于苏联高等教育先进经验本身缺乏全面的科学分析,往往不问它的性质就全盘加以学习运用;第二,未注意结合我国社会主义建设的实际需要和各校师生水平不平衡的情况;第三,未能很好地向人民民主国家虚心学习,也未向资本主义国家学习对我国高等教育有用的东西。②

《人民教育》1957年7月号发表《为繁荣教育科学创造有利条件——上海南京高等师范院校部分教授对教育科学研究工作的意见》,其中有一些上海学者的观点:

张耀翔③说:"学习一国的心理学而排斥其余各国的心理学是不智的……把心理学分为唯心和唯物的有道理;把它分为资产阶级的和非资产阶级的就很难讲得通,资产阶级很可能利用心理学的成果,为他们的阶级利益服务,但这不足为心理学本身之病。"

张文郁④说:"关于我国教育科学的发展方向,最迫切的是教育学的中国化问题。教育学中国化,是解决存在于教育学的教学和研究中的教条主义偏向的关键。……我们只从几本苏联教育学教科书学习教育学,是永远赶不上先进水平的。"

---

① 傅任敢.对学习苏联教育经验的体会[N].文汇报,1957-02-28.
② 张健.要在肯定高等教育改革成绩的基础上来纠正缺点[N].文汇报,1957-03-07.
③ 张耀翔(1893—1964),湖北汉口人。1915年毕业于清华学校,1920年获美国哥伦比亚大学心理学硕士学位,曾任《心理》杂志主编,北京师范大学、暨南大学、沪江大学、复旦大学、华东师范大学教授。主要著作有:《心理学讲话》《感觉心理》《情绪心理》《中国心理学发展史略》等。
④ 张文郁(1915—1990),安徽歙县人。1935年毕业于大夏大学师范学院高等师范科。曾任《活教育》月刊总编辑,上海师范学校校长,复旦大学、华东师范大学教授,华东师范大学教育系主任。主要著作有:《小学特殊儿童教育》《教育学一般原理五讲》《教育哲学》等。

萧孝嵘①认为：学习苏联是需要的，可是不能机械地模仿。科学研究是创造性的劳动，机械地模仿是不能有新的成就的。制订科学研究工作计划是需要的，但不能硬性规定在何时有发明或发现。规定得太死太严是不正确的。

左任侠②批评高校缺乏科学研究（学术）的气氛："在高等教育界、在学术研究机构里，官风就压倒了学风，政治气氛就压制了学术气氛。"

赵祥麟③则呼吁重视西方教育史的研究，尤其是西方古典教育家如夸美纽斯、卢梭、裴斯泰洛齐的教育思想的研究。"我们对一些反动的教育家（如赫尔巴特、杜威等）的批判，往往存在片面性。"

四、矫正

针对学习苏联经验中出现的一些问题，高等教育部于 1955 年 4 月召开高等工业院校、综合大学和部分农林、师范院校的校院长座谈会，要求执行"学习好、工作好、身体好"和"学少一点，学好一点"的方针，以提高教学质量。周恩来于 1956 年 1 月在《关于知识分子问题的报告》中说："在学习苏联的问题上，过去也有过于急躁、生硬和机械照搬的缺点，有的同志甚至武断地否定资本主义国家的科学技术成果。这些缺点，今后应该避免。"

1956 年秋，全国各高校开始针对因学习苏联经验而导致的学生学业负担过重问题采取补救措施，修改教学计划和教学大纲，减少上课时数，精简课程门类，为培养学生的独立思考和独立工作能力创造条件。复旦大学取消了教育实习，精简了教育学课程的一半学时，连政治课的分量都进行大幅度缩减。上海财政经济学院一、二、三年级每周上课时数由 29 学时左右减到 25 学时，四年级则减到 22 学时，同时，还为高年级学生增设了一些选修课程和讲座。④

---

① 萧孝嵘(1896—1963)，湖南衡阳人。1919 年毕业于圣约翰大学，1930 年获美国加利福尼亚大学哲学博士学位。曾任中央大学、复旦大学、华东师范大学教授，美国儿童福利研究所研究员。主要著作有：《格式塔心理学原理》《变态心理学》《普通应用心理学》《儿童心理学》等。
② 左任侠(1901—1997)，湖北武昌人。1923 年毕业于武昌高等师范学校英语系，1931 年获法国蒙伯列埃大学心理学博士学位。1932 年回国，先后任河南大学、暨南大学、交通大学、复旦大学、华东师范大学教授。主要著作有：《教育与心理统计学》《中国教育研究中的测量方法》(法文)等。
③ 赵祥麟(1906—2001)，浙江乐清人。1933 年毕业于中央政治大学教育系，1946 年获美国哥伦比亚大学师范学院硕士学位，回国后任复旦大学教授。新中国成立后，任震旦大学女子文理学院教授兼教育系主任。1952 年后，任华东师范大学教育系教授。编著有：《外国现代教育史》《杜威教育论著选》《外国教育家评传》等。
④ 减轻过重的学习负担，培养独立思考能力，高等学校改进教学工作[N]. 人民日报，1956-10-04.

华东师范大学校长孟宪承以他特有的理论勇气,于1957年5月提出了四条具有建设性的教学建议:(1)增加专业课(包括基础课)在教学计划中的比重,以期与综合性大学相匹敌;(2)适当减少公共必修的教育学课与教育实习的时数;(3)简化教学过程;(4)赢得一切时间来加强专业基本训练。这虽是针对华东师范大学在学习苏联时没有很好地结合实际情况,以致出现了不少问题而说的,但对上海高教界及早纠正学习苏联所产生的偏差,具有很强的指导作用。

孟宪承1957年在同《人民教育》杂志记者谈话时还指出:

> 近代资本主义国家的教育理论和经验,它的有关政治性部分的内容,没有疑问,应该予以否定。但是对于有关知识、技能、方法等内容,就需要细致地加以检验,吸收它们有用的部分来丰富我们的教育科学,改进我们的教育工作。……我们积极学习苏联并没有什么不妥当。问题是我们必须用中国的语言和实例来阐释这些教育原理原则,这样教育学就会显得生动活泼而亲切,中国教育工作者就更容易接受。……在教育研究工作中,必须有丰富的教育文献和资料作根据,但是我们今天教育研究者所可依据的资料极端缺乏。新中国建立8年了,到今天连一本教育年鉴也没编,这种情况必须积极改变。①

贯彻"双百"方针后,苏联学说在高校教学中的统治地位有所松动,一些其他国家的学派和思想开始进入大学课堂。如生物课开始打破米丘林的理论体系,介绍摩尔根的遗传学说,并开展了中国人自己的科学研究工作。②

五、研究生教育

上海高校的研究生教育在新中国成立后就开始招生,但招生时断时续,受政策影响较大,且总体规模偏小。1951年6月11日,中国科学院、教育部联合发出《1951年暑期招收研究实习员、研究生办法》,规定中国科学院所属各研究机构招收研究实习员,教育部所属高等学校研究部招收研究生,以培养科学研究人员和高等学校师资。1953年11月27日,高等教育部发出《高等学校培养研究生暂行办法(草案)》,其中指出:培养研究生的目的是培养高校师资和科研人才;研究生

---

① 为繁荣教育科学创造有利条件——上海南京高等师范院校部分教授对教育科学研究工作的意见[J].人民教育,1957(7).
② 复旦大学生物系在教学中介绍各学派学说[N].文汇报,1956-11-30.

学习年限为 2—3 年;研究生毕业后,应能讲授所学专业的一两门课程,并具有一定的科研能力。1956 年 7 月 11 日,高等教育部决定在部分高校试行招收四年制研究生。

复旦大学经济研究所率先于 1949 年下半年招收第一届研究生 96 人,后又招收第二届研究生 14 人。1951 年,复旦又招收研究生 4 人。1955 年扩大招收研究生,共招 105 名。1960 年招生 109 人。据不完全统计,1949—1961 年,复旦大学共招收研究生 4 851 人。①

华东师范大学受教育部的指定,于 1953 年开始招收研究生,当年招生 113 人。1954 年招收研究生 49 名。1955 年招收研究生 112 人。1953 年至 1958 年,华东师范大学 37 个专业先后招收研究生 673 人。1959 年至 1963 年,又招收研究生 126 名。②

交通大学也于 1953 年开始招收研究生,当年招生 27 名。其他高校,如同济大学、上海医学院等也于 20 世纪 50 年代开始招收少量研究生。

六、向科学进军

严格说来,"向科学进军"与学习苏联经验略有相左,苏联由科学院系统负责开展科学研究,并不提倡高校教师从事科研。中国在 20 世纪 50 年代初模仿苏联,也建立了包括自然科学和社会科学在内的中国科学院,所有重要的研究项目均由中国科学院及与之相关的机构来组织实施,大学主要集中力量进行教学,对科研项目无从插手。高校教师在大规模的教学改革中,不得不花大量时间去熟悉苏联教学制度和教学环节,还要忙于开会、学俄语、译教材,根本没有时间和条件从事科学研究。

正因为教学改革严重妨碍了高校的科研工作,中国的科研事业发展跟不上世界形势。时任中国科学院院长的郭沫若说:"在国家建设中特别需要的科学技术研究工作,在今天却成为最薄弱的一个环节。……我们的科学技术是远远落在世界先进水平的后边的。"③1956 年 1 月,周恩来在《关于知识分子问题的报告》中提出了"向科学进军"的口号,要求"把世界科学的最先进的成就,尽可能迅速地介绍到我国的科学部门、国防部门、生产部门和教育部门中来",在 12

---

① 复旦大学校志编写组.复旦大学志第二卷(1949—1988)[M].上海:复旦大学出版社,1995:287.
② 袁运开,王铁仙.华东师范大学校史(1951—2001)[M].上海:华东师范大学出版社,2001:34,73.
③ 郭沫若.向科学技术进军[J].新华(半月刊),1956(11).

年之内使中国落后的科学技术接近世界先进水平。

在中央提出"向科学进军"之前,沪上高校就自发地开展了一些零星的科研工作,只是未成气候,成效不彰。如复旦大学物理系X光管研制实验室于1953年8月研制出医用X光管;华东师范大学1952年10月成立研究部,倡导有条件的教师围绕教学内容开展科研工作,到1954年8月,全校已有207个研究课题;同济大学1954年10月设立教学研究科,次年成立学校科学委员会(1956年改为科学研究部);1955年,上海部分高校还出版了自己的学报。

1956年起,各校开始有计划、有组织、大规模地开展科学研究。在"向科学进军"的鼓舞下,研究课题和研究队伍急剧增加,一批后来较有影响的研究机构也在此时得以建立。华东师范大学1957年文理科共有312项课题,有254名教师参加研究,并成立了人口地理研究室与河口研究室;① 复旦大学建立了数学研究室、遗传研究室、物理化学分析研究实验室、语法逻辑修辞研究室,在1956年中国科学院颁发的自然科学奖中,复旦有3个项目获奖。②

为鼓舞广大师生参与科学研究,上海高校召开了群众性的科学讨论会,成立了学生科学协会或科学技术委员会,各系还组织了大量的科学小组。1955年11月,同济大学在上海高校中率先召开学生科学技术讨论会,报告了60名本科生和8名研究生的研究成果。1956年5月,同济大学又召开了全校第一次教师科学研究讨论会。③ 复旦大学于1956年举行校庆科学讨论会,1957年5月召开第一届学生科学讨论会。交通大学于1956年4月成立学生科学技术委员会。华东师范大学于1956年1月召开第一次全校性的科学讨论会,6月召开第一次学生科学讨论会。这种群众性的科研活动虽能促进高校科研的广泛开展,却多有不切实际之处。1957年底,"向科学进军"偃旗息鼓,但在"大跃进"中,高校的群众性科研再起风云。

即便是"进军",但就全国而言,高校的科研工作还是只占一小部分。1957年,中国科学院获得了预算为9 000万元的科研经费,而所有的大学才获得1 000万元的研究经费。④

---

① 袁运开,王铁仙.华东师范大学校史(1951—2001)[M].上海:华东师范大学出版社,2001:32—33.
② 复旦大学校志编写组.复旦大学志:第二卷(1949—1988)[M].上海:复旦大学出版社,1995:22—24.
③ 《同济大学志》编辑部.同济大学志(1907—2000)[M].上海:同济大学出版社,2002:11.
④ 许美德(Ruth Hayhoe).中国大学 1895—1995:一个文化冲突的世纪[M].许洁英,主译.北京:教育科学出版社,2000:141.

第三节　普通中小学教学改革

一、主要措施

教育部在学习苏联经验的基础上,对全国中小学的教育教学制订了许多统一性的规范,以便将学校活动纳入集中管理。1952年3月,教育部公布《幼儿园暂行规程(草案)》《小学暂行规程(草案)》和《中学暂行规程(草案)》。

1. 统一教学计划

1953年,根据教育部颁发的《中学教育计划(草案)》和《小学四二制史地教学计划草案》,上海市教育局颁发了统一的中小学教学计划,并在1953—1957年间不断变化改进,以加强对教学工作的管理,强调教学的计划性、目的性。

中学方面,取消初一至高二的政治课,只保留高三的宪法课;增加历史课,其中新设中国新民主主义革命史、中国人民解放战争史、苏联现代史;削弱外语课,1953年下半年起,部分学校的英语课改俄语课,1954年,初中外语课停开(1957年恢复);数学停开解析几何;1955年秋,语文分设汉语和文学两科(1958年停止);高中生物增开达尔文主义基础;① 1956年下半年,部分中学设置基本生产技术实习课。表4-1是中学的课程和课时分配。

表4-1　1954—1955学年度上海市中学课程和周课时②

课程名称		初一上	初一下	初二上	初二下	初三上	初三下	高一上	高一下	高二上	高二下	高三上	高三下
语　文		9	9	8	8	7	7	6	6	6	6	5	5
数　学	算　术	7	7										
	代　数			3	3	3	3	3	3	2	2	2	2
	几　何			2	2	3	3	2	2	2	2		
	三　角										2	2	2

---

① 华东师范大学生物系教授张作人曾对高中教授达尔文主义提出质疑,他说:"现在高中教授达尔文主义已经发生了不少的困难……学习苏联的方针是正确的,但学习与模仿之间,究竟存在着很大的差别。学习精神则可,模仿形式似可不必。"参见:张作人.从科学教育的观点论高中达尔文主义的教学问题[N].文汇报,1956-10-25.

② 吕型伟.上海普通教育史(1949—1989)[M].上海:上海教育出版社,1994:116,表格形式略有调整。

续表

课程名称		初一 上	初一 下	初二 上	初二 下	初三 上	初三 下	高一 上	高一 下	高二 上	高二 下	高三 上	高三 下
物理				3	2	2	2	3	3	2	2	4	4
化学						2	3	2	2	2	2	4	4
生物	植物	2	2	3									
生物	动物					3	2	2					
生物	达尔文主义基础									2	2		
卫生常识		1	1	1	1								
历史	中国古代史	3	3	3									
历史	世界古代史					3	3	3					
历史	世界近代史							3	3				
历史	苏联现代史									3			
历史	中国近代史										3		
历史	新民主主义革命史											3	
历史	人民解放战争史												3
地理	自然地理	3	3										
地理	世界地理			2	3	3	2						
地理	外国经济地理							2	2	2	2		
政治						2	2	2	2	2	2	2	2
外国语								4	4	4	4	4	4
体育		2	2	2	2	2	2	2	2	2	2	2	2
音乐		1	1	1	1	1	1						
图画		1	1	1	1	1	1						
制图								0—1	0—1	0—1	0—1	0—1	0—1
每周总课时数		29	29	29	31	31	31	32	32	30	30	31	31

小学方面,上海解放初,全日班小学设国语、算术、珠算、政治常识、历史、地理、自然、美术、劳作、体育、音乐11门课。1953—1957年,小学教学计划有几次比较大的变动。1954年9月,上海执行教育部颁发的小学教学计划,课程设有

语文、算术、历史、地理、自然、体育、音乐和图画8科,低中年级每周教学时数24课时,高年级26课时。1955年增设手工劳动课或生产技术课,增加体育课时。1957年将周会列入教学计划,以加强思想品德和时事形势教育。农村地区的小学高年级从1957年起还增设农业常识课。表4-2是1953—1957年小学课程教学总课时表。

表 4-2 上海市 1953—1957 年小学课程和各科总课时①

课 程 名 称	1953 年	1954 年	1955 年	1957 年
语　文	2 356	2 888	2 244	2 448
算　术	1 254	1 520	1 224	1 224
体　育	304	380	408	408
音乐(唱歌)	304	380	306	204
图　画	190	228	204	204
自　然	152	152	170	136
历　史	228	228	136	136
地　理	152	152	136	136
手工劳动			204	204
农业常识				68
周　会				204
总课时	4 940	5 928	5 032	5 372

2. 统一教材

1949年下半年,中小学除自然科学及一部分地理教材仍然采用旧教材外,其余全部统一改用临时编的新教材。1952年下半年起,上海逐步统一采用人民教育出版社编印的新课本。1953年,教育部要求人民教育出版社提高程度,编写统一的中小学教材。人民教育出版社以苏联教科书为蓝本,结合中国实际情况,编出教学大纲30种30册,课本41种97册,教学参考书23种69册。1956年,人民教育出版社新编出版的十二年制中小学教材开始在全国使用。

---

① 吕型伟.上海普通教育史(1949—1989)[M].上海:上海教育出版社,1994:117,表格形式略有调整。

3. 更新教学方法

1952年,上海中小学开始全面学习苏联的教学方法,教师集体备课,上课普遍运用五项教学原则,贯彻五个教学环节。

(1) 集体备课和观摩教学

各区设立各学科中心教研组,各校成立学科教研组,有的还组织校际教研组,教师们集体研究教材,统一教学要求、方法与进度,集体备课,相互听课。在各科教学之前,同一课程的教师对每一个课时、每一个教学环节都进行详细计划。

各地为了迅速实现按苏联模式组织和开展教学活动,在研究苏联经验的基础上,大搞观摩教学,以便教师们现学现教。在观摩教学之前,进行大量的准备活动;观摩教学之后,又进行全面的总结,不断吸取经验和教训,以求将每堂课上得整齐划一,各项指标都达到预定要求。据统计,仅1954年,上海全市性的观摩教学就有26次,其中语文10次、历史7次、地理4次、俄语2次、政治2次、生物1次,可谓规模空前。①

(2) 贯彻"教学五原则"

1952年下半年开始学习苏联凯洛夫的教育学说,全面推行苏联教育经验。教师备课、上课开始贯彻"教学五原则",即自觉性原则、系统性原则、直观性原则、巩固性原则、量力性原则,尤其是强调直观性教学。政务院于1953年12月发布《关于整顿和改进小学教育的指示》,要求教师尽可能地采用直观教学。上海中小学教师纷纷投入大量时间,自制直观教具,并在数、理、化等科的教学中普遍运用实物、挂图等教具和实验手段。

直观教具的大量使用,能将学生们不易明白的抽象知识以实物直观的形式展现出来,从而增强了教学效果,如"活动立体几何模型""三角函数值变化模型"等。由于教育局对教师自制教具大力提倡,许多区也通过举办直观教具展览会的形式来推动这一工作,致使各种教具大行其道。其中最多的当然是各种数字卡、加减法图解片、注音字母卡、生字卡等简单教具。后来,教师们还开展了有关直观原则的讨论。②

(3) 运用"教学五环节"

"教学五环节"是指将每堂课的教学过程分为五个步骤,即组织教学、检查

---

① 吕型伟.上海普通教育史(1949—1989)[M].上海:上海教育出版社,1994:103.
② 万粟.谈直观原则的运用[N].文汇报,1954-04-19;昌引.关于直观教学[N].文汇报,1954-04-19.

复习、讲授新课、巩固新课、布置作业。由于其简便、易学、易行,很快为普通中小学教师所运用,有经验的教师甚至将每个阶段所用的时间、怎样检查、怎样讲解、怎样提问、教具准备等都安排得精细周详。"教学五环节"被视为"保证学生自觉地批判地掌握教材的新型教学方法"。①

4. 改革考试评价

在学习凯洛夫教育学说和苏联课堂教学经验的过程中,沪上中小学还改革了考试和评价制度,于1952年起将考试分为平时考查(包括小测验、课堂提问)、期中考试、期末考试三种,在成绩评定时采用五级记分法(最高5分,最低1分,及格3分)。1955年7月,教育部颁发《关于减轻中小学生过重负担的报告》,上海市教育局通知取消期中考试。1956年起,全面停止使用百分制,统一使用五级记分制。1959年,五级记分制有所松动,部分恢复使用百分制和等第制(优、良、中、及格、不及格)。1961年,五级记分制正式废除。

5. 强调教学的教育性

苏联教育学理论的流行,使中小学过分强调学科教学的教育意义,这在语文课教学中表现得特别明显,如认为语文课头等重要的工作是贯彻课文内在的思想性,要求教师通过造句、作文等进行思想政治教育。②

青浦县的一位语文教师撰文说,我们钻研语文教材,首先必须明确它的教育意义及其基本要求,这也是钻研任何教材的先决条件。③ 语文教学强调分析课文的段落层次、人物情感、写作特点和中心思想,而不太注意学生对课文的理解。当然,同时也有人强调语文课的语言文学因素,反对将语文课变成政治课。④

1955年春,上海各区小学普遍开展总结经验和交流经验工作,以促进小学改进教学,提高质量。

从学习苏联先进经验的过程中,我们有如下几点体会:首先,在学习苏联先进经验后,我们认识到制订学期授课计划和课时授课计划的重要,过去我们教书是没有计划的,每一堂课没有明确的目的,教到哪里算哪里。

---

① 长青."五段教学法"和五个教学环节的什么不同?[N].文汇报,1954-11-27.
② 徐汇区国常研究小组.观摩教学的初步收获和经验[N].文汇报,1953-01-13;李静远(五四中学语文教师).我们应该怎样正确对待语文课[N].文汇报,1953-03-13.
③ 瞿森浩.我们怎样钻研语文教材?[N].文汇报,1954-04-28.
④ 徐大亚.增加语文教学中的语言文学因素[N].文汇报,1955-04-01.

学习苏联经验后,我们逐渐学会了订计划。其次,我们实行了个人备课、集体讨论的办法。我们建立了"碰头会"制度。在这个会上讨论教材教法、安排作业等问题。我们还实行相互听课,以及时发展问题,改进教学。使用直观教具也是学习苏联先进经验的成果之一。采用口试和笔试结合的方法评分。①

然而,学习苏联经验,强调系统知识的学习,提高教学的难度和速度,造成中小学过重的学习负担,影响了学生的身心健康。1955年7月1日,教育部发布指示,要求减轻中小学学生的学习负担。

二、顾巧英的生物教学

顾巧英②是上海中学③的生物老师,她认真钻研苏联的先进教育经验,带领上海中学生物教研组系统地学习教学大纲,钻研教科书,在生物教学上取得了示范性成绩,产生了全国性的影响,成为上海中小学教学的优秀典范。

成绩是如何取得的呢?上海中学生物教研组首先对新的教学大纲进行了全面学习,选择了有代表性的教材进行了深入分析,充分发掘教材的系统性、科学性、思想性。其次,为了加强理论与实际的联系,丰富学生对生命体的感性知识,以增强教学效果,上海中学生物教研组建立了8 000平方米的实验园地,饲养兔、鸽、鸡、鱼、蜜蜂和蚕等小动物,还有6 000平方米的果园、1 000平方米的温房区、7 000平方米的树木苗圃,让师生进行课外研究活动。④第三,教师们为了上好课,认真钻研米丘林生物学和苏联先进教学方法,经常相

---

① 上海动力机器制造学校数学学科委员会.苏联先进经验帮助我们改进了工作[N].文汇报,1955-11-05.
② 顾巧英(1924—2011),浙江海盐人。1945年毕业于上海中学,曾在某中学担任一年理化教学工作。1946年回到上海中学在仪器管理室担任生物仪器标本管理工作。新中国成立初期,因学校缺少教师,曾教过数学。1951年开始任生物科教师。1960年出席全国文教群英大会。1980年被评为特级教师。是上海市第二届人大第一次会议选举的市人民委员会委员,中国共产党第十一次全国代表大会代表。介绍其教学经验的主要著作有:《顾巧英的生物教学》《顾巧英的植物学、动物学课》。
③ 上海中学的前身为清同治四年(1865年)丁日昌创办的龙门书院。光绪三十年(1904年),改为龙门师范学堂。宣统二年(1910年),又改为江苏省立第二师范学校。1927年秋,改名为江苏省立上海中学。校址原在上海南市尚文路,1934年迁至上中路400号。上海解放后被列为市重点中学,由市教育局管辖,1958—1960年下放上海县管辖。1970年停办。1978年复校,仍为市重点中学。参见:徐汇区志编纂委员会.徐汇区志[M].上海:上海社会科学院出版社,1997:717—718.
④ 上海中学生物教学研究组.我们教研组怎样改进教学工作[J].人民教育,1955(10).

互听课、集体评议,通过不断切磋,使课堂教学的每个环节都做到严密准确、生动有趣。

经过个人和集体的努力,1954年下半年,顾巧英的生物教学工作效果开始全面展现。① 顾巧英在每学年开始前,总要对《中学生物教学大纲(草案)》及动物学、植物学教科书作系统的、全面的学习,分析整章教材中最基本、最主要的东西,在此基础上制订教学进度计划。她经常以突出讲述动物体与其生活条件的统一和形态构造与生理机制的统一的方法来传播新知识。这样,不仅自己容易讲,而且也使学生容易理解和接受。② 在具体的课堂教学中,顾巧英一贯注重启发式教学,非常善于激起学生谈话,发展学生的独立思考能力,引起他们对生物学习的兴趣和积极性。③ 顾巧英十分注意发挥生物教学的教育性,通过阐明生物体与生活条件的统一,使学生建立辩证唯物主义的世界观,使他们认识生物学在农业上的实际应用,以及了解祖国和苏联的农业与卫生事业的成就和发展,进行爱国主义与国际主义教育。④

> 我常常设身处地把自己比作一个儿童来想象:可不是吗? 冗长、呆板、枯燥乏味的讲课怎能不引起孩子们的厌倦和疲劳? 而生动、鲜明、易于理解、富于感染性和引人入胜的讲解和描述一定能保证学生上课注意力高度集中。……为了启发学生对米丘林生物学学习的兴趣和热情,我在讲课中注意了教学的直观性。我仔细选择和准备演示、分发或实验、实习的材料,并考虑在课堂中如何正确地应用。教师要是善于把自然的秘密揭露在学生面前,再没有什么比这个更容易使学生产生兴趣和愉快的了。
>
> 春天是百花齐放的季节,在这个季节里讲植物的有性生殖是多么有利。在校园里选择可用的花,布置在教室中,花的美丽吸引着同学,花的芳香散布在空气里,在这时候你指导同学来共同解剖花朵,花的构造和各部

---

① 上海市教育局.顾巧英的教学质量是怎样提高的[J].人民教育,1955(7).
② 瞿葆奎.顾巧英的备课[M]//华东师范大学研究和总结上海中学生物教学先进经验科学研究小组.顾巧英的生物教学.上海:新知识出版社,1956:24—56.
③ 陆时万,瞿葆奎.顾巧英的课堂教学[M]//顾巧英的生物教学.上海:新知识出版社,1956:57—87.有关顾巧英课堂教学的真实而详细的记录,可以参见华东师范大学研究和总结上海中学生物教学先进经验科学研究小组.顾巧英的植物学、动物学课课堂教学记录[M].上海:新知识出版社,1956.
④ 瞿葆奎.上海中学生物教研组的工作[M]//顾巧英的生物教学.上海:新知识出版社,1956:1—23.

分的功用,将使他们永远也不会忘记。①

顾巧英和她的同事及学生一道,还进行了很多动、植物实验,如播种马铃薯和黄豆、移植番茄等,尽量多地让学生接触自然。"只有让学生通过对生物现象的直接观察、实验和实习,才能使他们容易理解知识,并牢固地掌握知识。"②成功的生物教学激发了学生们对生物学的浓厚兴趣,培养了学生良好的思维习惯和对自然的好奇心。

> 依据米丘林学说改革生物科课程的教学工作,不局限于课本,必须让学生去独立观察活的生物,将理论与实际联系起来。上海中学在生物教学中大量进行课内实验,揭示生物体与生活条件的联系,让学生实验如何控制生活条件来改造生物,控制其发育。……教师为了使学生获得科学的知识,还教学生预先做一些课外实验,让学生通过实验自己做结论。如讲授人工选择时,学生预先做了大粒小粒种小麦栽培的实验;讲授种内无竞争时,学生预先做了菜豆密播的实验,在120平方公分内播种了300粒菜豆,它们没有互相排斥竞争的现象,在四五十天内都开了花。此外,教师还组织学生进行野外考察,研究自然界的生物状况和相互关系。通过实验的观察,培养了学生科学探究的兴趣和方法,热爱劳动、热爱科学的感情。③

顾巧英富于深刻思想内容和教育技巧的生物教学引起了上海教育界的普遍关注。1954年,苏联专家麦尔尼科夫听了顾巧英的生物课后说:"我提不出意见,这节课的确达到了现代新水平。"1955年5月5日,在华东师范大学苏联专家杰普莉茨卡娅的建议和指导下,上海市教育局组织全市中学生物课教师赴上海中学,观摩顾巧英上的动物学课,华东师范大学校领导、教育系和生物系部分教师一并参加。12日又观摩顾巧英的植物学课。两次观摩,听课者共达400余人,课上得生动活泼,十分成功。④ 为了总结顾巧英的教学经验,以便推广,华东师范大学教育系和生物系的14位教师组成了一个研究小组,在苏联专家的指

---

① 顾巧英.培养学生热爱生物科学[J].人民教育,1955(10).
② 顾巧英.教育学生去探索自然界的秘密[N].文汇报,1955-10-08.
③ 上海中学生物教研组.我们是怎样钻研生物教材、改进教学的[J].人民教育,1954(4).
④ 华东师范大学大事记(1951—1987)[M].上海:华东师范大学出版社,1991:50.

导和帮助下,专门研究和总结上海中学生物教学的先进经验,重点对顾巧英的教学经验进行深入研究。研究小组经过4个月比较集中的时间,通过系统的听课、参加教研组会议、了解教师的备课工作、观察学生的课外小组活动以及分析学生知识的质量等方法,对顾巧英的生物教学作了比较全面的观察和研究,完成6篇专题总结在该校学报发表,并汇编成册,出版了《顾巧英的生物教学》和《顾巧英的植物学、动物学课课堂教学记录》。《人民教育》杂志也对顾巧英教学经验进行了重点推介。

三、袁瑢的语文教学

袁瑢①是上海市实验小学②的语文教师,在学习苏联经验的过程中,她怀着极大的热情积极参加。

> 1952年,学校里有组织地学习苏联先进教育学理论和教学工作经验,我怀着极大的热情参加了。……当时,我除了到别的学校去听课以外,自己就看些有关苏联教育方面的书籍,像《女教师笔记》《论共产主义道德品质的培养》。(通过学习苏联经验)我体会到教师做好教育工作,必须对儿童全面负责,教育工作决不能仅限于课堂内。苏联先进经验启发我重视了开展课外活动和争取家庭教育的配合;协助儿童成立生物角、小俱乐部。
>
> 在学习苏联教育经验的过程中,我们是曾经走了不少弯路和碰过不少困难的。开始的时候,我们只学一些苏联课堂教学的方式、方法,以应付上课为满足。但事实证明,这样的学习并不能收到预期的效果。在党和学校行政的领导下,我们才纠正了学习中的形式主义,着重研究苏联教育经验的精神实质,逐步批判了阻碍我们前进的旧教育思想。③

学习之初,袁瑢照搬苏联的一套课堂教学方式方法,后来觉得这样的教学

---

① 袁瑢(1923—2017),江苏南通人。交通大学肄业。新中国成立后,任邑庙区中心小学语文教师。1960年出席全国文教群英会;1960年、1983年两次获全国"三八红旗手"称号。1978年被任命为上海市实验小学副校长,1981年被任命为校长、特级教师,全国小学语文教学研究会副理事长,全国妇联执委会常委。是第一届全国人大代表、第五届全国政协委员。介绍其教学经验的主要著作有:《袁瑢语文教学三十年》和《斯霞、霍懋征、袁瑢语文教育思想与实践》。

② 上海市实验小学,原名万竹小学,创建于清宣统三年(1911年)。早期分男、女生两部,1927年合二为一。抗日战争胜利后,改名为上海市第三区中心国民学校。上海解放后,又改名为邑庙区中心小学。1956年改名为上海市实验小学。

③ 袁瑢.苏联教师是我们的榜样[N].文汇报,1955-11-05.

并不能收到预期效果,便进行了正反两方面的总结,并根据自身特点进行创造性发挥。通过对中苏教育的比较、分析,她深深体会到,要提高教学质量,真正把书教好,一定要从中国的实际情况出发,无论对外国的经验,还是我们自己的东西,都要一分为二,该吸收的吸收,该扬弃的扬弃,要有目的、有分析地取舍,走自己的路。

> 1954年的初冬,在华东师大讲学的一位苏联专家来听我的课。当时,我还很年轻,执教还不久,我抱着虚心求教的态度,事先写好教案,去师大征求苏联专家的意见。那个专家对我的公开课很重视,给教案提出了重大修改意见,连每个环节各占几分钟,都作了详细的规定,并且要求我不折不扣地按修改的教案进行教学,不能随意改动。为了尊重这位专家,我没有当场提出不同意见。……我认为如果按照这位苏联专家的意见进行教学,效果肯定不会好。因为不顾实际,硬性规定某个教学环节多少时间,实在太不科学了;此外他们是俄文,我们是汉语,一个是拼音文字,一个是方块字,即使教的内容相同,所花的时间也不可能一样。再说,还有一个从中国孩子实际出发的问题。在领导支持下,我没有完全采纳那位苏联专家的意见,只对教案的某些部分作了修改。事实证明,教学效果十分令人满意。①

经过一系列的探索,袁瑢的小学语文教学形成了自己独特的"细、实、活、深"风格,取得了显著成绩。"我在讲读教学中,从理解语言文字入手,紧紧抓住课文的主题,把课文中主要的字、词、句、篇章结构,有重点地讲清楚,讲正确,使学生从对字、词、句的理解中深入到思想内容,真正懂得作者的意图,并使学生懂得为什么这样的思想内容用这样的表达方法,使学生既理解课文内容,又学到了语文基础知识。"

袁瑢后来对小学语文教学学习苏联经验进行了批判性的深刻反思。她说:

> 首先,感到苏联教育学重视课堂教学过程的计划性,这是应该学习的,但教学程序安排得太机械。……课堂教学一定要从学生的实际出发。这正如同打仗一样,既要有作战计划,但在执行中又要随机应变。安排得太

---

① 袁瑢.回顾我的教育生涯[M]//崔峦,陈先云.斯霞、霍懋征、袁瑢语文教育思想与实践.北京:人民教育出版社,2003:363.

机械,实际上行不通的。那时上课,教师时常要看手表,赶时间,明明感到这个教学环节时间太紧,学生并没完全弄懂,但只好放下,去赶下一个教学步骤。结果,就造成教师只顾照着教案教,全然不顾学生学得怎么样,这样下来教学效果又怎能好呢?

……

其次,苏联的教育学提出教师要发挥主导作用,也是对的;但由于片面强调教师的主导作用,在实际上就忽视了学生的主动性和积极性。

当时学习苏联教学经验,无论是预、复习,还是新授、巩固或练习,教师都要不折不扣地按照事先设计好的教案来进行,不管课堂上发生什么情况,教师都不能改变原定计划。

……

其三,学习苏联的教学经验时,忽视我国汉语的特点。比如,在阅读教学过程中教生字时,忽视了汉字的特点。教生字的时间少,根本没有指导写字的时间。因此,当时的识字教学工作做得很不扎实……不顾汉语的特点,看不到方块字与拼音文字的区别,完全照搬苏联的一套是行不通的。①

20世纪60年代初,袁瑢曾进行了关于提高识字效率,加快识字步伐的试验,80年代又进行了关于"加强基础,培养能力,发展智力"的试验,都取得了很大的成绩。

四、幼儿园教学改革

新中国成立前,上海的幼稚园以教为主,以养为辅。新中国成立后,学习苏联经验,幼儿园转向"教养并举",出现幼儿学拼音字母、写汉字等某些突出智育的不恰当做法。1952年3月18日,教育部公布《幼儿园暂行规程(草案)》,上海幼儿园据此开设体育、语言、认识环境、图画、手工、音乐和计数等课程,午餐供给点心,并注意户外活动。1953年6月1—19日,苏联幼儿教育专家戈林娜来到上海,参观了华东保育院、中国福利会保育院、曹杨新村第一幼儿园等幼儿教育单位观摩教学,向全市2 000多名幼教工作干部、教养员专题报告了苏联的幼儿教育。② 1955年5月27日,上海市教育局在上海市第三女子中学召开全

---

① 袁瑢.回顾我的教育生涯[M]//崔峦,陈先云.斯霞、霍懋征、袁瑢语文教育思想与实践.北京:人民教育出版社,2003:360—361.
② 苏联幼儿教育专家戈林娜同志对上海幼儿教育工作者作了卓越的指导[N].文汇报,1953-06-22.

市幼儿园教养工作经验交流报告会,苏联专家马努依连柯出席会议。

1956年,上海市教育局提出幼儿教育的任务是:扩大幼儿的眼界,传授给幼儿在该年龄所易接受的知识和技能,发展他们的思维。1957年又提出要"强调创造性活动",以培养和发展幼儿的智能。[1] 由于突出智育,幼儿园开设了数字课和拼音字母课,甚至发展到采用拼音课本,且要求幼儿学习写汉字。

---

[1] 吕型伟.上海普通教育史(1949—1989)[M].上海:上海教育出版社,1994:123.

第五章

上海教育在"大跃进"运动中

社会主义改造基本完成以后,20世纪50年代后期,随着中苏之间出现裂痕,党的领导人决定在国内建设上摆脱苏联模式的影响,探索中国自己的社会主义建设模式,采取大规模的群众运动的方式来推动各项建设事业的快速发展。1958年5月5日—23日,中共八大二次会议在北京召开,制定了"鼓足干劲,力争上游,多快好省地建设社会主义"的总路线,拉开了"大跃进"的序幕。"教育大跃进"也被称为"教育大革命",是以承接"大鸣大放"后举行的大辩论为舆论先导,以贯彻"教育为无产阶级政治服务,教育与生产劳动相结合"为指针,以全民办学为手段,以改革学制、普及文化、扫除文盲为表征,并伴随其他一系列措施而掀起的与经济建设相适应的文化建设高潮。上海①教育在"大跃进"中获得了规模和数量上的空前突破,形式和内容上也出现了一些新变化。

第一节 教育大辩论

1958年3月24日,教育部召开第四次全国教育行政会议,主题是反对保守思想,促进教育事业"大跃进"。1958年8月,中共中央、国务院颁发《关于教育事业管理权力问题的规定》,规定各地可根据需要,自行对国务院或教育部颁发的教育规章制度决定存、废、修订,或者另外制订,亦可自行新建高校。9月19日,中共中央国务院颁发《关于教育工作的指示》。这一系列措施的目的是鼓舞地方政府办教育的热情,促进教育的地方化。这与新中国成立之初国家对教育的集中管理形成鲜明对照,表明中国教育发展的思路开始出现大的变化。10

---

① 上海的辖区面积在1958年迅速扩张:为使上海市的粮食和主要副食品供应逐步做到基本自给,并有利于上海市制订整个市政计划,调节城市人口,建立卫星城镇,经国务院批准,1958年1月,江苏省嘉定、上海、宝山三县划归上海市领导。12月,国务院又将江苏省的川沙、青浦、南汇、松江、奉贤、金山、崇明七个县划归上海市领导。上海编制委员会办公室.上海党政机构沿革(1949—1986)[M].上海:上海人民出版社,1986:108.

月,中共上海市委教育卫生工作部召开万人大会,副市长刘季平就如何认真学习《关于教育工作的指示》作动员,要求在全市教育部门掀起学习热潮。通过"大鸣、大放、大辩论",充分展开讨论,"学透、放透、辩论透",以便更加深入地进行"教育革命",促进全市教育工作"跃进再跃进"。此后,全市各校师生通过大字报、辩论会、小组会、班会等表达方式,迅速展开了大规模的"鸣放辩论"。教育大辩论主要围绕以下主题展开。

一、教育与生产劳动相结合

教育与生产劳动相结合是"教育大跃进"的核心,它反映了领导人要求以教育促进生产劳动、以生产劳动改造教育的良好愿望。

1. 问题的提出

马克思主义认为:教育与生产劳动相结合是现代社会的产物,只有自觉地把教育和生产劳动结合起来,才能培养出全面发展的人来。① 1958 年 4 月,中共中央在北京召开教育工作会议,讨论了教育方针,批判了教育部门的教条主义、右倾保守思想和教育脱离生产劳动、脱离实际。7 月,时任中共中央宣传部部长的陆定一在《红旗》杂志发表《教育必须与生产劳动相结合》。1958 年 8 月 13 日,毛泽东视察天津大学和南开大学,指出:"高等学校应抓住三个东西:一是党委领导;二是群众路线;三是把教育和生产劳动结合起来。"② 9 月,中共中央、国务院在《关于教育工作的指示》中提出:"党的教育工作方针,是教育为无产阶级的政治服务,教育与生产劳动相结合,为了实现这个方针,教育工作必须由党来领导。""共产主义社会的全面发展的新人,就是既有政治觉悟又有文化的、既能从事脑力劳动又能从事体力劳动的人",并规定"在一切学校中,必须把生产劳动列为正式课程"。③

实行教育与生产劳动相结合,目的是克服由于学习苏联经验而导致的教育与生产劳动相脱离的现象,促进劳动人民知识化和知识分子劳动化。

---

① 成有信.简论教育与生产劳动相结合[M]//宋恩荣,吕达.当代中国教育史论.北京:人民教育出版社,2004:147.

② 中央教育科学研究所.中华人民共和国教育大事记(1949—1982)[M].北京:教育科学出版社,1983:229.

③ 《关于教育工作的指示》还要求进行"文化革命",要在 3—5 年内基本扫除文盲,普及小学教育;用 15 年左右的时间来普及高等教育,使"全国青年和成年,凡是有条件的和自愿的,都可以受到高等教育";"今后的方向,是学校办工厂和农场,工厂和农业合作社办学校"。参见:中共中央、国务院关于教育工作的指示[N].人民日报,1958-09-20."教劳结合"的教育方针并未随"大跃进"的终结而停止。1985 年 5 月颁布的《关于教育体制改革的决定》指出:教育必须为社会主义现代化建设服务,必须与生产劳动相结合。1993 年 2 月发布的《中国教育改革和发展纲要》仍然强调教育"必须与生产劳动相结合"。

2. 先期的尝试

1957年,全国范围内实行了干部参加体力劳动、干部种试验田、干部下放、干部同群众同吃同住同劳动等。在上海市委"关于干部参加体力劳动和下放干部进行劳动锻炼的决定和指示"发布以后,上海一些学校积极认真地贯彻执行。1957年11月29日,华东师范大学师生员工纷纷贴出大字报、决心书,要求下乡劳动。1957年12月至1958年2月,该校先后组织了两批干部共153人,下放到西郊虹桥乡进行长期的劳动锻炼。1958年2月9日,该校政治教育系全体教师学生以及教育系、体育教研组、机关的部分教师职员,由系主任林远、副系主任冯契带领去浙江四明山老解放区进行了近一年的劳动锻炼,师生分布在余姚县大岗乡的9个农业社10多个自然村,与农民同吃、同住、同劳动。① 上海水产学院水产加工系的教师们放下架子向厨师学习做鱼丸,很快就学会了操作技术;全校有一半的学生下渔场。同济大学的"钢筋混凝土预制构件""土壤力学""地质学"等课程一面进行理论教学,一面组织学生动手参加预制构件、土壤分析和地质试验等生产操作。交通大学运输起重系热力机车专业四年级的学生们,由教师带领,亲手检修了机车。华东纺织工学院纺织系四年级学生则动手纺纱。②

1957年底至1958年初,沪上还有不少高校下放干部到农村劳动锻炼,一些青年教师和学生也定期下乡下厂集中劳动,时间长短不一,少则一个月,多则半年至一年。但最初并没有将参加劳动锻炼提高到"教育与生产劳动相结合"的高度来认识,而是视其为思想改造的一部分,让师生受到阶级观点、劳动观点、群众观点和辩证唯物主义的教育,初步树立了理论联系实际的新学风,学会用阶级分析的方法来看待社会现象。③

一般学校展开勤工俭学活动以后,教材内容脱离工农业生产实际的弊端也逐渐显露出来。1958年3月29日,上海207所普通中学举行教材革新促进大会,数、理、化和生物学科的教师们决定下厂下乡收集资料,把应用技能补充进教材。历史、地理等教材也被要求大大精简,另行补充乡土的史料、气候、地理环境等材料。陈琳瑚在会上说,教学是为生产服务的,生产在大跃进,教科书不能长期不改,教材改革是社会生产发展的反映,各校教师应该"人人参加、校校

---

① 袁运开,王铁仙.华东师范大学校史(1951—2001)[M].上海:华东师范大学出版社,2001:59.
② 上海高等工业学校教学大变革[N].人民日报,1958-04-17.
③ 华东师大政教系上山下乡,教育质量得到全面提高[N].文汇报,1958-12-10.

动手"，一边教学、一边辩论、一边修改。除初中三年级和高中三年级教材应照顾升学考试外，其他班级的教材，都可以自己编写。①

3. 辩论

早在《关于教育工作的指示》出台前，有关"教劳结合"的辩论即已初见端倪。如，华东师范大学中文系在群众性的大辩论中出动了流动宣传车，车上挂着一副对联："师生参加体力劳动，各系增设生产课程"，横批是"教学大革新，学校即工厂、农场，学生即工人、农民"。② 1958年秋季开学后，交通大学为坚决贯彻党的教育方针，就在全校发动了一次教育与生产劳动相结合的大辩论。③

《关于教育工作的指示》发布后，上海各大中学校掀起了一个大规模的学习、贯彻运动，出现了"大鸣大放"、大争大辩的局面。成千上万张大字报贴满了学校里的每个角落。在大会、小会上，师生们就怎样落实贯彻党的教育方针进行热烈的辩论。以交通大学为例，三天就贴出了5万多张大字报，对怎样切实贯彻教育与生产劳动相结合的方针展开了鸣放。很多学生的大字报要求实行半工半读，建议把全校各系各专业搬到有关工厂，实行厂校合一。要求组成公社，以便更好地贯彻教育与生产劳动相结合的方针。④

"教劳结合"大辩论的话语重心是"劳动"，而且又存在将生产劳动仅仅视为体力劳动的偏向，因此辩论的焦点便集中在师生"参加体力劳动"上，要求广大师生都成为普通劳动者。辩论中还涉及体力劳动与脑力劳动的关系问题，要求教育在消灭体力劳动与脑力劳动的差别上有所作为，使学生毕业后既能胜任脑力劳动又能胜任体力劳动。如华东师范大学在辩论培养目标时，部分师生主张师范大学培养出来的应是作为多面手的教师，即是工人，是农民，是战士，又是教师。⑤

杭苇曾撰文指出："学校为生产服务，就是要进行生产知识教育，为提高劳动生产率发展生产服务。消灭城市和乡村间的差别，消灭脑力劳动者和体力劳动者的差别。"⑥ 苏步青也说："我们学校所培养出来的人，已经不是单纯的脑力

---

① 结合实际，服务生产，上海普通中学改革教材[N].人民日报,1958-04-01.
② 华东师大展开教学革新大辩论[N].文汇报,1958-03-28.
③ 交大实行新的教学措施[N].文汇报,1958-09-21.
④ 上海大中学校掀起鸣放争辩热潮，广大师生认真学习党的教育方针[N].文汇报,1958-10-13.
⑤ 师生摆出自己论点在大鸣大放辩论[N].文汇报,1958-10-12.
⑥ 杭苇.关于教育方针和中小学任务的我见[N].文汇报,1958-05-13.

劳动者,他们也是体力劳动者。他们可以担任教师、工程师、研究人员的工作,也可以担任工人、农民的工作。"①

4. 实际施行

1958年下半年,生产劳动作为正式课程已被列入各大中学校的教学计划,师生纷纷下乡下厂,接受锻炼。交通大学、同济大学、华东化工学院、华东纺织工学院、上海水产学院等校除了结合学生的专业,组织学生轮流到工厂、农村、工地、渔场,一面劳动,一面在生产实践中学习。一部分专业课程特别是工艺性课程的授课教师也随着学生一起下放到生产现场,结合学生的劳动进行教学。教师除上课外,还指导或和学生们一起劳动。这样,下放课程的教学打破了过去的常规,教学内容是做什么学什么,缺什么教什么。参加不同部门、工种生产劳动的学生,根据自己的实践和学习体会,分别编写讲义,互相上课。② 11月11日,市高等教育局、教育局、团市委举办教育与生产劳动相结合展览会,共展出74天,接待观众56万余人次,不少展品被选送进京,在全国教育与生产劳动相结合展览会上展出。③

参加劳动后,师生们明显感觉到的变化是体质普遍增强。据称,许多在学校弱不禁风的女同学、女教师挑上50千克泥土也能健步如飞。和平中学统计说,看病的学生,1958年比1957年减少了60%,其中伤风、咳嗽分别减少了64%和66%。④ 上海社会科学院一部分师生参加人民公社劳动锻炼以后,响亮地歌唱:"身体健壮,又黑又胖,饭量增加,满面红光,四肢发达,头脑清爽。"⑤ 许多原来认为有知识的自命不凡的人,在接触到生产劳动后,开始承认自己知识的贫乏。许多原来看不起工农劳动者的人,经过劳动锻炼和接触工农,看到了工农劳动者真正的可爱与可贵之处。广大师生形成了热爱劳动、尊重工农的良好风尚,青少年改变了"衣来伸手,饭来张口"的不良习惯,树立起勤劳朴素的良好习惯。

1958年,全市21所高等学校在校学生共计45 043人,有40 515人参加了生产劳动,占学生总数的82%;共参加了约368万个劳动日;全年平均每个学生

---

① 苏步青.党的教育方针开花结实的一年[N].文汇报,1959-01-01.
② 上海各高等学校结合自己专业特点同各种生产部门挂钩[N].人民日报,1958-10-11.
③ 中共上海市教育卫生工作委员会党史资料征集委员会办公室.中共上海市教育卫生体育系统党史大事记(1949—1989)[M].上海:上海交通大学出版社,1993:119.
④ "两条腿走路"健步如飞[N].文汇报,1959-01-01.
⑤ 姚力.坚持贯彻教育方针,大力提高教学质量[N].文汇报,1959-06-04.

的劳动日为91个;工业总产值达587万元,农业总产值达521万元。①

1959年初,上海高等学校为了坚持教育和生产劳动相结合的方针,制定了新的教学计划,原则上规定学生每年以3个月的时间参加生产劳动,8个月学习,1个月假期。在3个月劳动时间中,除有1个月左右参加工农业生产和其他义务劳动外,另外2个月时间可以集中或是分散地结合专业下乡下厂,一面参加生产劳动,一面进行现场教学和科学研究。各校按照不同专业和不同年级对学生参加生产劳动都提出了不同要求。例如一、二、三年级的理、工科学生,经过劳动要熟悉专业的生产知识和学会基本操作;高年级学生则要求在熟悉操作技术之外,能够独立完成一定的工艺设计或是负担一部分科学研究任务,使学生在毕业时既有系统的专业理论知识,又有实际生产技能。文、史科学生到工厂、农村参加生产劳动时,应一边劳动,一边结合专业进行调查研究和学习,如采集和研究民歌,编写工厂史、人民公社史,从事社会经济调查等。② 中等学校纷纷与生产单位挂钩,安排不少的生产劳动时间。如卢湾区把学生参加生产劳动列入教学计划,工厂也把学生参加生产劳动纳入生产计划,做到高中学生每周参加劳动两次,每次四小时;初中学生每周劳动两次,每次三小时。③

由于对"教劳结合"的一再强调,"能够和教学结合的固然要搞,不能和教学结合的就不要勉强结合,但也一定要搞",很快使局面失控,出现了师生参加生产劳动搞过了头,打乱了以教学为主的学校秩序,以致不能正常上课的现象。有的学校和学生为了表示决心,专门到农村或工厂挑脏活、重活干,如华东师范大学地理系的同学就利用寒假到长征人民公社挖河泥。1960年秋,上海许多大学和中学都到农村去参加了三秋劳动,其中包括第九女中、南洋女中。7万多名大中学师生在所谓的"全党动手、全民动手、大办农业、大办粮食"的形势下,分期分批进入市郊农业生产第一线,和农民一起参加秋收、秋种工作。他们与农民同吃、同住、同劳动,不但参加秋收、秋种劳动,还向农民介绍城市人民贯彻"总路线",实现国民经济持续跃进的情况,劳动之余还帮助农民修理农具,普及科学知识,开展文娱活动,做到既是劳动队,又是工作队、宣传队。一些学校还借机在农村开展"灭螺"行动,帮助农民搞线性规划,带领农民做广播操,为农民

---

① 刘思慕、苏步青、陈望道、陈建功、吴若安、金仲华、赵超构、舒新城、廖世承代表谈在上海视察的印象[N].人民日报,1959-05-02.
② 上海高等学校全面安排今年工作[N].人民日报,1959-01-26.
③ 上海各中学和挂钩工厂大协作[N].人民日报,1959-02-28.

学唱山歌，从事采风活动。①

为了使大、中、小学师生参加生产劳动变得经常化、普遍化、制度化，许多学校与工厂、公社、农场建立了常规性的劳动联系，将师生参加生产劳动形成定制。1959年9月，市区169所中学与749个工厂建立挂钩劳动联系。② 如育才路第二小学与附近20个工厂和一个人民公社挂钩，校内建立了少年工厂和少年饲养场。还规定各年级学生参加劳动的试行时间：高年级每周劳动6—8小时，平均每天1小时多；低年级每周劳动4—6小时，平均每天1小时左右。③ 市东中学在校外和良工机器厂、上海广播器材厂、先锋人民公社等单位建立了协作关系，在校内把原有的实习工厂改为生产工厂，并成立了板箱、翻砂、机器、马达、晒图、活性炭等车间。学生在一学期内，有四个星期集中劳动，其余时间，每周劳动半天。④ 据不完全统计，1958年3—12月，上海市中学生共劳动1 600多万个劳动日，平均每人52个劳动日；小学生也劳动900多万个劳动日。⑤ 加上各种社会活动，中小学下半年基本上没有上课。由于劳动过多，影响了教学进度，导致教学质量严重下降。⑥

5. 支援各地工农业生产

学生参加一定的体力劳动，不仅成为教育工作中坚定不移的方针，还波及学生毕业后的出路问题。从1958年起，上海青年掀起了支援各地建设的热潮。4月17日，1.2万多名青年在文化广场举行上海市知识青年志愿参加湖北、安徽农村建设活动分子大会。时任团中央第一书记的胡耀邦到会作了报告。⑦ 8月下旬，新疆、青海、贵州、安徽、江西等12个省区在上海大批招收工人、农业生产人员及中等专业技术学校学生，得到全市社会知识青年的热烈响应，报名者达5万多人。至10月上旬，上海共有4万余名青年被批准志愿支援边远地区、内地的工农业和文化教育事业。其中约有1万多人去青海、甘肃、贵州、安徽、江西等省中等专业学校学习，其他3万多人则奔赴生产岗位。⑧

---

① 巩固三秋劳动中的丰富收获，以支援三秋劳动的干劲投入教学[N].文汇报，1960-11-24.
② 吕型伟.上海普通教育史（1949—1989）[M].上海：上海教育出版社，1994：265.
③ 育才路二小全面贯彻教育方针[N].文汇报，1959-01-12.
④ 市东中学教学改革全面丰收[N].文汇报，1959-01-15.
⑤ 陈琳瑚.坚持党的教育方针，大力提高教育质量[N].文汇报，1959-06-05.
⑥ 吕型伟.上海普通教育史（1949—1989）[M].上海：上海教育出版社，1994：197.
⑦ 上海万余知识青年活动分子集会立志到湖北安徽农村落户[N].文汇报，1958-04-18.
⑧ 上海青年支援外地建设，受到当地党政热情关怀[N].文汇报，1958-10-12.

从1958年至1961年,上海支援各地建设事业的知识青年共达9.5万多人,①绝大部分是初高中毕业生,目的地以新疆和江西最多。到新疆的知识青年,部分被分配到新疆生产建设兵团医学专科学校、农学校、政干校和师范、水利电力、建筑工程学校等单位学习半年到三年,成为新疆的各种建设干部。到江西的知识青年,则被分配到江西共产主义劳动大学的各个分校半农半读,然后参加工作。1961年10月,静安区组织1 264名青年去江西共产主义劳动大学学习、劳动;②11月,闸北区又有793人奔赴江西共产主义劳动大学的总校和分校。③

二、"红"与"专"的关系

1. 问题的提出

"红"与"专"的问题,实质就是政治与业务的关系问题,它主要是针对广大知识分子和学校师生提出的。1957年10月,毛泽东对干部提出要求:"政治和业务是对立统一的,政治是主要的,是第一位的,一定要反对不问政治的倾向;但是,专搞政治,不懂技术,不懂业务,也不行。"④1958年1月,他又提出:"政治和经济的统一,政治和技术的统一,这是毫无疑义的,年年如此,永远如此,这就是又红又专。"⑤这等于为"红专大辩论"定下了一个基调。1958年3月23日《人民日报》发表社论《向"红透专深"的目标迈进》,对"红"做出解释:"红"是要求每一个知识分子有适合于社会主义社会的政治态度。……有全心全意为人民服务、为社会主义服务的决心。

2. 辩论

1957年10月,上海高等学校学生掀起"红专大辩论"高潮。辩论有三种主张,即"先专后红""边红边专""先红后专"。1957年下半年,还掀起了关于"红"与"专"问题的讨论,开始时态度还比较温和,如《文汇报》在编者按中说,对这个问题有三种主张,即"先专后红""边专边红""先红后专",不论持哪种主张的人,都说是为社会主义建设着想,究竟哪种主张对,哪种主张不对,或者都对、都不对,很有必要进行辩论,⑥并将今后人才培养的方向确定为"又红又

---

① 支援外地建设,踏上锦绣前程[N].文汇报,1961-09-01.
② 上海市静安地方志编纂委员会.静安区志[M].上海:上海社会科学院出版社,1996:505.
③ 上海市闸北区志编纂委员会.闸北区志[M].上海:上海社会科学院出版社,1998:900.
④ 毛泽东思想年编(1921—1975)[M].北京:中央文献出版社,2011:843.
⑤ 中央教育科学研究所.中华人民共和国教育大事记(1949—1982)[M].北京:教育科学出版社,1983:213.
⑥ 关于"红"与"专"问题的讨论[N].文汇报,1957-10-16.

专",要求国家工作人员和各种专家下决心改造自己,全心全意为社会主义服务,把个人利益放在集体利益之中。同时,对"先专后红"进行了批判,认为它以脱离政治为号召,拒绝工人阶级立场,实际上是"引导人们走资产阶级知识分子老路的口号"。"先专后红论者只关心个人的前途,把祖国的前途,人类的理想都置诸脑后。他们按照自己的世界观和人生观为自己设定了奋斗目标。他们钻研业务的目的,纯粹是为了追求个人的名誉地位,获取向党和人民讨价还价的资本。革命知识分子任何时候都在把政治放在第一位。"①

1958年5月13日下午,上海市中小学教师2 000多人举行自觉革命奔向"红专"的誓师大会,表示要把心交给党,痛下决心与丑恶的资产阶级个人主义思想决裂,立志向"又红又专"的目标迈进。大会要求教师划清工人阶级集体主义与资产阶级个人主义的界限,"兴无灭资,又破又立,自觉革命,又红又专"。②一位教师用诗歌表达了当时的激情:

> 春风桃李花开日,跃进战鼓频频敲。
> 苍苍白发不服老,后生志气比天高。
> 党的领导是个宝,师生齐奔红专道。③

"红专辩论"是"教育为无产阶级政治服务"在学校教育中掀起的思想波澜,它承接了反右斗争的思维模式,使广大师生心中的政治之弦越绷越紧。尽管辩论以"又红又专"作结,但在文化教育机关,"红"才是辩论的重心。大多数师生鉴于反右斗争的"教训",倾向于强调"红"而批判"专"。有的还将"红""专"对立起来,以为政治过硬才是根本,对"专家路线"进行了不适当的批判。

3. 影响

经过辩论和深入学习"总路线",上海广大教职员工纷纷按要求制订个人和集体的"红专"规划,表示要"力求红透专深,保证在社会主义经济建设和文化建设的大跃进中,永远做政治上的革命派、学术上的革新派、教学科学研究中的促进派,力争早日成为又红又专、更红更专的工人阶级知识分子"。④ 复旦大学校

---

① 正确的方向是:"又红又专"[N].文汇报,1957-11-10.相关讨论还可参见:"先专后红"还是"又红又专"[N].文汇报,1957-11-17.
② 上海中小学教师誓破个人主义[N].文汇报,1958-05-14.
③ 管教管学管劳动,全面关心学生,上海高校、中专教师积极发挥主导作用[N].文汇报,1959-04-03.
④ 红透专深运动风起云涌[N].文汇报,1958-03-02.

长陈望道先生也制订了个人"红专"规划：

> 我决定鼓足干劲，力争上游，以老当益壮的精神为社会主义革命和社会主义建设努力，制订个人规划如下：
>
> （1）以共产党员标准要求自己，把心交给党，交给人民，交给社会主义。
>
> （2）彻底肃清阻碍事业和工作前进的官气、阔气、暮气、骄气和娇气。特别注意肃清知识分子最易染上的骄气和暮气。
>
> （3）彻底肃清轻盟思想，经常关心盟务，同盟内同志共同努力，加速根本的自我改造，为长期共存、互相监督创造条件。
>
> （4）通过社会实践，向工人农民学习，积极培养劳动人民的思想感情。
>
> （5）更加全面、更加深入地学习马克思列宁主义，力求融化在工作中，不断改进工作作风。
>
> （6）力求复旦大学在党的领导下，成为"又红又专""克勤克俭"富有社会主义高等学校特色的大学，决定在中文系等处种"试验田"。
>
> （7）争取恢复每日研究语言文字的习惯，以一定时间（每日约二小时）精读《毛泽东选集》《鲁迅全集》《水浒传》《红楼梦》《儒林外史》等经典著作及其他著作，从中探索语法修辞规律。
>
> （8）争取恢复经常研究形式逻辑和辩证逻辑的习惯，力求运用方法更为精确，更为灵活。
>
> （9）与语法修辞逻辑研究室同志共同努力，争取在三年内完成语法论文六篇，合成《汉语语法试论》著作一部，并为研究现代汉语修辞做好准备。
>
> （10）与语法修辞逻辑研究室和复旦大学其他部分的语文同志共同努力，争取研究室和复旦大学的语法修辞研究工作在三五年内成为全国研究中心之一。
>
> （11）积极参加上海语文学会工作，上海哲学社会科学学会联合会工作，积极推动学术研究和学术讨论，贯彻"百花齐放，百家争鸣"的方针。
>
> （12）争取每日做十分钟以上的体育运动。①

---

① 邓明以.陈望道传[M].上海：复旦大学出版社，2005：249—250.文中所说的"盟"系指中国民主同盟。

同时,各校还就如何加强思想政治课教学采取了相应措施,不少院校甚至规定党委负责同志分头担任一部分思想政治教育课,定期对学生做时事政治报告和社会主义思想教育报告。部分学校从政治理论课联系实际出发,让政治课教师轮流到工厂或农村劳动半年到一年。华东师范大学冯契教授等建议党委成立专门小组,着手研究在学生各年级中建立政治辅导员的具体办法。① 此议很快施行,全市高校从1958年起陆续在学生班级中设立了政治指导员,形成了一支专业政治工作队伍,以加强学生政治思想工作。政治指导员主要抓三个问题:一是用毛泽东关于阶级、阶级斗争的学说教育学生,抵制资产阶级思想、修正主义思想的侵蚀;二是引导学生学习毛泽东关于为人民服务的教导,明确为谁学习、为谁服务的问题,促使学生实现与工农群众相结合,树立全心全意为人民服务的观点;三是用毛泽东关于"政治是统帅,是灵魂"的指示武装学生,帮助学生正确处理"红专"关系,坚定地走"又红又专"的道路。

三、关于教育学问题的大辩论

1. 缘起

20世纪50年代末60年代初中苏关系恶化后,国家建设中的苏联模式受到反思和批判。教育上,由于学习苏联曾造成了一些不适应的现象,因此一些学者便借急于摆脱"苏联模式"的大环境,对一些教育学问题展开辩论,批判了以凯洛夫为主的苏联教育学理论。上海在20世纪50年代中期是传播和研究苏联教育理论的中心地带,对凯洛夫教育学理论的批判也相应比较集中、深入。

2. 辩论

(1) 教师主导

1958年10月,刘佛年根据《关于教育工作的指示》中"教育工作必须由党来领导"的方针,撰文对教学中谁起主导作用发表看法:强调教师的主导作用,教学工作是"少慢差费";提倡学生起主导作用是实用主义的论调;起主导作用的应该是党,只有党能领导教学工作。强调教师的主导作用就等于说教学只能由教师来管,党不能管,这样做必然会压抑学生的积极性。提倡学生的主导作用是在发挥学生的积极性的借口下,首先否定了党对教学工作的领导,其次是否定了教师的积极作用。②

---

① 上海高校加强思想教育[N].文汇报,1957-11-17.
② 刘佛年.教学工作中的群众路线问题[N].文汇报,1958-10-14.

华东师范大学教育系教育学教研组对刘佛年的文章进行了讨论,尤其是对"党的领导与教师主导作用之间存着矛盾,教师的主导作用与学生的积极性之间存在着矛盾"发表了不同的看法。通过讨论,大家认为在教学工作中,党的领导、教师的主导作用与学生的积极性相互联系,且有一定的从属关系,是相辅相成的。①

随后,教师主导问题又引起上海师范学院教育学教研组的争论。上海教育学会先后举行了三次座谈会和学术报告会,对教师主导问题和教育学的对象与任务进行讨论。有人认为,教师在培养学生共产主义道德品质的问题上,作用非常大,对青少年品德面貌的形成影响更大,但是,总的说来,教师在教育学生的工作中,仍不是起主导作用。直接对学生进行教育的不只是教师,还有党组织、共青团、少先队,以及学生的组织和集体等。教师是在党的统一领导下,和其他各方面共同配合来对学生进行教育的。有人不同意这样的说法,认为在学校教育中,教学过程和教育过程是不能分割的,否认教师在教育工作中的主导作用,就必然会动摇以至否定教师在教学中的主导作用。也有人认为,从学生所能受到的各种教育来看,社会教育是自发的,家庭教育的情况是复杂的,党与教师、学生不是平行关系,教师是在党的领导下,在教育工作中起主导作用。②

(2) 教学跃进理论

对教学工作的跃进,陈科美③认为:

> 教学过程和认识过程的发展都是遵循一切事物运动发展的规律性,也就是依照量变到质变的辩证规律:量变是教学过程的渐进,质变是教学过程的跃进。学生依靠教学过程的渐进去掌握了许多知识,而更重要的是依靠教学过程的跃进,才能掌握到正确有用的完全知识。教学过程的规律性肯定了,教学过程才能够跃进,而且必然跃进;也就肯定了教学工作不仅能够跃进,而且必须跃进,才符合教学过程发展的客观规律。这种跃进正反映了教学过程是培养人的捷径的本质。如果我们正确地掌握了飞跃的规

---

① 对教师主导作用的一些些看法[N]. 文汇报,1958-12-21.
② 上海学术讨论空气活跃,对许多学术问题展开了争论[N]. 人民日报,1959-04-17.
③ 陈科美(1898—1998),湖南长沙人。1923 年毕业于美国伊利诺伊州立大学教育系,后转入哥伦比亚大学师范学院攻读教育哲学,曾执教于北京大学、大夏大学、暨南大学。新中国成立后曾担任复旦大学、华东师范大学、上海师范学院教授。主要著作有:《新教育学纲要》《新教育学》《上海近代教育史(1843—1949)》等。

律,同时又充分发挥了我们的主观能动性,则飞跃可以成为大跃进。教学过程的特殊规律之一就是教学工作必须符合教学过程的跃进本质。教学工作必须反映多快好省的精神。①

另一种观点则认为,教学过程中的跃进和教学工作中的跃进不能等同:

> 教学过程和认识过程都要遵循一切事物运动发展的规律,也就是要遵循量变到质变的辩证规律。但这并不是说,量变只能渐进,不能跃进;质变才算跃进。我们认为,教学过程要遵循量变到质变的辩证规律是一回事,而教学工作中的跃进是另一回事。两者不能混为一谈。我们所说教学工作中的跃进,就是说在遵循客观教学规律的要求下,充分发挥人的主观能动作用,鼓足干劲,力争上游,多快好省地完成教学任务,多快好省地提高教学质量。多快好省就是跃进,实现多快好省就是实现跃进,而且这个跃进是表现在整个教学过程的长河中。循序渐进并不排斥跃进,跃进是在遵循客观教学规律的要求下,充分发挥人的主观能动作用,并把这两者结合起来的结果。②

(3) 批判"量力性原则"

1960年4月12日,上海师范学院举行"量力性原则"讨论会。对这一基本教学原则提出批评。会上有三种看法:一种认为夸美纽斯提出这个原则,对历史起了促进作用;第二种认为它没有什么可继承,应予以批判;第三种认为从整个原则来说是资产阶级的,但有可吸收的因素。此后,5月12日的《光明日报》、6月18日的《中国青年报》先后发表文章批判"量力性原则",其他地方教育报刊也相继刊登了批判文章。

上海教育学会在1960年年会中进一步对"量力性原则"展开讨论,指出"量力性原则"把人当作自然的一部分,认为教育必须顺应自然的发展,否定了人的社会性和主观能动性。它是建立在唯心主义形而上学的基础上的,其整个理论体系有反动的错误的一面,阻碍了教学改革的深入,必须进行彻底的批判。尽管也有人认为社会主义教育学也提"量力性原则",但实际工作者,以第一种意

---

① 陈科美.从教学过程的规律性来看教学工作中的跃进问题[N].文汇报,1959-11-16.
② 杨明,倪墨炎.评"从教学过程的规律性来看教学工作中的跃进问题"[N].文汇报,1959-11-21.

见居多。①

(4) 关于心理学

这主要集中在两个问题上,一是人的心理活动是否都有阶级性,二是心理学的研究对象是什么。关于第一个问题,肯定人的心理活动有阶级性,但对于是否人的一切心理活动都有阶级性,人类是否有共同的心理规律,意见并不一致。有人认为,不和阶级意识直接联系的心理现象是存在的,在共同的社会组织中生活的人,具有共同的心理和共同的心理规律。有人认为,人更重要的本质是社会实体、阶级实体,因此人的心理(意识)在实质上都是阶级的心理(意识),只有到了共产主义社会,人的阶级区别、阶级特性消灭了,才能形成人类共同的本性、共同的人性。

关于心理学研究对象的问题,有三种意见。一种意见认为,它是研究在一定社会历史条件下,具体个性的形成、发展、培养的规律,以及作为全人类认识过程的一般规律;第二种意见认为,它是研究人的主观矛盾的科学;第三种意见认为,它是研究主客观之间的矛盾,并能正确地反映它、解决它。②

四、"插红旗,拔白旗"

"红专辩论"诱发了对专家路线的批判,一场"插红旗,拔白旗""兴无灭资"的思想改造运动在1958年全面展开。所谓"插红旗",就是树立阶级分析的观点和无产阶级的思想意识,在政治上做社会主义促进派,在思想上做一个辩证唯物主义者和集体主义者,在专业上理论联系实际。所谓"拔白旗",就是批判资产阶级的个人主义思想,针对思想根源开展自我学术批评。

1958年4月3日,《人民日报》发表社论《搞臭资产阶级的个人主义》。同年4月,上海全市开始了资产阶级学术思想批判,高等学校中的专家学者首当其冲,教育界开展了"自觉革命、向党交心""插红旗,拔白旗""批判资产阶级教育思想、学术思想"等一系列"兴无灭资"的思想斗争。大家纷纷以大字报和口头发言的形式检查自己在政治上、思想上的种种表现。提出,"拔掉资产阶级个人主义的白旗,插上无产阶级集体主义的红旗,彻底改造自己"。③ 1958年10月,华东师范大学校长孟宪承关于高师教学的四点建议在该校的党代会上受到批判,被说成是"一条企图把学生引向脱离政治、脱离实际,只有书本知识,没有

---

① 上海教育学会举行1960年年会讨论当前教育工作中的理论问题[N]. 文汇报,1961-03-31.
② 上海学术讨论空气活跃,对许多学术问题展开了争论[N]. 人民日报,1959-04-17.
③ 师大教师拔白旗插红旗[N]. 文汇报,1958-06-07.

实践经验,更没有政治思想工作能力的白专道路"。①

五、厚今薄古

1958年3月10日,陈伯达在国务院规划委员会第五次会议上提出,哲学社会科学应该跃进,办法就是"厚今薄古,边干边学"。此后,上海高校文科师生在社会主义建设总路线和"大跃进"形势的鼓舞下,展开"厚今薄古"与"厚古薄今"的大辩论,反对"厚古薄今",拥护"厚今薄古",表示要思想大解放,以冲天干劲,投入到哲学社会科学的"大跃进"中。

复旦大学、华东师范大学、上海师范学院等校的历史系和中文系受"厚今薄古"的冲击最大,一批事业有成的老教授受到重点批判,② 原有的教学计划被打乱。文史科师生纷纷到工厂、农村参加劳动,且一边劳动,一边在"厚今薄古"的指导下,结合专业进行调查研究和学习,如采集和研究民歌,编写工厂史、人民公社史,从事社会经济调查。③ 上海师范学院历史系在1958年6月就开始结合下厂劳动锻炼编写厂史,写出了《中国纺织机械厂厂史》《上海农业药械厂厂史》《新安电机厂厂史》等初稿。④ 华东师范大学历史系师生革新历史学的教学和科学研究体系,大写工厂史、公社史和革命史,以促进史学专业和劳动人民现实生活的结合。⑤

第二节　试行"两种教育制度"

时任国家副主席的刘少奇1957年2月至4月沿京广线南下,先后到河北、河南、湖北、湖南、广东视察工作,多次就中小学教育发表意见,主张在学校开展勤工俭学、半工半读。⑥ 1957年11月8日,《参考资料》刊载的《美国大学生有2/3半工半读》引起刘少奇关注,他要求团中央研究。团中央随即提出重点试

---

① 华东师范大学大事记(1951—1987).[M].上海:华东师范大学出版社,1991:114.
② 复旦大学中文系刘大杰、张世禄,历史系蔡尚思、周谷城、谭其骧等教授在"厚今薄古"辩论中受到重点批判。参见:中共上海市教育卫生工作委员会党史资料征集委员会办公室.中共上海市教育卫生体育系统党史大事记(1949—1989)[M].上海:上海交通大学出版社,1993:117.
③ 上海高校订出新教学计划[N].文汇报,1959-01-26.
④ 写工农历史,受阶级教育[N].文汇报,1959-01-21.
⑤ 事实表明,这些厂史很有价值,30多年后(即20世纪八九十年代),华东师范大学历史系曾在此基础上与工厂进一步合作,编写出一批企业史著作。1991年4月,该校还成立了中国企业史研究中心。
⑥ 刘少奇.刘少奇选集(下)[M].北京:人民出版社,1985:310—316.

办勤工俭学,实行半工半读制度。1958年5月30日,刘少奇在中央政治局扩大会议上指出:"我们国家应该有两种主要的学校教育制度和工厂农村的劳动制度。一种是现在的全日制的学校教育制度和现在工厂里面、机关里面八小时工作的劳动制度。这是主要的。此外,是不是还可以采用一种制度,跟这种制度相并行,也成为主要制度之一,就是半工半读的学校教育制度和半工半读的劳动制度。就是说,不论在学校中、工厂中、机关中、农村中,都比较广泛地采用半工半读的办法。"①意思是说,学校教育可以全日制,也可以半工半读;劳动者工作可以全日制,也可以半工半读。两种制度并行,既可大大发展教育,也可大大提高劳动者素质,还可为学生提供勤工俭学的机会,解决其经济困难。此后,刘少奇多次提出"两种教育制度、两种劳动制度"的思想。

一、半工半读

半工半读既是一种教育制度,也是一种劳动制度,其目的是创造条件,尽可能地满足广大青年的升学要求。中共中央在《关于教育工作的指示》中提出,全国将有三类主要的学校,即全日制学校、半工半读学校和各种形式的业余学校,并强调要大力发展后两者。在实际操作中,半工半读先是在已有的学校里试行,以扩大入学规模,同时解决学生和学校的部分经济困难。然后才产生专门的半工半读学校,大量招收升不了学或失学青年及一些在职工人、干部入学。

由于半工半读之初没有成法可效,各校便根据自己的特点进行尝试。上海交通大学在1958年2月向全国工科大学发出勤工俭学、半工半读的倡议,率先提出"学校就是工厂,学生就是工人"的口号,要求工科大学学生每年应有半年左右的时间集中从事生产,先当学徒,后当工人;边读书,边劳动。② 上海戏剧学院于1958年秋季开始试行半工半读,全院师生200余人按军事编制编成一个大队,出发到上海县上中乡参加农业生产劳动,实行半工半读。他们下乡后,半工半读的初步方案是:上午上课,下午进行生产劳动,晚上做群众文艺普及工作。③ 上海机器技工学校于1958年开始坚持半工半读,学生的生产实习和文化技术学习隔周进行一次轮换,当年就实现了办学经费的全部自给,还自添了生产实习设备,积累了生产资金,并上交国家部分利润。④

---

① 刘少奇.刘少奇选集(下)[M].北京:人民出版社,1985:323—327.
② 交大向工科大学提倡议[N].文汇报,1958-02-07.
③ 上海戏剧学院实行半工半读[N].文汇报,1958-09-25.
④ 教育部职业教育司工作组.介绍半工半读的上海机器技工学校[J].人民教育,1964(9).

徐汇中学则根据学校地方大、周围工厂小的特点,将工厂搬进了学校,以解决高中学生开展半工半读的问题。还有一些学校如蓬莱、晓光、五四、南模、四川等中学,干脆将部分班级迁往郊区,为教育与生产劳动相结合,开展半工(耕)半读创造条件。① 此外,包括十一女中在内的一些女子中学也实行半工半读,到钢铁厂等单位从事繁重的体力劳动。

就全国而言,真正开办专门的半工半读学校,是从天津开始的。1958年5月27日,第一所厂办半工半读学校诞生于天津国棉一厂。② 1958年,全国各级各类教育都办起了半工半读学校。1959年暑假,上海创办了机械、电机、化工、冶金、纺织、轻工、电力共7所半工半读性质的高等工业专科学校。③

二、半农半读

半农半读是半工半读在农村的变种,亦称半耕半读。其主要形式是大量开办农业中学和耕读小学,也有一些农业院校到农村实行半农半读。就全国而言,农业中学发展最早、最快的是江苏省。1958年3月初,江苏邗江县施桥乡、海安县双楼乡率先开办了3所农业中学。到4月初,江苏全省创办农业中学3 000余所,为原有中学的3倍。④ 办农业中学意在迅速普及农村初中教育,加速劳动人民的知识化,促进农业生产的进一步发展,为社会主义农业培养初级技术人才。1958年3月17日,陆定一在中共江苏省委召开的民办农业中学座谈会(北京、上海和教育部都派人与会)上指出:动员群众的力量,办各种职业中学,特别是农业中学,使不能进普通初中的小学毕业生都能升学,这是一个好办法。农业中学的创办,不但有利于教育事业的大跃进,而且也有利于农业生产的大跃进。⑤ 会后,上海市郊区在7天内就办起了400多所农业中学。⑥ 1960年3月16日,《人民日报》发表社论《又多又好地办农业中学》,农业中学在全国遍地开花。据统计,1960年全国有3万所农业中学,在校生290万人。

上海最早开办农业中学的是青浦县白鹤公社。1958年4月,青浦尚属江苏省辖,白鹤农业中学开办时只有39个学生、1个专职教师、1间教室、2 000平方米试验田。随着人民公社化运动的开展,短短一个月中,全社应届高小毕业生

---

① 上海部分中学实行半工半读[N].文汇报,1958-10-18.
② 《当代中国》丛书编辑部.当代中国的天津(下)[M].北京:中国社会科学出版社,1989:152—153.
③ 1960年,这些学校改为全日制专科学校。1963年又恢复半工半读性质。
④ 金一鸣.中国社会主义教育的轨迹[M].上海:华东师范大学出版社,2000:222.
⑤ 创办农业中学,培养新式农民[N].人民日报,1958-03-19.
⑥ 大量发展民办农业中学[N].人民日报,1958-04-21.

除已进普通中学的以外,都进了农业中学。到 1959 年初,该校共种田 11.3 万多平方米,开垦了 4 万多平方米荒地。该校的办学目标是"教学超普中、生产赛老农",使学生既能掌握基本的农业生产技能,又具有初中程度的文化科学知识。① 到 1959 年下半年,白鹤农中已实现学生伙食费、书籍费、教职工工资、学校办公费、添置生产工具和校具"五自给"。

到 1960 年初,上海共有农业中学 174 所,学生 2.77 万多人,这些学校全部实行半耕半读制度,部分学校还开展了科学研究活动,与公社拖拉机站、电力排灌站、畜牧场、农具厂挂钩。为使学生尽快掌握拖拉机、电犁、抽水机等主要农业机械构造的基本知识和使用、保养技能,各校根据情况纷纷在二、三年级增设农业机械课程。② 1960 年秋,市郊农业中学的首届毕业生 1 500 多人,经过两年时间学习,顺利结业,走上农业生产第一线,③ 成为新型庄稼人。这些毕业生普遍学会了拖拉机、抽水机的技术和基本原理,为加强农业生产、实现农业技术改造注入了新的力量。

农业中学在教学和生产上以群众运动的方式推进,频频"放卫星",较集中地体现了"教育大跃进"的特点。为打消人们对农业中学教学质量的怀疑,农业中学甚至向普通中学发出挑战,以致后者要应战,要反过来向前者学习。在此背景下,上海郊县的普通中学便大范围试行半农半读。如嘉定县马陆初级中学原是一所全日制初中,1960 年起在上级教育行政部门的指示下,试行半农半读,学生边劳动边学习,全年劳动时间 5 个月左右,同时对原有教学内容进行精简,加强了农业知识、动物饲养、农具与电工常识等课程。

三、学校办工厂、农场

半工半读的施行与毛泽东所强调的教育与生产劳动相结合有"异曲同工"之处,1958 年 8 月 13 日毛泽东在天津大学视察时提出"学校办工厂,工厂办学校",④ 9 月 12 日在视察武汉大学时,肯定了学生自觉要求实行半工半读是好事情,是学校大办工厂的必然趋势,应给予支持和鼓励。在毛泽东的号召下,学校办工厂蔚然成风,据 1958 年 20 个省市对 2.1 万多所中等以上学校的调查统

---

① 个个生龙活虎,人人干劲冲天,青浦县白鹤公社农中教学与生产齐头并进[N]. 文汇报,1959 - 02 - 02.
② 上海大办农业技术教育[N]. 文汇报,1960 - 02 - 22.
③ 上海农村有了第一批新型庄稼人[N]. 文汇报,1960 - 07 - 31.
④ 中央教育科学研究所. 中华人民共和国教育大事记(1949—1982)[M]. 北京:教育科学出版社,1983:229.

计,共办起15万座各式各样的工厂。①

上海学校办工厂是先从高等院校开始的。伴随着"大跃进"初期激发起来的热情,1958年上半年,上海高校经过一学期的摸索和创造,已形成了学校办工厂的群众性运动。如华东化工学院一学期共办了12个工厂;华东师范大学一学期办了11个工厂,其中8个厂是物理系在10天里办起来的。复旦大学经过10个月的努力,办起了一二十个工厂,包括金工厂、玻璃工厂、细菌肥料厂、铸工厂等。上海师范学院化学系师生从两个烧瓶开始,办起了一个半机械化的化工厂。白手起家,土法上马,既生产了新产品,又锻炼了人。② 1960年暑假,华东化工学院240多个高年级学生到市郊11个县,协助公社大办以化肥、农药为中心的化工厂,并为公社培训了一批初级分析化验人员。③

中等学校也不甘示弱,1958年,上海市区有98所中学建立了自己的工厂、车间。④ 以杨浦区为例,区内各中学以自力更生为主,力争外援为辅,因陋就简,大办校内车间,广泛建立了校内劳动基地。到1960年4月,全区12所中学和师范学校已办了木工车间21个,电工车间11个,金工车间10个,化工车间8个,还有铸工车间和漆工小组各1个。工厂的同志为支持学校办车间,经常到学校来检查线路,改装设备。⑤ 连地处乡郊的奉贤县,在1959年4月,各类校办工厂也达97个。⑥

根据增加师生农业劳动时间的要求,许多学校还自办农场,有的在公社建立农业劳动基地,有的把学校工厂改为农具厂,以创造条件加强对学生进行"发展农业是光荣的事业,农业劳动是光荣的劳动"的教育。据统计,1958年,全市中学自办农场,有土地66.7万平方米。⑦ 奉贤县在1959年的校办农场面积达13.2万平方米。⑧ 杨浦区1960年有8所学校建立了农场。市区有些学校一度迁到农村,将学校和农场打成一片,如虹口区存瑞中学和蓬莱区蓬莱中学。

四、工厂、农场办学校

工厂、农场办学校是"两种劳动制度、两种教育制度"在企业单位试行的结

---

① 教育革命成就辉煌[N].文汇报,1959-01-03.
② 两个烧瓶办起一座化工厂[N].文汇报,1960-08-20.
③ 化工学院学生协助公社大办化工厂[N].文汇报,1960-09-09.
④ 陈琳瑚.坚持党的教育方针,大力提高教育质量[N].文汇报,1959-06-05.
⑤ 杨浦区各中学普遍建立校内车间[N].文汇报,1960-04-04.
⑥⑧ 奉贤县教育局教育志编写组.奉贤教育志[M].内部资料,1984:137.
⑦ 陈琳瑚.坚持党的教育方针,大力提高教育质量[N].文汇报,1959-06-05.

果。1958年秋,在中共上海市委的领导下,上海工厂大办业余学校,短期内就做到全市遍地开花,有大厂办、小厂办、中小型厂联合办、小厂向大厂挂钩办等多种形式。两个月里,全市除农村、里弄、机关办学2 500所外,还有工厂企业创办的业余中学、中专、高专2 664所,入学职工人数达70多万。工人集中的杨浦、榆林、长宁、徐汇等五个区已做到"厂厂办学"。上海的工矿企业也加入到办学行列中来,基本做到了"厂厂办学校"。①

上海化工厂是1957年改建的现代化塑料加工厂。到1960年4月,该厂除开设了业余的小学、中学、大专外,还举办了干部夜大学速成班、技术干部短训班和半工半读的老工人班、中专班、大专班等34个班级,建立起从初等教育到高等教育、业余和半日制相结合的职工教育体系。他们自编结合本厂生产的教材,运用学员所熟悉的生产、生活经验,并把这些经验提高到理论高度。"这样既减少了学员学习中的困难,又能使学员更好地把知识应用到实际生产中去,推动技术革新。"②

此外,一些文化和学术团体也加入办学行列,大办业余教育。上海市水利学会、园艺学会、矽酸盐学会、畜牧兽医学会、数学会、医学会、物理学会、药学会、力学会等配合文教事业大发展、大普及、大提高的新形势,根据"两条腿走路"的方针,积极开展业余教育工作,举办业余学院、业余专科学校。如水利学会办了业余水利学院,并提出要在三年内把学员培养成为具有相当于全日制学院毕业生的水平。各区县的科技协会也纷纷根据本区县生产发展的需要,采取多种多样的方式,举办业余学校、学习班、训练班,大力培养干部和先进技术的骨干。③

五、大炼钢铁

大炼钢铁是生产"大跃进"的一个标志性内容。1958年9月1日和5日,《人民日报》连发两篇社论,④号召全国上下一切部门为生产1 070万吨钢"停车让路",结果是全民炼钢,炼出了300多万吨不能使用的废钢。⑤

1958年下半年,上海市许多大中学校师生投入到全民大炼钢铁的热潮之中。虹口、黄浦、杨浦、新成、长宁、徐汇等区学校建立了很多土炼钢炉和转炉。

---

① 陆左华.上海工厂业余学校巩固发展[N].人民日报,1958-10-23.
② 上海化工厂生产、教育双双跃进[N].文汇报,1960-04-03.
③ 上海科协各学会大办业余学校[N].文汇报,1960-03-07.
④ 两篇社论分别是《立即行动起来,完成把钢产翻一番的伟大任务》和《全力保证钢铁生产》。
⑤ 何沁.中华人民共和国史[M].北京:高等教育出版社,1997:195.

至1958年11月3日,全市学校已建成炼钢炉1920座,共产钢348吨。①

为了"确保钢铁元帅升帐",中学几乎校校都有土法小炼钢炉,师生通宵达旦,为钢而战,小学生则千方百计收集废钢铁。为修筑炼钢炉,有人将家里壁炉上的耐火砖拆下来;为炼钢铁,有人把学校大铁门也拆下。②

许多学校在炼钢的同时,对同学们加强了爱国主义、炼钢知识、技术和安全教育。如上海市第一女子中学围绕炼钢这一中心,在语文课中教"为钢而战"的教材,以炼钢作为学生的写作题材,化学课在现场讲"坩埚炼钢",物理课上讲马达和鼓风机,数学课上教含铁成分与其他原料的百分比。敬业中学教师向学生讲授祖国炼钢工业的发展情况。向明中学师生则在炉旁一面上课,一面进行操作。

六、勤工俭学

勤工俭学被视为教育与生产劳动相结合的又一有效途径。1958年1月20日,《人民日报》发表社论《两个好榜样》,提出勤工俭学是一件有意义的值得大力推广的事情。27日,团中央发布《关于在学生中提倡勤工俭学的决定》。2月7日,教育部召开勤工俭学座谈会,要求推动各级学校开展勤工俭学和半工半读活动。2月中旬,上海大中学校开始认真贯彻团中央的决定,认为这是教育上的重要改革,每个学生都要参加劳动,使青年具有劳动者的知识技能和思想感情,改造自己的旧思想,克服理论脱离实际、教育脱离生活的倾向。

除了学校办工厂可以解决部分勤工俭学问题外,多数学校都采取组织师生到校外工厂、农村参加生产劳动的方式进行勤工俭学。有的在劳动前还同生产单位签订劳动合同,规定劳动种类、时间和待遇。华东师范大学地理、生物等系科还先后建起勤工俭学指导组和勤工俭学生产合作社。学生们纷纷利用寒暑假、春假和课余时间参加校内外的工业、农业和服务业劳动,到中学去代课等。③市东中学为贯彻勤工俭学的方针,不仅在校内搞实习工厂,安插学生劳动,还和良工机械厂建立协作关系,让学生轮流到该厂劳动,劳动内容为敲凿铸件、绞螺丝、简单的钳工及一些勤杂工。尽管勤工俭学以工业劳动为主,但并不忽视农业劳动,在区教育局的支持下,市东中学开辟了两个小型农场。④

---

① 陈琳瑚.坚决贯彻党的教育与生产劳动结合的教育方针,彻底完成教育战线上的社会主义革命[N].文汇报,1958-11-07.
② 吕型伟.上海普通教育史(1949—1989)[M].上海:上海教育出版社,1994:196—197.
③ 袁运开,王铁仙.华东师范大学校史(1951—2001)[M].上海:华东师范大学出版社,2001:57.
④ 张宗炎.劳动在大机器旁[J].人民教育,1958(5).

为了给学生的勤工俭学提供便利,一些工厂也积极与学校配合,建立厂校全面协作关系。1958年8月,上海市大陆金笔厂和北郊中学挂钩,接受学生定期分批来厂勤工俭学,参加生产劳动。厂方认为,厂校协作对实现劳动人民知识化、知识分子劳动化具有十分重大的意义。贯彻党的教育方针,促进教育与生产劳动相结合,不仅是学校的责任,也是工厂的责任。应让学生在劳动过程中培养劳动观点、劳动习惯和集体主义精神,建立工人阶级的人生观。①

由于"大跃进"运动和三年经济困难导致全国性的粮食、副食品紧张,1959年5月,中共上海市委号召突击发展家畜、家禽饲养,上海市各校又立即行动起来,制订副食品生产规划,根据自己的具体条件,大力饲养猪、羊、鸡、鸭等家畜、家禽和水产,自力更生改善副食品供应。一些高校的副食品生产不仅有助于改善师生员工的生活,而且能增加全市副食品的供应。② 全市中小学也积极响应增产副食品的号召,利用一切可能条件,饲养猪、鸡、鸭、羊、兔和鱼等家禽、家畜、水产。许多学校发动师生员工,利用路边、河边、宅边等零星空地(即"十边地"),种植南瓜、胡萝卜、山芋等。1960年秋,据交通大学、复旦大学、华东师范大学、上海师范学院等24所高校的不完全统计,"十边地"的种植面积达54.7万平方米。③ 许多原本用于绿化和美化校园的草坪、花坛都种上了农作物,成为当时的一大奇观。在蔬菜盛产期间,有的学校不仅可以自给,而且还供应一部分市场。

第三节 学制和教学改革

在中共中央、国务院《关于教育工作的指示》和时任国务院副总理陆定一《教学必须改革》的讲话激励下,各地和各校积极采取措施,"多快好省"地发展教育事业。具体到学校系统内部,就是进行了各种学制改革和群众性的教学改革。下面就上海的情况分而述之。

一、学制改革

为了"多快好省"地培养建设人才,1958年9月,全国各地开始进行缩短中小学学制的试验。1959年5月,中共中央、国务院发布《关于试验改革学制的规定》,要求各省、市、区指定一些中小学,有领导、有计划地进行改革学制的试验,并将试验办法报教育部。1960年4月9日,陆定一在《教学必须改革》的讲话中

---

① 朱荣珊.工厂同样有培养下一代的责任[N].文汇报,1959-02-25.
② 大力开展副食品生产[N].文汇报,1959-06-14.
③ 文教部门为粮钢增产出力[N].文汇报,1960-10-08.

提出,全日制中小学要适当缩短年限,适当提高程度,适当控制学时,适当增加劳动,并初步设想把中小学 12 年缩短为 10 年,程度提高到大学一年级水平。由此,全国各地纷纷进行花样繁多的学制改革,如中学四年制、中学五年一贯制、中学"三二制"、中学"四二制"、中小学七年一贯制、中小学九年一贯制、中小学十年一贯制等。据 27 个省市区的统计,进行学制改革试验的小学达 9.2 万所,中学达 3 400 所,分别占这些地区小学总数的 14.8% 和中学总数的 18.7%,个别地区的中小学全部实行新学制。①

上海的学制改革试验从 1958 年秋季开始,市教育局于 9 月制定《关于试行小学五年一贯制、中学四年一贯制的意见(草案)》,提出中小学学习年限缩短 3 年,符合"多快好省"精神。此后,全市有 300 多所小学试行五年一贯制。中学则同时进行三种学制试验:中学四年一贯制;高中二年文理分科制;试行半工半读。此外,还进行了中小学九年一贯制的试验。② 一年后,上海市全部停止中学学制试验,恢复"三三制"。小学则保留三所学校继续试行五年一贯制。

为了配合学制改革,缩短年限,提高程度,上海市 500 多所公立幼儿园和部分师资条件较好的民办幼儿园,一改过去幼儿园不教识字的传统,从 1960 年 4 月份开始在大班中试教注音识字和算术两门课程。各幼儿园在教这两门课时,根据幼儿特点,采取了多种多样的、生动活泼的教学方式,把它同做游戏、讲故事、唱歌、看电影、游公园等结合起来,并且运用图片、积木、幻灯等教具。经过努力,幼儿园大班的孩子们都学会了拼音字母,一般都会拼、会念、会写,并能标出四声;算术一般都能学会 20 内的加减法,能写 100 以内的数字。③

高等院校的学制改革则视各校的具体情况而定,没有统一的文件标准,且只有少数学校进行了学制改革试验。上海音乐学院党委在 1958—1962 年事业跃进规划中提出,将五年制缩短为三年制,每年上课 7 个月,劳动和艺术实践 4 个月。④

除了全日制学校的学制改革外,上海业余教育在"大跃进"中也大搞学制改革,缩短学习年限。如国棉十七厂创办的新型的业余纺织专科学校,由过去培养一个工人从文盲到大专程度需要 18 年时间,改为争取在 6 年左右使每一个

---

① 中国大百科全书出版社,《中国教育年鉴》编辑部.中国教育年鉴(1949—1981)[M].北京:中国大百科全书出版社,1984:942.
② 吕型伟.上海普通教育史(1949—1989)[M].上海:上海教育出版社,1994:198—199.
③ 上海五百多幼儿园在大班中试教算术和推行注音识字效果良好[N].人民日报,1960-08-17.
④ 上海音乐学院进行教学革命[N].文汇报,1958-08-13.

二、高考改革

1958年，统一高考制度在"大跃进"中被批评为"不是以政治质量为首要条件，结合政治条件和学业成绩择优录取新生，而是单独按照学科考试成绩高低依次录取。……确有鼓励青年死啃书本的现象。这些都是错误的。"7月1日，教育部发出《关于高等学校1958年招考新生的规定》，取消全国统一高考，由各省、市、区自行组织考试，实行各校单独招生或联合招生，结果当年录取工作也由各省、市、区自行组织。根据教育部的意见，上海市高等学校1958年的招生工作由全国统一招生改为高等学校单独招生或联合招生。②

1959年6月5日，教育部发出《关于1959年高等学校招考新生的规定》，要求改变1958年各校单独或联合招生的办法，恢复全国统一命题，一次考试，分批录取。1960年5月28日，教育部发出《关于1960年暑期高等学校招考新生的规定》，指出当年重点高校和中央部属高校采取全国统一招生，其他高校招生方式由各省市自行确定。

"大跃进"导致上海中学生学习成绩下降，在1959年的全国高考中，上海高考成绩名列全国第五，被石西民③戏称为"王老五之耻"。④

三、教材改革

为配合学制改革，全国各地在"大跃进"期间还进行了教材改革，既对原有的教材进行大量删节、精简、增加、补充、调换、改写、移动、合并，同时又大量采用自编教材。自1958年8月起，上海就出现了教师和学生集体著书、编教材的热潮，大编大、中、小学各科教材。

1. 改革中小学教材

出新必先推陈。在编新教材之前，原有的教材受到批判。由于过多的古典

---

① 国棉17厂创办业余纺织专校[N]. 文汇报，1958-08-11.
② 上海高等学校改变招生办法[N]. 文汇报，1958-06-07.
③ 石西民（1912—1987），浙江浦江人。1931年考入上海江南学院政治经济系，次年转入中国公学、北平大学等校。1936年任《申报月刊》编辑。1939年任《新华日报》编委、编辑部主任。1946年任《解放日报》副总编辑。1949年任中共江苏省委宣传部长、《新华日报》社社长。1955年起，先后任中共上海市委常委兼宣传部长，市委书记处候补书记、书记，上海市政协副主席。1965年调任文化部副部长、党组副书记。1975年任国家出版局局长。1980年任中国社会科学院副秘书长。
④ 福建省位居1959年全国高考成绩排名第一。为雪"王老五之耻"，中共上海市委于1960年1月组织教育学习团赴福建学习经验。参见：吕型伟. 上海普通教育史（1949—1989）[M]. 上海：上海教育出版社，1994：214—215.

文学作品与贯彻政治思想教育特别是劳动教育,以及文学课与教育为生产服务等方针大相径庭,高中语文教材被批评为脱离当前形势,脱离学生知识实际,脱离教师业务水平的实际。《关雎》里"窈窕淑女,寤寐求之",《子夜歌》里"自从别郎来,何日不咨嗟",《华山畿》里"啼著曙,泪落枕将浮,身沉被流去",马致远的《秋思》、孔尚任的《哀江南》等脍炙人口的古典名作均遭到诟病。① 市教育局从1958年3月起,号召根据"加强政治、面向生产、精简重复、提高质量"的原则对原有教材进行砍、换、补。《文汇报》也开辟了"怎样改革教材"的讨论专栏。

经过讨论,市教育局于1958年组织编写小学教材8种33册,中学教材13种24册。为响应市委关于大力改革教材的号召,华东师范大学于1960年3月中旬成立了上海市中小学课程革新委员会,根据"适当缩短年限,适当提高程度,适当控制学时,适当增加劳动"的要求,着手编写中小学教材。该委员会采取群众运动的方式,组织了本校师生500多名,协同复旦大学、华东化工学院等10所高校的部分师生,复兴中学、市东中学等40所中小学的校长、教导主任和有经验的教师,以及市教育局、上海教育出版社部分编审人员,共计700多人,分成13个学科课程革新委员会,经过不到三个月的努力,编出成套的十年制中小学各科大纲、教科书。② 1960年6月初,"全国文教战线群英会"在北京举行,上海市中小学课程革新委员会将新编的116册、895万字的全套中小学教科书向大会献礼,并因此被评为全国文教先进单位。③

各学校也开始了自编教材的尝试。育新初级中学结合生产劳动进行教学,采取边学习、边辨认、边实践的方式进行教学改革,请老师傅讲生产经验,合作编写初中物理课本,请农民讲各种农作物的生长过程、培育过程、养殖技术。④

2. 改革高校教材

由于高校教材种类多,灵活性大,因此在编写上基本是以校或系为单位进

---

① 刘培坤(育才中学).高中文学教材严重脱离政治[N].文汇报,1958-03-18.
② 袁运开,王铁仙.华东师范大学校史(1951—2001)[M].上海:华东师范大学出版社,2001:72.
③ 刘佛年代表上海市中小学课程革新委员会在全国文教战线群英会上发言说:这次中小学课程革新工作是党的群众路线的胜利,是共产主义大协作的胜利。……在教学大纲和教材的编审过程中,大搞群众运动,采取的办法是:"边编写、边审查、边修改、边定稿"和"大中小学相结合、师生结合、校内外结合、领导与群众结合"的"四边、四结合"。参见:大搞群众运动,大搞共产主义协作,为中小学课程革新而斗争[N].人民日报,1960-06-07.
④ 育新中学改变教法重编教材[N].文汇报,1958-12-17.

行的。除了教师,大量的在校学生也参与到大学教材的编写队伍中来。1958年,上海高校师生仅用半年时间就新编教材2 013种。如交通大学学生在参加勤工俭学的过程中,编写出《理论力学》《材料力学》《船舶动力》等许多课程教材,共计200多万字。复旦大学中文系学生编写了《毛泽东文艺思想》《中国古典文学史》等10门课程的教材,共计200万字。同济大学、华东师范大学、上海音乐学院的学生也都编出了相关教材。① 第二军医大学的师生们"人人动手、大编教材",派出2 200多人次到部队、舰艇、机场、医院、兄弟院校和中药房进行调查、参观、访问,拜访了许多中西医生、护士和战士,以及在医药卫生工作中有经验的人。经过50天的苦战,在原有教材的基础上,编写了54门课程的教学大纲和讲义。② 同时,在校学生还"奋笔疾书",写出了许多深受工人、农民和青年欢迎的普及读物。

复旦大学1958—1959学年第一学期共编写教材61种,第二学期计划编写教材185种,1960年上半年再编写新教材119种。过去写一部讲稿,编一部文学发展史往往要花上几年甚至几十年的时间,现在发动群众,复旦中文系一个月内就能"白手起家",初步编写全系所有的教材。③ 为了向新中国成立10周年献礼,中文系二年级现代文学组的20多位同学苦战一个多月,初步编写出一部40万字的《中国现代文艺思想斗争史》。与这本书同时编写的,还有一部约300万字的《中国现代文艺思想斗争史资料汇编》。④ 这些教材的质量如何?复旦大学后来在校志中评论说,这个时期编写的教材,由于采取了群众运动的方式,赶时间,赶进度,许多教材由学生参加编写,大部分教材"粗制滥造",没有使用价值。⑤

四、教学改革

1. 修订教学计划

陆定一在《教育必须与生产劳动相结合》中说:"全面发展,包含着这样一个根本内容,就是使学生们有比较广博的知识,成为多面手";所谓全面发展,"就

---

① 上海大学生们和教师协作半年编出教材两千多种[N].文汇报,1958-10-31.
② 第二军医大学教材全部翻新[N].文汇报,1958-12-24;第二军医大学教学内容全面革新[N].人民日报,1959-02-21.
③ 李庆云,顾平尔.明确了方向,做出了成绩,锻炼了人——复旦大学中文系在科学研究中大搞群众运动的体会[N].文汇报,1959-01-07.
④ 学生编书,又快又好[N].文汇报,1958-10-30.
⑤ 复旦大学校志编写组.复旦大学志·第二卷(1949—1988)[M].上海:复旦大学出版社,1995:228.

是既懂政治,又有文化;既能从事体力劳动,又能从事脑力劳动的人"。为此,上海各高校在1958年寒假对教学大纲和教学计划进行了修订,以便更鲜明具体地体现党的教育方针,把教学、科学研究与生产劳动安排得更加妥善,以为国家培养既具有鲜明的立场观点,又具有一定的科学理论基础知识和科学研究能力;既能从事一般劳动,又有专业实际生产技能的"精一通多"的社会主义建设人才。

华东纺织工学院制订的新教学计划规定:每周政治理论教育及活动9小时,科学技术课18小时(高年级少一些),课外复习及作业24小时,劳动4小时,科学研究8小时(低年级少一些),体育及军事训练7小时,共计70小时左右。凡与生产联系密切的课程,便到工厂中进行边劳动边教学,请有经验的工人讲授,提高教学效果。在集中劳动时,每天除进行6小时的劳动外,结合进行一定的教学和科学研究。①

复旦大学中文系为将学生培养成为具有马克思列宁主义观点,能够胜任文学、语言学研究工作以及教学工作的劳动者,半年内修订教学计划达10余次。最后订出的新教学计划规定,必须学好中国革命史、政治经济学、辩证唯物主义与历史唯物主义等政治课,文艺理论课加设毛泽东文艺思想、修正主义文艺思想批判等新课程;语言专业增设党的语言政策、毛泽东语言研究等课,新开文字改革研究、汉语语法研究等课程;中国现代文学史课程为体现"厚今薄古"的原则,将重点放在新中国成立以来的文学发展情况。新教学计划还列入大量的专门化选修课,如语言专业列入了毛泽东语言研究、新民歌语言研究、辞典编纂法、新中国以来词汇发展研究等,现代文学专业列入了毛泽东诗词散文研究、赵树理、《白毛女》、现代戏剧等。②

2. 改革教学形式

(1) 教学、生产、科研三结合

1959年4月3日,《人民日报》发表社论《把教育、生产劳动、科学研究结合起来》,提出"三结合"应以教学为中心。于是,全市大学和中学纷纷贯彻"三结合"原则,走出校门,以社会为课堂。农业中学也提出将课堂教学与田头实习结合、教师与老农结合、教学内容与当前生产结合。其中,高校是"三结合"的重点,各校各显神通。

---

① 吹响新春跃进号角,迎接新的战斗[N].文汇报,1959-02-12.
② 理论联系实际,方法适应内容——复旦大学中文系订出新的教学具体计划[N].文汇报,1959-02-17.

华东师范大学生物系师生背起行囊,于1960年4月落户到嘉定县马陆人民公社,为农业生产的需要办系。围绕稻、棉、猪等丰产关键问题,师生们搞了70多项科学研究,进行了以粮棉为中心的丰产试验。还接受嘉定县委培养农村科学技术干部的委托,与县农业科学研究所等有关单位开办了一个培训班。①

复旦大学生物系采取定点挂钩、固定协作的形式,同宝山县的农村人民公社建立了经常、密切的联系,在公社种试验田,认真向农民学习,掌握农业科学规律,开展科学研究,培训人才。他们还帮助五角场人民公社畜牧部建立兽医红专学校,向学员讲授牲畜的生理和病理基础知识。②

上海第一医学院早在1957年就在我国血吸虫病严重流行的地区之一——青浦县设立农村教学基地,建立防治血吸虫的试验田,持久深入地帮助人民公社开展除害灭病和医疗卫生工作。发动13个教研组的师生深入现场,把预防、治疗、科学研究三者结合起来,对血吸虫病的病情、螺情、灭螺方法等作了深入调查研究。两年时间先后组织师生4 557人到青浦县进行除菌灭害工作,完成168万人次的检病工作,治疗的病人达5万多。在实际工作中,完成30余篇科学论文,总结出一整套在平原水网地区防治血吸虫病的经验。③ 医学院师生悉心为病人开刀、治疗、喂药、看护,与农民群众一起观察、追踪和捕杀钉螺,研究老鼠生态,短短一个多月,捕杀老鼠两万多只。他们还对人民公社的保健组织、农村常见流行病、农业劳动卫生、农村环境卫生、营养卫生、学校卫生等开展科学研究,编写了《人民公社卫生学》,向党的40周年献礼。④

交通大学于1958年就开始同50余个校外生产单位建立了广泛的协作关系,积极为生产服务,如在滚珠轴承代用钢的研究方面同交通大学建立协作关系的就有抚顺钢厂、洛阳轴承厂、哈尔滨轴承厂、上海科学应用研究所等好几个单位。⑤ 1960年上半年,上海交大先后派遣了近7 000名师生,分期分批到135个工厂、55条轮船、4个农村人民公社、6个研究所参加技术革新和技术革命运动,完成了1 330个革新项目。⑥ 下乡师生有1 000多名,完成了140多项农业

---

① 思想根子扎得牢,支援农业快又好[N].文汇报,1960-09-22.
② 复旦生物系师生牢固树立农业为基础的思想,同公社长期挂钩全面支援农业[N].文汇报,1960-08-10.
③ 医学教学结合除害灭病群众运动[N].文汇报,1959-12-29.
④ 不改变农村卫生面貌誓不罢休,上海第一医学院在青浦设立教学基地[N].文汇报,1960-08-13.
⑤ 上海高等学校同生产单位建立广泛联系[N].人民日报,1958-06-10.
⑥ 朝着技术革命大学目标阔步前进[N].文汇报,1960-08-19.

技术改造。①

同济大学掀起了"大闹教学改革、大搞科学研究、大闹技术革命"的群众运动,和21个省、40个市县的565个生产建设单位建立了协作关系,初步形成了一个从校内到校外,从上海到全国其他地区的协作网。②

华东政法学院的教师们深入实际,与业务部门挂钩,使政法教育与司法实践相结合。该院宪法课的教师搬到市人民委员会去备课;法院与检察院组织法课的教师到市人民检察院去做秘书工作,收集检察工作中的实际资料;国家法课的教师参加了少数民族的整风运动;民法课的教师同农村、工厂建立联系,和法院干部一起下里弄办案,参加座谈会,访问农村干部、司法干部以及企业机关干部,请实际工作的同志给他们上小课,搜集典型案例。③

上海高校数学系师生还深入市交通运输局、铁路局、邮电局、粮食公司、蔬菜公司和农村人民公社,大搞线性规划,把数学交给群众,使之直接为生产服务,大大节省了人力和物力,提高了劳动生产率。线性规划是数学中运筹学的一个分支,它是研究怎样运用一定数量的人力、物力和资源去完成最大量任务的一种数学方法。华东师范大学数学系从1958年起就派师生深入市粮食公司第一、第二、第三粮食采购供应站,与职工一起根据线性规划原理解决合理搬运粮食的旅途选择问题,④ 在大战"三秋"期间,协助上海县七一人民公社推广线性规划,帮助生产小队合理安排生产计划,合理安排劳动力,周密规划作物的布局和肥堆、谷场、仓库等设置。线性规划被人民群众誉为"增产节约的法宝"。⑤

上海市职工业余教育也实行生产、教学和科学研究"三结合",大致有以下三种做法:第一,在一般的工厂和地区性职工业余学校中,为了配合技术革新和技术革命运动,除了以系统学习为主外,还结合进行一般的科学研究活动。第二,在试制新产品任务较多的工厂中,参加业余学习的职工以系统学习为主,同时在一定时间内,为了配合试制新产品进行科学研究,按缺啥补啥的原则,突击学习必要的文化和专业知识。第三,许多制造精密尖端产品的工厂,生产是和科学研究紧密结合起来的,新产品就是科学研究的结果,生产的过程就是科学研究的过程。职工通过边生产、边学习、边进行科学研究,既迅速提高了文化和

---

① 组织专门力量,到农村找题目搞研究[N].文汇报,1960-08-26.
② 同济大学协作关系有点有线有面[N].文汇报,1960-08-30.
③ 冲破旧体系,教学大革新,华东政法学院双反获得成果[N].人民日报,1958-04-10.
④ 把数学交给群众,让数学为生产服务[N].文汇报,1960-07-05.
⑤ 把数学交给农民群众,用数学促进农业生产[N].文汇报,1960-11-01.

科学技术水平,又促进了当前的生产和技术革命运动。①

(2) 开展现场教学

现场教学是根据一定的教学任务,组织学生到工厂、农村和其他场所,通过观察、调查或实际操作进行教学的组织形式。② 它的优势是能给学生提供丰富的直接经验,培养学生运用知识的实践能力。"教育大跃进"中,现场教学在全国各地广为采用。在上海,现场教学主要应用于大中学校,并能根据课程需要有选择地进行,未对课堂教学带来冲击。有人形象地将课堂教学和现场教学比喻成"两条腿走路",两者相辅相成,不可偏废。③

市东中学选择主要属于生产部门的、典型性的、或重要的、学生又缺乏感性认识的教材内容,创造条件到生产劳动现场进行现场教学。例如在高一化学课讲授硫酸制造时,就到附近的硫酸厂去上课,让学生清楚地看到燃烧炉、反应塔、吸收塔等实际生产设备与各个装置间的联系,然后经过教师讲解,学生很快懂得了制造硫酸的化学原理和整个生产过程。在高三化学课讲土法炼钢时,就组织学生分成几个组,到用不同方法炼钢的工厂去参观访问。生物课则把田间当作课堂,组织学生进行一系列义务劳动,请农民和教师共同授课。④

嘉定县部分农村中学在农忙时将课堂教学改为田头的现场教学,采用"七下田"(课堂搬下田、黑板扛下田、书本送下田、铅笔簿子拿下田、报纸送下田、文娱材料发下田、流动图书也下田)和"五结合"(学习文化和田头会议、当天生产、生产技术、田头读报、文娱说唱相结合)的办法。⑤

华东师范大学地理系师生于1958年10月组成经济地理和自然地理调查大队,参加长江三角洲的野外调查大队。调查内容包括地貌变化、矿产资源、农作物分配、河道湖泊变迁、气候变化、城市建设等。师生们在野外调查中大搞现场教学,采取能者为师的原则,教师讲、学生也讲,并且邀请"土"专家讲。⑥

从1958年9月起,同济大学先后有铁道、公路、桥隧等7个班级的学生696人和教师39人参加铁道、公路、桥隧工程。在杭州至宣城的铁路上完成了272

---

① 马飞海.上海市职工业余教育的新形势[N].文汇报,1960-08-21.
② 中国大百科全书总编辑委员会《教育》编辑委员会,中国大百科全书出版社编辑部.中国大百科全书·教育[M].北京:中国大百科全书出版社,1985:410.
③ 王文瀚,陆人骥,陈吉余,王中远,胡淑青.现场教学与课堂教学要两条腿走路[N].文汇报,1959-01-11.
④ 市东中学教学改革全面丰收[N].文汇报,1959-01-15.
⑤ 农村文化革命气势磅礴[N].文汇报,1958-12-29.
⑥ 华东师大地理系现场教学效果很好[N].文汇报,1958-11-28.

公里线路、17座大中桥梁、220座小桥涵、21个车站的勘测设计工作。在上海铁路局范围内完成了沪杭、浙赣、沪宁、浦蚌、淮南5条复线上1 300千米线路、32座桥梁、4座隧道、11个站场的勘测和部分设计工作。师生们在工地上开展现场教学活动，编写出100多万字的讲义和专题报告，完成科学研究21项、技术革新82项。①

(3) 实行电化教学

出于"多快好省"发展教育的需要，电化教学在"大跃进"中风行于上海的各级各类学校，为上海教育技术的发展起到了奠基性作用。1960年3月，中共上海市委教育卫生工作部成立了包括教育单位、电化教具生产单位的电化教育委员会，负责领导电化教育工作。各级各类学校也成立了电化教学小组。中国唱片厂制作了幻灯和密纹唱片相配合的讲课机，把讲课的内容灌成唱片，把重要的实验、演算制成幻灯片，上课时就放，既能听得清晰，又能看到教学活动，而且不受时间、地点和听课人数的限制。

为了巩固、推广、提高电化教学成果，随着"教育革命"的深入，广大师生根据革新要求和自力更生精神开展了大搞电化设备和电化教学的群众运动，土法上马，自制大批现代化教具，如幻灯、广播等。② 许多学校在讲课中，尽量利用幻灯机、录音机等电化教具进行教学，把一些抽象的、不易用语言表达的内容，拍成幻灯片、电影，配合教师讲授放映，起到直观教学的作用，使学生更容易理解讲课的内容。全市中小学和幼儿园在创制电化教学设备的群众性热潮中，共制作电化教具1万余件，有56件在全国文教群英会普教教改展览会展出。③ 华东师大一附中制成超高频振荡器和光电替续器，继光中学制成反射黑板，复兴中学制成电子云电动教具。不少学校还建立了一整套比较齐全的电化教学设备，为提高教学质量创设了物质条件。许多教师积极运用电化设备革新教学，使教学效果显著提高。

上海高校大搞电化教学，努力实现教学设备的现代化。一面试制和添置幻灯、电影、录音、广播、反射黑板等电化教学设备，一面改造和建设现代化的教室和实验室，使之与新设备配套成龙。在市高等教育局的统一领导下，全市高等学校分成三个协作组，合理安排人力、物力和技术力量，集思广益，交流经验，共

---

① 同济大学路桥系师生参加交通建设，德育智育体育得到全面提高[N].文汇报,1959-01-23.
② 上海中小学创制许多电化教具[N].文汇报,1960-06-17.
③ 吕型伟.上海普通教育史(1949—1989)[M].上海：上海教育出版社,1994：213.

同设计、制造电化设备,改进技术条件,研究拍摄教学影片,编写脚本制作教学唱片。各协作小组还同上海电影、电视、广播、科技等部门挂钩,取得技术和物质上的帮助。① 经过短期努力,上海外国语学院、上海音乐学院等高校都建立了包括录音、唱片、幻灯、电影、广播等一套比较完整的电化教学体系。华东师范大学装备了专门的电化教室,成立了幻灯制片厂。该校物理系试制了有线电视,化学系摄制了反映有机化学反应过程的影片,地理系摄制了《庐山地貌》,外语系制作了中小学外语教材唱片。

(4) 举办电视大学

上海高校的函授教育在1958年有了很大发展,学员人数激增,仅华东师范大学函授学员就达1.4万人,主要分布在上海和华东地区各省市。为了贯彻"两条腿走路"的方针,进一步发展业余教育,上海电视大学经过短短20天的筹备,于1960年4月6日举行开学典礼。电视大学由市高教局、市教育局、上海人民广播电台、市总工会、团市委、华东师范大学、复旦大学、华东化工学院等单位联合举办,校长由华东师范大学党委书记常溪萍兼任,复旦大学副校长苏步青、华东化工学院院长张江树②和教育局副局长马飞海等分别兼任该校副校长,开设数学、物理、化学、中文四系,拥有8 500多位学员。数、理、化三系采用电视讲授,中文系则采用面授与函授相结合的教学方式。③ 教学任务由复旦大学、华东师范大学、华东化工学院等校共同担任,各项管理工作由华东师范大学函授部(后改名为业余教育处)具体负责。

3. 生产现场的毕业设计

理工科大学学生"真刀真枪"做设计源于清华大学。清华大学水利系派由教师和高年级学生组成的设计代表组,到北京密云水库工地,担任各项建筑的施工设计工作。同济大学紧跟上海和华东地区在生产大跃进中新建、扩建大量工厂的形势,附设土建设计院,让毕业生以生产设计代替过去假想的毕业设计,先后和山东、安徽、上海等70多个工厂企业发生联系,接受了20多万平方米的

---

① 上海高校大力推行电化教学[N].文汇报,1960-04-19.
② 张江树(1898—1989),江苏常熟人。1910年考入上海龙门师范学校(上海中学的前身)。1918年毕业于南京高等师范学校。1926年获美国哈佛大学理学硕士学位。回国后,先后在光华大学、中山大学、中央大学等校任教授。1952—1980年,任华东化工学院院长。曾担任全国高等工科院校化学教材编审委员会主任。是第三届全国人大代表。主要著作有:《理论化学实验》《化学教学法》《物理化学与胶体化学》等。
③ 上海电视大学昨天隆重开学[N].文汇报,1960-04-07.

设计任务,其中大部分是工业建筑。① 1960年暑期,同济大学又有700多名毕业学生积极参加工业战线的技术革命运动,进行"真刀真枪"的毕业设计。制造专业完成了数万立方米钢筋混凝土构件厂的标准设计,工业与民用建筑专业在毕业设计的3个月内完成了13项重大工程,铁道专业在铁路局搞了几十项革新方案。②

五、大搞科研

与各行各业的生产"大跃进"一样,上海各高校在"大跃进"中纷纷制订出"宏大"的科学研究蓝图。自然科学和社会科学研究不断创造出"奇迹",新产品和科学发明成百成千地创造出来,许多长期无人敢碰的尖端科学难题,常常几个昼夜就被宣告"攻破"。

复旦大学在1958年提出要用5—10年的时间,使物理学、生物学、数学、化学以及哲学社会科学的15门学科达到国际标准,另外12门哲学社会科学学科成为全国研究中心。1958—1959学年度,复旦大学共举行650多次小型科学报告讨论会,完成较重大的科学研究项目335项,新建和扩建25个专业实验室,编写近50种新教材。③

交通大学师生明确专业研究要为上海冶金工业、船舶工业、运输机械工业的高、精、大、尖服务,在1958年完成的137项研究项目中,绝大多数是既结合教学,又为生产建设服务的。其中有许多是生产实际中的重大问题和新问题。船舶制造、船舶动力、运输起重机械制造、电机工程等四系共同协作设计研究的1.5万吨自卸运煤船,是当时我国最大的海轮之一。冶金系的低合金高强度结构钢和滚动轴承代用钢等研究,为建立我国自己的新合金钢系统作出了贡献。电机系高压单频振荡回路、电力系统动态模拟,对建立华东地区的电力联合系统有很大作用。交大的科学研究工作,不但联系实际、意义重大的题目多,而且完成的质量高,经过鉴定,一般都得到国家机关和业务单位的好评,许多成果已试制、生产。交大各系还特地邀请了100多个校外工厂、设计单位以及科学研究机构人员,和他们一起讨论了80多篇有见地的科学报告。

1958年冬天,华东师范大学地理系师生500多人在长江三角洲进行了两个多月的深入调查研究,搞清了三角洲地带表面沉积物的发展和变化情况,写出调查报告86份,编制各种地图655幅,在此基础上写出有关长江三角洲的自然

---

① 同济大学师生支援生产大跃进,完成大批工厂学校设计任务[N].文汇报,1958-08-14.
② 到技术革命运动中去考试[N].文汇报,1960-08-08.
③ 高洁.上海复旦大学结合科学研究建设新专业[N].人民日报,1959-07-06.

和经济地理的9篇论文。① 从1958年起,华东师范大学还陆续建立了教育科学研究室(1960年改为教育科学研究所)、电子学研究所,地质地理研究所和电子学、原子物理、固体物理、光学四个研究室以及一些专业实验室,广泛深入地开展了学术研究活动,尤其是明确以教育科学为重点,进行了大量教育理论、教学参考资料方面的研究,总结了上海中小学的教育经验。

同济大学在"大跃进"中掀起群众性大搞科学研究的高潮,为迎接新中国成立十周年,全校师生完成了103个科研项目,又陆续提出了580项目。全校91%的教师和大部分高年级学生都参加了科学研究工作。② 在1959年同济大学完成的1 000多项科学研究中,结合生产的就有600项。为适应建筑科学研究工作的进展,同济大学决定于1960年成立科学研究部,设立8个研究所、30个研究室。他们与山东省订立了单项科学研究合同,与江苏、浙江、安徽、福建、上海4省1市建立了固定的协作关系。③

上海水产学院在1958年7—8月间,接连大搞两次科学研究献礼运动,在过去工作的基础上,只花了20天时间,就完成了129项科学研究任务。编写教材22种,计450多万字,完成科研项目33个,大大提前超额完成了全年编写教材和科学研究的任务。④

上海音乐学院师生在1958年贯彻教育与生产劳动相结合的方针的8个月里,完成创作2 274件,为解放9年来创作总和的4倍。⑤

除高等院校外,一些中小学也不甘示弱,纷纷组建科研小组,从事科研活动。如上海农业中学的典型——青浦县白鹤农业中学在课外大力开展农业科学研究活动,分别组织了水稻、麦子、油菜、萝卜、青菜、养猪、气象、水文、农具改革等科学研究小组。⑥ 1960年秋,上海市中小学校结合教学,以群众运动的方式组织学生开展科学技术活动,90%以上中学生、超过8%小学三年级以上学生参加了科学技术活动小组。70万中小学生建立了近28 000个科学技术活动小组。许多学校都成立了数学小组,有80%的中学设有气象小组,许多参加制作

---

① 深入实际调查,得出研究成果[N].文汇报,1959-05-09.
② 同济大学师生深入实际调查研究,校内校外协作攻研科学,把高等学校科学研究提高一步[N].人民日报,1959-12-17.
③ 同济大学加强科学研究领导[N].文汇报,1960-03-13.
④ 崔槐青.高等学校必须大搞群众运动[N].文汇报,1959-11-18.
⑤ "两条腿走路"健步如飞[N].文汇报,1959-01-01.
⑥ 个个生龙活虎,人人干劲冲天,青浦县白鹤公社农中教学与生产齐头并进[N].文汇报,1959-02-02.

收音机、航空模型、船舰模型、化工产品等科学技术活动。

第四节 全民办学运动

"大跃进"在各项建设事业中大搞群众路线,鼓励打破常规的思维模式和行动方案。1958年3月,教育部召开第四次全国教育行政会议,提出五个任务:(1)大力推行识字运动,扫除青壮年文盲,积极发展工农业余中小学;(2)大力普及小学教育;(3)大力举办农业中学、工业中学和手工业中学;(4)积极发展和改进各级师范学校;(5)改革教育制度、教学内容和教育方法。五条中前三条均涉及办学,且冠之以"大力"强调。为配合这种政令,一些省、市、区开始围绕"一年变成文化省""今年内普及小学""今年内扫除文盲"等口号,掀起了全民办学、全民上学的热潮。10月1日《光明日报》发表社论《全民办学,全民上学,加速社会主义建设》。

1958年11月,全国有高校1 408所,学生79万人,中等学校118 000所,学生1 500万人,小学校95万所,学生9 200万人(以上不包括业余学校)。与1957年比较,高等学校增长了515%,学生增长了80%;中等学校增长了846%,学生增长了112%;小学校增长了73%,学生增长了43%。①

上海也和全国一道,掀起了一股全民办学的热潮,各种正规和非正规的学校出现了爆炸式的增长。

一、群众办学

1957年3月18日至28日,教育部召开第三次全国教育行政会议。提出小学教育在城市要提倡街道、机关、企业办学,在农村要提倡群众集体办学。6月3日,教育部正式发出通知,提倡群众办学,动员城乡居民和工矿企业、机关、团体、院校、合作社等单位的员工,根据需要、自愿和可能的原则,集资兴办学校。于是,群众办学出现高潮。河南省率先提出"先着重普及,紧接着提高,从数量中求质量"的口号,在全民办学中先行一步,1958年3月就宣称全省有20个县(市)普及初中和小学教育。②

上海市的全民办学热潮于1958年春全面开花。上海三所高等师范学校教师和学生深入上海近郊,五天内协助农业社创办了农业中学、农民业余中学、农

---

① 党的教育方针的凯歌[N].人民日报,1958-11-01.
② 河南20县市普及初中小学教育[N].文汇报,1958-03-26.

业技术夜校、民办小学和幼儿园共223所。① 北郊区庙行乡3月24日一天就办了3所中学，区人委腾出房间做校舍，学员自带桌子、凳子上课。② 3月26日，市有关方面亲临庙行乡举行现场会议。此后7天内，上海市三个郊区和上海、宝山、嘉定三县共办了420所中学，相当于上海市原有中等学校总数的80%，报名入学人数已有12 000人。

教育规模越来越大，据当时的"统计"，1958年全市公办中小学共计1 565所，而民办中小学已达1 800多所。当年中小学入学的新生多达50万人，超过1957年入学新生的50%。全市已经普及了小学教育，基本上普及了初中教育。③ 仅1958年8月和9月，全市就办起5 700余所工农业余学校。④ 1959年，全市有民办小学2 811所，8 246个班；有384 284名小学生在民办小学学习，占全市小学生总数的23.6%。全市民办中学86所，学生31 000多人。为了帮助民办学校不断提高教学质量，各区教育局和地区办事处党组织大力加强领导，选派优秀骨干担任校长，并派公校有经验的教师担任民校辅导员。长宁等区还专门成立了民办学校教师的中心教研组。民办学校教师除参加教师红专学院的学习外，普陀、卢湾等区还采取能者为师的办法，举办语文、算术等有关课的基础知识讲座。⑤ 宝山县罗店公社在1960年春耕生产的同时大办业余文化技术教育，在3月下旬不到10天的时间里，公社、生产队先后办起了政治、技术、文化三结合的各级各类业余技术学校、业余中小学、业余师范和干部红专学校120所。⑥

1. 幼儿园

在各项建设事业全面、持续跃进的"大好形势"鼓舞下，随着集体生产和集体福利事业的发展，上海市新的托儿所、幼儿园在三年"跃进"期间大量涌现，成倍增长。许多里弄、居委会都参与到大办幼儿园、托儿所中来，广大人民对此也热情支持。这些幼儿园、托儿所办起来后，坚持贯彻"因陋就简、因地制宜、照顾特点、便利群众"的原则，依靠群众，勤俭办园，克服各种困难，为生产服务，在服务中不断巩固和提高。1958年同1957年相比较，全市幼儿园在园幼儿增长了136%。⑦ 至1959年春，上海市入园幼儿从18万多人骤增至70多万人，全市幼

---

① 上海、山东高等师范学校师生帮助农业社创办中小学[N].人民日报,1958-04-07.
② 庙行乡一天办了三所中学[N].文汇报,1958-03-26.
③ 上海普通教育空前发展[N].文汇报,1958-10-03.
④ 陈琳瑚.坚持党的教育方针,大力提高教育质量[N].文汇报,1959-06-05.
⑤ 上海民办学校越办越好[N].文汇报,1959-12-16.
⑥ 罗店公社大办业余教育[N].文汇报,1960-04-16.
⑦ 陈琳瑚.坚持党的教育方针,大力提高教育质量[N].文汇报,1959-06-05.

儿园、托儿所2 600所,其中绝大多数都是民办的。如新成区174所幼儿园中民办的占139所;邑庙区135所幼儿园中,民办的占123所。① 据1959年上半年统计,上海10所幼儿园中民办的就占9所。② 1960年3月中旬至4月中旬,据全市不完全统计,在短短一个月内,就新发展了托儿所、幼儿园800所,新入托幼儿5万多名。③ 静安区张家宅地区在1960年2月前,只有一个托儿所、一所幼儿园和一个哺乳室。3月间,20天内办起了11个托儿所、幼儿园,7岁以下的幼儿90%进入各种形式的幼托组织。④ 黄浦区1961年有公、民办幼儿园130所,入园幼儿19 955人,其中民办幼儿园幼儿数是公办幼儿园的3.6倍。⑤ 这些数目庞大的幼儿园、托儿所的开办,为大批妇女参加社会主义建设事业创造了条件。

然而,哪来这么多幼教工作者? 办法只有一个,就是大量招收初识文墨的家庭主妇和待业女青年来充实幼教工作队伍。仅据市区统计,1959年新参加民办幼儿园工作的幼教工作者就达3万多人。这些人大都缺乏幼教工作的基础知识和经验,为提高她们的政治业务水平,各区从两个方面采取措施:一是举办短期训练班,大量培训保育工作者,使她们明确幼教工作的重要性,初步掌握必要的工作方法和经验;二是采取群众教育群众的办法,"公带民""老带新",普遍发动公办幼儿园与民办幼儿园挂钩,组织老民办幼儿园带动新民办幼儿园。许多公办幼儿园都将辅导民办幼儿园的工作列为学校工作规划的重要部分。上海市教育局、卫生局还曾集中护士学校的应届毕业生,组成23个工作组,帮助各区、县大办托儿所、幼儿园。⑥

2. 民办小学

为贯彻"两条腿走路"的办学方针,上海工厂、企业、机关、团体、里弄普遍办学,民办小学大量发展。据1959年上半年"统计",民办小学占小学总数的53%。⑦ 自1958年至1959年上半年,上海市群众办的小学达3 000多所,入学儿童35万人,占全市小学生总数的22.5%(市区占10%,郊区占30%—40%)。

---

① 公办带民办,老园带新园,上海民办幼儿园教养质量迅速提高[N].文汇报,1959-04-10.
② 上海教育事业十年来成就巨大[N].文汇报,1959-09-12.
③ 发动群众大办托儿所幼儿园[N].文汇报,1960-04-21.
④ 张家宅托儿所成套成网[N].文汇报,1960-06-13.
⑤ 上海市黄浦区志编纂委员会.黄浦区志[M].上海:上海社会科学院出版社,1996:1156.
⑥ 发动群众大办托儿所幼儿园[N].文汇报,1960-04-21.
⑦ 上海教育事业十年来成就巨大[N].文汇报,1959-09-12.

民办学校的蓬勃发展,使几十万原来暂时不能入学的儿童基本上都进了学校,在没有大量增加基本建设的情况下,上海市5年内普及小学教育的计划"提前实现了"。①

静安区康家桥居民委员会三个家庭妇女1958年办起了一所民办小学,开办时只有两个班级、92名学生。1960年已经发展到11个班级460多名学生。②开封路地区党组织依靠群众力量,没有伸手向上级机关要过一个教师、一分钱、一件物,白手起家,1958年创立起一所只有一间教室、70多名学生、2名教师的民办小学。到1960年初,已发展为一所拥有1 200名学生、27个班级的大型小学。③

1960年春,上海人民沪剧团根据上海市文教工作会议上吴佩芳战胜困难、办好民校的发言,集体创作、演出了沪剧《鸡毛飞上天》,在当时产生了强烈反响。吴佩芳的事迹主要表现在三个方面:"一、她积极响应党的号召,依靠群众,坚决创办民办小学;二、她认为顽童是旧社会的遗毒造成的,有信心能把他改造好;三、她坚信民办小学能和公立小学办得一样好。"④

3. 农业中学

1958年3月17日,时任中宣部部长的陆定一在江苏省召开的民办农业中学座谈会上指出,动员群众的力量办各种职业中学,特别是创办农业中学,使不能进普通初中的小学毕业生都能升学。4月21日,《人民日报》发表社论,号召大量发展民办农业中学,认为办农业中学不但有利于教育事业的大跃进,而且有利于农业生产的大跃进。此后,全国迅速掀起农村办农业中学、城市办职业中学的热潮。1960年初,据不完全统计,全国各地办起的农业中学已有2万多所,教师6万多人,在校学生人数超过219万。⑤

1959年4月,上海郊县各乡紧跟形势,大办农业中学。许多学校是在既无校舍,也无教具的情况下办起来的。如青浦县白鹤农业中学开办之初就在一座破庙里上课,向白鹤港初级中学借来一块黑板和几支粉笔。11月,上海市农业中学学生总数已达2.7万余人,比上一个学期增加了42%左右。各县及公社党

---

① 充分估计民办学校的作用[N].文汇报,1959-07-15.
② 勤俭办一切事业,以艰苦朴素为荣[N].文汇报,1960-08-24.
③ 开封路民办小学白手创大业[N].文汇报,1960-01-07.
④ 陈荣兰.从生活真实到艺术真实的探索——谈沪剧《鸡毛飞上天》的创作[N].人民日报,1961-07-19.
⑤ 农业中学显示出旺盛的生命力,全国已办起两万多所,在校学生达二百多万人[N].人民日报,1960-02-02.

委积极采取措施加强了农业中学的领导力量,配备了专职副校长。① 至1959年8月,据有关部门统计,上海市11个县的农业中学已有220所,入学人数实达2.07万人。这不但满足了应届高小毕业生的升学要求,而且使以往好几届未能升学的高小毕业生都进了中学。②

农业中学实行半工半读,既学习又生产,不但便于农民子女的入学,也大大减轻了农民的负担。不少农业中学在当地农业生产技术方面,已起了一定的指导和经验推广作用,出现了许许多多的小麦、水稻、油菜、棉花等全县高额丰产田,深得农民的赞赏。有的农业中学还在教师的指导下进行科学研究,研究耕作技术和总结丰产经验,编写各种作物栽培法的小册子,在农村中树立起技术革命和文化革命的旗帜。

4. 车间办学

1958年,在全民办学的高潮中,许多大中型工厂还实行了车间办学,即以车间为单位组织教学,使车间既是全厂的一个生产单位,又是厂办业余大学的一个系。1959年初,上海许多大中型工厂的车间办学快速发展。车间办学后,多由工厂的党支部书记或车间主任担任车间分校的校长,有的干部还兼任政治、技术课教研组组长,生产小组长也是学习小组长,使生产与学习紧密地拧成一股绳。工人们上班共同劳动,下班共同学习。教师由工人和工程技术人员兼任,亦有部分专职教师下放到车间,和工人一起编写教材,密切结合车间生产情况进行教学。如:上海电视机厂将工人的技术革新建议加以归纳,作为车间业余学校技术课的内容;上海机修总厂实行按工段特点分别讲授本专业有关生产技能的方法实行车间办学;上海工具厂锻工车间出现难题,就通过专题技术研究讲座解决。③ 上海国棉一厂则将车间办成为厂办业余大学的一个系,并以车间为单位组织教学。

5. 业余大学

在河南省办农业大学、干部红专大学、共青大学④的带动下,上海也办起了大量业余大学,形式包括农业大学、红专大学、业余中等技术学校。如曹杨新村办事处1958年8月开办了1所市民业余专科学校和5所市民业余中学,计划两

---

① 上海各县农业中学蒸蒸日上[N].文汇报,1959-11-24.
② 农业中学前程远大[N].文汇报,1959-08-20.
③ 许多大中型工厂推行车间办学[N].文汇报,1959-02-14.
④ 开封陈留镇革命干劲冲天,两天普及大学教育[N].文汇报,1958-07-08.

年内普及中学,3—6 年内普及大学。① 新成区委要求每个行业都要办中学、高等专科学校,要求职工 5 年内人人是高中生,7 年内个个是大学生。②

(1) 职工业余高等学校

上海的职工业余高等教育并非始于"大跃进"。1956 年,交通大学、同济大学等高校就根据高等教育部的指示,开办了夜大学和函授部。同年,上海纺织工业局、化学工业局也先后开起了业余纺织学院、业余化工学院。"大跃进"开始后,业余高等教育自然获得了"迅速发展"。

1958 年 8 月,国棉十七厂为加速培养工人阶级知识分子,大力革新业余教育学制,创办了新型的业余纺织专科学校,该厂凡合乎条件的人 100% 参加了学习。由厂长担任校长,党委宣传部部长担任第一副校长。③ 该校设中等专科和高等专科两部分,学习年限均为 3 年。共设 100 个班,可供 5 000 人入学。一个工人从摘掉文盲帽子开始,经过 6 年左右的业余学习,就能达到大学专修科毕业生的水平。④ 9 月初,上海提篮桥区电力设备和旋转电机行业所属 9 个工厂与继光中学联合开办了一所新型的红专大学。⑤ 工厂稠密的上海杨浦区为实现"工厂即学校,工人即学生"的美好理想,厂厂办起了职工业余学校。从 1958 年 8 月中旬到 9 月中旬,短短一个月时间,全区 168 个工厂个个都实现了办学规划,办起业余高等专科学校、红专大学共 45 所,业余中专学校 59 所,业余中学 13 所,做到了"干什么,办什么,做什么,学什么"。⑥ 徐汇区在短短半个月内,共办起各种职工业余学校 114 所,其中有中等专业学校、高等专业学校和中等、高等一贯制的专业学校。⑦ 上海铁路局称要在 1958 年 8 月底做到各段、站、厂、队、院、所都办中等专科学校或大学。

1960 年 9 月 28 日,上海市业余工业大学成立并举行开学典礼,业余工业大学的目标是办成各级各类业余大学的榜样,专门培养政治觉悟较高的、生产技术上有一定成就的优秀工人。⑧ 1960 年底,上海仅厂矿企业办的业余高校就达 66 所,但平均每校只有 67 名学生。到 1961 年 9 月,全市共有业余高等学校 128

---

① 上海市民业余专科学校开学[N].人民日报,1958-08-20.
② 是学生也是教师[N].文汇报,1958-08-26.
③ 国棉十七厂创办业余纺织专校[N].文汇报,1958-08-11.
④ 陆左华.上海国棉十七厂业余纺织专科学校开学[N].人民日报,1958-08-11.
⑤ 工厂和学校合办红专大学.业余教育的新尝试[N].文汇报,1958-09-06.
⑥ 上海杨浦区厂厂办职工业余学校[N].文汇报,1958-09-27.
⑦ 徐汇区创办业余学校 114 所[N].文汇报,1958-09-19.
⑧ 1984 年,上海市业余工业大学改名为上海第二工业大学。

所,其数量已超过普通高校,学员达28 460人。①

(2) 农村业余高等学校

1958年5月11日,嘉定县在徐行乡召开了"文化科学技术全面跃进"大会,指出要在文化革命中大干一场。会后,所谓的"五校运动"(干部红专学校、文化技术学校、夜党校、夜团校、农民业余中学和农业中学)在全县普遍推广。不到一个月,全县13个乡已建起干部红专学校13所。其他郊县群起而仿效之,嘉定、上海、宝山三个县和三个郊区纷纷办起农业大学。有的乡还接二连三地办起了第一农业大学、第二农业大学,或者第一农业专科学校、第二农业专科学校。②

自1958年5月至9月初,上海师范学院先后协助上海市区、郊区工农群众办了各种学校309所,这些学校有小学、中学,也有大学。参加办学人数达2 284人,占全院学生人数的54%以上。同时,帮助办托儿所81所,俱乐部2个。③

6. 全日制高校

为配合经济和文化建设的突飞猛进,上海全日制高等教育事业也出现了新的"跃进"形势。1958年,上海在原有18所高等学校的基础上,新建了交通大学冶金学院(上海科技大学前身)、上海铁道学院、上海铁道医学院和上海医学专科学校4所高等学校,高校招生人数比1957年增加80%以上。除新建高校外,又大量增设新专业,如复旦大学数学系新设计算数学专业,物理系新设无线电电子学、物质结构专业,生物系新设生物物理专业,化学系新设稀有元素、放射性化学、高分子化学等专业;华东化工学院新设高分子化合物、稀有元素及扩散性元素、电化学工艺学、物理化学工艺学、化学生产工艺过程自动化及调节、工业热力、石油与天然气开采、石油与天然气机械、石油与天然气工学等专业;同济大学新设水道及港口的水工建筑、筑路机械设备、建筑供电、土力学及地基基础、水文地质及工程地质等专业;上海戏剧学院新设工艺美术专业;上海水产学院新设油脂、冷冻等新专业。④

应其他各省高等教育事业大发展和经济、文化"大跃进"的需要,上海高校还抽调大批师资支援其他省区的兄弟院校以及重点工业建设部门。为了使被

---

① 苏林.蓬勃发展中的上海业余高等教育[J].人民教育,1962(2).
② 文化革命的号角吹响了[N].文汇报,1958-06-11.
③ 开门办教育,学校办学校[N].文汇报,1958-11-10.
④ 配合经济和文化建设的突飞猛进,上海高等学校增设许多专业[N].人民日报,1958-07-05.

支援兄弟院校能顺利开课,对于重点支援学校采取从一校或数校的系主任到助教以至行政和图书管理人员成套配备的办法。如复旦大学对合肥大学,上海中医学院对苏州医学院,上海第一医学院对重庆医学院,上海第二医学院对蚌埠医学院,交通大学、同济大学和华东化工学院对厦门大学工学院,华东师范大学对安徽师范学院、杭州大学、江西大学和曲阜师范学院,都是采取这种办法。①

1959年,上海又新建了3所普通高等学校(上海农业高等专科学校、上海海运学院、上海电影学校)、12所中等专科学校、7所半工半读的工业高等学校。② 1960年再新增和升格普通高校8所(上海工学院、上海对外贸易学院、上海工农师范大学、上海邮电学院、上海仪表电讯工业专科学校、松江师范专科学校、上海电影专科学校、上海美术专科学校)。

二、运动式扫盲

新中国成立后,扫盲教育一直受到政府的高度重视。"大跃进"期间,扫盲教育以运动的方式搞得"轰轰烈烈"。③ 文化教育基础一向落后的内蒙古自治区于1958年10月3日突然宣布,该区在10月1日基本完成了扫除各民族青壮年文盲的任务,成为基本无文盲的自治区。④ 上海当然更不能落后,市教育局局长宣称,1958年上海扫除文盲536 600多人,几乎等于新中国成立后历年来扫盲人数的总和。⑤ 上海一些地方(尤其是文盲较为集中的农村地区)"大放卫星",在短时期内就宣布基本扫除了文盲,请看如下一组报道和"数据"。

1958年2月底,上海1万多名扫盲活动分子在文化广场集会誓师,揭开了扫盲大跃进的序幕。许多代表在会上表示,决心苦战3年,争取扫除全市青壮年文盲。市委书记处书记陈丕显说,充分运用有利条件,创造新的方法,争取3年、确保5年完成全市扫盲任务。有1 100多个单位的代表向大会提交了保证书,其中有一半以上的单位提出要2年扫除文盲。⑥ 会后,各区、县举行千人大

---

① 上海高等学校发扬共产主义协作精神,抽调大批师资支援新建院校[N].人民日报,1958-08-16.
② 上海新建22所高等、中专学校[N].文汇报,1959-08-22.原文将上海电影学校列入新增高校。
③ 据新华社报道,1958年前6个月,各地大量出现由扫盲识字班、民校转成的业余小学、中学、各类技术夜校、红专学校等。有的地方还出现了由业余小学到业余中学、业余大学的一套业余教育系统。各地迅速发展成人教育网巩固扫盲成绩[N].人民日报,1958-06-26.
④ 内蒙古成为基本无盲自治区[N].文汇报,1958-10-05.
⑤ 陈琳瑚.坚持党的教育方针,大力提高教育质量[N].文汇报,1959-06-05.
⑥ 上海扫盲来一个飞跃[N].文汇报,1958-03-02.

会、现场会议、经验交流会、座谈和个别访问,不断发动群众,普遍订立扫盲规划,并掀起相互检查评比的热潮。

嘉定县1958年8月5日在全县范围内开展了以扫盲为中心的"一炮五响"文化革命运动,提出了"生产学习二高潮、粮棉文化双丰收","书记挂帅、全党动手、万人教书、全民读书"的战斗口号。经过50天的苦战,到9月30日止,该县有4.75万人摘掉了文盲帽子,基本扫除了文盲。① 为了方便文盲脱盲后进一步学习文化,嘉定县开了313个巩固班、64个高小班、42个初中班,组织脱盲农民入校学习。② 该县黄渡公社在基本完成扫盲任务后,接着开办了农民业余中学81所、267个班,7 100多名学员参加学习。③

1958年,松江县坚持群众路线,大搞群众运动,采用父子同学、母女同学、姊妹同学、子女教父母、弟妹教兄嫂、亲教亲、邻教邻等方式,以迅速完成扫盲的历史任务。当年扫除的文盲相当于解放8年来扫除文盲总和的2.19倍,使青年文盲比例从70%左右下降到37.3%。④ 1959年,松江县通过组织红领巾宣传队、写墙头标语、布置见物识字环境(在家里的大门、桌子、凳子等处贴满了字)、给文盲送方块字以及组织包教包学等活动,使很多生产队做到青壮年文盲100%入学,力争提前实现全县1960年"三八"节以前彻底扫除青壮年文盲的规划。⑤

宝山县农民业余教育工作在1958年、1959年持续跃进,1958年脱盲14 000人,为解放8年脱盲总和的1.4倍。1959年比1958年增加80%,为解放8年脱盲总和的3倍左右。基本实现"社社有校、队队有班",农村里到处是识字岗、识字牌、识字弄、墙头画、墙头诗、墙头标语,真是"千军万马搞生产,人山人海学文化"。⑥

普陀区曹杨新村扫盲运动积极展开,从1959年11月19日起,文盲、半文盲已全部入学。他们的口号是:"半文盲脱帽过元旦,全文盲摘帽过春节。"并提出"宏伟"目标:在扫除文盲的基础上,1960年春普及业余小学,1963年普及业余

---

① 嘉定县突击完成扫盲任务[N].文汇报,1958-10-05."一炮五响"是指在扫盲的带动下,全县普及了小学教育,发展了大批幼儿园、托儿所和俱乐部,进一步巩固发展了农业中学。
② 上海既抓扫盲又抓业余教育[N].文汇报,1959-12-20.
③ 黄渡公社建立业余师范学校[N].文汇报,1959-01-10.
④ 高速度地完成扫盲历史任务[N].文汇报,1959-11-30.
⑤ 松江积极提高扫盲教师水平[N].文汇报,1959-11-30.
⑥ 莫林.学习毛泽东思想,为农民业余教育持续跃进而斗争[N].文汇报,1960-03-07.

初中,1966年普及业余高中,1969年普及业余大学。①

1959年11月13日召开上海市扫盲协会扩大会议,传达教育部召开的农村扫盲和业余教育工作会议精神,会议提出战斗任务,要求抓住大好形势,配合增产节约运动,立即掀起一个扫盲运动的高潮。会议提出,1949年之后的10年来,经过历年文化普及运动,特别是1958年"大跃进",市扫盲工作取得了巨大成就,共扫除文盲109万,还剩下的70多万文盲中,已入学的已占90%以上。②

1959年11月21日下午,中共上海市委再度召开有1.3万多人参加的扫盲活动大会。市委书记处书记魏文伯说:"全市尚有70万人没有脱离文盲状态,力求在1960年内完成扫盲任务。从明年开始,还要在扫除文盲的基础上普及业余小学,发展业余中等学校,发展业余高等学校,以后我们还要尽可能地加快在劳动人民中普及中等教育,以至普及高等教育。"③ 会后,全市各区县纷纷以具体行动再掀扫盲运动新高潮。据"统计",杨浦、新成、普陀、宝山、浦东等区县报名入学的文盲数字达到应入学文盲数的90%以上,其他大部分区县的文盲入学数字都达到了应入学文盲数的70%以上。许多工厂、人民公社、居民委员会100%的文盲参加了学习。④ 为加强组织领导,层层规划,中共上海市委于1960年4月决定成立业余教育委员会和业余教育局,⑤ 由马飞海任局长。接着,许多区县都成立了以党委书记为领导的业余教育委员会或扫盲办公室。

许多群众经过扫盲,还开展了群众性的创作活动,下面这首《人人皆诗仙》就是群众作品之一:

> 李白斗酒诗百篇,我们无酒写一千。
> 莫笑妇女文化低,而今人人皆诗仙。⑥

三、师资问题

在全民办学的热潮中建起了大量学校,急需大量教师。可是师资问题如何解决? 当时采取的办法是正规与非正规并举。正规的是扩大中等师范学校规模,大量培养中师生。到1959年上半年,全市已建立完备的中等师范学校9所

---

① 曹杨新村扫盲运动迅速展开[N]. 文汇报,1959-11-21.
② 上海既抓扫盲又抓业余教育[N]. 文汇报,1959-12-20.
③ 上海力争明年完成扫盲历史任务[N]. 文汇报,1959-11-22.
④ 上海文盲入学率迅速上升[N]. 文汇报,1959-12-02.
⑤ 1962年7月,市业余教育局并入市教育局,其相应职能由教育局工农教育处负责。
⑥ 上海新成区里弄居民墙头诗选[N]. 文汇报,1958-11-05.

（包括幼儿师范学校1所），此外，有6个区县建立了师范班，在学的师范生达到7 700人。① 1959年上海中等师范毕业生即达2 700人，相当于过去9年全市师范毕业生的总和。当年全市还在11个区县新建师范班，全市9所师范学校和师范班招生总数达5 800人。其中一年制速成师班招生就达2 700人。②

在师资需求量大幅增加的背景下，上海师范教育大步发展。1960年9月8日，上海市干部文化学院、上海市中学教师进修学院、上海市教育行政干部学校、上海广播学校合并成立上海教育学院，以快速培养中学师资。9月28日，上海第二师范学校改为上海工农师范大学，由马飞海任校长。③ 全市有10个区举办了教师进修学院，开设各种学科进修班以及备课班，帮助教师们解决课堂教学、备课等方法问题，有系统地提高他们的文化科学知识。

非正规的方式有三种：一是能者为师，请老工人、老农民、生产技术革新者和知识分子直接上讲台，以弥补师资短缺。如中共新成区委提出"就地取材，能者为师，人人是学生，人人是教师"的口号。④ 这些兼职的工人教师虽然具有丰富的生产经验，但文化水平不高，缺乏教学经验，于是各工厂想办法培养工人教师，如指定干部或技术人员帮助工人教师备课，同时还采取双人讲课的办法，由工人和技术人员共同担任一门课程，一起备课，技术人员讲理论知识，工人讲实际操作。⑤

二是举办教师红专学校、业余高师班和中师班，快速培养师资。中共卢湾区委和区教育局在第四师范举办了一个幼师班，除培训幼儿教育的骨干外，还对新发展的幼儿园、托儿所工作人员进行了一星期的突击训练。⑥ 为满足大办职工业余学校的师资需求，市教育部门和工厂企业单位共同合作，采取多种方式培养业余学校教师队伍。一些大型工厂教师较多，便组织教研组进行经验交流活动；有的工厂组织教师到大专学校去旁听，或参加华东师范大学举办的函授学习；有些区和工厂企业单位自办培训班，培养工人教师。⑦ 在郊区和农村，由于新招收的师资质量不合要求，大部分是刚从小学毕业，虽然他们热情很高，但工作上却有很多困难，迫切需要培训、提高。因此有些农村人民公社为了能

---

① 上海教育事业十年来成就巨大[N].文汇报，1959-09-12.
② 上海今年招收八千多师范生[N].文汇报，1959-07-26.
③ 1961年，工农师范大学一部分与上海教育学院合并，余下部分改为杨浦中学。
④ 是学生也是教师[N].文汇报，1958-08-26.
⑤ 大力培养业余工人教师[N].文汇报，1959-02-17.
⑥ 卢湾区培训师资办法多[N].文汇报，1959-04-23.
⑦ 上海采取多种形式培养训练职工业余学校教师[N].人民日报，1959-03-27.

自己培养师资,建立了一些业余师范学校,如松江县17个人民公社与4个城镇在1959年开学初普遍成立了教师红专学校。① 嘉定县朱桥乡在华东师范大学教育系师生的帮助下,办了19个"红专业余教师研究班",参加学习的教师490多人。② 黄渡人民公社为使全公社628名群众教师达到中师水平,于1958年底创办业余师范学校,由公社党委书记、文教部长担任正、副校长,业余教育干部担任教导主任。③ 松江县亭新公社352个群众教师,初小程度的占68%,高小程度的32%,相当于初中程度的仅占5%,为了适应农民业余教育大发展的新形势,公社大办半耕半读师范学校,学员上午学习文化,下午参加生产,晚上担任民校教师。1960年4月,全公社18个生产队,有13个办起了这样的师范学校。④

三是采取"师带徒"的办法,让有经验的教师以老带新。如松江县就曾发动小学教师辅导群众教师。上海冶炼厂也组织老教师系统地介绍经验,帮助新教师成长。

---

① 松江县总结教师红专学校经验[N].文汇报,1959-05-24.
② 上海解决业余学校师资问题[N].文汇报,1958-09-05.
③ 黄渡公社建立业余师范学校[N].文汇报,1959-01-10.
④ 亭新公社大力培养群众教师[N].文汇报,1960-04-16.

第六章

调整充实与稳步提高

1961年1月14—18日,中共八届九中全会在北京召开,会议听取了《关于1960年国民经济计划执行情况和1961年国民经济计划主要指标的报告》,正式通过了"调整、巩固、充实、提高"八字方针。各项建设事业进入收缩整顿阶段。随着国家政策的调整,上海教育用三年时间进行了大的调整和充实,走上健康发展的轨道,各级各类教育在60年代初焕发出蓬勃生机,尤其是育才中学的教学改革,取得了令全国瞩目的成绩。

第一节 教育领域的调整充实

上海教育于1961年4月开始进行收缩性调整,集中力量办好正规教育,这种调整以贯彻教育部颁布的三个重要文件为依托。同时,为缓解财政困难,精简了一批教职工。

一、调整事业,精简职工

1960年11月以后,上海煤电日益紧张,许多工厂处于停工和半停工状态,生产大幅度下降;重工业投资膨胀,经济结构严重失衡;企业亏损,财政收入急剧下降。1961年地方财政收入比上年下降41%,经济形势十分困难,群众生活非常艰苦。执行"八字方针"后,1962年到1965年,上海关、停、并、转623家工厂,精简职工23万人。[①]

1961年7月初,教育部召开高校及中等学校调整工作会议,提出要通过调整学校,采取学生自带口粮等办法,压缩城镇学校的学生数;精简教职工,减少吃商品粮的人数。7月26日,教育部公布直属高校1961年职工精简方案,主要精简1958年1月后参加工作的来自农村的新职工。1962年5月,中央批转教

[①] 熊月之,朱金海,甘慧,等.上海通史·第12卷:当代经济[M].上海:上海人民出版社,1999:16.

育部党组文件《关于进一步调整教育事业和精简学校教职工的报告》。1962年底,全国高校已由1960年的1 289所调整合并为407所,在校生由96万人压缩至75万人;中专由1960年的6 225所裁并为1 355所,学生由222.6万人压缩至45.2万人;精简教职工43万人。

1961年,上海开始根据中央精神,对教育事业进行调整,重点是收缩民办学校和业余学校的发展规模,将其大量并入公办学校,加强教育教学管理。如南汇县于1961年调整合并公办中小学61个班,停办4所中等专业学校,21所社办农业中学相继停办或转为民办中学。① 1962年,上海教育继续调整,并对教职工进行精简。当年全市中等师范学校由25所减少到9所,农业中学由174所减少到36所。青浦县1962年也只保留了白鹤、城厢、徐泾3所农业中学。② 1963年,中等师范学校再减少到5所,市区中等专业学校由147所减至36所,全日制高校由39所裁并为28所。宝山县1960年入园幼儿达568班(其中民办534班)、21 682人(其中民办20 272人),经过调整,到1964年幼儿园减为50班(其中民办22班),入园幼儿3 132人(其中民办1 732人),调整幅度为80%—90%。③

高校方面也有所收缩。1961年,上海工农师范大学、松江师范专科学校停办。1962年,上海对外贸易学院停办。1963年,上海农学院、上海仪表电讯工业专科学校、上海电影专科学校停办。1964年,上海电机工业专科学校、上海邮电学院停办。

1962年6月22日,国家计委和教育部联合发出《关于1962年各级学校招生计划和执行招生计划时应注意问题的通知》,指出调整和压缩当年招生指标,中专一般不招生,且在招生名额分配上照顾城市,特别是大城市。此后,上海高校和中专的发展速度很快得到控制,在校生规模有所下降,教职工有所精简。如复旦大学1962—1963年共精简教职工272人,其中支援兄弟院校等外单位94人。④

二、贯彻"高校六十条"

1961年1月底至2月初,教育部召开全国重点高校工作会议,要求对重点高校实行"四定",即定规模、定任务、定方向、定专业。1961年9月15日,中央

---

① 上海市南汇县县志编纂委员会.南汇县志[M].上海:上海人民出版社,1992:570.
② 上海市青浦县县志编纂委员会.青浦县志[M].上海:上海人民出版社,1990:618.
③ 上海市宝山区地方志编纂委员会.宝山县志[M].上海:上海人民出版社,1992:814.
④ 复旦大学校志编写组.复旦大学志·第二卷(1949—1988)[M].上海:复旦大学出版社,1995:515.

批准试行《教育部直属高等学校暂行工作条例(草案)》(简称"高校六十条"),这个条例系统总结了我国高等教育自新中国成立以来,特别是自1958年以来的主要经验,明确规定了社会主义高等学校的根本制度。1962年3月,周恩来在二届全国人大三次会议上指出,这个条例可以在全国高校中试行。上海最先在复旦大学、华东师范大学、华东化工学院三校试行"高校六十条",取得经验后,再扩大到其他所有高校。

1. 主要内容

"高校六十条"重在解决以教学为主,合理安排时间,提高教育质量;执行党的知识分子政策,提高学术水平;完善高校领导体制,充分发挥校领导和校行政的功能;做好总务工作,为学校教学和生活提供物质保障等方面的问题。主要有以下内容。

(1) 任务与目标。高校的基本任务是贯彻教育为无产阶级政治服务,教育与生产劳动相结合的方针,培养社会主义建设所需要的各种专门人才。培养目标是使学生具有爱国主义与国际主义精神,具有共产主义道德品质,愿意为社会主义事业服务,为人民服务;使学生逐步树立无产阶级的阶级观点、劳动观点、群众观点和辩证唯物主义观点;使学生掌握本专业所需要的基础理论、专业知识和实际技能,尽可能了解本专业范围内科学的新发展。

(2) 教学。保证以教学为主,平均每年应有8个月以上的时间用于教学。正确处理教学工作与生产劳动、科学研究、社会活动之间的关系,时间安排必须得当。在教学中要贯彻理论联系实际的原则,切实加强基础理论和基本知识的教学,加强基本技能训练。教师要认真传授自己的知识和经验,注意因材施教。应根据教师条件和研究基础,招收研究生,培养科学研究人才和高等学校师资。

(3) 科研。积极开展科学研究工作,以促进教学质量和学术水平的提高。积极发展各种学术问题的自由讨论,在自然科学中,提倡不同学派不同学术见解的自由探讨、自由发展;在社会科学中,批判地继承历史文化遗产,吸收其中一切有价值的东西,研究和批判现代资产阶级各种学说。

(4) 领导关系。实行党委领导下的以校长为首的校务委员会负责制。党委是学校工作的领导核心,对学校实行统一领导;校长是国家任命的学校行政负责人,对外代表学校,对内主持校务委员会和学校的经常工作;系主任在校长领导下主持系务委员会和系的经常工作,系总支是做好思想政治工作和党的建设工作。

此外,"高校六十条"还对学生参加生产劳动、知识分子政策和高校思想政治工作等作了具体规定,提出"高校师生的红,不但应该表现在政治思想方面,而且应该表现在他们教学和学习的实际行动中"。

2. 贯彻情况

"高校六十条"使高等学校进一步明确了办学方向和具体途径,从而为高等教育的健康发展提供了可靠的法规保证。上海高校在条例下达后,即组织师生深入、系统地总结过去的工作成绩和存在的问题,认真学习、领会条例精神,开展了培养目标、课程设置、教材编写、学术批评等方面的专题讨论,并普遍制订了贯彻条例、改进工作的规划,采取措施,加强基础理论、基本知识、基本技能的教学和训练。

华东师范大学作为率先贯彻"高校六十条"的院校之一,于1962年1月12日通过《试行"高校六十条"三年规划要点》,提出学校的培养目标是中等学校师资、部分高校师资和科学研究人才;在一定时间内,学校将稳定在本科4 400人、研究生100人的规模上;确定了各专业的任务、专门组的设置和学科发展的方向;制订了科学研究的长远规划和年度计划;并就以教学为主、加强基础课程、提高教学质量等拟定了一些具体措施。①

复旦大学制定了"五年工作规划",决定学校发展规模为本科生5 000人,研究生300人;集中力量办好汉语言文字、历史、数学、物理、化学5个专业;选派有经验的教师上基础课,重新编写教学大纲和教材;全校正副教授中,82%担任基础课、专业课、专门组课和选修课的讲授工作。在1961—1962学年第二学期,全校共开出326门课程,其中基础课、专业课208门,占2/3。②

"高校六十条"的贯彻执行,使上海高校的教学和科研工作出现了可喜的局面,不同学派出现了久违的争鸣现象,教学质量也逐渐提高。教师们在讲课时,既有自己的学术见解,也介绍不同学派的观点。在文科方面,既有马列主义哲学,又有西方哲学;在理科方面,既有米丘林的遗传学说,也有摩尔根的遗传学说。

三、贯彻"中学五十条"和"小学四十条"

在"高校六十条"颁发一年半后,中共中央于1963年3月23日发出《全日制中学暂行工作条例(草案)》(简称"中学五十条")和《全日制小学暂行工作条

---

① 袁运开,王铁仙. 华东师范大学校史(1951—2001)[M]. 上海:华东师范大学出版社,2001:79—80.
② 复旦大学校志编写组. 复旦大学志·第二卷(1949—1988)[M]. 上海:复旦大学出版社,1995:43—44,220.

例(草案)》(简称"小学四十条")。

1. "中学五十条"

"中学五十条"规定中学教育的方针是"教育为无产阶级政治服务,教育与生产劳动相结合",任务是"为社会主义建设事业培养劳动后备力量和为高一级学校培养合格的新生"。其主要内容如下:

(1) 教学。全日制中学必须根据教育部"统一规定的教学计划、教学大纲和教科书进行教学"。"对教学计划、教学大纲和教科书,地方教育行政部门和学校不得任意修改;如果确有修改的必要,必须由省、市、自治区教育行政部门报教育部批准。""必须以教学为主,加强基础知识的教学和基本技能的训练,为学生毕业后就业和升学打好必要的文化基础。""必须保证全年有九个月的教学时间,一个月的劳动,两个月的寒暑假。""全日制初中设置语文、数学、外国语、政治、历史、地理、生物、物理、化学、生产知识、体育、音乐、图画、劳动等课程……全日制高级中学设置语文、数学、外国语、政治、物理、化学、生物、历史、地理、体育、劳动等课程。"

(2) 思想政治教育。"必须对学生进行共产主义思想教育……培养学生具有爱国主义和国际主义精神,教育学生拥护共产党,拥护社会主义,愿意为社会主义事业服务,为人民服务。……逐步树立工人阶级的世界观。""要教育学生热爱劳动,以正确的态度对待升学和参加劳动,使他们懂得,在中学毕业以后,升学或者参加劳动同样是国家需要的,同样是光荣的。特别要加强对学生进行为农业服务的教育。""评定学生的操行,一学期或者一学年进行一次,只写评语,不评等级。……评语应该肯定学生的优点和进步,适当地指出他们的缺点,提出改进意见。"

(3) 学校管理。"校长是学校行政负责人,在当地党委和主管教育行政部门领导下,负责领导全校的工作,团结全体教职工完成教学计划。""全日制中学建立校长领导下的校务会议。教育行政部门的指示,学校的工作计划、工作总结和其他重大问题,都应该提到校务会议上讨论。""建立和健全学校的各项规章制度。教职工工作条例、学生守则、学生成绩考核办法、学生奖惩办法、学籍管理办法由教育部制定。""国家举办的全日制中学实行分级管理。全日制初级中学一般由县、市教育行政部门管理。全日制高级中学和完全中学一般由省、市自治区教育厅、局管理,也可以委托所在专区(市)或县(市)教育行政部门管理。"

"中学五十条"还对教师、生产劳动、体育卫生、党的工作等作了具体规定。

2. "小学四十条"

"小学四十条"的主要内容如下：

(1) 方针、任务、目标。"全日制小学应该贯彻执行教育为无产阶级政治服务、教育与生产劳动相结合的方针。""小学的任务,是为社会主义建设事业培养劳动后备力量,和为高一级学校培养合格的新生。"培养目标是"使学生具有爱祖国、爱人民、爱劳动、爱科学、爱护公共财物等品德,拥护社会主义,拥护共产党。使学生具有初步的阅读、写作和计算的能力,具有初步的自然常识和社会常识,培养良好的学习习惯。使学生的身心得到正常的发展,具有健康的体质,培养良好的生活习惯和劳动习惯"。

(2) 教学。"全日制小学必须根据中华人民共和国教育部统一规定的教学计划、教学大纲和教科书进行教学。""对教学计划、教学大纲和教科书,地方教育行政部门和学校不得任意修改;如确有修改的必要,必须由省、市、自治区教育行政部门报教育部批准。""必须贯彻以教学为主的原则,保证全年有九个半月的教学时间,两个半月的寒暑假。必须按期完成教学计划。""全日制小学设置语文、算术、自然、历史、地理、生产常识、体育、音乐、图画、手工、劳动等课程。应特别注意语文和算术课程的教学。语文课应该着重识字、写字和作文;算术课应该注意培养学生的计算、推理能力和解答应用问题的能力。""在学校中不得搞突击教学和学习竞赛运动。""考试的次数不要过多,语文、算术每学期可以举行一次或者两次阶段考试和一次学期考试,其他课程只举行学期考试。不要因为考试而造成学生过分的紧张和劳累。""学校应该严格执行升级、留级制度。语文、算术的学年成绩,经过补考还有一科不及格的,不得升级或者毕业。"

(3) 德育。"必须对学生进行共产主义思想品德教育。要教育学生热爱祖国,热爱社会主义,热爱共产党,学习和继承革命传统,好好学习,天天向上,为准备建设社会主义祖国而努力。"要教育学生尊敬劳动人民,热爱劳动,热爱科学,爱护公共财物和遵守公共秩序,尊敬教师和长辈等等。"学校应该采取家庭访问或者举行家长会等方式,同家长取得联系,研究学生的思想行为和教育学生的方法,互相配合,教好学生。""学生的操行每学期评定一次,只写评语,不评等级。评语主要是为了帮助家长了解学生的情况,帮助学生发扬优点,改正缺点,鼓励学生不断上进。评语应该肯定学生的优点和进步,适当地指出他们的缺点,提出改进意见。"

(4) 学校管理。"校长是学校行政负责人,在当地党委和主管教育行政部门领导下,负责领导全校的工作,团结全体教职工完成教学计划。""校长应该定期召开学校主要工作人员和老师代表组成的校务会议或者全体教师会议,集思广益,研究讨论学校工作。""国家举办的全日制小学,由县(市属区)教育行政部门统一管理。在距离县城过远的地区,经县人民委员会批准,也可以委托区人民委员会或者人民公社管理。除县(市属区)以上教育行政部门外,其他部门都不得直接向学校布置任务或者抽调干部和教师。任何部门都不得占用学校的校舍和设备。""全日制小学的设置和停办,由县(市)人民委员会批准。"

此外,"小学四十条"还对教师、生产劳动、生活保健、党的工作等作了具体规定。

3. 贯彻情况

在"中学五十条"和"小学四十条"颁布前一年,上海市教育局已根据"八字方针",自行采取措施,总结中小学教育"大跃进"的经验教训,着手建立起一套规范性的工作制度。1961年4月,市教育局开始起草《上海市全日制中学工作条例(草案)》和《上海市全日制小学工作条例(草案)》,经过在重点学校试行后,对这两个条例反复修改,于1962年5月定稿,印发至全市所有全日制中小学,上海普通教育在全国较早地完成了整顿充实的任务,步入健康发展态势。①

中央有关中小学的两个条例的制定是在上海等地提供的草拟方案的基础上进行的,故而出台较晚。1963年1月31日至2月6日,教育部长杨秀峰专程到上海,召开上海、江苏部分全日制中学领导干部座谈会,交流办学经验,研究如何办好一批全日制中学。② 2月,两个条例正式颁布前,上海就先行一步,召开全市教育工作会议,就如何贯彻中央精神展开讨论,重点是领会党的教育方针,完善党对教育工作的领导,健全各项规章制度,调动教师的积极性,尽量减少二部制,切实提高教育质量。会议还印发了《关于实施十二年制中小学教学计划改进教学工作的意见(初稿)》《关于进一步改进农村教育工作的意见》《关于表扬奖励长期从事中小学教育工作的优秀教师办法(修改稿)》等文件。③ 两个条例颁布后,全市中小学广大干部、教师即认真学习贯彻,还办起了许多短期

---

① 吕型伟.上海普通教育史(1949—1989)[M].上海:上海教育出版社,1994:225—227.
② 上海方面参加会议的有上海中学、南洋模范中学、育才中学、华东师大一附中、第二女中等校的领导干部和市教育局局长。座谈会由教育部长杨秀峰主持,议题主要有四个:思想教育问题;教学问题;师资问题;学校领导问题。通过会议,与会者看到了中央切实办好一批学校的决心。参见:上海、江苏部分中学办学经验座谈会纪要[J].人民教育,1963(4).
③ 吕型伟.上海普通教育史(1949—1989)[M].上海:上海教育出版社,1994:228.

脱产培训班,帮助教师领会中央精神。由此,全市中小学教育很快出现了新气象。

尽管"中学五十条"和"小学四十条"对稳定上海中小学教育,提高教育教学质量起了重要作用,为上海教育在20世纪60年代初期取得巨大成功提供了制度保障,但这两个条例对中小学教育规定得过于具体细致,有碍学校发挥自主性。①

四、执行新的学生守则

上海教育在20世纪60年代的一些举措常领先于全国。早在1961年初,上海市教育局就对原学生守则进行了修订、试行,形成《上海市中学生守则(草案)》和《上海市小学生守则(草案)》,于1962年在全市中小学试行,作为学生的行为规范和操行评定标准。内容如下:

上海市小学生守则(草案)

一、热爱祖国:尊敬国旗,敬爱领袖,听党和毛主席的话,好好学习,天天向上,准备为人民服务。

二、认真读书:课前做好准备,上课用心听讲,课后认真复习,按时完成作业。多想多问,学好功课。

三、好好劳动:帮助父母做事,参加学校劳动和社会公益劳动,养成勤劳俭朴的习惯。

四、锻炼身体:认真早操,按时作息,爱清洁,讲卫生,参加文体活动,精神活泼愉快。

五、遵守纪律:遵守学校规则,遵守公共秩序,爱护集体荣誉,爱护公共财物。

六、尊敬师长:听从老师和长辈的教导,对老师和长辈要有礼貌。

七、团结友爱:待人和气,对同学要友好,对弟妹要爱护。

八、诚实勇敢:做事负责,不怕困难,说话诚实,有错就改。

上海市中学生守则(草案)

一、提高觉悟:努力学习政治,听党和毛主席的话,热爱祖国,热爱人

---

① "文革"后,为规范和发展新时期的教育事业,教育部曾组织力量对这两个条例进行修订。1978年9月修改稿定名为《全日制中学暂行工作条例(试行草案)》和《全日制小学暂行工作条例(试行草案)》,由教育部下发各省、市、自治区讨论并试行。

民,准备为社会主义共产主义建设服务。

二、好好学习:上课专心听讲,保持课堂安静,认真读书,按时完成作业,独立钻研,学好功课。

三、热爱劳动:积极参加劳动,养成劳动习惯,培养勤俭朴素的生活作风。

四、锻炼身体:参加文体活动,养成卫生习惯,不断增强体质。

五、遵守纪律:遵守国家法令,遵守公共秩序,遵守学校规则,爱护集体荣誉,爱护公共财物。

六、尊敬师长:尊敬老师,尊敬长辈,听从老师的教导,对长者有礼貌。

七、团结友爱:谦虚和气,互相帮助,爱护弟妹,关心幼小。

八、诚实勇敢:说话诚实,知过必改,做事负责,不怕困难。①

这两个守则的主要内容基本一致,着眼于学生的为人、为学、为事,语言简洁,指导性强,便于学生理解执行,产生了良好的效果,再加上广泛开展"学雷锋"活动,使全市中小学的气象为之一新,普遍形成了认真读书、尊师守纪、拾金不昧的好风尚。

在"中学五十条"和"小学四十条"颁发两个月后,教育部于1963年5月23日重新制订并颁发《小学生守则(草案)》和《中学生守则(草案)》。② 与1955年部颁学生守则相比,1963年的部颁学生守则内容有所简化,且中小学颇多共通之处。与上海市的中小学学生守则对照,部颁学生守则在内容和形式上多有相似之处,均为八条,对学生的要求和语言表达基本一致。很明显,部颁学生守

---

① 吕型伟.上海普通教育史(1949—1989)[M].上海:上海教育出版社,1994:269—270.
② 《小学生守则(草案)》的内容是:(1)好好学习,天天向上,准备为社会主义事业服务。(2)热爱祖国,热爱人民,热爱共产党。(3)上课专心听讲,勤学好问,认真完成作业。(4)爱好劳动,生活俭朴,自己能做的事自己做。(5)按时作息,爱整洁,讲卫生,注意锻炼身体。(6)遵守纪律,遵守公共秩序,爱护公共财物,热心为集体做事。(7)听从老师的教导,尊敬长辈,对人有礼貌。和同学、兄弟姐妹团结友爱,互相帮助。(8)说话诚实,有错就改。《中学生守则(草案)》的内容是:(1)努力做个好学生,做到思想好、学习好、身体好,准备为社会主义事业服务。(2)热爱祖国,热爱劳动人民,热爱共产党,拥护社会主义,努力学习政治,继承革命传统。(3)刻苦学习,专心听讲,独立思考,按时完成作业。(4)积极参加体力劳动,养成勤俭的习惯。(5)经常锻炼身体,注意清洁卫生,养成良好的生活习惯。(6)尊敬师长,团结同学,对人有礼貌。(7)遵守学校纪律,遵守国家法令和公共秩序,爱护公共财物,维护集体利益。(8)谦虚诚实,言行一致,有错就改,勇于批评和自我批评。参见:高奇.新中国教育历程[M].石家庄:河北教育出版社,1996:150,166.

则在相当程度上参照、吸收了上海市的学生守则。由于毛泽东在 1964 年和 1965 年对教育提出了尖锐的批评,部颁学生守则在 1965 年 8 月宣布废止。①

第二节 稳步提高教育教学质量

经过短暂的收缩性调整,上海教育从 1963 年起又有了新的发展,不仅表现为教育事业逐步扩大,新建了一批高校和中小学,更表现为教育质量的快速提高。上海教育界焕发出令人兴奋的生机,在全国产生了示范性影响。

一、教育事业发展

1. 概况

在社会形势稳定、生产稳步发展的基础上,上海教育事业在 20 世纪 60 年代初也高质量地协调发展,出现了自 50 年代初期以来的第二个发展高峰。1964 年,上海新建和扩建 130 所普通中小学校。当年国家对上海市中小学基本建设的投资相当于第二个五年计划期间全市中小学建设全部投资的 66%,是新中国成立以来投资最多的一年。当时新建和扩建中小学的布局,是根据各地区的实际情况确定的,其中许多设置在工人住宅区,如在杨浦、普陀、闸北等区的许多新工房附近,就新建了 40 所中小学。下面略举数区说明:

普陀区于 1963 年基本普及初中教育。1963—1965 年新建中学 22 所、小学 4 所,还扩建一批中小学。其中,曹杨新村到 1963 年已创办 4 所中学和 8 所小学,1964 年又新建了梅陇中学、金江中学、梅陇路小学;已有 4 所中学的甘泉和宜川新村,又在 1964 年新建 2 所中学。杨浦区的凤城、长白、控江三个工人新村,1964 年新建 4 所中学、扩建 2 所小学。② 虹口区 1963 年新办飞虹、广中、凌云、甘霖、南湖 5 所中学,1964 年新建海南、洞庭、岷山、金沙、洪湖五所中学,1965 年新建广灵、沙泾、韶山、延风、微山、嘉陵等中学。③ 南市区在 1963—1965 年创办了公立大兴、上南、丽园、志强、中南、云南、江东、培红、江南、豫园、育强、新肇、松园、培坚、松青、塘严、浦泾、敢浦、浦西、永强等 20 所中学,1965 年全区在校中学生达 79 321 人,是上海解放以来的最高峰。④ 为了便于贫下中农子女

---

① 1979 年 8 月,教育部重新颁发《小学生守则(试行草案)》《中学生守则(试行草案)》,1981 年进行修订。
② 上海新建扩建百余所中小学[N].文汇报,1964-08-27.
③ 虹口区志编纂委员会.虹口区志[M].上海:上海社会科学院出版社,1999:990.
④ 南市区地方志编纂委员会.南市区志[M].上海:上海社会科学院出版社,1997:816.

就近入学和市区学生住宿读书,1964年还在嘉定、闵行、张庙、北新泾、东沟、洋泾、龙华等郊区和郊县新建、扩建了大批中小学。此外,为进一步贯彻普通教育和职业教育并举的方针,以输送大量有社会主义觉悟的有文化的劳动技术后备力量,为广大青少年就业创造条件,上海在1964年暑期新办各类职业学校50多所。①

2. 建设重点中小学

1959年,上海确定重点中学23所,重点小学31所。1960年上半年,重点中学增至41所,重点小学增至60所,并确定重点中等师范学校9所,重点农业中学8所。重点学校与非重点学校相比,具有以下优势:(1)加强领导和师资力量,适当扩大教师人员编制;(2)严格新生入学条件,对重点中学招生实行优先录取;(3)适当扩大和加深主要学科的教育内容,初中增开外国语,高中增开解析几何;(4)保证在教学大纲的统一要求下教好学好,具备较高的教学质量;(5)具备一批高素质的专业性强的教学骨干队伍;(6)及时总结教育教学经验,努力开展教育科学研究工作。另外,政府对重点学校还加大建设力度,追加基本建设投资规模,并分配一批质量好的大学毕业生充实其师资队伍。其结果,使重点和非重点学校之间的差距不断拉大,对提高教育质量起到了很好的促进作用,使20世纪60年代初的上海中学教育在全国独领风骚。

根据教育部《关于有重点地办好一批全日制中小学校的通知》,上海市教育局于1963年2月拟定《关于提高中小学教育质量,保证高一级学校的质量和有重点地办好一批学校的初步意见(草稿)》,决定从全市选择中学13所、小学20所,作为首批要办好的学校,对这些学校实行市、区(县)双重领导。② 这个草稿被教育部转发给各兄弟省市,供研究全日制学校"小宝塔"规划时参考。3月,教育部还印发了上海部分学校的经验材料。

3. 建设重点高校

1959年5月17日,中共中央发出《关于在高等学校中指定一批重点学校的决定》,指出为逐步提高高等教育质量,指定北京大学、中国人民大学、复旦大学、中国科学技术大学、上海第一医学院、哈尔滨工业大学、清华大学、天津大学、上海交通大学、西安交通大学、华东师范大学、北京工业学院、北京航空学院、北京农业大学、北京医学院、北京师范大学等16所学校为全国重点高校。其中9所位于北京(含中国科学技术大学),4所位于上海,标志着上海已成为

---

① 本市今年新办50多所职业学校[N].文汇报,1964-07-05.
② 这13所中学和20所小学的详细名单,请参见:吕型伟.上海普通教育史(1949—1989)[M].上海:上海教育出版社,1994:238.

中国第二高等教育重镇。1960年10月,中共中央发布《关于增加全国重点高等学校的决定》,将重点高校增加到60所。上海市的重点高校由4所增加到7所,增加的是同济大学、华东化工学院、华东纺织工学院。①

二、教育质量提高

1. 高等教育质量提高

20世纪60年代初,在贯彻"高校六十条"的基础上,上海高校发生了一些显著变化,各项制度和软硬件建设逐步完善,加强"三基"教学,形成了良好的学风和教风,质量明显提高。

(1) 强调专业学习

1961年9月,陈毅对北京市应届高校毕业生说:"今天有必要强调专业学习,培养大批专家。……前一个时期,有的单位把那些埋头搞业务,少参加一些政治活动的人,当作白色专家来进行批判。这是不对的,应该予以纠正。目前我们国家正需要大批专家的时候,他们能够埋头搞业务,对社会主义建设,对祖国、对人民作出更大的贡献,正是值得欢迎的。不仅不应该反对,而且应该为他们创造更有利的条件,使他们能够更好地埋头业务。"② 这个讲话极大地鼓舞了全国大学生的学习热情,加之"高校六十条"的贯彻,上海高校的学风发生根本好转,青年大学生好学成风,校园内一派欣欣向荣。沪上各高校还采取措施改进教学方法,对原教学计划进行修订,保证基础课的教学时间,配备水平较高、教学能力较强的教师担任基础课教学任务,以切实提高基础课程的教学质量。

据华东师大1961年上半年统计,全校144门专业基础课中,就有34名教授担任主讲。在60年代初,该校逐渐形成了"好学上进,尊师守纪,热爱劳动,艰苦朴素,为人师表"的良好校风。1964年2月,华东师大党委派人对物理系五年级学生的学风进行调查,结果入学4年来,该年级166名同学,形成了"刻苦钻研,动脑动手,学得主动,学得活泼"的良好学风,基础知识扎实,基本技能熟练,人人能搞科研,生活上艰苦朴素。5月至6月,由教务处、团委和学生会联合举办了"物五学风展览会",参观者逾千人。③

---

① 刘光. 新中国高等教育大事记(1949—1987)[M]. 长春:东北师范大学出版社,1990:169. "文革"中,重点高校建设遭到破坏。1978年2月27日,国务院转发了教育部《关于恢复和办好全国重点高等学校的报告》,确定的全国重点高等学校88所,其中恢复"文化大革命"以前原有的重点高校60所,新增28所。
② 陈毅. 对北京市高等院校应届毕业生的讲话[N]. 文汇报,1961-09-05.
③ 袁运开,王铁仙. 华东师范大学校史(1951—2001)[M]. 上海:华东师范大学出版社,2001:81,84—85.

复旦大学于1963年3月26日举行校务委员会扩大会议,专门讨论学风问题。周谷城教授说,创造新学风犹如绳锯木断,水滴石穿,要循规蹈矩,坚持奋斗,才有成果。苏步青教授勉励青年要做到"四不":① 不偷,他人的学问毕竟是他人的,自己的一定要靠钻研;② 不赖,不懂的就是不懂,自己错的就是错的;③ 不吝,对学生不留一手;④ 不抢,别人的不据为己有,给别人做了的题目不抢回来。①

(2) 编选教材

20世纪60年代初,为总结高等教育"大跃进"的经验教训,全国高校开展了一次大规模的教材编选工作。上海学者承担了大量的编写任务,在短时间内编出了一批高质量的高校文理科教材和教学参考资料,被兄弟院校广泛采用,充分显示了上海高校在教材建设方面的实力,并为80年代新一轮的高校教材建设奠定了基础。

① 文科方面

1961年2月19日至21日,中宣部副部长周扬在上海先后召开五次文科座谈会,传达中央关于所有高校文理各科都要有教材的决定。4月,全国高校文科和艺术院校教材选编计划会议在北京召开,提出要加强基本理论、基本知识和基本技能的训练。复旦大学和华东师大在上海高校中文科较强,分别承担了部分全国文科教材的选编任务。

在全国高校文科和艺术院校教材的选编计划中,华东师大承担了《教育学》教材、《中国古代教育史》教学参考资料的编写任务,前者由刘佛年教授主编,后者由孟宪承教授主编,先后有65位教师参加编写工作。复旦大学承担的任务更多,有17部教材被列入编写计划,包括《中国近代文学批评史》(鲍正鹄)、《中国文学批评史》(刘大杰等)、《中国历代文学作品选》(朱东润)、《语言学概论》(吴文祺等)、《现代汉语》(胡裕树)、《外国文论选》(伍蠡甫)、《外国史学史》(周谷城)、《中国历史文选》(周予同)、《中国现代思想史资料》(蔡尚思)、《世界经济》(苏智绍)、《部门经济基础知识》(曹国卿等)、《英语课本》(徐燕谋等)等。

② 理科方面

理工农医教材的编选工作由教育部副部长蒋南翔负责。复旦大学共承担

---

① 中共上海市教育卫生工作委员会党史资料征集委员会办公室.中共上海市教育卫生体育系统党史大事记(1949—1989)[M].上海:上海交通大学出版社,1993:168—169;复旦大学校志编写组.复旦大学志·第二卷(1949—1988)[M].上海:复旦大学出版社,1995:44.

了7种理科教材的编写任务,皆由著名学者担任主编。华东化工学院院长张江树主持了工科院校化学教材编写委员会的工作,在普通化学、无机化学、分析化学、有机化学和物理化学等课程建设方面做了大量工作,为60年代我国首次系统出版工科化学教材做出了巨大努力。1962年,交通大学教师参加了43个专业(或课程)的教材编审委员会(或编审小组)工作。学校基础课、专业基础课、专业课皆按教材委员会制定的教材规划使用统编教材。①

2. 中小学教育质量提高

在"调整、巩固、充实、提高"的宏观背景下,上海市全日制中小学教育全面加强,52所中学和94所小学从1963年秋季开始,自小学一年级和初中一年级实施新的教学计划,使用1961年编写的十二年制中小学教材,着重加强语文、数学、外语三门主要学科。但是,学生课业负担过重随之显现,同学们整天忙在作业和考试测验里,课外作业名目繁多,削弱了思想政治教育和生产劳动教育,挤掉了学生课外自由阅读、开展文娱体育活动和休息的时间。

为了既能使学生集中精力学好主要学科,又不致加重学生负担,市教育局首先选择育才中学、华东师范大学第一附属中学、静安区第一中心小学等三所学校进行试点。在取得减轻学生负担的经验后,又根据试点的经验,提出有关课外作业、作息制度和会议制度的九条意见,规定小学除语、数,中学除语、数、外、理、化以外,其他学科不得布置家庭作业。课外作业一般须按照课本规定的内容,不再另外补充。

一些学校根据实际采取措施,大力提倡"少而精、启发式"教学,要求教师上课突出重点,讲深、讲透基本内容,强调课堂教学"五认真"(认真备课、认真上课、认真辅导、认真批改作业、认真考查)。广大青年教师纷纷向老教师学习怎样上好一堂课,许多学校还请老教师为青年教师讲课或写文章介绍上课经验。各区县建立了中学各科教研中心组,经常组织中小学教师进修和集体备课,川沙县还在全县范围内掀起了校际自由听课的热潮。

这些举措效果十分明显,一大批教育质量较高且具有特色的学校很快涌现出来。如延安中学组织教师结合教学工作开展研究活动,就基础知识教学和基本训练的关系,严格要求和从实际出发的关系,基本训练和作业负担的关系等问题进行探讨。② 上海中学和复旦附中从1963年开始精简必修课,开设选修课

---

① 上海交通大学校志编纂委员会.上海交通大学志[M].上海:上海交通大学出版社,1996:296.

② 延安中学结合教学开展研究活动[N].文汇报,1962-01-12.

等。嘉定一中提出"不欠债"口号,每周末考查学生一周学习的情况,以发现存在的问题,并于下周结合新课解决问题或进行个别辅导。

尽管这次成绩卓著的教学改革因"文革"而中断,但对受惠对象的影响延续到了"文革"结束以后。一大批老三届学生(1966年、1967年、1968年三届初高中毕业生),有的甚至只读完初中或一年高中,却凭借扎实的基本功,在1977年和1978两年的高考中脱颖而出,顺利进入高校学习。

三、育才经验

育才中学①的教学经验是20世纪60年代初上海教育的一面旗帜,广为传播,产生了全国性的影响,堪称上海教育贡献给全国的一笔宝贵财富,对"文革"前全国中小学教育质量的大面积提高起到了领头羊和示范性作用。

1. 形成

育才中学是上海市的老牌重点中学,其教学经验是在校长段力佩②的领导下,经过教师们的共同努力而取得的。育才的教改试验始于"大跃进",形成于20世纪60年代初。

> 1958年,党号召干部下基层的时候,我们所有担任工作的领导干部都下基层到教研组和教师一起工作,逐步做到有计划地种试验田、搞试验。1960年上半年,我们搞了语文教材的试验。1961年上半年搞了数学边讲边练的试验。1963年,我们分别搞了初中一个班级改进教学方法、减轻负担的试验,高中一个班因材施教的试验,一个班思想政治教育的试验。
>
> 长期以来,课堂教学总是先生从头讲到底,滔滔不绝,不管学生懂不懂,也没有法子去管学生懂不懂。学生早已懂得的,照讲不误;学生不懂的,却轻轻带过了。学生的疑问得不到及时解决,教师在课堂上讲得太多、太繁、太琐碎,置学生于死记、死背、死抄的被动地位,而课外却给学生

---

① 育才中学的前身是英人嘉道理(Ellis Kadoorie)于1901年创办的育才书社。1912年迁至山海关路445号,改名为工部局育才公学,除国文及中国史地外,各科均用英语直接教学。1939年成为六年制完全中学。1943年,汪伪"接管"该校,改为市立。1945年,国民政府接收,改称上海市市立育才中学。1953年,被列为上海市10所市重点中学之一。资料来源:静安区志[M].873.
② 段力佩(1907—2003),江苏金坛人,上海解放前任储能中学校长,上海解放后任缉槼中学(现市东中学)校长。1950年任育才中学校长,先后兼任新成区、静安区副区长。1963年辞去副区长职务,集中精力,研究教学方法改革。1964年春总结出育才中学"十六字"经验,在全国被大面积学习和推广。1978年后,提出"读读、议议、练练、讲讲"的"八字"教学法。著有《段力佩教育文集》。

布置大量的作业,使学生负担过重,不仅功课不能真正学好,而且削弱了政治思想教育,削弱了劳动教育,影响了文体活动的开展,挤掉了学生的自由阅读、自由活动的时间,学生满脑子都是做作业、交作业、升级、留级、毕业、考学校,主要原因是教师没有充分调动学生学习的主动性。我们提出紧扣教材、边讲边练、新旧联系、因材施教,最主要的是,要求教师在进行教学时,从学生的实际出发,发挥学生的学习主动性。①

根据中学生学习的实际情况和长期的教学实践,育才中学提倡边教边练,教中有练,练中有教,在练的基础上教,大量地练,反复地练。由于中学生学的基础知识是古今中外社会、自然的基本原理、基本定律、基本公式,较为抽象,概括性较强,因此基础知识是要通过基本训练来逐渐掌握的,必须经过反复诵读与练习才能心领神会。教师讲解的主要任务是帮助学生阅读教材,引起学生思维,把他们的注意力引到教材上去,因此教师的讲解要紧扣教材。教师应该细致考虑,运用学生已懂的知识来讲授新知识。这样,才能够引起学生兴味,调动学习积极性,使他们的注意力更好地集中。

育才中学十分注意根据学科特点进行教学。以语文科为例,学校认为:

> 一篇文章是完整的,字、词、句是不离篇章的,因此没有理由把它割裂开来,分为汉语和文学;也不能把所谓文学因素、语言因素、教育因素分割开来,语文课不能教成政治课、文学课,也不能教成常识课。……语文是文道结合,必须言之有物而不能拆开。一篇文章总是要审题、立意、谋篇、遣词、造句的。审了题,立了意,就必须谋篇和遣词造句,否则就不好表达;反之,没有意义的词句,与无的放矢的谋篇,将仅仅是词句的堆砌而不知所云。文章必定是作者要表达什么以及如何表达的,文道一拆开,就没有办法表达,或者言之无物了,其理甚明。……必须让学生精读一定的文章。这些文章,不仅在一个学期读,应该期期读,年年读,读到毕业,这样读到滚瓜烂熟,以便更好地起范文作用。②

在考试上,根据学科性质的不同,采用开卷考试或开卷考试与闭卷考试相

---

① 段力佩.依靠群众,改进教学[N].文汇报,1964-04-03.
② 段力佩.关于领导教学工作的几点体会[J].人民教育,1963(3).

结合的办法。如数学、物理重在理解与运算,不必死记公式,考试用开卷;外语、化学需要记忆的知识多,但又要能灵活运用,考试用开卷与闭卷相结合(即将试题分成闭卷和开卷两部分,闭卷先考,开卷后考),外语的听写、填充、问答、词组解释等用闭卷,作文或短文翻译等用开卷。开卷考试的题目要求综合性较强,启发性较大。另外,还有部分高难度试题供学生在完成必答题后选做,带有竞赛性质。在成绩评定上,大胆创新,考试成绩仅占总成绩的20%,平时成绩占80%,甚至一度将期终考试改为期末小结。如此,消除了学生怕考试的紧张心理,有利于调动学生学习的主动性和积极性,有利于因材施教。①

通过改进教学方法,不仅大大提高了教学质量,而且减轻了师生的课业负担,学校各方面都出现了生动活泼、朝气蓬勃的景象。学生们利用课余时间开展文体活动,琴棋书画、跑跑跳跳都有,连思想政治教育活动也更广泛更生动了。过去那些高高地堆在教师桌上的作业簿大大减少了,教师们在课余还有时间进修业务、学习毛泽东著作、总结教学经验。

2. 总结

育才经验最初被总结为十六个字:紧扣教材、边讲边练、新旧联系、因材施教。② 紧扣教材,就是反对添油加醋,要求按照教材规定的知识进行教学。边讲边练,就是在讲课时有讲有练,根据不同教材、不同年级,进行不同形式的讲练,一来可以充分调动学生学习的主动性,二来教师在学生练的时候能够及时发现他们在掌握知识中的问题,三是使学生的阅读能力和独立思考、独立工作能力大大增强。新旧联系,就是教师要从学生原有的知识基础出发,学生懂的知识不多讲,学生不懂的知识要讲清楚,发挥学生温故知新的能力。因材施教,就是要承认学生的差别性,使学得特别好的学生能够出类拔萃,使大多数学生能够达到应有水平,学有余力,发展个人的兴趣爱好。他们还为成绩好的学生开设了语文、外语、制图、农业科技等选修课。③

1964年《上海教育》第4期以专刊形式,介绍育才中学的经验,将之归结为四句话:"面向实际,减轻负担,教得活泼,学得主动。"认为以往由于课堂教得多,作业留得多,考试测验多,学生把大量时间花在完成作业上,教师花大量时

---

① 段力佩.改进考试方法的初步尝试[M]//段力佩教育文集.上海:上海教育出版社,1982:85—88.
② 上海育才中学改变注入式教学法初步形成生动活泼的教学局面[N].人民日报,1964-04-11.
③ 育才中学改进教学方法,减轻学生负担[N].文汇报,1964-04-02.

间批改作业。育才中学改进教学方法,正确处理教材、教师和学生之间的关系,千方百计调动学生的学习主动性,使课堂真正成为师生共同活动、教学相长的场所,做到针对原有知识基础,生动活泼地进行教学。同时根据学生的认识过程,遵循从懂到会、从会到熟的途径,使学生牢固地掌握活的知识,既减轻课业负担,又提高教学质量,使学生学习的主动性大为提高。

段力佩校长还将自己的教学工作体会概括成十句话:教学必须循序前进;要着眼于"因"字,因地、因时、因事制宜,因势利导,因材施教;认识要提倡螺旋上升,不断加深;深议熟练,核心是一个"学"字;课堂不是讲堂,主要应是学生的学堂;主动、愉快地学习,才谈得上勤奋好学;要专攻与博览相结合,必修与选修相结合,课内与课外相结合;要理论联系实际,手脑并用;教书必须育人;要处理好考试与评分的关系,反对以分数刺激学习。①

育才经验的主体部分是精讲多练,教学活动紧紧围绕教材来进行,这对于学生熟练掌握教材内容,运用基本知识,形成基本技能确实大有帮助,且不致使学生疲于应付,但同时,它也使学生的学习视野局限于教材。尽管它能快速提高教学质量,帮助学生掌握需要学习的内容,在各种考试中获得好成绩,却不利于拓宽学生的知识面、培养学生的创造性(即发散性思维能力)。

3. 推广

早在1963年1月,教育部在上海召开的中学办学经验座谈会上,育才中学的经验就引起了部领导和与会者的重视。副部长林砺儒在看了段力佩的经验介绍后,说:"这样的教学会使学生感到步步深入,兴趣横生,只有上课乐、读书乐,而绝不会有负担过重的苦恼。"②

育才中学的成功经验引起了中共上海市委的注意。为切实解决学生课业负担过重的问题,改变教师上课一讲到底、下课布置大量习题的现象,1964年4月,上海广大中小学教师开始纷纷学习育才经验,提倡"少而精、启发式"的教学,正确处理教材、教师、学生之间的关系,千方百计调动学生学习的主动性。市教育局邀请部分中小学教师,就怎样改进教学方法,减轻学生负担,提高教学质量,使学生在德智体诸方面得到全面发展进行座谈,并先后召开了语文、数学、外语、物理、化学等学科教师会议,总结交流了各门学科改进教学的方法。

---

① 段力佩. 段力佩教育文集[M]. 上海:上海教育出版社,1982:自序.
② 林砺儒为段力佩《关于领导教学工作的几点体会》所写的推介书[J]. 人民教育,1963(3).

育才中学的经验也受到各个学校的高度重视,在全市迅速得到推广。根据育才中学的经验,各校在以下方面进行了教学改革。首先是处理好教与学的关系,充分调动学生学习的主动性,教师改变注入式的灌输知识方法,采用启发诱导的方法。其次是处理好讲与练的关系,抓住教材的主要之点,结合学生的问题,边讲边练,讲练结合,在教师指导下,让学生自己动手、自己动口、自己动脑,通过反复练习,从懂到会,从会到熟。再次是处理好统一要求与因材施教的关系,使多数学生学有余力,展其所长。通过改革,学生课业负担大为减轻,学生参加政治学习、生产劳动和课外文体活动,也比以前更加活跃了,学生们还自发组织了各种兴趣小组,开展课外阅读。①

育才经验的核心是减轻学生过重的课业负担,提高教学质量,使学生生动活泼地主动发展。1965年11月16日起,《文汇报》开辟专栏,讨论"怎样使学生学得生动活泼,学得主动",以使上海教育界对育才经验的学习推广不断持续、深入下去,要求教师们破掉一个"怕"字,树立一个"信"字。"怕"是指怕学生启而不发、怕学生启而乱发、怕学生提的问题教师无法回答等顾虑。"信"是指要树立相信学生的观点,要相信学生会思考。

育才中学改革教学方法的经验对全国各地的中小学教学都具有很强的启发意义,《人民日报》和《人民教育》发表了大量经验介绍和评论,向全国教育界推广育才经验。北京景山学校教师专门组织讨论,学习育才中学的经验。老师们说:"育才中学的经验,很完整,他们在既减轻学生课业负担、又提高教学质量方面,做出了很好的成绩,值得我们学习。"认为育才中学在改进教学方法上做出了榜样。②《人民日报》曾说:"既要减轻学生负担,又要提高教学质量,的确不是一件很容易的事。育才中学在改进教学工作方面能够取得较好的效果,正是因为这个学校的领导干部几年来一直深入教学第一线,坚持在教研组同教师们一起工作,跟班听课,并且亲自兼课,蹲点试验,又注意从教师中发现好的教学方法,加以总结推广。""要培养学生生动活泼的学习主动性,在教学工作中需要采取两个主要措施:一个是贯彻少而精的原则,要教得又少、又精、又好,要从教材的实际和学生的实际出发,一方面要明确教材的目的和基本要求,另一方面又要了解学生的接受能力、现有的学习基础等特点,才能分清主次,突出重点、难点。再一个措施是倡导启发式的教授法,实行学以致用的原则,必须在教

---

① 上海中小学减轻学生负担初获成效[N].文汇报,1964-04-08.
② 京沪中小学教师畅谈学习育才中学先进经验体会[N].文汇报,1964-04-04.

师指导下,由学生自己动手、动口、动脑,也就是说,必须启发学生的主动性,让学生通过自己的实践获得知识。"①

四、"文"与"道"的讨论

语文教学是中小学各科教学中非常具有代表性的问题,向来受到教师、学者、教育管理人员和社会各界的广泛关注。1956年下半年,《人民教育》开辟"语文教学问题讨论"专栏,讨论文学、汉语分科教学问题。60年代初,上海教育界围绕语文教学中的"文"与"道"关系问题展开了大讨论。华东师大教育科学研究所专门组织了"语文教学目的任务研究小组",并举行过四次讨论会。上海市语文学会召开了七次语文教师座谈会。上海教育学院举办了"语文教育讲座"。《文汇报》于1961年1月18日发起"怎样教好语文课"的讨论,广大学者和教师就"在语文教学中如何体现政治挂帅的原则""如何正确认识和处理语文教学中的基础知识教学和思想政治教育之间的关系"等问题进行了探讨。讨论中大体有三种意见:(1)要教好语文课,必须贯彻"政治第一、语文知识第二"的原则,必须以思想政治教育为主,语文知识教学为次;(2)语文教学必须在政治挂帅的前提下,从语文的特点出发,把语文知识教学和思想政治教育很好地结合起来;(3)语文教学应该主要传授语文知识。②

1. "政治第一,语文知识第二"

持这种意见者认为,对于一篇课文来说,文是基础,道是主导。文包括语言、文字、篇章结构、修辞、逻辑等;道是指作者的思想、观点以及所运用的题材。教师必须以道为主导,以作者的思想、观点为主导,把握每一篇文章的精神实质和作者为文的目的,并以之对学生进行政治思想教育。所谓道是主导,并不意味着以道为主要,忽视语文知识教育。评阅学生的作文,应遵照毛泽东的指示,政治标准第一,艺术标准第二。对于学生表现在文章里的思想、观点,应该有极严格的要求,丝毫不能放松。一位教师说:"我以为政治挂帅,不仅是挂在道上,同时也是挂在文上。进行语文知识教育也是一种政治任务,同样要以无产阶级的立场观点来授业。"③

> 语文教学的目的任务,就是在政治挂帅的前提下,使学生正确而熟练地掌握和运用祖国的语言文字,培养和提高学生的阅读能力和表达能力,

---

① 培养生动活泼的主动的学习空气[N].人民日报,1964-04-11.
② 语文教学的目的要求是什么[N].文汇报,1961-03-16.
③ 刘培坤.在教学实践中正确体现"文""道"结合[N].文汇报,1961-02-22.

培养学生具有正确的观点、健康的思想感情和高尚的道德。用语文表达出来的作品必然反映一定的思想内容,表现一定的阶级立场和阶级观点。各个时期的作品反映出现在和过去的人们的生产斗争和阶级斗争,反映出他们的社会关系。语文学科是思想性、战斗性特别强烈的学科,必须完成它应当完成的思想政治教育任务,要培养学生树立无产阶级世界观,具有正确的政治态度和共产主义道德品质,与资产阶级思想进行斗争,与帝国主义、现代修正主义作坚决斗争。①

2. 语文教学与思想政治教育相结合

持此意见者对第一种意见中将语文知识教育和思想政治教育对立起来的观点进行了批评,认为语文教学应该既进行语文基础知识教学,又进行思想政治教育,并把两者正确地结合起来。语文教学要配合政治运动,体现为政治服务的方向,又要根据语文教学的特有任务,逐步加强语文知识教学的要求。可要正确认识语文知识教学与思想政治教育的关系,使两者结合得不偏不倚,谈何容易?1961年初,静安区各中学部分语文教师曾举行了三次座谈会,就"文"与"道"的关系进行了热烈争辩。比较一致的看法是:

> 我们分析作品的思想内容,要充分发掘作品内在的思想性,就必须根据课文的不同体裁,认真分析作品的形象、情节、篇章结构、词句等。我们分析作品的语文特点,也必须和它表现怎样的思想观点相联系。很难设想,一个教师离开了作品的语言文字而能生动强烈、切实地进行思想教育;也很难设想,一个教师脱离了作品的思想而能出色地讲透语文知识。②

3. 语文教学主要传授语文知识

持此种意见者认为,光从思想行动有没有变化来看学生的语文学习成绩或来检查教学效果是片面的。学生思想面貌、道德品质的变化,不能单单归功于语文科的教学。因此,学生品德上的进步不能由语文科来评定分数,而应该体

---

① 张搞之.语文知识教学与思想政治教育的关系[N].文汇报,1961-03-23.
② 踏踏实实贯彻语文教学的目的和任务[N].文汇报,1961-01-23.

现在学生的操行成绩上。①

离开了语文教学的目的任务和语文科的特点,把政治挂帅和语文教学中进行思想政治教育两者等同起来,过分地、不恰当地强调思想性和结合实际,认为在语文课上着重向学生进行思想政治教育,多讲一些政治道理,就是为政治服务,就是政治挂帅;……认为重视了语文知识教学和基本训练,必然会削弱思想政治教育,导致脱离政治。这种观点,反映在教学实践是忽视语文基础知识教学和基本训练;表现在讲读教学方面,往往是离开词句章法的分析,抽象地提观点、抓中心、挖思想,或生硬地联系实际,或不恰当地批判古人,甚至离题发挥,牵强附会地进行所谓思想政治教育,把本来不属于语文课的思想教育任务硬加在语文课上;表现在写作教学方面,往往是只重思想内容,不重文章作法,甚至连错字病句也可不予改正。也有些人,明知语文教学应当重视基础知识教学和基本训练,但怕"脱离政治",也不敢加强语文知识教学。②

为加强语文知识教学,《文汇报》特地邀请在北京的一部分教育家和语言学家座谈中小学语文教学问题,出席座谈会的有叶圣陶、林砺儒、吕叔湘、王力、黎锦熙、吴伯箫等。他们就语文教师普遍关心的一些问题发表了意见,认为语文知识教学主要包括识字、写字、阅读、表达。③ 戴伯韬则非常直接地强调,语文应传授基础知识,强化基本训练。④

事物的发展过程总是伴随各种力量的彼此消长,上述三种意见在讨论中呈现出一种缓慢过渡,即从强调语文教学要政治挂帅,转而主张知识性和思想性相结合,进而偏重于知识教学,突出基础知识和基本训练。这种过渡既是调整充实、强调教学质量的大环境使然,亦与当时特殊的社会背景取得了巧妙的一致。前两种意见都比较强调语文教学的政治性和思想性,虽说有部分中国传统的影子,但更多的是苏联教育学观点在语文教学上持续、深入的反映。而第三种意见的提出,则表明苏联模式对上海教育的影响不仅在宏观上渐渐衰减,而且在微观的教学领域也逐步消解。至于"文革"时期再度强调政治挂帅,则另当别论。

---

① 董鸿毅.如何才算完成了语文学科的教学任务[N].文汇报,1961-02-10.
② 社论.试论语文教学的目的任务[N].文汇报,1961-12-03.
③ 教育家和语言学家谈语文教学[N].文汇报,1962-04-06.
④ 戴伯韬.语文课就是教语文[N].文汇报,1962-04-13.

第三节 发展半工半读教育

半工半读学校是在"大跃进"中尝试并兴起的,其发展亦随着"大跃进"的终结而受阻。在1961—1963年的三年调整、整顿期间,由于对正规化教育的强调和教育政策的收缩,半工半读学校被大量撤并,少数改为全日制学校,保留下来的寥寥无几。三年调整一过,政策稍为宽松后,半工半读试验又开始旧事重提。从1964—1965年,全国又开始了更大规模的半工半读试验。

一、重整旗鼓

由于吸取了"大跃进"的经验教训,半工半读在1964年被旧事重提后,倡导者做了大量的宣传发动和政策层面的工作,以使之能够广泛、深入、持久地开展下去。各地在试办时,领导力度和办学力度都较上次大大加强。教育部还建立了半工半读教育办公室,各省、市也成立了半工半读教育领导小组。

1. 宣传与政策

1964年1月底,教育部召开全国教育厅、局长会议,再次提出要贯彻"两条腿走路"的方针,实行"两种教育制度"。8月,刘少奇在各地视察时,又多次重提"半工半读,亦工亦农""两种劳动制度和两种教育制度",并将其提到"反修防修"的高度,认为"这种在半工半读的中等技术学校或者大学毕业出来的人,是一种新人",要求全日制学校不能再增加了,而要多办半工半读、半农半读学校,并建议各地着手试办。同年,《人民教育》8月号发表社论《坚决扶持半农半读、半工半读学校》,认为这种学校有利于培养德智体几方面都能得到发展的新人,"就是又红又专,既能从事体力劳动,又能从事脑力劳动的新人,有利于培养无产阶级革命事业的接班人"。"群众评论这种新型学校为三满意。办学单位满意,促进了生产,培养了人才,学生又红又专,工作顶事,不挑不拣,能文能武、能上能下;学生满意,学了政治文化技术,有了工作;学生家长满意,学生学了本领,家庭没有负担。"10月,农业部召开北京农大等7所高等农业院校试办半农半读座谈会,要求他们试办半农半读专业,培养农业技术干部。11月,中共中央发出《关于发展半工(农)半读教育制度问题的批示》,正式肯定了"两种教育制度"。12月21日,周恩来在三届人大一次会议上作《政府工作报告》,进一步指出今后要试办半工半读、半农半读学校。

1965年3月26日至4月23日,教育部召开全国农村半农半读教育会议,确定今后农村教育革命的任务是:实行全日制和耕读小学"两条腿走路",普及小学教育;扩大试办农业中学,积极试办半农半读中等技术学校。7月15日至30日,农业部召开全国中高等农业教育会议,提出农业教育要面向农村、面向农民、面向生产,要搞好半农半读、社来社去和教学改革。8月,卫生部召开全国高等医学教育会议,强调医学教育要面向农村,办农村医学专科班,实行半农半读、亦医亦农。10月底,教育部召开全国城市半工半读教育会议,强调要积极试办城来社去、半工半读学校,实现教育战线一大革命,并指出"两种教育制度"是"巩固无产阶级专政,防止资本主义复辟"的根本措施之一,必须坚持"五年试验,十年推广"的方针。12月,高等教育部召开全国半工(农)半读高等教育会议,指出在积极试办半工(农)半读高等教育的同时,对全日制学校要进行半工(农)半读试点。

2. 大规模试办

进行半工半读试验的不限于小学、中学,中等技术学校和高等学校也试办半工半读,以建立一个半工半读教育体系,① 使培养出的人既能当干部、技术员、工程师,也能做工人、农民。从1964年下半年开始,半工半读学校开始陆续在全国试办,并得到迅速发展,连一些全日制学校也来凑热闹,大量改为半工半读学校。在"大跃进"期间办起来的农业中学,经过一段时间的沉寂,也借半工半读的二重浪潮快速发展起来。

在农村,到1964年10月,新办的耕读小学已占全国小学总数的29.1%,耕读小学的学生人数占全国小学生总数的12.1%。② 据1965年底的粗略统计,全国耕读小学学生达2 400万,占全国小学生总数的20%;农业中学53 000多所,学生310余万,占全国中学生总数的25%。③ 这说明半农半读对普及农村中小学教育具有一定促进作用,尤其是耕读小学,较好地解决了贫下中农子女的入学问题。

在城市,据1965年上半年不完全统计,全国已有半工半读学校1 700多所,学生26万余人。1965年底,全国仅半工半读中等技术学校就达1 300多所,学生18万人。④ 许多行业和政府管理部门都进行了半工半读的办学试验。

高等教育方面,除了兴办半工(农)半读高校外,一些全日制高校也试办半

---

① 毛礼锐,沈灌群. 中国教育通史:第六卷[M]. 苏渭昌,撰. 济南:山东教育出版社,1989:181.
② 社论. 总结经验,提高认识,争取半农半读教育事业的新胜利[J]. 人民教育,1965(5).
③④ 毛礼锐,沈灌群. 中国教育通史:第六卷[M]. 苏渭昌,撰. 济南:山东教育出版社,1989:185.

工(农)半读专业。据统计,1965年全国66所农业院校,就有37所试办半农半读。① 在1965—1966学年初,全国共有全日制高校434所,其中有177所进行半工(农)半读试点。② 以著名的江西共产主义劳动大学为例,1959—1960年有总校1所,分校88所,附属劳动技术学校14所,学生近50 000人;1962—1964年经过调整,有以办大专为主的总校1所,办中专为主的省属、专属分校23所,办初技为主的县属分校23所,学生14 000余人。③ 1965年,该校又在60多个县办起了66所新的分校。④

二、新的发展

在新的形势下,半工半读被视为促进知识分子劳动化、劳动人民知识化的一条重要途径,能够培养出既能从事体力劳动,又能从事脑力劳动的新人,有利于逐步消灭体力劳动和脑力劳动的差别。举办半工半读学校能节省国家的人力、物力、财力,为多快好省地普及教育,解决青年学生的升学、就业问题,开辟了一条崭新的道路。⑤ 上海在1963年后再次试行半工半读教育制度,并以此改革中等教育结构。发展半工(农)半读教育主要采取三种形式:一是举办专门的半工半读学校;二是发展农业中学和耕读小学;三是在全日制学校内试行办半工(农)半读专业。

1. 举办半工半读学校

半工半读学校一般由工厂或行业举办,相当于中专或专科水平,其专业以及有关课程,都是紧密结合生产需要设置的,学生所学专业和参加的劳动是基本对口的,学哪个专业就在哪个车间劳动,以便使学习、生产可以相互促进。半工半读学校实行四四制,即4小时劳动,4小时学习。厂办半工半读学校以厂长为校长,部分教师从科室或技术人员中抽调或兼任,校舍也可以尽量挖掘工厂潜力。经过四年左右的劳动和学习,使学生达到相当于中专毕业的水平,并且能掌握有关工艺规程、一般产品设计以及原料分析试验的初步知识,具有一定的管理技术工作能力,基本上达到中级技术人员水平。

在中央尚未明令大规模发展半工半读之前,上海就先行一步。1963年,上海创办了机电工业、冶金工业、纺织工业、化学工业、仪表电讯工业、轻工业等6

---

① 高奇.新中国教育历程[M].石家庄:河北教育出版社,1996:102.
② 毛礼锐,沈灌群.中国教育通史:第六卷[M].苏渭昌,撰.济南:山东教育出版社,1989:186.
③ 刘俊秀.我们是怎样创办共产主义劳动大学的[N].人民日报,1965-04-17.
④ 江西共大是新型学校的榜样[N].文汇报,1966-01-27.
⑤ 段学达.半工半读教育制度前途远大[N].文汇报,1964-09-12.

所半工半读专科学校。其中机电工业半工半读专科学校设在上海重型机器厂、上海柴油机厂、上海机床厂、上海拖拉机厂、上海汽轮机厂、上海电机厂、上海工具厂等各所大型工厂里。学校办在工厂里,有利于调动工厂的办学积极性,从人力、财力、物力各方面挖掘工厂办学的潜力,使学校教育能减少国家投资而得到比较迅速的发展。①

1964年,上海市区新办的具有半工半读性质的技工学校、职业学校和工厂企业办的中学就有200多所。连同原有的这类学校,上海市区具有半工半读性质的学校有350多所,学生近5万人。② 如上海裕华毛纺厂在1964年办起了工业中学,招收小学毕业生就读,实行半工半读。学生通过三年的劳动和学习,既能达到初中毕业文化水平,又能熟练掌握专业工种的操作技能。在师资上尽量挖掘潜力,除文化课配备专职教师外,专业课程全部由厂里技术人员兼任。③

1965年,上海半工半读学校的办学形式多种多样,既有以工厂企业办学为主的,还有学校办工厂、厂校挂钩、小厂联办、厂校合一等形式。许多学校还发扬了自力更生、勤俭办学的革命精神,克服办学中的种种困难,将废旧工房改建成校舍,自建实习工场。④ 以普陀区为例,至1964年,全区工厂兴办半工半读的工业中学20所,职业学校25所,学生共5 094人。1965年,这些学校中的30余所先后改成半工半读技术学校,普陀区半工半读技术学校也于是年成立,为全市4所试点学校之一。同时,还试办了2所半工半读初级中学。⑤

上海市卫生局为适应上海郊区农村三大革命运动和卫生事业发展的需要,尽快为农村培养医护人员,委托上海第二医学院办了第一所半农半读医学专科学校。该校于1965年8月26日正式开学,从农村人民公社招生,学生毕业后仍回公社参加劳动,招生对象是高中毕业或相当于高中文化程度的农村知识青年、卫生员、接生员,将一年分为三个学期,学生一年中有4个月在农村参加集体生产劳动。⑥

除了新设半工半读学校外,原来的全日制学校或业余学校有的也改为半工半读。如上海机器技工学校改为半工半读后,学生的生产实习和文化技术学习

---

① 上海创办6所半工半读专科学校[N].文汇报,1963-10-18.
② 北京上海认真贯彻党的教育方针,新学年里半工半读半耕半读学校大有发展[N].人民日报,1964-09-13.
③ 坚持半工半读,培养工业劳动后备力量[N].文汇报,1964-08-27.
④ 巩固提高半工半读学校办学成绩[N].文汇报,1965-09-13.
⑤ 上海市普陀区志编纂委员会.普陀区志[M].上海:上海社会科学院出版社,1994:740.
⑥ 本市第一所半农半读医学专科学校开学[N].文汇报,1965-08-27.

隔周轮换一次;教师实行半工半教;坚持教学、生产紧密结合,做到"既是学校,又是工厂"。① 上海机器制造学校从1964年秋季开始实行半工半读,同样要求教师半工半教。有的教师实行一周劳动、一周教学,既做理论课教师,又做工人,和学生一起劳动。有的教师担任车间技术员,每周还参加两天体力劳动。通过半工半教,让教师们根据生产的实际情况和培养目标的要求,按照学以致用和少而精的原则,对课程设置、教学内容、教学方法等进行改革。② 1965年,上海市业余工业大学也改名为上海市半工半读工业大学。

为了造就半工半读和半农半读学校所需要的师资,上海在1964年11月新办了半工半读师范学院,领全国之先。半工半读师范学院专门为半工半读中等技术学校培养教师,院长由华东师范大学党委书记常溪萍兼任,设数学、物理、化学、机械、电机、无线电6个专业,学制5年。学院第一届学生从华东师范大学当年招收的新生中转来,共139人。学生在学习期间原则上一周上课,一周参加学校附属工厂的生产劳动。③ 学院最初设在华东师范大学内,后迁到漕河泾上海师范学院东部。1965年秋,上海又开办了半农半读师范学院,最初设在安亭师范学校内,后迁到奉贤县城东门港。上海教育学院第一期半工半读师资培训班,也于1965年秋正式结业。

2. 发展农业中学和耕读小学

1958年,在公社化和农业生产高潮形势的推动下,上海市郊区人民公社办了一批农业中学。1962年经过调整,巩固下来的有51所,学生5 500人。1964年后,农业中学又有大的发展,有6个公社办了6所农业中学,还有生产大队办的农业中学18所。松江县农业中学的学生编出顺口溜:"我们骑上两头马,一头劳动,一头读书";"校内一本书,校外一块田"。④ 南汇县1965年试办大队农业中学20所。⑤ 青浦县的农业中学也借机复苏,1965年共有40所。⑥ 到1966年,上海共有农业中学496所,学生2.8万余人。⑦ 农业中学分公社办和大队办两种,办学形式灵活多样,课程设置重视实用,方便了学生就近入学,对于普及

---

① 教育部职业教育司工作组.介绍半工半读的上海机器技工学校[J].人民教育,1964(9).
② 推动教师革命化,促进教学改革[N].文汇报,1966-01-30.
③ 上海第一所半工半读师范学院开学[N].文汇报,1964-11-02;为半工半读中等技术学校培养师资,上海创办半工半读师范学院[N].人民日报,1964-11-05.
④ 本市郊区农业中学获得巩固发展[N].文汇报,1964-09-15.
⑤ 上海市南汇县县志编纂委员会.南汇县志[M].上海:上海人民出版社,1992:570.
⑥ 上海市青浦县县志编纂委员会.青浦县志[M].上海:上海人民出版社,1990:618.
⑦ 吕型伟.上海普通教育史(1949—1989)[M].上海:上海教育出版社,1994:326.

教育,培养初级农业技术人员,推广农业科技,都有一定的作用。

同时,一些地方还办起了半农半读的初级农业技术学校。马桥公社1963年办了一所农业技术学校,设有农业作物栽培、畜牧畜医、农村财务会计三个班。农业班主要学习当地稻、麦、棉、油菜四大作物的栽培及其主要病虫害的防治;畜牧班着重生猪饲养管理和常见猪病的防治;会计班主要掌握会计核算和珠算等基本功。①

上海农村的耕读小学举办于1964年。至1965年,全市共有1 333所耕读小学,一些地方还形成了小学教育网,使耕读小学普及到社队。如青浦县白鹤公社1965年3月共有完小12所、初小24所、耕读小学55所,使学龄儿童入学率从1963年的59%提高到92%。② 1965年,宝山县为解决学龄儿童因家务不能入学的困难,办起耕读小学64所(班),使小学普及率迅速提高到99%。③ 耕读小学从生产实际出发,灵活机动地根据农时、天时来安排教学活动。农忙少学、农闲多学,天晴上半天课,天雨上全天课,有的还分为白天、晚上两班上课,受到人民群众的普遍欢迎。但有的耕读小学由于教师素质欠佳,办理不善,学生流失率也很高。当时,青浦县民办简易小学的办学形式更为灵活多样,因人、因时、因地制宜,有早班、上午班、中午班、下午班、夜班、包教包学和巡回教学等,其中下午班的上课时间又分为2时至4时、2时半至4时半、3时半至5时半等三种。学生可根据劳动情况和家庭情况灵活选择上学时间,大大方便了人民群众。④

为了安置城区部分不能升入高中的初中毕业生,上海市农垦局和教育局还于1966年5月联合拟订了《关于城市举办半农半读农业学校的意见》,提出将农业职业学校改为半农半读农业学校,面向农村、支持外地,招收城市初中毕业生,实行"城市来,农村去"。⑤ 后因"文革"爆发,未及施行。

3. 试办半工(农)半读专业

华东师范大学于1964年9月决定试办半工半读理工学院,先试行设立电机、数理、无线电三个专业,从物理、数学、地理三系一年级学生中招生159人。⑥

---

① 半农半读培养初级农业技术人才[N].文汇报,1965-08-12.
② 吕型伟.上海普通教育史(1949—1989)[M].上海:上海教育出版社,1994:332.
③ 上海市宝山区地方志编纂委员会.宝山县志[M].上海:上海人民出版社,1992:817.
④ 青浦县大力举办民办简易小学[N].文汇报,1964-04-09.
⑤ 吕型伟.上海普通教育史(1949—1989)[M].上海:上海教育出版社,1994:332.
⑥ 袁运开,王铁仙.华东师范大学校史(1951—2001)[M].上海:华东师范大学出版社,2001:85.

到1965年,上海有复旦大学、上海交通大学、同济大学、华东化工学院、华东纺织工学院、华东师范大学、上海师范学院等7所学校共试办了10个专业的半工半读。

根据中央改造文科大学,到农村办半农半读分校的要求,上海高校部分系科还曾下乡办学。1966年3月,复旦大学中文系师生170余人到青浦县朱家角公社山湾大队办学,师生分别住在9个生产队的31户贫下中农家里,半天劳动,半天学习。① 华东师大政教系也到松江县古松公社史家村办学。②

三、业余教育快速推进

1. 职工业余教育

上海市各类职工业余学校经过调整巩固,于1962年底进一步加强了对业余教育的领导,职工业余中等专科学校和职工业余高等学校在60年代初又有了一定的发展。各产业局、工厂、地区以及科学研究机关、科学技术协会和全日制大学,分别举办了业余大学、夜大学、电视大学、函授学校以及业余工业专科学校。③ 这类学校多实行半工半读,学生边劳动边学习,要求毕业生能上能下、能文能武,对于迅速培养技术人才,提高职工的技术水平,促进生产,起到了积极作用。截至1964年暑期,全市已有业余中专140多所,学员1.4万多人。④ 如江南、沪东等七家造船厂创办了联合业余造船大学,国棉九厂、十二厂、十七厂、十九厂、华丰等5个棉纺织厂和勤建毛巾厂、茂华毛纺织厂于1962年下半年联合举办了沪东纺织联合业余中等专业学校,学制5年,开设语文、数学、物理、制图、电工、机械化基础、棉纺织专业、通风设备等8门课。⑤

1964年暑期,上海34所业余高等学校毕业的工人、干部、教师和医士达3 000多人。这34所业余高等学校大部分是夜校,部分是函授学校,包括文、理、工、财经、医药、师范、体育各科,有的附设在全日制大学内,有的是由区或产业局和科学技术单位举办的。毕业最多的是工科方面的学员,共有900多人,其中不少人是从业余小学、中学到大学一直坚持学习下来的产业工人。⑥ 市委书记处书记陈丕显8月11日在上海市业余工业大学首届毕业典礼上讲话指出,

---

① 复旦大学校志编写组.复旦大学志·第二卷(1949—1988)[M].上海:复旦大学出版社,1995:221.
② 华东师范大学大事记(1951—1987)[M].上海:华东师范大学出版社,1991:180—181.
③ 上海教育事业五年来发展既多快又好省[N].文汇报,1963-09-24.
④ 上海职工业余中专发展迅速[N].文汇报,1964-10-27.
⑤ 介绍沪东纺织联合业余中等专业学校[J].上海教育(乙版),1963(2).
⑥ 上海三千多名工人干部在业余高等学校毕业[N].人民日报,1964-09-12.

实行半工半读的教育制度,是培养革命事业接班人的一个有战略意义的革命措施。发展半工半读学校,能够真正普及教育,实现劳动人民知识化。尤其重要的是,可以逐步消灭体力劳动和脑力劳动的差别。① 他说,半工半读学校培养出来的学生,既能从事体力劳动,又能从事脑力劳动,这是和资本主义教育制度根本不同的完全新型的社会主义教育制度。②

为了迅速在工人阶级中培养又红又专,既能从事脑力劳动、又能从事体力劳动的新型科学技术人才,一些高校和工厂还开办了工人班。如上海科技大学开办了工人班,上海锅炉厂举办了老工人中专班,以提高老工人的文化技术水平。

职工业余中小学教育也有新的进展,主要是加强了教学的计划性,对语文、数学等主要学科采取多种措施,切实保证教学时数和教学质量。这与当时正规全日制学校逐步提高教育质量有着密切关系。虹口区还总结了以往的经验,根据中小型工厂多的特点,于1962年下半年将全区160个中小型工厂联合起来,办了15所联校,将本区财贸系统7个公司所属的90多个单位组织起来,举办了5所联校,共有11 793名学习者参加了这20所联校的学习。③

2. 农民业余教育

在党的八届十中全会精神的鼓舞下,上海郊县的人民公社在1962年冬开始大办农民业余教育,加强农村的政治阶级教育和文化技术教育。如1962年底,南汇县开办各级业余学校135所,参加学习的青少年、积极分子和基层干部共5 000人。④ 宝山县大场人民公社于1962年11月中旬办了三个业余政治、技术学习班。嘉定县长征人民公社新村大队于1962年10月举办了一所业余政治技术学校。上海县新泾人民公社天山大队于1962年11月办起了业余政治技术学校。他们请了有经验的老农、技术员,结合当时当地生产中的主要问题,以讲座的形式向学员传授农业知识和生产技能。长征公社为了增加蔬菜品种和产量,组织90%的青年参加生产技术学习。⑤ 嘉定县黄渡公社在1962年底至1963年初,举办了各类各级业余学校14所,参加学习者750人。松江县山阳公社举办各类业余学校48所,入学者1 042人。⑥

---

① 上海市业余工业大学隆重举行首届毕业典礼[N].文汇报,1964-08-15.
② 上海八百多工人从半工半读大学毕业[N].人民日报,1964-08-20.
③ 叶祖善.虹口区工厂联合办学探讨[J].上海教育(乙版),1963(1).
④ 南汇县力争办好冬学[J].上海教育(乙版),1963(1).
⑤ 本市农村积极开展业余政治、技术教育[J].上海教育(乙版),1963(1).
⑥ 加强教学工作,巩固提高业余学校及我们办好冬学[J].上海教育(乙版),1963(2).

半工半读教育使教育和生产劳动紧密结合,以求充分发挥两大课堂(学校教学和现场教学)、两套教师(学校教师和工人师傅)的作用,有利于学生在德、智、体方面的全面发展。

"文革"期间,"两种教育制度"被认为是搞"双轨制",并被作为"修正主义"路线加以批判。1967年7月18日,《人民日报》发表《打倒修正主义教育路线的总后台》,批评半工半读是"资产阶级职业的学校","两种教育制度"是资本主义国家"天才教育"和"劳动者教育"的"双轨制"的翻版。"文革"后,"两种教育制度"逐渐销声匿迹。

第四节 前进中的曲折

尽管20世纪60年代初,上海在中央的领导下,对教育事业进行了大规模的充实与提高,使学校教育在平稳中发展,教育教学质量大面积提高,出现了一派欣欣向荣的景象,但政治与教育之间关系的讨论始终没有松懈,不时掀起一阵阵波澜,要求教育为政治服务,开展社会主义教育运动。由于在提高质量和调整结构中严格控制高等教育规模,导致普通中学出现片面追求升学率的现象,大量的初中和高中毕业生不能升学,①他们的出路渐成问题。于是,上山下乡逐渐成为安置城市知识青年的重要途径。

一、上海高校的社会主义教育运动

1963年5月,中共中央决定在农村部分地区进行社会主义教育运动(简称"社教运动")试点。10月4日,教育部发出《关于高等学校文科师生参加农村社会主义教育运动的通知》,认为农村社教运动是向学生进行阶级和阶级斗争教育的良好时机,要让学生在实际斗争中受到锻炼和教育。1964年9月11日,中共中央和国务院发出通知,要求组织高校文科师生参加社教运动,主要是参加农村"四清"(即清政治、清经济、清组织、清思想)运动,时间少则半年,多则一年半。1965年2月2日,中共中央和国务院又发出通知,要求组织高校理工科师生参加社教运动。5月10日,高等教育部发出《关于高等学校师生参加社会主义教育运动的几项规定》。到1965年底,全国395所高校有22万余师生参加了声势浩大的社教运动。

---

① 因为"大跃进"期间教育全线急剧发展,"大跃进"后又全线收缩,这使得"大跃进"期间入学的中小学生在随后的调整中承受了巨大的升学压力。这比较典型地反映了教育问题在时间表达上的延续性,教育决策必须通盘考虑各级各类教育的协调发展。

社会主义教育运动被称为"是又一次重新教育人的伟大运动,也是向知识分子和青年学生进行革命化、劳动化教育的最好的学校"。① 让知识分子、青年学生下到农村,和贫下中农打成一片,通过听贫农下中农的忆苦思甜报告,吃忆苦饭,改造自己的世界观,"在阶级教育中辨明社会主义方向,分清大是大非"。由于当时视大学文科是研究意识形态、研究阶级斗争的,认为光读书还不能解决问题,更重要的是把师生们所学的马列主义基本原理,同改造自己的思想和当前革命群众的实际斗争结合起来,学会在阶级斗争中自觉运用马列主义基本原理,因此对于文科师生来说,下乡参加社会主义教育运动,就被赋予了改造立场、观点、方法等更多的意义。

1964年9月开始,复旦大学、华东师大、上海师院、上海财经学院文科部分师生3 000多人,先后前往农村,参加社会主义教育运动,历时半年多。他们和贫下中农同吃、同住、同劳动,进行调查研究和个别访问,大写"三史"(村史、公社社史、贫下中农家史),以认识农村"非常尖锐复杂"的阶级斗争。一些师生在"三秋"劳动中还干起了割稻、挑稻、垒地等农活。

以华东师大为例。1963年12月学校即组织师生参加农村社教运动,第一批下乡的有中文、政教两系师生以及部分理科教师和机关干部共1 196人,分布在松江、嘉定两县的18个公社98个生产队。1964年2月,历史、教育、外语三系师生及理科、机关部分教职工共1 010人,到松江县城东、新桥、新浜、山阳、佘山5个公社,参加为期一个半月的社教运动。同年10月,中共华东局组织部抽调该校政教、教育、中文三系的三、四、五年级学生和部分教师、干部共984人,到安徽省全椒县参加农村社教,后又去安徽省定远县,直到1966年8月才回校。1965年7月,数学、物理、化学、生物、地理、外语等系的三、四、五年级学生和部分教师、干部共1 600多人,去崇明县19个公社和2个农场参加农村社教运动,于1966年6月返校。②

复旦大学1964年组织三批共3 759名师生员工下乡参加社教,整个学校空空荡荡、冷冷清清,在政治压倒一切的思想指导下,教学和科研几乎成为一种点缀。③ 华东纺织工学院1965年有60%以上的教师、干部参加了农村、工厂的社

---

① 文科师生革命化的重要步骤[N]. 文汇报,1964-11-10.
② 袁运开,王铁仙. 华东师范大学校史(1951—2001)[M]. 上海:华东师范大学出版社,2001:97.
③ 复旦大学校志编写组. 复旦大学志·第二卷(1949—1988)[M]. 上海:复旦大学出版社,1995:46.

会主义教育运动。①

同时,高校校园内也开展了社会主义教育运动。中共华东局和上海市委派出工作组,于1964年分期分批到各高校蹲点,采用大字报、面对面、"背靠背揭发"等形式批判"资产阶级专家权威当道"和"学术领域中的资产阶级思想",这种做法不仅伤害了一些人,也严重影响了干群关系和师生关系。一些工作组在学校里待了半年以上,造成一定的负面影响。应该说,组织师生参加社教运动,参加农业劳动,虽然有某些积极意义,但师生们长期离校,打乱了学校正常的教学秩序,影响了教学和科研工作的开展。

二、《茉莉花》事件

1965年1月15日,《文汇报》头版刊登上海市第二女子中学一个学生写的两篇习作,分别题为《茉莉花》和《当我升上初三的时候》,写作时间前后相隔仅一个月。关于如何评价这两篇习作的讨论在上海语文教育界引起了一阵不小的震动,并迅速波及其他学科。

《茉莉花》全文是:

> 丽华是我最好的朋友,前几天,她回南京去了。临走时,她送给我两盆茉莉花。她把花当作纯洁的心,我把花当作友谊的象征。
>
> 我对这两盆花爱护备至,天天观看,日日浇水。而且向弟弟妹妹庄严宣布:谁也不许弄坏我的花。
>
> 这天,我早上起来,看见天气分外晴朗,天高云淡,阳光灿烂。脸也顾不得洗,就把两盆茉莉花小心翼翼地从凉台上搬到花园里。这么好的太阳,应该让花儿也享受享受。
>
> 一个上午过去了,平安无事。可是哪里晓得,到了下午,意想不到的事情发生了。万里无云的天空,霎时间乌云密布,四面八方雷声滚滚,霹雳一个一个从天上打下来。
>
> 当时我在房间里睡午觉,对这天气的变化丝毫不知道。当我被一声闷雷打醒时,窗外已是狂风暴雨的世界,风怒吼,雨澎湃,雨雾笼罩着一切。
>
> "唉呀!"我惊叫一声,翻身从床上跳了下来,这时在我的脑海中,只有花,只有花!

---

① 中国纺织大学校史编写组.中国纺织大学校史(1951—1986)[M].上海:上海科学技术出版社,1989:25.

我什么也顾不得了,拖着拖鞋,连雨具也没有拿,奔下楼梯,朝花园跑去。刚出房子,倾盆大雨便像瓢泼似的从头上浇下来,隔着雨帘,我看见两枝茉莉花在风雨的袭击下,摇摆不定,好像要折断腰似的。

我冲破雨水的封锁,抱起一盆茉莉花就往房间跑,等把花盆放下,我才发现拖鞋掉了一只。一只就一只吧!我又冲向院子。刚出房子,就跌了一跤,浑身是泥。低头一看,原来掉了的一只拖鞋绊了我一跤。

等我把两盆花放好,洗干净身子,天又放晴了。花叶上的水珠,在阳光照耀下,放出耀眼的光芒。

《当我升上初三的时候》全文是:

人生有几个初三?

在我的前面摆着这样一个问题,我已经升入初三了,正受着生活的考验。其实,"初三"这个名词,并不令人费解,但紧跟着初三来的是怎样接受国家的挑选,是劳动,还是升学?

这两天,翻开报纸,就可以看到许多消息:有多少人接受了祖国对他们的考试,踏上了新的学习岗位;又有多少人志在四方,到祖国最需要的地方去——农村、边疆。他们被人们誉为好儿女,他们的青春在祖国的四方闪耀。

一个星期天的早晨,我走进姐姐房间,无意之中发现玻璃板底下多了一张照片,一个穿着军衣的女孩子,正对着我微笑。"这是谁?"我脱口而出。"我的同学。"一个声音从脑后传来。我转身一看,姐姐脸上正露着自豪的神情。"她是我们班的班主席,初三毕业以后,坚决到新疆去。上级满足了她的要求,她马上就要出发了。""真的?这个人可是好样的。什么时候能见到她一面?"我问。"她今天就来。"话音刚落,敲门声随之而来。走进来的就是那位照片上的姑娘。姐姐热情地请她进屋坐下,我也殷勤地端上一杯水。

姐姐和她愉快地交谈起来,我本来不打算插嘴,但好奇心使我向她发问:"你为什么到新疆去?""我只觉得新疆更需要人。"是啊,去新疆并不缺她一个人,但是她一定要去,一定要把有限的生命投入到无限的为人民服务之中去。一滴水可谓渺小之至,经过阳光的蒸发,瞬息即逝。但千万滴水聚在一起,就成了小溪,无数小溪汇成一道,形成长江大河。成千上万的河流流入海洋,便产生了雷霆万钧之势,排山倒海之力,世界上有什么力量可以阻挡排空巨浪的前进呢?

看着她那稚气未退的脸膛,我蓦地升起一个念头:她虽不是什么英雄,可眉清目秀是一种美;浓眉大眼加上青洒洒的络腮胡须,也是一种美。她不正和报纸上所赞扬的好儿女们一样吗?

我已经不小了,八九年来,是党和人民用血汗把我这样一个劳动人民的子弟,培养成初三学生的。在这初中生活的最后一年头,我应该好好学习,要对得起党,对得起人民。

再过一年,我也要和他们一样,接受祖国的挑选,如果人民需要我上农村,到边疆,我一定和姐姐的那位同学一样,毫不犹豫地奔赴第一线。如果人民需要我继续升学,那我一定不辜负人民的期望,以优异的成绩向祖国汇报。

市二女中的教师们对《茉莉花》有三种不同看法。一种意见认为,这是一篇好文章,写得有感情、有技巧,不落俗套,引人入胜。第二种意见认为,这篇文章有一定的缺点,思想性较差,但文字技巧很好,是用相当成熟的笔墨写出来的,仍然不失为一篇好作文。第三种意见认为,这是一篇不好的文章,思想内容不健康,情调不好。对《当我升上初三的时候》也有三种意见。一种认为想法太简单,写法太单调,思想空洞。另一种意见认为,它思想内容好,感情健康,但文字结构不如《茉莉花》。第三种意见认为,这是一篇好作文,主题好、内容好、表达也好。①

文章见报后,褒贬更是不一。《文汇报》便借此以专栏形式讨论"如何指导和评价学生的作文",历时八个月之久,内容涉及评价学生作文的标准、作文的题材、作文教学与教师思想感情的关系等问题。由于《茉莉花》文笔清秀、词句优美,有波浪涟漪,有感情,有余味,不落俗套,清新可喜,一开始便得到不少教师的好评,认为这篇文章"仿佛茉莉花那样散发着清香"。而《当我升上初三的时候》虽然有内容,有革命感情,但比较起来,教师们却并不怎么喜欢它。但这种讨论在《文汇报》编者的诱导下逐渐变了调,教师们被追问以什么思想感情喜欢《茉莉花》。喜欢它的什么。于是风向变了,认为《茉莉花》虽然从表达能力来讲,如用词造句、布局谋篇、段落层次等方面尚有可取之处,但从思想内容来

---

① 如何指导和评价学生的作文[N].文汇报,1965-01-15.

看,是不健康的,充满着小资产阶级的情调,最后发展到批判《茉莉花》,而肯定《当我升上初三的时候》。尽管有些教师坚持认为,一个初中生能写出《茉莉花》这样一篇文情并茂的短文,是应该给予肯定的,但这种声音越来越微弱,并很快被淹没。

教师们还自我"解剖",从对这两篇习作的评价中批判自己头脑中的"资产阶级、小资产阶级"的思想意识、文艺标准,认为喜欢《茉莉花》是因为受了旧文艺"风花雪月""闲情逸致"的影响。一个教师说:"对两篇习作持何种态度,它提醒和督促我还需要不断地兴无灭资,破旧立新,'化'到无产阶级立场上来。"①

因过于强调学生作文的思想性,这场讨论的结果是:作文基本技巧只是一个技术性问题,而基本思想则是方向性问题;不能以片面强调基本功为由,注重技巧训练,而不管思想;作文教学要贯彻"政治第一,艺术第二"的标准,决不能把语文能力的训练同思想政治教育割裂开来;应当把语文课堂当作对学生进行思想政治教育的阵地,帮助学生"兴无灭资"。

1965年9月,《文汇报》邀请上海部分中学的语文教师就作文教学进行座谈,作为这次讨论的结束。编者将教师们的发言整理为《作文教学必须不断改革》刊登在报上,并在编者按中说:

> 作文是运用语言表达思想感情的综合训练。学生通过作文,既进一步学习字、词、句、篇等语言文字基本知识,更学习如何运用语言文字去表达无产阶级的思想观点。在任何一篇作文中,思想内容与语言文字是不可分割的。它们是对立统一着的两个方面。政治是统帅,是灵魂,必须贯串在整个作文教学的始终;同时,正确的政治思想必须通过语言文字表达出来。因此,在作文教学中,我们既不能忽视作文的思想性,也不能无视字、词、句、篇等语言文字基本功的训练;既不能把作文课上成文学创作课,也不能把作文课上成政治课。应该在无产阶级政治挂帅的前提下,辩证地处理思想内容与语言文字的关系。作文教学必须政治挂帅,使政治落实到作文教学的各个环节,有目的地进行识字写字、用词造句等基本技能训练,培养和提高学生的语言文字表达能力,使学生正确、熟练地掌握与运用祖国的语言文字,为社会主义革命和社会主义建设服务。②

---

① 石俊升.三读《茉莉花》的思想矛盾[N].文汇报,1965-01-20.
② 作文教学必须不断改革[N].文汇报,1965-09-27.

三、片面追求升学率

由于"大跃进"中普通高中教育盲目扩大,在随后的调整、提高中,高校招生规模又大幅压缩,这使学生的升学压力在宝塔形学校教育结构形成后突然加大。尽管宝塔形结构有利于教育质量的提高,使广大师生形成了刻苦钻研、认真读书的良好风气,但随之而来的是,学生课业负担越来越重,产生了片面追求升学率的偏向。一些干部考查学校工作好坏的标准就是一条:看升学率的高低。如果升学率高,就是好学校,不问其他;如果哪一所学校升学率低或者降低了,也不问其他,就给学校施压。

为提高升学率,上海一些中学采取的主要方法有:(1)增加课时,将高三的教学内容在高二全部教完,提早组织学生进行分类复习。育才中学甚至鼓励高二学生参加高考,提前一年进大学,1965年就有5名高二学生考取了大学。(2)突击抓毕业班,派教学业务水平高的教师到毕业班去"把关",并将学生按成绩进行分类排队,有的还将学生按成绩编班,对那些学业成绩好、升学把握大的学生,加强个别辅导。对其他学生,便放松教育。(3)教师上课"满堂灌",学生笔记多、本本多。有的甚至搞猜题"押宝"教学,指导学生猜考题,下一年的教学围绕着上一届升学考试的题目打转。甚至学生的作文,教师认为写得好,升学考试可能出这类题的,经批改后要求大家都背熟。(4)额外增加补充教材和练习题,课外作业、家庭作业多,测验多,考试多,评比竞赛多。所有这些集中起来,都加到学生身上,学生每天的学习时间在某些初中达10小时,高中达11小时。

频繁的考试测验给学生造成很大的压力,影响了学生对基础知识的全面掌握,也影响了学生参加生产劳动和政治思想教育,更影响了学生的身心健康。"考,考,教师的法宝;分,分,学生的命根"就是从这时起在学生中流传开来的。由于课业负担过重,削弱了学校的思想政治教育和生产劳动教育,挤掉了学生课外自由阅读、开展文娱体育活动和休息的时间,使学生在德、智、体几方面不能生动活泼地得到发展。

片面追求升学率招致大量批评。《人民教育》说它从"性质上说来,是一种资产阶级教育思想的表现,只重视文化知识教育,而不重视政治思想教育和生产劳动教育"。[①] 批评者还说:"在资产阶级思想的指导之下,学生升学的目的必然是个人主义的,为个人而学习还是为无产阶级革命事业学习,这是两种根

---

① 社论.正确贯彻教育方针,减轻学生学习负担[J].人民教育,1964(2).

本不同性质的学习。学生抱着个人主义的学习目的升了大学,以后又不很好地进行思想改造,那么,培养出来的必然是资产阶级知识分子,在社会上继续分化和保留一个满脑子资产阶级世界观的、与体力劳动相对立、凌驾于劳动者之上的特殊的知识分子阶层。"①

教育行政部门从 1963 年起,开始采取各种措施纠正片面追求升学率的做法。教育部于 1963 年 1 月 24 日发出《关于当前中学教学工作的几点意见》,要求各地采取有效措施,制止片面追求升学率。1964 年 5 月 4 日,中共中央和国务院批转《关于克服中小学学生负担过重和提高教学质量的报告》,提出六点意见:

(1) 大力宣传党的教育方针,克服轻视劳动,特别是轻视农业劳动,片面追求升学的思想。

(2) 学校应把思想政治教育放在首位,教育学生正确对待升学和参加劳动。

(3) 学校应以教学为主,全面提高教学质量,不能只管智育,不管德育、体育。

(4) 明确考试的目的是帮助学生更好地理解和运用所学知识,检查教学效果,以改进教学工作。

(5) 适当组织学生开展课外活动。

(6) 注意劳逸结合,增进师生健康。②

上海市教育局于 1963 年 12 月 7 日发出《关于当前教学工作方面几点意见的通知》,对减轻学生负担作了九点规定,要求中学除语、数、外、理、化,小学除语、数外,其他各科不得布置课外作业;除理化生实验课外,其他各科不得布置课前预习;不得硬性规定早读;上课不得拖堂;严禁以大量作业作为处罚学生的手段。1965 年 7 月 17 日,上海市教育局发出《关于减轻学生负担、改进学校工作的报告》,要求尽量减少课外作业,学生每天课外作业时间初中不超过一小时,高中不超过一个半小时;政治活动和团队活动要少而精;各种课外活动由学生自愿参加,活动方式要小型、多样、分散;学生每天睡眠时间要充足,高中生 8

---

① 敢峰.反对片面追求升学率,打退资产阶级教育思想的进攻[J].人民教育,1964(4).
② 吕型伟.上海普通教育史(1949—1989)[M].上海:上海教育出版社,1994:246.

小时,初中生9小时,小学生10小时。① 市教育局还规定,从1965年下学期开始,中学每周教学时数不超过29课时,小学不超过28课时;中学每节课由50分钟改为45分钟,小学由45分钟改为40分钟。

为贯彻中央有关教育工作的指示,上海市各中等学校从当年起积极改革考试制度,政治理论课全部实行开卷考试,部分学校在外语、物理、化学、数学等学科中进行了开卷考试试验,以减轻学生的学习负担,消除学生对考试的紧张心理。教学工作中贯彻"少而精""启发式",以从根本上改变"上课记笔记,考试背笔记,考过都忘记"的现象。② 中共上海市委派工作组到育才中学帮助教改,将原有的十几门课程改为五门,即政治、语文、外语、数学、自然科学(包括物理、化学、生物),以体现课程砍掉一半的精神。在工作组的督促下,育才中学在课外活动的安排上,做到三个保证,即保证不占用上课和晚自修时间,保证学生有足够的休息和睡眠时间,保证学生有必要的自由支配时间,并规定学生参加课外政治学习活动只能一次,每次不超过两小时。③

四、青年学生上山下乡

在教育事业的调整中,还通过控制和减少城镇人口,以缓解粮食供给不足的矛盾。由于高等学校和高中的招生规模相应缩小,致使许多升不了学的初高中毕业生成为社会负担。为了解决这一问题,从1961年开始,上海每年都有大批不能升学的初、高中毕业生离开上海,面向农村、面向外地就业,也有少部分学生到外地升学,如上海市首批录取去江西省共产主义劳动大学学习的知识青年就于1961年11月底出发。在1962年上海市中学毕业生代表大会上,市委教育卫生工作部部长、市教育局局长陈琳瑚说,上海青年无论是升学还是劳动,都要有志在四方的气概,要根据国家需要,从全局出发,到最需要、最艰苦的地方去。他还希望不能升学的同学,除国家积极安排外,家长和学生自己也能积极主动想办法自行安排。④ 上海共青团组织还把源源不断地输送上海青年到农村去、到边疆去视为一项长期的光荣任务。⑤

1963年6月29日至7月1日,中央安置城市下放职工和青年学生领导小组召开六大区城市精简职工和青年学生安置工作领导小组组长会议。周恩来

---

① 吕型伟.上海普通教育史(1949—1989)[M].上海:上海教育出版社,1994:247-248.
② 本市中等学校积极试行开卷考试[N].文汇报,1965-07-23.
③ 上海市教育局、共青团上海市委调查组.育才中学对减轻学生负担、改进学校工作的认识和做法[J].人民教育,1965(9).
④ 上海市中学毕业生代表集会[N].文汇报,1962-05-24.
⑤ 张浩波.下乡上山是促进知识青年革命化的重要道路[N].文汇报,1964-10-13.

在接见会议代表时指示,今后15年内,动员城市青年学生下乡参加农业生产是城乡结合、移风易俗的大事。今后安置的主要方向是插入人民公社生产队,其次是插入国营农、牧、林、渔场,再次才是建立新的国营农、牧、林、渔场。1964年,全国有30余万知识青年上山下乡。①

广大上海青年积极响应党的号召,怀着开发祖国边疆和农村的宏大志愿,奔赴全国各地。还有成批知识青年落户上海郊区,成为建设农村的重要力量。1962年和1963年两年,上海下乡插队的城市青年和未能考取高一级学校的初高中毕业生有近10万人。1964年4月20日、21日,来自新疆、江西、湖北、安徽、福建、浙江和上海市郊农村的425位上海上山下乡知识青年,出席上海市委召开的上海市上山下乡知识青年积极分子代表大会,汇报了他们在农村、在边疆的锻炼情况。市委书记陈丕显说:"上海是我国的一个老工业基地,文化科学比较发达,从人力、物力上支援外地是我们的光荣责任。上海青年应该发扬好儿女志在四方的革命传统,到农村去、到边疆去。"石西民说:"上海一切有条件上山下乡的知识青年,要学习先行者的榜样,树立雄心壮志,以四海为家,踊跃奔赴农业生产第一线,为农村的社会主义革命和社会主义建设事业,贡献自己的智慧和青春。"②

同时,应届的高校毕业生和中等专业学校毕业生也被鼓励到边疆去。1964年6月,上海市高等学校和中等专业学校的毕业生,纷纷向党表示自己的豪情壮志:党指向哪里,就奔向哪里;到祖国最需要的地方去,为革命奋斗终生。一些学生写信给高教局,要求分配他们到边疆去。许多家长给学校写信,感谢党培养、教育了他们的子女,声援子女去边疆。

也有一些表现积极的知识青年,主动放弃考大学和上大学的机会,申请去农村或边疆。如华东师大二附中学生张韧,1962年考取上海戏剧学院,可为了响应上山下乡的号召,她放弃了上大学的机会,决定到农村去。1962年9月11日,张韧离开上海,全家到安徽省肥西县袁店公社插队落户。在农村,张韧积极参加农业生产劳动,利用自己的艺术才能开展活动,活跃农村文化生活,她办黑板报,宣传党的方针政策,利用劳动休息时间,给社员们讲故事,组织农村知识青年学习毛泽东著作。张韧还担任了村里的冬学教师。1963年9月,她被肥西

---

① 中央教育科学研究所.中华人民共和国教育大事记(1949—1982)[M].北京:教育科学出版社,1983:338.
② 知识青年应该到革命需要的地方去闯[N].文汇报,1964-04-23.

县选为省人大代表。①

参加新疆军垦建设的上海知识青年,仅1965年6月下旬至8月初,就有1.1万多人陆续抵达新疆生产建设兵团农一师和农二师。② 1965年8月,中共上海市委和上海市人委("上海市人民委员会"的简称)组织上海市各界人士赴疆慰问团,慰问参加边疆建设的上海青年和职工。支援新疆建设的上海青年共有7万多人,主要安置在生产建设兵团的农场里,也有一部分人分配在兵团所属的工厂、矿山、学校、医院、商店、机关等各条战线上。一些上海青年已成为自治区青年社会主义建设积极分子的标兵,成为广大支援边疆青年学习的榜样。许多生产建设兵团的老职工翘着拇指说:"上海青年雅克西(好)!"兵团各级干部和老职工都说:"上海青年刮刮(呱呱)叫,兵团各师都想要。"③

上山下乡的上海知识青年辛勤努力,促进了农村的农业生产和移风易俗。他们到生产队担任会计、记分员、电工、修配工、抽水机手、拖拉机手,充实了人民公社各级经营管理队伍和农业技术改革队伍,成为农业生产的骨干。1961年落户在浙江嘉善陶庄公社新村大队的109名上海南市区知识青年,在下乡后第一年,就开垦荒地近40万平方米,为国家提供了2 000万千克商品粮,使新村大队连续两年被评为浙江省农业先进集体。④ 1964年夏,南市区又派出30名知识青年落户浙江嘉善陶庄公社。到崇明县开辟望沙国营农场的500名上海市女青年,1964年冬天奋战3个月,为农场修筑了一条13千米长的堤坝。下乡知识青年还在农村广泛传播文化科学知识,不少农场、生产队,依靠这批知识青年办起了俱乐部、图书馆、民校和夜校。⑤

许多上海青年在边疆改掉了讲究吃穿的习惯,养成了艰苦朴素的生活作风,树立了勤俭节约的观点,学会了缝补衣服、挑担、养蚕、放牧、种植农作物等生产知识。一些女青年在上海时讲究打扮,怕太阳晒,怕风吹雨淋,到边疆后以谁的皮肤晒得最黑,谁的手上老茧最多为光荣。上海青年鱼姗玲出身资产阶级家庭,父母都在香港。1962年,她从第三女中高中毕业后,没有考上大学。1963年她不顾父母的阻拦,响应党的号召,报名去新疆,决定在建设边疆中锻炼和改造自己。她说:"我立志要用自己的双手,写下自己鲜红鲜红的历史。"到新疆的

---

① 立志耕耘——记落户安徽农村的上海姑娘张韧[N].文汇报,1964-04-21.
② 上海万余知识青年陆续到达新疆[N].文汇报,1965-08-06.
③ 宋日昌.上海青年在新疆大有可为[N].文汇报,1966-01-17.
④ 知识青年应该到革命需要的地方去闯[N].文汇报,1964-04-23.
⑤ 华东六万知识青年下乡务农[N].文汇报,1964-10-13.

第一年除夕,她和往年在家过除夕作了对照,觉得在家里,尽管菜肴很丰盛,但是精神上十分空虚,觉得生活过得没有意义,而在新疆却完全不同,和大伙聚餐,吃得又饱又香。1965年1月,鱼姗玲加入了中国共产党。①

---

① 冯正.坚定地走革命的道路——记出身于资产阶级的鱼姗玲在新疆入党[N].文汇报,1965-05-27.

第七章

"文化大革命"中的"教育革命"

"文化大革命"虽以"文化"为名,但实质是一场政治运动,强烈冲击了社会生活的各个方面。教育在"文革"中成为重灾区,始终处在风口浪尖。在"四人帮"及其余党的直接控制下,上海教育随政治风浪沉浮,时常成为风向标而影响全国。

第一节 破字当头

一、"文革"的全面发动

1. 批判《海瑞罢官》

1965年11月10日,姚文元在《文汇报》发表《评新编历史剧〈海瑞罢官〉》。《海瑞罢官》是历史学家吴晗[①]写的历史剧本,此前他曾写过《海瑞骂皇帝》《论海瑞》《清官海瑞》等文章。姚的这篇评论是有着相当政治用意的批判文章。他说:"《海瑞罢官》并不是芬芳的香花,而是一株毒草。"从12日至26日,上海《解放日报》、浙江《浙江日报》、山东《大众日报》、江苏《新华日报》、福建《福建日报》、安徽《安徽日报》、江西《江西日报》先后转载这篇文章,表明华东六省一市步调一致的支持态度。毛泽东要求上海立即将姚的文章印成小册子发行,并要求各地报刊转载。11月30日《人民日报》即在"学术研究"栏目予以全文转载,试图表明这是学术问题,不想扩大事端。[②]

---

① 吴晗(1909—1969),浙江义乌人,历史学家,专攻明史,曾任云南大学、西南联合大学、清华大学教授,北京市副市长。1961年9月与邓拓、廖沫沙三人,以"吴南星"笔名,在《前线》杂志上开辟《三家村札记》。"文革"中受迫害致死。除历史剧《海瑞罢官》外,主要著作还有《朱元璋传》《读史札记》《投枪集》《灯下集》等。《海瑞罢官》是一个比较新颖的清官故事,海瑞一方面对民间疾苦极为关切,一方面对腐败权贵极力抗争,但为当时官场所不能容,最后罢官还乡。

② 《人民日报》还特地为此文加了编者按,指出:"我们的方针是:既容许批评的自由,也允许反批评的自由;对错误的意见,我们也采取说理的方式,实事求是,以理服人。"

但很快,关于《海瑞罢官》的批判就带上了浓重的政治色彩。吴晗自己也写文章《关于〈海瑞罢官〉的自我批评》,表示自我检讨。1965年12月31日,《文汇报》举行座谈会,邀请上海史学界、文艺界部分人士进行讨论。此时风向已变,"现在要找赞成吴晗是对的人,恐怕很少了。……有人再拥护《海瑞罢官》,不大可能",于是转而"揭露这个戏的反马克思主义、反社会主义的本质"。①

1966年2月3日,中央"文化革命五人小组"(彭真、陆定一、康生、周扬、吴冷西)召开扩大会议,提出学术批评"要坚持实事求是,在真理面前人人平等的原则,要以理服人,不要像学阀一样的武断和以势压人"。会议下发了《文化革命五人小组关于当前学术讨论的汇报提纲》(即"二月提纲"),意图把对《海瑞罢官》的批判限制在学术范围内。3月17—20日,毛泽东在中央政治局常委扩大会议上直截了当地表明自己的态度,认为现在学术界和教育界是知识分子掌权,要求各地注意学校、报纸刊物、出版社掌握在什么人手里,要对资产阶级的学术权威进行切实的批判。

1966年4月17日,中共高等教育部委员会开会讨论和部署批判吴晗及其《海瑞罢官》,认为这次学术批判是"彻底破除资产阶级专家垄断教育的斗争",是争夺教育领导权的斗争,是高教革命的灵魂,要放手发动师生员工参加战斗。教育界和文化界在"讨论"姚的文章的过程中,开始把斗争矛头对准知识分子和干部,组织大规模的批判战斗组,写批判文章,一些人受到冲击,出现了山雨欲来风满楼的形势。

2. "五一六通知"发布

1966年5月4日至26日,中共中央召开政治局扩大会议。5月16日会议通过了《中国共产党中央委员会通知》(简称"五一六通知"),决定撤销"二月提纲",撤销原来的"文化革命五人小组"及其办事机构,重新设立文化革命小组(组长陈伯达,顾问康生,副组长江青、张春桥等),隶属于中央政治局常委领导。通知提出:要"高举无产阶级文化革命的大旗,彻底揭露那些反党反社会主义的所谓'学术权威'的资产阶级反动立场,彻底批判学术界、教育界、新闻界、文艺界、出版界的资产阶级反动思想,夺取在这些文化领域中的领导权。而要做到这一点,必须同时批判混进党里、政府里、军队里和文化领域的各界里的资产阶级代表人物,清洗这些人,有些则要调动他们的职务。"② 不难看出,"文革"

---

① 上海学术界部分人士座谈吴晗的《关于〈海瑞罢官〉的自我批评》[N].文汇报,1966-01-07.
② 中国共产党中央委员会通知[J].红旗,1967(7).

的初始对象重在教育、宣传、文艺部门的干部和学术界人士。

"五一六通知"的发布,标志着"文化大革命"的正式开始。1966年5月25日,聂元梓在北京大学贴出第一张大字报《宋硕、陆平、彭珮云在文化大革命中究竟干些什么?》,攻击北京大学党委和北京市委搞"修正主义",提出要"坚决、彻底、干净、全部地消灭一切牛鬼蛇神,一切赫鲁晓夫式的反革命修正主义分子"。6月1日,中央人民广播电台广播了这张大字报。6月2日《人民日报》予以全文发表,并发表评论员文章《欢呼北大第一张大字报》,污蔑北大是"反党反社会主义的顽固堡垒",号召群众起来彻底摧毁"黑帮""黑组织"。此外,6月1日《人民日报》还发表了题为《横扫一切牛鬼蛇神》的社论,将大批知识分子说成是"资产阶级的'专家''学者''祖师爷'",是"牛鬼蛇神",要将他们"打得落花流水,使他们威信扫地"。

"五一六通知"在上海传达后,针对知识分子和干部的批斗活动一浪高过一浪。大字报充斥了校园和教育行政机关,许多学校负责人和教育行政部门的领导被揭发,并被加以各种罪名进行批斗。据统计,华东师范大学在1966年6月初至7月初的一个月里,贴出大字报1.8万多份,被点名批判的人数达747人,占全校教职工总数的30.8%。①

3. "十六条"实施

1966年8月8日,中共八届十一中全会通过《中国共产党中央委员会关于无产阶级文化大革命的决定》(简称"十六条")。"十六条"规定,这次运动的目的是"斗垮走资本主义道路的当权派,批判资产阶级的反动学术'权威',批判资产阶级和一切剥削阶级的意识形态,改革教育,改革文艺,改革一切不适应社会主义经济基础的上层建筑,以利于巩固和发展社会主义制度"。"这次运动的重点,是整党内那些走资本主义道路的当权派。"

"十六条"对学校教育中的"文化大革命"表现出了高度关注,提出:"在学校中,文化革命小组、文化革命委员会、文化革命代表大会,应该以革命学生为主体,同时,要有一定数量的革命教师职工的代表参加。""改革旧的教育制度,改革旧的教育方针和方法,是这场无产阶级文化大革命的一个极其重要的任务。在这场文化大革命中,必须彻底改变资产阶级知识分子统治我们学校的现象。……学制要缩短。课程设置要精简。教材要彻底改革,有的首先删繁就

---

① 袁运开,王铁仙.华东师范大学校史(1951—2001)[M].上海:华东师范大学出版社,2001:102.

简。学生以学为主,兼学别样。也就是不但要学文,也要学工,学农,学军,也要随时参加批判资产阶级的文化革命的斗争。"①

"十六条"要求对学制、课程、教材等进行全方位的改革,这给对教育破坏极大的"造反"运动大开绿灯,为后来形形色色的"教育革命"方案提供了政策依据。

二、红卫兵运动

1. 兴起与壮大

"五一六通知"和北大聂元梓的大字报,在对政治形势较为敏感的青年学生中激起了风浪。既然"赫鲁晓夫那样的人物,他们现正睡在我们的身旁",他们就深信在错综复杂的权力斗争中,中央出现了"修正主义",面临着"党要变修、国要变色"的危险,他们期待着在一场"保卫毛主席,捍卫红色政权"的阶级大搏斗中一试身手。1966年5月29日晚,北京清华附中的10余名学生在圆明园废墟上自发集会,成立了一个名为"保卫红色政权的卫兵"的组织。6月2日,他们贴出一张大字报《誓死捍卫毛泽东思想,誓死保卫无产阶级政权》,署名"红卫兵"。到6月初,北京一些高校附中(如北京地质学院附中、北京石油学院附中、北京大学附中、北京矿业学院附中等)相继成立了红卫兵或类似的群众组织。

由大字报煽动起来的"造反"风潮,以及红卫兵组织的快速传播和危言危行,严重冲击了学校正常的教学秩序,许多学校(尤其是大学和中学)党委的一、二把手被批斗,校长被打倒,党组织无法正常工作。刘少奇、邓小平等人在北京召开政治局扩大会议,决定向各大学、中学派驻工作组。6月3日,第一支工作组由张承先带队,进驻北京大学。中央稍后又陆续向在京高校和部分中学派出了工作组,协助领导"文化大革命"运动。各省市也相继向部分高校和中学派出工作组,缓和混乱局面。

工作组进驻学校后,为稳定局势,对群众运动采取的一些限制措施,提出大字报不要上街,不要开大规模声讨会,不要上街游行示威,不要串联,不要包围"黑帮"住宅,不要打人和侮辱人。一些造反派则强烈反对工作组的压制行动。工作组与造反派的对立逐渐白热化,北京不少高校(如清华大学、北京师范大学、北京地质学院等)相继发生红卫兵反对工作组、驱赶工作组的恶性事件。毛泽东对工作组也不满意,认为刚刚兴起的"文化大革命"被工作组压下去了。7

---

① 中国共产党中央委员会关于无产阶级文化大革命的决定[N].人民日报,1966-08-09.

月 27 日,中共中央决定撤销全部工作组,宣布大中学校放假"闹革命"。随后,全国各地鼓励"革命"师生"踢开党委闹革命","踢开工作组闹革命"。7 月 28 日,在海淀区的一次文化革命工作大会上,清华附中红卫兵委托江青将"两论无产阶级革命造反精神万岁"的大字报转呈毛泽东。8 月 1 日,毛泽东给清华附中红卫兵写了一封回信,用了三个"热烈的支持"。这使得红卫兵组织迅速在全国蔓延开来。

从 8 月初到 8 月中旬约半个月的时间,红卫兵组织借助各种媒体,以星火燎原之势,从北京迅速扩展到全国,成为一种青少年的群众组织。上海市的第一个红卫兵组织是复旦大学外语系学生于 1966 年 8 月 11 日成立的"红卫兵战斗组"。① 之后,各大中学校的红卫兵组织迅速建立起来。

红卫兵组织早期较为松散,一般以学校为单位,内部也经常出现分歧,分成许多派别,互相诋毁,甚至出现武斗。后来,逐渐出现了一些地区性和全市性的红卫兵组织,但仍然各自为政。1966 年 9 月 12 日,上海市红卫兵总部成立。9 月 26 日,上海市大专院校红卫兵总部成立。当日,红卫兵上海市西南地区指挥部成立。10 月 6 日,红卫兵上海市革命造反委员会成立。10 月 11 日,红卫兵上海司令部成立。10 月 12 日,红卫兵上海市大专院校革命委员会成立。1967 年 11 月 19 日,上海大专院校红卫兵代表大会成立。12 月 30—31 日,上海市中等学校红卫兵代表大会在文化革命广场成立。到 1967 年底,上海市各地红卫兵组织渐趋统一,为了执行"复课闹革命"的精神,红卫兵活动的重心也逐渐由社会转向学校。

虽然红卫兵组织在学校存在了相当长的时间,但在工宣队和军宣队进驻学校后,红卫兵的权力受到削弱,其活动也逐步受到限制。1978 年 8 月,中共中央转发共青团《关于红卫兵问题的请示报告》,宣布撤销学校中的红卫兵组织。10 月,共青团十届一中全会决定撤销红小兵组织。

2. 破"四旧"

1966 年 8 月下旬,红卫兵们开始从学校"杀"向社会,深入到各个领域、各个地方进行革命造反活动,并掀起了大规模的破"四旧"(旧思想、旧文化、旧风俗、旧习惯)运动。8 月 23 日从清晨到深夜,上海的大街小巷活跃着由红卫兵和革命师生组成的宣传小分队,他们高举"我们是旧世界的批判者""我们是新世

---

① 中共上海市教育卫生工作委员会党史资料征集委员会办公室. 中共上海市教育卫生体育系统党史大事记(1949—1989)[M].上海:上海交通大学出版社,1993:218.

界的创造者"等大型横幅,散发传单,张贴大字报,强行更改商店招牌,修改地名和路名,干预群众的衣着和发型,破坏古建筑。如建议上海最大的百货商店之一的永安公司改名为"永红""永斗""红卫"等;拉下几米高的"大世界"招牌,改为"东方红剧场";改"江南杂技团"为"工农兵文工团";改"豫园公园"为"红园";改"梅兰照相馆"为"长征照相馆";一些以创办人命名的商店,如"雷允上""吴良材""徐重道""邵万生"等,都以新面孔示人;连《新民晚报》也改名为《上海晚报》。[①] 上海所有的教堂和十字架都被砸,祭坛被毁,《圣经》被烧;龙华古寺和静安寺惨遭浩劫,许多佛像在红卫兵的棍棒下被捣毁,大量佛经、法物、佛像被扔到大街上焚烧。对街上出现的被称为资产阶级的发型和服装进行强制处理。

红卫兵还对所谓的"五类分子"("地、富、反、坏、右")大抄其家,大打其人。上海是民族资本家、学者文人聚集之地,红卫兵造成的伤害较其他地方更大。著名翻译家傅雷1966年9月2日被抄家,其一生所珍藏的书画被一扫而光。次日,傅雷夫妇因备受折磨,双双愤然自缢。金石书法家沈尹默多次被抄家,他60多年来书写的诗词、字画,珍藏的大量古帖古书和字画作品,全部被运走烧毁。著名音乐家贺绿汀的家被红卫兵抄得家徒四壁。据统计,从1966年8月23日到9月8日,红卫兵在全市抄家8 422户,其中1 231户为高级知识分子和教师家庭。另有大量的私房被没收。[②] 1966年6月15日,华东师范大学教授李平心因不堪凌辱,在寓所自杀身亡。仅1966年8月4日,华东师大被揪斗、戴高帽、挂黑牌、罚跪的干部教师就达194人,占教职工总数的12%,其中副校长3人、党委委员4人、正副教授63人。[③] 8月28日,上海音乐学院教授李翠贞不堪摧残,含愤自尽。

3. "大串联"

北京作为"文革"的发源地,吸引了全国各地大中学校师生纷纷借参观学习之名赴京串联。他们四处活动,多方联络,感受现场气氛,打探消息和最新动向,以便回去煽风点火。1966年8月18日,毛泽东在天安门城楼接见来自全国各地的红卫兵。8月31日,毛泽东再次在天安门城楼接见全国各地来京的红卫

---

① 上海天津革命小将和商业职工向剥削阶级"四旧"发动总攻,挥起革命铁扫帚,横扫一切旧习俗[N].人民日报,1966-08-25.
② 王年一.大动乱的年代[M].郑州:河南人民出版社,1988:71.
③ 袁运开,王铁仙.华东师范大学校史(1951—2001)[M].上海:华东师范大学出版社,2001:103;华东师大"文革"大事记[M].华东师范大学档案馆藏.

兵和"革命"师生。① 9月5日，中共中央、国务院还专门发出通知，要求各地组织大中学校学生或学生代表来京参观"文化大革命"，"来京参观一律免费乘坐火车"，"到京后的伙食、住宿由北京市负责安排"。于是，一群群红卫兵或乘火车，或步行，向着北京靠拢。

同时，也有许多北京的红卫兵到各地去串联。上海在近现代中国是"冒险家的乐园"，以繁华新潮著称，加上又有中共一大会址、中共代表团驻沪办事处旧址、龙华烈士陵园等革命遗迹，自然是相当一部分红卫兵串联的目的地。

10月22日，《人民日报》发表社论《红军不怕远征难》，以红军长征来比喻"革命"师生的全国"大串联"。社论说："全国大专学校的学生，中学的一部分学生，到首都来串联，各地的学生互相串联，这是学生自己教育自己的最好方式之一。学生们在串联的革命大学校中，可以熟悉社会，熟悉群众，熟悉阶级斗争，经受大风大浪，得到种种锻炼。"

三、"一月夺权"

1966年11月8日至12月6日，北京师范大学红卫兵头头谭厚兰带领一批学生到曲阜"讨孔"，烧砸孔府、孔林和孔庙。谭说："我们这次去造反，不是单纯去搞死人，而是要把搞死人和搞活人结合起来。"一语道破了红卫兵并不满足于贴大字报、人身攻击、破"四旧"，他们最根本、最重要的不是"破"，而是"立"，即造反夺权。1967年1月19日，聂元梓、谭厚兰各领一批人到教育部夺权，劫走部印和一批公文案卷。

上海于1966年底1967年初上演了一系列具有全国影响的夺权暴行。1966年10月12日，上海大学生造反组织"红卫兵上海市大专院校革命委员会"（简称"红革会"）正式成立。11月9日，"上海市工人革命造反总司令部"（简称"工总司"）成立，中共上海市委对其不予承认，"工总司"随即组织请愿游行，开始攻击上海市委，要造反、要夺权。次日凌晨，"工总司"决定由王洪文带领2000余人冲进上海北站，强行登车，赴京"告状"。车至安亭，便遭到上海市委的制止，强行停车。"工总司"便与火速赶到安亭的大量群众对峙，发生冲突，以致沪宁线全线停车31小时34分钟。这便是轰动一时的"安亭事件"。随后，上海红卫兵也迅速走到政治前台。

1966年12月3日，"红革会"在"工总司"的支持下封闭解放日报社，此举

---

① 毛泽东于1966年8月18日、8月31日、9月15日、10月1日、10月18日、11月3日、11月10日至11日、11月25日至26日，先后8次接见了来自首都和各地的红卫兵。其中以9月15日接见红卫兵的规模最大，达百万之众。

后来被认定为"革命事件"。"工总司"为了达到搞垮上海市委的目的,1966年12月还与上海工人赤卫队在康平路发生武斗。1967年1月6日,"工总司"组织上百万群众,在人民广场召开批斗大会,批斗陈丕显、曹荻秋,数百名局以上干部陪斗。他们还到处造声势,在使上海市委、市人民委员会的所有机构陷入瘫痪后,趁机夺取了上海市的许多重要权力。1月7日,上海市教育局机关的造反组织"东方红公社"夺取了市教育局的党、政、财、文大权。随后宣布正式接管教育局,并召开了砸烂"旧教育局"大会,孙兰、潘文铮、杭苇等30多位局、处级干部遭批斗。① 1967年2月5日,"上海人民公社"成立,"一月风暴"的夺权行动以造反派的胜利作结。2月24日,"上海人民公社"改为"上海市革命委员会",由张春桥任主任,姚文元、徐景贤为副主任。

上海"一月夺权"在全国掀起了一阵"夺权"风潮,许多省市相继成立了革命委员会,作为行使地方行政权力的最高机构。1979年1月4日,中共中央发出文件,否定了"一月夺权"。

在夺权行动中,武斗是家常便饭。各单位(包括学校、工厂、机关、报社等)的造反派意见并不一致,甚至出现严重分歧,大家都急于在夺权中占得上风,内部矛盾便不断激发,结果出现了一派强行压制另一派的武斗,造成无辜人员伤亡。学校内部的武斗不过是"文革"中的武斗在学校的延伸,且以大学和中等学校居多。如上海第二军医大学的红卫兵有"红旗战斗队"和"红色造反纵队"两大对立派系,不时发生武斗。化工部上海化工学校从1968年7月26日至7月底,大小武斗不断发生,两派各守一楼,筑起了武斗工事,搞了大量武斗工具。② 上海电机学校出现了大规模的武斗,仅1968年7月14日至7月底,武斗就有六次之多,造反派大肆抓人毒打,明目张胆地抢劫国家财产。③ 有些高等学校和中学的学生甚至与政府中的某些派系纠缠在一起,到社会上去搞武斗。

上海学校内的武斗此起彼伏,持续了相当长的时间,到1969年才基本平息。各种对立派今天你砸我,明天我砸你,甚至把学校的门窗、办公桌、椅子、电话机等都砸坏,致使大量的国家财物受损。同时,一些社会上的流氓也借机冲击学校,出现了"打、砸、抢、抄、封"的歪风。如闸北区青云中学经常受到一些流氓和受蒙蔽的青少年的冲击,他们投石子、撒黄沙、殴打师生,威吓小同学,严重

---

① 吕型伟.上海普通教育史(1949—1989)[M].上海:上海教育出版社,1994:356.
② 化工学校两派头头赶快悬崖勒马[N].文汇报,1968-07-31.
③ 电校武斗黑手现在不揪,更待何时[N].文汇报,1968-07-31.

扰乱了学校的秩序。①

四、"三支两军"

所谓"三支两军",是"文革"中人民解放军奉命支持"革命左派"、支工、支农,对学校军训,对各类单位军管工作的简称。作为"三支两军"的样板,毛泽东曾先后把中央警卫团8341部队的干部战士派到了北京的"六厂二校"(北京新华印刷厂、北京针织总厂、北京二七机车车辆厂、北京化工三厂、北京南口机车车辆机械厂、北京北郊木材厂、北京大学、清华大学)。

"文革"开始后,学校教育基本处于瘫痪状态,学生大量涌向社会,影响了人们正常的生产、生活,引起群众的不满。1966年12月31日,中央和国务院发出通知:委托人民解放军对大中学师生进行短期军政训练。自此,人民解放军开始派遣干部战士进驻学校,学生军训制度就是从这时候开始的。1967年1月20日至2月10日的20天时间内,仅驻京部队就派出4 000余名干部,对北京大学、清华大学等5所高等院校计2.26万余名师生进行了短期培训。3月7日,毛泽东发出"三七指示",其中说:"军队应分期分批对大学、中学和小学高年级实行军训。并且参与关于开学、整顿组织、建立三结合领导机关和实行斗、批、改的工作。先作试点,取得经验,逐步推广。"同日,中央又发出《关于大专院校当前无产阶级文化大革命的规定(草案)》,规定:3月20日前,师生一律返校,分期分批进行短期军政训练。

1967年2月27日,上海警备区某部指战员开进控江中学,对红卫兵和"革命"师生实行军政训练,这是上海市第一所实行军政训练的学校。"三七指示"发布后,三军驻沪部队指战员闻风而动,组成了许多军政训练团、军政训练营、军政训练组和毛泽东思想宣传队,分赴高等学校和部分中小学,分期分批对师生实行军政训练。各军训部队还广泛发动群众,运用各种形式,开展"大批判"运动。

在当时的条件下,"三支两军"对缓和学校的紧张局势,维护正常秩序,保护一批干部师生,减少教育事业的损失,起到了一定的作用。组织学生进行一些队列、投弹、射击、野营拉练等军训活动,也有利于增强青年学生的军事素质和纪律观念。但军队是"支左"的,被要求"坚决站在无产阶级革命派一边,坚决支持和援助无产阶级革命左派"。究竟谁是"革命左派",很难判断清楚,结果反而容易卷入派性斗争,使形势变得愈发混乱。

1972年8月21日,中共中央发出《关于征询对三支两军问题的意见的通

---

① 狠抓阶级斗争推动了复课闹革命[N].文汇报,1967-12-23.

知》，提出在已建立党委的地方、单位，撤销"三支两军"的机构和人员。此后，各单位"三支两军"人员陆续撤回部队。1981年6月中共十一届六中全会通过《关于建国以来党的若干历史问题的决议》，其中说："派人民解放军实行三支两军，在当时的混乱情况下是必要的，对稳定局势起了积极的作用，但也带来了一些消极的后果。"

五、革命委员会

上海"一月夺权"造反派夺权后，曾试图仿照巴黎公社的模式，成立人民公社。学校内的造反组织夺权后也成立公社，北京大学成立新北大公社，华东师大成立新师大公社。1967年2月19日，中共中央下令禁止在国家和省市一级使用"人民公社"的名称，代之以革命委员会。2月24日，上海市人民公社改为上海市革命委员会，由张春桥任主任，姚文元、徐景贤为副主任。3月10日，《人民日报》转载《红旗》杂志的社论《论革命的"三结合"》，引述毛泽东的指示："在需要夺权的那些地方和单位，必须实行革命的'三结合'的方针，建立一个革命的、有代表性的、有无产阶级权威的临时权力机构，这个机构的名称，叫革命委员会好。"从1967年1月上海"一月夺权"起，到1968年9月西藏、新疆革命委员会成立，全国除台湾外的29个省、市、自治区全部成立了革命委员会。《人民日报》《解放军报》于1968年9月7日发表社论《无产阶级文化大革命胜利万岁》，称"全国山河一片红"。1979年7月，五届全国人大二次会议决定取消革命委员会，改为各级人民政府。

1967年至1968年，上海各大中学校的红卫兵和"革命"师生在军训部队的帮助下，相继成立了革命委员会，作为统一的领导机构。中学方面：1967年9月，东昌中学成立革命委员会；1968年1月中旬至1月底，上海市7个区中又有47所中学陆续成立了革命委员会。高校方面：1968年1月17日，上海体育学院革命委员会成立；1月24日，上海师范学院革命委员会成立，上海铁道医学院革命委员会成立；1月25日，复旦大学革命委员会成立；1月27日，交通大学革命委员会成立。但并不是所有学校都按要求迅速建立革命委员会，如1968年2月，全市约有一半以上的高校建立了革命委员会，[1]而嘉定县的23所中学中，只有4所成立了革命委员会。[2]

学校革命委员会实行"三结合"，由师生代表、干部代表、军队代表组成。工

---

[1] 上海市落实毛主席最新指示取得新胜利，各条战线革命大联合，三结合出现新高潮[N]. 人民日报，1968-02-15.

[2] 学生不要干扰农村文化大革命[N]. 文汇报，1968-02-22.

宣队进驻学校后,遂演变成为工宣队、军宣队、知识分子的"三结合"。学校革命委员会名义上是"三结合",实际权力则大多掌握在军宣队和工宣队手中。革命委员会贯彻毛泽东关于"无产阶级专政下继续革命"的理论,大办毛泽东思想学习班,大搞"活学活用"毛泽东思想的群众运动,"清理阶级队伍",领导"斗、批、改"。1978年2月26日至3月5日,五届全国人大一次会议决定,工厂、生产大队、学校、商店以及机关和其他企业事业单位不再设立革命委员会,而分别实行党委领导下的厂长、大队长、校长、经理等分工负责制。

第二节 "斗私批修"

"反修"是"文革"的主题之一。毛泽东在"文革"前就认为,修正主义在中国的泛滥远远超出他原先的预计。"文革"开始后,矛头直指修正主义,教育界也长时间地开展了批判修正主义的斗争。上海教育在"文革"前曾经取得了一些较大的成就,在20世纪50年代学习苏联教学理论和60年代初提高教学质量方面都有独到的建树,但这些在"文革"中都被视为修正主义教育路线加以批判,并被提高到"两条路线"斗争的高度,遭到彻底否定。

一、批判"文革"前的"修正主义教育路线"

"文革"中始终将"文革"前的升学制度、考试制度、教学制度、学制等统统冠以"修正主义"加以批判,将刚刚起步的一系列教育改革实验和总结出来的教育经验视为"修正主义黑经验",大加诋毁,使学校和教育行政部门陷入混乱,给教育事业造成极大的破坏。

"文革"前搞的重点学校、因材施教、智育第一、业务挂帅等,也被当作修正主义教育路线加以批判,并大肃其"流毒"和"危害"。1968年5月18日,上海大专院校红代会和上海市中等学校红代会联合召开电视斗争大会,批斗杨西光,将让学生跳级、考大学说成是杨西光打着"为革命而学习"的旗号,"用成名成家的个人主义作诱饵,诱逼学生走白专道路,精心培养脱离工农、脱离三大革命的精神贵族"。[①]

二、批判育才经验

1964年春,育才中学的教育改革经验大规模、高频率地在报上报道,一时轰

---

① 驻育才中学工宣队、军宣组,育才中学革委会.剥开"育才教改经验"的画皮[N].文汇报,1970-03-05.

动全国,成为上海市中学教育的典型。"文革"一来,享有盛誉的育才中学被说成是推广凯洛夫教育学的"黑据点",是陆定一、杨西光"推行修正主义教育路线"的一个"黑基地""黑试验田"。这样,育才中学的教改经验被称为"黑经验",遭到严厉批判。育才中学和其他学校的许多师生都卷入了这场持久的"大批判"中。

20世纪50年代和60年代初树立起来的其他教学经验,也遭到不同程度的批判。如一师附小在推行"全民教育""个性发展"中总结出来的一篇经验文章《让儿童的聪明才智得到充分发展》被作为"黑经验"加以批判。上海中学在50年代总结的生物教学法也被视为"黑经验"加以批判,上海中学还被指责违抗关于"工农及其子女享受教育的优先权"的指示,贯彻了一条"择优录取"的资产阶级路线,在全市范围内尽量挑选有特殊才能的冒尖学生,而把大量工农子女排斥于上海中学的校门之外。

三、批判凯洛夫教育学

中苏关系破裂以后,苏联教育理论便遭到不同程度的或隐或显的批判。"文革"中,苏联已经被改称为"苏修",凡是有苏联烙印的东西,都被当作修正主义横加鞭挞。以凯洛夫教育学说为代表的苏联教育理论,自然成为教育界"穷追猛打"的对象。上海是学习苏联教育理论较为成功的地方,出版过一些书,出现过一些典型经验。上海作为当年学习苏联经验最成功的地方,转而变成了批判苏联经验最彻底的地方。

1970年,"洪教史"在《文汇报》接连发表三篇文章,①认为凯洛夫教育学说是现代修正主义复辟资本主义的重要工具,其基本内容是"黑三论",即智育第一论、教学阶段论、教师中心论。文章指责凯洛夫的"教学阶段"是赫尔巴特概念游戏的翻版,是"一套从概念到概念的鬼把戏",其教学的六个环节是"扼杀学生主动性的洋八股"。文章还认为,曾在我国教育界"谬种流传"长达20年之久的凯洛夫教学论,原来是"资产阶级传统教学派黑货"的新变种,如果说凯洛夫有什么"独创"的话,那就是给这些"破烂"披上了一件马列主义的外衣,蒙骗群众。

上海革命大批判写作组的《谁改造谁?——评凯洛夫的〈教育学〉》,是全国批判凯洛夫教育理论的重磅炸弹。该文发表于《红旗》1970年第2期,认为凯洛夫《教育学》抹杀了教育的阶级性,将刘少奇倡导的"两种教育制度"、陆定

---

① 洪教史.揭开凯洛夫教学论的老底(一)[N].文汇报,1970-03-05;洪教史.揭开凯洛夫教学论的老底(二)[N].文汇报,1970-03-16;洪教史.揭开凯洛夫教学论的老底(三)[N].文汇报,1970-03-23.

一的"爬宝塔"竞赛与凯洛夫学校教育的"两重任务"（一是培养学生升入高等学校,二是培养学生参加生产劳动）直接画等号;将凯洛夫教育学说成是"建立在反动的教育观基础之上的",其"核心是一个资产阶级的私字"。

同时,华东师大教育系于20世纪60年代初编写的《教育学》也遭到批判,被说成是凯洛夫《教育学》的翻版,是一个"封、资、修的大杂烩"。①

四、"两个估计"

"文革"中对新中国成立之后17年的教育采取了全盘否定的态度,从方方面面进行攻击。1967年7月18日,《人民日报》发表《打倒修正主义教育路线的总后台》,认为新中国成立之后17年的教育工作是"封建主义、资本主义、修正主义教育的一套破烂",现行学制是"资本家开学店的翻版和发展",教育工作推行了一条"反革命修正主义路线"。

1971年4月15日至7月31日,国务院召开全国教育工作会议。会上提出,"文革"前17年的教育系统是"资产阶级专了无产阶级的政",教师队伍和培养的学生大多数是"资产阶级知识分子"。会后形成《全国教育工作会议纪要》,8月由中共中央批转。纪要对新中国成立后17年教育的否定可概括为两句话:一是"文革"前17年在教育战线上是"资产阶级专了无产阶级的政",是"黑线专政","毛主席的无产阶级教育路线基本上没有得到贯彻执行";二是大多数知识分子的"世界观基本上是资产阶级的",是资产阶级知识分子。此即"两个估计"。

破"旧"就得替之以"新"。这份纪要对"无产阶级教育革命"提出了一系列要求,包括:"实现无产阶级教育革命,必须有工人阶级领导",坚持"五七指示"道路,"要批判资产阶级","工农兵、革命技术人员和原有教师三结合,建立一支无产阶级教师队伍","工农兵学员是教育革命的生力军","教材要彻底改革"等。

1971年8月至9月,上海市革命委员会向全市干部和教育部门的同志传达了全国教育工作会议精神。"两个估计"在当时造成不小震动,上海再度掀起"彻底批判修正主义教育路线"的高潮。

五、批判"读书无用论"

"文革"开始后,知识分子受到极大冲击,无政府思潮泛滥成灾,加之广大青

---

① 华东师范大学革命大批判写作组.革命大批判是办好文科大学的根本[N].文汇报,1970-01-06.

年学生上山下乡,整个社会弥漫着一种践踏知识、轻视知识分子的浓烈气息,导致学生们普遍不安心读书。这样,"读书无用论"在校园内外扩散开来。在市区,许多学生认为,"反正要下乡去,还读什么书","读不读书都一样,将来反正到农村去,何必现在伤脑筋"。在郊县农村,不愿意读书的学生们说:"多读几年书,将来反而要成为再教育对象,还是不读的好。"有的家长只算经济账,认为孩子读了书还是要劳动,不如早些参加劳动,可多挣些工分。如崇明县崇西中学一些学生在学校停课期间,干脆回家挣工分,或到农场做短工,以减轻家庭负担。尤其是在"文革"初的一段时间,许多学生不上课,在家里逍遥,即使到校,也不安心上课,或者干脆到学校转一转就回家了。有的学校里没多少人,班级里只有几个学生,教师见人少,就让学生回家。

学校是"文革"的重要阵地,为了稳住形势,将学生吸引到校园里来"闹革命",有关部门便动员各方面的力量,在"复课闹革命"后,对"读书无用论"进行了长时间的批判。1971年10月至11月,《文汇报》还开辟专栏,批判"读书无用论"。

第三节 课堂里的"革命"

十年"文革",不仅"文革"之前17年我国社会主义教育的基本做法和基本经验被贴上"封资修"的标签,受到大肆诋毁,甚至连中西方长期积淀下来的优秀的教育传统和经典理论都遭到否定性的批判。1966年5月7日,毛泽东在一封信中说:"(学生)不但学文,也要学工、学农、学军,也要批判资产阶级。学制要缩短,教育要革命,资产阶级知识分子统治我们学校的现象,再也不能继续下去了"。这就是"五七指示",它直接为学校的教学革命提供了理论论据。学校教育抛开教育规律,违背基本的教育常识,创造并尝试各种"新生事物",削弱教师的地位,降低书本知识的作用,强调政治中心和实践经验。名曰"教育革命",实为教育倒退。

一、"复课闹革命"

"文革"开始后,各校便停课"闹革命",大批学生在极左思潮的影响下走上社会,制造混乱。他们积极参与社会各方面的夺权行动和派系斗争,有些学校的群众组织还成了地方派系斗争的指挥和联络中心。为稳定局势,1967年2月19日,中央发出《关于中学无产阶级文化大革命的意见(供讨论和试行用)》,规定自3月1日起,中学师生一律返校,一边上课,一边"闹革命"。3月7日,中央又发出《关于大专院校当前无产阶级文化大革命的规定(草案)》,规定3月20日前,师生一律返校,分期分批进行短期军政训练。但接二连三的通知没能全面改变学校停课的情况,中共中央、国务院、中央军委、中央"文革"小组又于1967年10月14日联合发出《关于大、中、小学复课闹革命的通知》,措词较为严厉,要求"全国各地大学、中学、小学一律立即开学","一边进行教学,一边进行改革"。至此,全国大中小学才开始全面"复课闹革命"。

上海各学校的复课工作进行得较早,行动也较快。1967年2月,全市就动员中等学校的造反派立即停止串联,一律回校,紧急行动起来,"复课闹革命"。3月初,上海市万余名中学师生在文化革命广场召开了"坚决贯彻《中共中央关于中学无产阶级文化大革命的意见》——杀回学校去,复课闹革命誓师大会",学生们逐渐回校复课。回校后,师生们克服派系思想和无政府主义,纷纷实现所谓"革命的大联合"。如上海回民中学原有"孙悟空战斗队"等十几个造反组织,在复课期间联合成立了统一的"红色造反团",并与学生、教职员工和领导干部一起成立了"复课闹革命筹备小组"。徐汇中学、控江中学、第六女中和金陵中学都先后在3月中旬和4月初组织了全校性的红卫兵组织,开始复课。

但学生回校后,仍然继续"闹革命",继续批判"资产阶级反动路线"。复课主要是"复阶级斗争之课",即"复的是毛泽东思想的课,上的是无产阶级文化大革命的课"。复课后的第一课就是讲毛泽东思想。所有年级的学生都学习语录,高唱革命歌曲。如:大同中学师生于1967年3月响应号召"复课闹革命",首先突出毛泽东思想和阶级斗争,每天第一节课就是上毛泽东思想课。每当毛泽东最新指示发表,或有重大政治任务,就调整课程,组织学习、宣传。① 风雷中学(原新知中学)初三(一)班自1967年7月开始"复课闹革命",每天上午第一节课是"毛主席著作天天读","带着问题向毛主席请示",第二、三节课是大批判和知识课,下午安排批判会、讲用会,编写大批判专栏,开展体育活动,举行红卫兵会议和各战斗组学习等。闸北区第三小学鼓励学生"对教材中不符合毛泽东思想的内容,对于教师中不符合毛泽东思想的言行进行批判"。这所小学还掀起了大学、大背、大讲、大用"老三篇"的热潮,不但学生背,不少教师也在课堂上带头向学生背诵"老三篇"。② 还有不少学校的开学第一课,就是由工宣队老

---

① 用毛泽东思想统帅教材改革[N].文汇报,1968-11-01.
② 遵循毛主席教育革命的指示,一边进行教学一边进行改革[N].人民日报,1967-11-26.

工人对学生进行忆苦思甜教育。

高校方面,自1967年7月初北京航空学院"复课闹革命"的消息发表以后,上海各高等院校紧随其后,复旦大学、同济大学、华东师范大学、上海中医学院、上海机械学院等校师生纷纷举行"复课闹革命"的动员会、串联会、誓师会。①

在当时混乱的情形下,"复课闹革命"并没有得到坚决、彻底的执行。嘉定县的23所中学,至1968年2月还没有一所中学复课,严重干扰了人民群众的生产、生活。

二、制订纲要

1969年5月12日,《人民日报》发表吉林省梨树县革委会的《农村中、小学教育大纲(草案)》,该大纲将突出无产阶级政治的重要位置,把"活学活用"毛泽东思想放在学校一切工作的首位,提出农村中小学实行九年一贯制,其设置以农民子女就近上学方便为原则,打破行政区域界限。农村中学采取推荐与选拔相结合的方式招生。教师的任免要由贫下中农讨论,大队革委会提出意见,公社革委会批准,报县革委会备案。农村公办小学下放到大队来办,教师的工资改为工分制,实行民办公助。小学设政治语文课、算术课、革命文艺课、军事体育课、劳动课五门课。中学设毛泽东思想教育课、农业基础课、革命文艺课、军事体育课、劳动课五门课。《人民日报》在编者按中称该大纲"为今后农村教育革命指出了方向"。

上海的"文革"领导者见势也急欲摸索出一套"城市中小学教育大纲",遂于1969年5月下旬至6月上旬连续三次召开教育革命座谈会。6月19日,以市革委会文件的形式印发了《上海市中小学教育革命纲要》。这份纲要相当于上海中小学教育的一个纲领性文件,分十个部分:总纲、工人阶级对学校的领导和管理、学制、思想政治工作、学生、教员、课程和教材、教学方法、学工学农学军、勤俭办学。这份纲要着重指出:(1)中小学要办成无产阶级新型学校,由工宣队直接领导;(2)学生要发扬"造反有理"的精神,参加阶级斗争、生产斗争、科学实验三大革命运动;(3)中小学学制由12年缩短为9年,市区"五四"分段,郊县"五二二"分段;(4)中学设7门课:毛泽东思想教育、语文、算术、革命文艺、军事体育、工农业基础、外语;(5)学生在学工、学农、学军中与工农兵同学习、同批判、同劳动。

---

① 上海高校师生决心掀起复课闹革命热潮[N].人民日报,1967-07-12.

三、缩短学制

"文革"前的学制是小学6年、中学6年、大学4—5年。根据毛泽东"学制要缩短"的指示,全国各地都进行了学制改革,认为原先的学制过长,占去人生大量的宝贵时间,且不利于劳动人民的子女受教育。上海于1967年开始对中小学学制进行改革,主要是将小学改为5年,初中改为2年,高中改为2年。具体操作上形式多样,如有的在小学办"戴帽子"中学(小学附设初中班),实行小学、初中七年一贯制;有的将小学、初中、高中连为九年一贯制。最早在小学"戴帽子"办中学的是松江县佘山公社富林大队,于1967年开始缩短学制,实行小学5年、初中2年,并在7个大队办"戴帽子"中学,以保证学生就近入学。① 到1968年,为普及农村初中教育,小学附设初中班和实行七年一贯制已成为农村地区的主要办学形式。"文革"中普通中等教育急速膨胀。据1971年的统计,上海郊区中学班级由"文革"前的3 127班增加到8 208班,中学生由"文革"前的146 725人增加到369 011人,② 5年中翻了一番多。

1969年6月19日,《上海市中小学教育革命纲要》以市革委会文件的形式印发,其中指出:中小学学制由12年缩短为9年,市区"五四"分段,郊县"五二二"分段。由于高校在"文革"最初4年停止招生,为缓解因大批中学毕业生流向社会而引起的矛盾,从1970年起,市区中学延长1年毕业,其中半年学工,半年学农。后来干脆将中小学学习年限全部由9年改为10年,即小学6年、中学4年,其中市区"六四"分段(小学6年、中学4年),郊县"六二二"分段(小学6年、初中2年、高中2年)。1970年春,上海各学校还改秋季始业为春季始业。1975年,郊县中小学"六二二"分段改为"五三二"分段。1977年,市区中小学"六四"分段改为"五五"分段。③ 高等学校招收工农兵学员后,学制一般为2—3年。

"文革"中还将以前创办的大量农业中学、半工半读学校、职工业余学校、中等技术学校和技工学校等视为"修正主义教育路线"搞的资产阶级双轨制,极力加以批判。这些学校部分改为普通学校,部分停办,也有部分规模大、基础好的中等技术学校逐步改为七二一工人大学。

四、精简课程

毛泽东在"文革"前就表达了对学校课程设置的不满。1964年2月13日,

---

① 佘山人民公社革命委员会. 农村教育革命的初步探索[N]. 文汇报,1967-12-24.
② 吕型伟. 上海普通教育史(1949—1989)[M]. 上海:上海教育出版社,1994:384.
③ 同上:382—383.

毛泽东在人民大会堂召开教育工作座谈会(即"春节座谈会"),说:"课程多,压得太重是很摧残人的。学制、课程、教学方法、考试方法都要改。""复课闹革命"后,各校便开始对课程设置进行精简。

精简课程的方法有两种:砍和并。师生们普遍认为过去课程过繁、课时过多(中学每周多达32—34课时,小学每周多达28—32课时),要求放手进行课程改革。至于哪些该砍,哪些该并,精简课程之初并没有统一的标准,更没有明文规定,因此各学校自行其是。如砍掉历史、地理和理科中大量的实验内容,将音乐、美术并为"革命文艺",物理、化学、生物并为"工农业基础知识"。一般是先将原有的课程体系统统打破,再根据学校和教师情况设置课程,有的由师生自由讨论来决定课程,有的是教师会什么就开什么课,有的甚至是新华书店供应什么书就设什么课。至于教学进度和教学质量,更是不作要求,教师信马由缰,教到哪里算哪里。其结果诚如史家所言:"教学内容混杂、跳跃,不成系统,既削弱了基础知识、基础理论教学,又没有科学地反映工农业生产实践的知识、技能;既脱离学生的认识规律与实际水平,又脱离教师的实际。"①

1967年秋,松江县佘山公社富林大队提出新型学校的课程设置,开设毛泽东著作课、生产斗争课、文化课、军事课4门课。② 到1969年春季,上海市一般中小学校都砍掉了一半课程,普遍开设毛泽东思想课、文化课、劳动课、军体课。有些学校上毛泽东思想课时,请老贫农手拿糠团进课堂,与学生一起吃"忆苦饭"。③ 红兴中学、青云中学等许多学校还把学习毛泽东的"教育革命"思想作为"天天读"的主要内容。

1969年6月,《上海市中小学教育革命纲要》出台,对中小学课程设置作了统一规定,规定中学设7门课:毛泽东思想教育(包括中国近代史、党内两条路线斗争史、社会发展简史、地理知识)、语文(包括语法、逻辑)、数学、革命文艺、工农业基础知识、外语、军事体育。小学也设7门课:毛泽东思想教育、语文、算术(包括珠算)、革命文艺、军事体育、科学常识、外语。所有课程中,毛泽东思想是"统帅",一切都得围绕这个"统帅"来进行,甚至连教英语也不能只教语法、语音,而更重要的是教"无产阶级政治,传播毛泽东思想"。④ 尤其是文科,以

---

① 吕型伟.上海普通教育史(1949—1989)[M].上海:上海教育出版社,1994:386.
② 佘山人民公社革命委员会.农村教育革命的初步探索[N].文汇报,1967-12-24.
③ 彻底进行教学改革,建立无产阶级的教育制度——本市部分中小学学制、课程设置改革的情况调查[N].文汇报,1969-04-21.
④ 李剑心.教学必须突出无产阶级政治[N].文汇报,1970-04-25.

"大批判"开路,以《毛主席语录》为基本教材。据《嘉定县志》记载,"文革"期间,中学语文、外语成为政治课,数学以学记账、珠算为主,理化改为工、农业基础知识,生物主要讲三大作物(稻、棉、油)、一头猪。大多数中学生的实际知识水平,仅相当于"文革"前的小学毕业程度。①

在高等院校,许多学校从院、系、部、处到班级、小组、科室,大办特办各种类型的毛泽东思想学习班,大背"老三篇"和《毛主席语录》。如华东师范大学有些班级将毛泽东有关教育革命的语录作为首要课程来学习。②

"文革"中还掀起过一股学外语的热潮。1969年初,上海陆续在小学四年级以上的班级开设了外语课。小学生们借助字典学习英文版的《毛主席语录》,写学习体会,并用英语唱革命歌曲。如南市区董家渡第三小学自1969年3月起,在三、四两个年级中选择了三个班级开设英语课。③ 到1972年,有的小学已开始从一年级起学习外语。④

此外,学校还大搞学工、学农、学军和其他政治活动,占去大量时间,挤掉了文化课程的教学时间。"文革"期间,学校文化课只占教学时间的35%左右,有的甚至不到30%。一学期以21周计,安排大体如下:开学军训(或学习班)1周;学工或学农4周;"三学"(指学工、学农、学军)前的动员、准备和"三学"后的总结、休息2周;复习、小结、写评语3周;各种政治活动、运动会、文娱会演、集体看电影等约1周以上。实际课堂教学时间一般不满10周。⑤

五、改革教材

由于原有教材被批为"封、资、修的黑货",不能再用。又因精简课程后无适应"新"课程的教材,因此,所有学校便广泛发动教师、学生、工人、贫下中农,在批判旧教材、旧教学大纲的基础上自编教材。

松江县佘山人民公社从1967年12月开始组织广大贫下中农对旧教材、旧教学大纲进行彻底批判,组成了有农村干部、贫下中农、新老教师参加的教材编写组,编写出一套"闪耀着毛泽东思想光辉,密切为农村三大革命服务"的新教材。至1968年3月,已编出4种中学教材、4册小学算术。⑥

---

① 上海市嘉定县县志编纂委员会.嘉定县志[M].上海:上海人民出版社,1992:794.
② 掀起大学大用毛主席教育革命思想热潮[N].文汇报,1968-03-06.
③ 董家渡第三小学开设英语课教学效果良好[N].文汇报,1969-04-17.
④ 怀达.为革命勤奋学习外语[N].文汇报,1972-01-06.
⑤ 吕型伟.上海普通教育史(1949—1989)[M].上海:上海教育出版社,1994:386—387.
⑥ 佘山公社大破大立,教育革命轰轰烈烈;贫下中农走上讲台,革命师生敢闯敢干[N].文汇报,1968-03-06.

在小学开设外语课后,教师们编选了毛泽东指示的英译稿和一些政治常用语的英文作为小学英语教材。①

"文革"十年,由于学制频繁变动,上海耗费了大量的人力、物力,共编写出5套中小学教材,包括1967—1968年出版的上海市中小学暂用课本44册,1969—1970年出版的上海市中小学教材(九年制)67册,1970—1971年出版的上海市中小学教材(十年制)(部分)47册,1972—1974年出版的上海市中小学教材(十年制)(部分),1975—1976年出版的上海市中小学教材(十年制,五五分段,春季用书)82册。② 这些教材强调政治挂帅和阶级斗争,篇幅比以前小,知识内容比以前浅,充斥着大量的阶级斗争思想内容,存在着严重的形式主义,且违背学生的认知规律。表7-1是第三套中学语文课本(上册)的选材。

表7-1 上海市第三套中学语文教材(上册)选材情况统计③

选材类型	一年级	二年级	三年级	总 计	所占比例
毛泽东文章	3	3	4	10	20.8%
毛泽东诗词	2(共3首)	3(共4首)	2(共3首)	7	14.6%
马恩列斯文章	1	1	1	3	6.3%
鲁迅杂文	1	1	2	4	8.3%
"样板戏"选场	1	1	0	2	4.2%
评论、总结等	3	3	3	9	18.8%
家史、通讯等	3	2	2	7	14.6%
古代诗文	2	2	2	6	12.6%
总 计	16	16	16	48	100%

由于"文革"停课,学校图书馆关闭,一些学生无书可读,结果在一些学生中间,流行看外国18—19世纪和中国近现代文学作品,学生争相传阅,甚至"挑灯夜战"。于是一些学校的图书馆开始对图书进行审查清理,选择符合要求的书。控江中学组织了由工宣队、革命教师、红卫兵参加的"三结合"图书审查小组,对学校近4万册图书进行有计划、有组织的清理,最后选出的可供学生阅读的书

---

① 董家渡第三小学开设英语课教学效果良好[N].文汇报,1969-04-17.
② 吕型伟.上海普通教育史(1949—1989)[M].上海:上海教育出版社,1994:390—394.
③ 同上:393.

仅有数千册。①

六、推行"教学革命"

"文革"在教学领域也掀起了彻底的"革命",在"打破老三段,火烧三层楼"("老三段"是指讨论、归纳、启发三步教学法,"三层楼"是指由基础课、专业课、提高课组成的课程体系)的背景下,消解教学的系统性、连贯性,认为"文革"前的教学是"关门打基础,脱离实践,脱离实际",是"资产阶级的繁琐哲学",是"培养书呆子的方法"。于是在破传统教学组织形式的基础上,将学生和工人、农民请上讲台,大搞结合典型产品的教学和现场教学。各种各样的教学方法无奇不有,只要想得到,都可以拿来尝试。

1. 让学生上讲台

这种做法认为学生是"文革"中"教育革命"的主角,于是把学生推上讲台,不仅在大学、中学,甚至在小学,也有学生上讲台讲课。但学生不可能上高深的理论课,只能上所谓的"革命批判"课、"阶级教育"课,根据政治需要揭露和批判"资产阶级知识分子"统治学校、歧视工农学生等"罪行"。华东师范大学中文系的一个班,到1967年12月,班上32个同学基本上每人都讲了课,当了回教师。他们以"批判斗争会"的形式上文艺批判课,并在上课时把所谓的"资产阶级反动学术权威"拉来批判。②

上海市第六中学、杨浦区双阳中学、大同中学等学校出现了师生共同编写新教材,共同备课、上课的情况。上课不受教时限制,而是根据内容和需要,该长即长,该短即短,每上好一课,开一次师生座谈会,评教评学。③

此外,在工宣队进校和贫下中农管理学校后,工人、农民也纷纷登上学校讲台(第八章有专门论述)。

2. 结合典型产品教学

"文革"中批评以前的学校教学是脱离"三大革命运动"(即所谓的"三脱离":脱离阶级斗争、脱离生产斗争、脱离科学实验),学生"上课记笔记,下课对笔记,考试背笔记,考后就忘记",因此号召师生走出校门,同"三大革命运动"相结合。《文汇报》1971年上半年开展了"学校教育如何同三大革命运动相结合"的大讨论,连篇累牍地批判课堂教学第一,探讨学文与学农、学工、学军的关系。许多学校经过讨论和实践,创造条件,让学生到工厂、农村广泛接触工人、贫下

---

① 办好图书馆与阅览室,占领学生课外阵地[N]. 文汇报,1970-06-13.
② 革命学生登上大学讲台好得很[N]. 文汇报,1967-12-17.
③ 教育革命创新篇,革命学生讲课好[N]. 文汇报,1968-01-17.

中农,进行社会调查,大搞所谓结合典型产品(或典型工程或战斗任务)教学。

奉贤新寺公社郊南大队中学有一个班级组织了"九二〇农药试制及其应用"的专题教学,把政治、工农业基础知识、语文、数学等课贯穿起来。政治课讲"九二〇"试制中的"两条路线斗争",农基课介绍"九二〇"对农作物生长的作用,参观"九二〇"试验生产室,数学课讲"九二〇"成分测定和百分比,语文课带学生到生产大队调查"九二〇"作用后农作物的生长情况,辅导学生写出调查报告。① 这就是通过一个典型产品——"九二〇"农药,将各科教学贯穿起来进行教学。

复旦大学生物系到农村将大队的自行车棚改建成一小工厂,土法生产"九二〇"新农药,并进行试验。在此基础上,举办了土法生产"九二〇"新农药技术训练班,自己编写教材。②

淮海中学先以修理直流电动机为典型任务,结合物理课中的电学和力学进行教学。化学、数学等学科教学结合录音机零件的电镀要用水,引出分子、原子、氢、氧、离子等概念;结合录音机传动带,讲解机械力学;结合电磁头、磁带,讲解电学;结合整流、滤波、稳压、升压,讲解电子;结合画线路图,讲解数学。这样,便把数、理、化的教学绞成一团。③

长宁二中在教毛泽东诗词《送瘟神》时,由语文教师组织部分学生到上海县诸翟公社红星大队进行社会调查。在农村,深入调查所谓防治血吸虫问题上"两条路线的斗争"等情况,写出了调查报告和通讯。④

由于这种尝试缺乏理论支持和前期实验,破坏了学科知识的严谨性和系统性,想到什么做什么,碰到什么学什么,造成教师教得牵强附会、杂乱无章,学生学得零零碎碎、莫名其妙。

3. 现场教学

现场教学是根据一定的任务,组织学生到工厂、农村或其他场所,通过观察、调查或实际操作进行教学的组织形式。现场教学兴起于教育"大跃进",到20世纪60年代初基本不再采用。"文革"中又将其重新搬出来,作为新生事物加以弘扬。尤其是工宣队、贫宣队进校后,工人教师和农民教师经常带学生到

---

① 联系实际,越学越有劲[N].文汇报,1971-05-25.
② 在三大革命运动中创建大学理科新专业——复旦大学生物系灯塔大队教育革命实践队情况调查[N].文汇报,1970-01-09.
③ 教育实践[J],1976(8—9):54.
④ 长宁二中正确处理学校教育同三大革命运动的关系,不断提高社会主义文化课的教学质量[N].文汇报,1972-03-17.

工厂和农村进行现场教学、现场参观。

中国钟厂革委会接办安化中学后,建立了一支"工人业余讲师团",由老工人、工人出身的技术干部和工人工程师组成。工人教师经常带学生到工厂进行现场教学。①

同济大学"五七"公社采取的是结合教学进行生产,结合典型工程进行教学。如选择一个具体工程,把一部分基础课和专业课结合起来,把课堂教学和现场教学结合起来,边教边学,边学边用。围绕一项工程,同时进行几门课的教学。②

教师中也有坚持强调课堂教学的作用的。如有教师公开指出:"中学生还是应该以在课堂里学习理论为主,课堂学习的时间,应当比'走出去'的时间多些。……在课堂里学习一些基础知识,对中学生来说,还是主要的。"③ "中学生学习理论基础知识,从教学计划、时间安排、教学形式诸方面讲,应以课堂教学为主。……如果学校教育以社会实践为主,学生往来于工厂、农村、医院、部队,实践什么学什么,就很难保证中学生学到较系统的基础知识,完成中学教学的基本任务。"④ 但这种声音很快招致了批评。批评者说:"走出去,积极参加三大革命运动,是转变学生思想的主要途径,否则学生不接触工农,不了解工农,阶级斗争都不知道,怎么能培养成为无产阶级革命事业的接班人?"⑤

七、改革考试制度

毛泽东在1964年春节座谈会上曾对学校考试提出严厉批评,考试制度在"文革"中受到颠覆性的批判。1966年6月13日,中央和国务院发出《关于改革高等学校招生考试办法的通知》,认为招生考试"基本上没有跳出资产阶级考试制度的框框","必须彻底改革",并决定当年高校招生工作推迟半年。同日,中央和国务院批转教育部《关于改革高级中学招生办法的请示报告》,废除高级中学招生考试,走群众路线,实行推荐与选拔相结合。7月13日,教育部发出《中小学招生、考试、放假、毕业等问题的通知》,规定中小学各年级的学期考试,凡是没有举行的,一律不举行,改由师生民主评定。7月24日,中央和国务院发出《关于改革高等学校招生工作的通知》,要求取消招生考试。

---

① 一支工人教师队伍在成长[N].文汇报,1969-03-25.
② 社会主义工科大学的雏形——同济大学"五七"公社教育革命试点调查报告[N].文汇报,1969-11-18.
③ 蒋兰芬,蔡惠芬.不能轻视课堂教学的重要作用[N].文汇报,1971-03-08.
④ 王兴伟,忻才良,薛人杰.学校教育应以课堂教学为主[N].文汇报,1971-03-16.
⑤ 孙光萱,林树清.不能片面强调课堂教学的作用[N].文汇报,1971-03-16.

上海教育在批判"修正主义教育路线"的同时,对考试制度进行了全面改革。虽然没有明文取消考试,但考试的内容和形式已大不相同,基本形同虚设。多数学校不但将考试题目公开,而且对考试成绩的评定采取"民主评议"的方式进行。

1969年暑假前,沪西中学教师曾想对学生进行一次期终考试。消息一传开,一些学生就认为这是"修正主义教育路线"的反映,立即贴出"警惕凯洛夫'智育第一'回潮"的大字报,表示强烈反对。考试之事也就不了了之。1969年12月,该校师生围绕要不要考试展开辩论,决定试行新的"民主出题、民主考试、民主评分"考试制度,如语文考题应写大批判文章,通过批判会、讲用会检查学生的思想立场和分析表达能力。①

宝山中学在1971年进行期终考试时,各学科教师布置了大量的复习题,许多内容要背诵记忆。有人贴出大字报进行批判。后推出新的考核制度:凡属于基础知识需要记忆的就实行闭卷考;凡属于分析和解决实际问题能力的就实行开卷考;凡属于掌握基本技能的就实行实际操作考。在评分方法上,实行师生共同民主评卷。②

第四节　知识青年上山下乡

上海从20世纪50年代后期开始,就陆续发动知识青年支援边疆和农村建设,大量青年学生舍弃大城市优越的生活条件,怀着为国家减负担、作贡献的雄心壮志,奔赴全国各地。"文革"期间,经济发展受挫,城市就业压力过大,加上高校招生的停顿和变革,越来越多的城市青年学生得不到及时、有效的安置。在毛泽东"知识青年到农村去,接受贫下中农的再教育,很有必要"的指示下,从1968年起,全国掀起了城市知识青年上山下乡的热潮。上百万上海青年离开亲人,到生产建设兵团、国营农场、人民公社插队落户。

一、四个面向

1966年和1967年的高等院校毕业生因为参加"文革",大部分没有分配。到1968年,上海市没有分配单位的高校毕业生越聚越多。如何安置这些受过高等教育的人,成了一个社会问题。

1967年11月,上海市大专院校1966年的毕业生陆续准备离校。毕业生的

---

① 沪西中学试行新的考试制度[N]. 文汇报,1970-01-24.
② 充分发挥红卫兵在教育革命中的作用[N]. 文汇报,1972-07-03.

工作分配是一场新的"考试"。"到内地去,到边疆去,到祖国最需要、工作最艰苦的地方去","滚一身泥巴,溅一身油污,炼出一身钢筋铁骨",这些口号引导学生作出选择。

1968年3月19日,黑龙江省革委会向毛泽东递交《关于大专院校毕业分配工作的报告》,提出"面向农村、工厂、基层"的原则,将毕业生分配重点放在县以下的农村。6月15日,中央发出《关于1967年大专院校毕业生分配工作问题的通知》和《关于分配一部分大专院校毕业生到解放军农场去锻炼的通知》,提出:大学毕业生必须先当普通农民,安排在军垦农场和国营农场劳动,群众组织负责人要带头去。如不服从分配,逾期两月,取消毕业生资格和在校生待遇。

1968年夏天,在中央的指示下,各地开始按照"四个面向"的原则分配高等院校毕业生。所谓"四个面向",即面向农村、面向边疆、面向工矿、面向基层,让大学毕业生先当普通工人、农民,走与工农相结合的道路,到农村、边疆、工矿去接受"再教育"。上海市在正式分配前作了大量的动员和舆论准备,要求"每一个大专院校的毕业生,都应当坚决遵照毛主席的教导,高高兴兴地当农民去,当工人去,彻底改变知识分子脱离劳动、脱离实际、脱离群众的状况",还不容置疑地说:"知识分子成名成家就是无理,大学生当农民、工人就是有理。"①

1968年8月,上海1万余名大专院校毕业生分配基本就绪。8月27日,上海市革委会教卫组召开了欢送大会。②

1968年8月,上海市大批1966年高中和初中毕业生也陆续赴边疆、山区和市郊国营农场落户。③

1968年12月,上海市又有300多名1968届大专院校毕业生赴崇明农村插队落户,他们分别来自上海师范学院、复旦大学和华东师范大学。

在当时的社会氛围里,这种毕业分配以接受"再教育"为主要目的,不会顾及接受地区的专业需要和毕业生所学的专业的对口。尽管如此,上海高校毕业生及其家长还是积极响应号召。

二、知识青年到农村去

从1966年开始,全国高校停止按计划招生达6年之久,后来即使恢复招生,也是从工农兵中推荐上大学。因此,"文革"中积压了大量的初、高中毕业生,他们升学无望,就业无门。如此众多的毕业生分配成为严重的社会问题。

---

① 大学生当农民当工人就是有理[N].文汇报,1968-06-22.
② 本市万余大学毕业生奔赴新的岗位[N].文汇报,1968-08-28.
③ 北京、上海、天津大批中学毕业生奔赴边疆、农村[N].人民日报,1968-08-18.

1968年12月22日,《人民日报》刊登《我们也有两只手,不在城里吃闲饭》,报道甘肃省会宁县部分城镇居民奔赴农业生产第一线,到农村安家落户。编者按中引述了毛泽东的指示:"知识青年到农村去,接受贫下中农的再教育,很有必要。要说服城里干部和其他人,把自己初中、高中、大学毕业的子女,送到乡下去,来一个动员。各地农村的同志应当欢迎他们去。""越是最困难的地方越是要去,这才是好同志。"毛泽东后来又说:"一切可以到农村中去工作的这样的知识分子,应当高兴地到那里去。农村是一个广阔的天地,在那里是可以大有作为的。"由此掀起知识青年上山下乡的高潮。

不仅各个学校大力鼓励青年学生到农村去,而且工厂、商店、机关、街道里弄都进行广泛宣传。在强大的宣传舆论下,"毛主席挥手我前进,上山下乡干革命","一生献给毛主席,一切交给党安排"迅速成为青年学生表态的口号。到农村插队落户的知识青年主要包括初、高中毕业生,中专、中技、半工半读学校毕业生,大专院校毕业生。

1969年1月,接待上海知识青年去落户的江西、安徽、黑龙江等地农村专门派人来上海,迎接知识青年去各地农村。首批赴安徽插队落户的上海知识青年就有1万多人,他们全是初、高中毕业生。

1969年3月21日和22日,上海首批赴内蒙古插队落户的1 000余名初高中毕业生奔赴内蒙古草原。21日,去江西、贵州农村插队落户的2 000多名上海知识青年也离沪出发。① 1969年是知识青年上山下乡的高峰期,全市共有50多万名知识青年赴各地农村。②

1972年10月23日,上海近千名应届中学毕业生首批赴黑龙江农村安家。在从青年集中地杨浦体育场到北火车站长达15千米的道路上,30万群众夹道欢送。

自毛泽东号召知识青年到农村去,从1968年至1972年,上海共有近百万知识青年赴吉林、黑龙江、安徽、江西、云南、贵州、内蒙古等省(自治区)以及上海市郊区农村落户。③

另据统计,全国1967—1968年上山下乡的知识青年有199.68万人,1969年有267.38万人,1970年有106.4万人,1971年有74.83万人,1972年有

---

① 本市首批赴内蒙知识青年踏上征途[N].文汇报,1969-03-22.
② 坚决走伟大领袖毛主席指引的光辉道路,上海知识青年积极到农村落户[N].人民日报,1969-12-23.
③ 上海近百万知识青年上山下乡[N].文汇报,1972-12-21.

67.39万人。1967年至1972年全国总计有715.68万知识青年上山下乡。① 到1973年底,全国已有800多万城镇知识青年"投入了建设社会主义新农村的战斗"。② 上山下乡的上海知识青年占全国的比重超过10%。

三、青春之歌

上海知识青年的"豪情壮志"并非停留在口头上,他们在边疆和农村贡献自己人生中最为宝贵的青春和智慧,有的甚至付出了生命的代价,上演了一幕又一幕青春之歌。

上海市吴淞第二中学1968届高中毕业生金训华,1969年5月前往黑龙江省农村插队落户,被分配到逊克县逊河公社双河大队。8月15日下午,当地暴发特大山洪,下乡仅77天的金训华为抢救国家物资牺牲于激流中,年仅20岁,遗体18天后才在百公里外被发现。1969年12月4日,"两报一刊"(《人民日报》《解放军报》和《红旗》杂志)发表社论,号召全国青年向金训华学习,并用大量篇幅发表了金训华的部分日记。金训华是上山下乡大潮中涌现的第一个知青英雄,被追认为中国共产党党员。

1969年7月5日,连日暴雨后,黄山茶林场暴发特大山洪,12位上山下乡的上海知识青年为赶到河对岸的仓库抢救国家物资,在洪水漫过桥面的情况下,手挽着手,强行过桥。然而,无情的山洪冲垮了桥面,11位知青被卷走,献出了宝贵的生命,其中9位是女生,年龄最大的22岁,最小的19岁。11位烈士牺牲后,先后有6位烈士的弟弟妹妹自愿来到茶林场工作。

在农村,知识青年在提高农业产量、普及农村文化科学、开展农村文艺活动中发挥出了积极的作用。如在安徽太和县大新公社周小庙生产队插队的王英等上海知识青年,大搞科学种田,使这个队的粮食单产量由1969年的约150千克增加到1971年的255千克;皮棉由1969年的约25千克,猛增到1971年105千克。③

四、统筹解决知识青年下乡后的问题

知青下乡作为一项国家政策,声势浩大,轰轰烈烈,波及整整一代青年学生。在解决就业与再教育等问题的同时,知青下乡后的日常生活问题,尤其是核心的温饱问题日益突出。

知青下乡之初,国家按定量供应一年粮油,以后一切生活所需与日常用度都要靠知青自己的劳动所得。然而,在一些穷乡僻壤,知青劳作一年,连温饱都

---

① 顾洪章.中国知识青年上山下乡始末[M].北京:中国检察出版社,1996:113.
② 五年来八百多万知识青年上山下乡[N].人民日报,1973-12-22.
③ 上海近百万知识青年上山下乡[N].文汇报,1972-12-21.

难以解决,需要父母支援。在计划经济时代,知青父母的生活资料是定额分配的,也就只够基本的生活需要,如果子女在农村或农场生活有困难,父母便只能紧巴巴地过日子,尽量省下一些钱、粮、油、布,寄给远方的子女。

1972年12月,福建省小学教师李庆霖给毛泽东写信,反映儿子插队落户后生存窘迫,要求"孩子上山下乡后的口粮问题,生活中的吃菜用油问题、穿衣问题、疾病问题、住房问题、学习问题以及一切日常生活问题,党和国家应当给予一定的照顾,好让孩子在山区得以安心务农"。这封措辞恳切的信中所流露出的父子之爱,引起了毛泽东的同情和思考。他寄了一点钱,并亲笔回信说:"寄上三百元,聊补无米之炊。全国此类事甚多,容当统筹解决。"1973年6月10日,李庆霖的上访信和毛泽东的回信作为中央文件下发。

由此,中央高层开始研究知识青年问题,对各省、市、自治区进行了典型调查。1973年初,全国城镇知识青年在农村插队的约有400多万人。其中,生活已经能够自给或者自给有余的约占34%,生活能够大部分自给的约占35%,生活不能自给的约占31%。陕北地区,一个劳动日工值在一角以下,是平常的现象。山西曲沃县319名插队知青中,有2/3劳动收入不够口粮款,到1973年累计每人欠队里138元。

在调查的基础上,中央决定调整上山下乡政策,其中涉及安置经费问题、口粮问题、医疗问题、婚姻问题、成分问题等。1973年6月22日至8月7日,国务院召开全国知识青年上山下乡工作会议,商讨毛泽东提出的"统筹解决"的具体措施,提出了六条办法:切实加强各级党委对知青工作的领导;切实解决下乡知青在口粮、住房、医疗等方面的实际困难;大力加强对下乡知青的培养教育;坚决刹住"走后门"的不正之风;对破坏知青上山下乡的犯罪活动做坚决斗争;将上山下乡的长远的全面的规划同整个经济建设、开发边疆和文教科研的规划衔接起来。会议还制订了《1973年到1980年知识青年下乡初步规划(草案)》,明确规定城镇中学毕业生中,病残不能参加劳动的、独生子女、多子女身边只有一个子女的、中国籍的外国人子女,不动员下乡,并允许地方安排一批毕业生就地就业。同时,按照国家计划,在下乡知青中招工、招生、招兵、提干。

"大力加强对下乡知识青年的培养教育"是"统筹解决"的举措之一,这里所讲的培养教育实际上超出了再教育的范畴,既包括从政治上提高知青的地位,培养优秀知青入党入团,参加各级领导班子,又包括为知青提供文化学习的机会,丰富知青点的文化生活。在国务院知青办的督促检查下,各地都把培养知青当作一项具有重要意义的政治任务来完成,积极举办函授教育、各类培训班、业余学校,出版各类学习资料。

1974年，复旦大学、同济大学、上海师范大学等13所上海高校在安徽阜阳、江西上饶、云南西双版纳、黑龙江黑河、吉林延边等地为上山下乡的知识青年试办函授教育，招收上海和各地上山下乡的知识青年3万人。1975年扩大到安徽宿县地区和滁县地区、江西井冈山地区、吉林四平地区、黑龙江呼玛县等五个地区，招生人数也增加一倍，连同原有的五个地区，共招生6万人。一些地方还举办知青共产主义大学、政治夜校、文化夜校等。知青函授教育有两个特点：重政治、重实用，如物理学习"三机一泵"，即拖拉机、柴油机、电动机、水泵；化学学习土壤改良、农药化肥使用；语文学习应用写作，培养"三员一土"（创作员、故事员、广播员、土记者）。资料出版方面，上海人民出版社出版了"青年自学丛书""下乡知识青年农业读物""上山下乡知识青年创作丛书"，人民教育出版社出版了"工农知识青年自学读物"等。这些举措，为知识青年送去了重文化、讲学习的气息，让他们感到获取文化知识的过程并没有完全中止。

五、沉重的句号

1976年10月，党中央一举粉碎了"四人帮"，"十年动乱"基本结束，全国上下一片欢腾。"文革"结束后，随着政治环境的宽松，尽管知青上山下乡遇到的社会阻力越来越大，但仍在继续执行。1976年底，滞留在农村的知识青年还有809万人，而其中的188万人是1976年新下乡的。1977年又有171万城镇知识青年上山下乡，同期因为招工、招生、病退、参军离开农村的有103万人。

1978年9月至10月，中央和国务院三次专题讨论知青问题，副总理李先念用了"四不满意"：青年不满意，家长不满意，社队不满意，国家不满意。在知青回城政策中，一些地方想出了一个"子女顶替"的临时性办法。上海市则提出，3年之内，有计划地招回十六七万知青，安排适当工作，对于尚留在农村的十几万插队知青，拟给予补助。1980年9月6日，国务院知青办拟定《关于当前知识青年上山下乡工作的几点意见》，提出知青工作不搞"一刀切"，能够做到不下乡的，可以不下。后来，根据中共中央书记处的指示，对当年的应届高中毕业生，不再组织和动员上山下乡，知识青年上山下乡运动就此结束。

知识青年上山下乡运动，作为培养和教育青年的一种形式，是国家在特定时期的一种政策措施，无论对个人命运还是对国家发展都产生了严重的影响。上山下乡使大批青年失去了接受正规学校教育机会，而同时，也使他们真正认识了中国的现实，特别是农村的现状。艰苦的磨砺造就了这一代年轻人特有的精神面貌。不甘于现状，勇于改变命运，成为改革开放，走中国特色社会主义道路的重要内在动力。

第八章

工人、贫下中农进驻学校

1966年8月8日通过的《中国共产党中央委员会关于无产阶级文化大革命的决定》提出："在这场文化大革命中，必须彻底改变资产阶级知识分子统治我们学校的现象。"[①] 1968年8月26日，《人民日报》发表姚文元的文章《工人阶级必须领导一切》，文章称："自古以来，学校这个地方，就是为剥削阶级及其子女所垄断。解放以后，好了一些，但基本上还是被资产阶级知识分子所垄断。……单靠学生、知识分子不能完成教育战线的斗、批、改，及其他一系列任务，必须有工人、解放军参加，必须有工人阶级的坚强领导。"文中还引述了毛泽东的指示："工人宣传队要在学校中长期留下去，参加学校的全部'斗、批、改'任务，并且永远领导学校。在农村，则应由工人阶级的最可靠的同盟者——贫下中农管理学校。"

工宣队、贫宣队进驻学校后，基本上是用"两个阶级、两条道路、两条路线"的矛盾斗争来管理学校的，在"斗、批、改"的基础上，进行了一系列"教育改革"。

第一节 工人领导学校

"文革"开始后，学校正常的教育教学全部停止，师生内部派系林立、争斗不断，无政府主义盛行。为稳定学校秩序，中央决定派临时工作队进驻学校。由于大量干部在"文革"中被打倒，知识分子又不被信任，只有派工人前往。这支工人的队伍被称为"工人毛泽东思想宣传队"，简称"工宣队"。工宣队进驻学校是从北京开始的。1968年7月27日，北京市抽调60多个工厂的3万多名工人组成"首都工人毛泽东思想宣传队"，先开进清华大学，后陆续开进首都各大专院校。8月13日，毛泽东接见了首都工宣队队员，15日，又接见了驻清华大

[①] 中国共产党中央委员会关于无产阶级文化大革命的决定[N].人民日报,1966-08-09.

学工宣队代表。8月25日,中共中央、国务院、中央军委、中央"文革"小组联合发出《关于派工人宣传队进驻学校的通知》,要求各地"仿照北京的办法,把大、中城市的大、中、小学逐步管起来……以优秀的产业工人为主体,配合人民解放军战士,组成毛泽东思想宣传队,分期分批进入学校。"

在工宣队进驻学校的十年时间里,上海累计派出近10万工宣队参与了学校的"斗、批、改"工作。

一、进驻学校

上海工宣队进驻学校较北京稍晚,先是分批进入高校,然后再进入中小学。

1. 进驻高校

1968年8月22日,上海市革命委员会召开扩大会议,决定组织以产业工人为主体,有解放军指战员参加的毛泽东思想宣传队,进入全市26所全日制大专院校。如杨树浦发电厂有80名工人参加工宣队,吴泾化工厂有100多名工人参加工宣队,上海自行车厂有200名工人参加工宣队。进入大专院校以前,为这些队伍举办了学习班。8月26日,上海工宣队已进入上海23所高等学校。到27日,1万多名工宣队已全部开进高校。

1968年8月26日开进复旦大学的工宣队就有1 000多人,分别由上海机床厂、上海柴油机厂、七〇二九厂工人组成。当天,进驻上海交大的工宣队也有1 000多名,由上海机床厂、沪东造船厂、上钢一厂等十多个工厂的工人组成。进驻华东纺织工学院的工宣队也有1 000多名。进驻华东师大的工宣队则由上海仪表厂等工厂的工人组成。进驻同济大学的工宣队有350人,由上海建筑工程局的工人组成。

同时,驻沪三军的"支左"人员也组织力量,和工宣队一起进驻大专院校,这些人被称为"解放军毛泽东思想宣传队",简称"军宣队"。

2. 进驻中小学

1968年9月初,继工宣队进驻高校后,上海市又组织了几万名产业工人陆续进驻上海市1 700多所中小学、中等专业技术学校和幼儿园。由于人手紧张,进驻小学和幼儿园的工宣队中有5 700多名退休工人。

工宣队人数众多,为便于管理,上海市革委会设立了工宣队办公室,第一办公室分管进驻高校及文化、教育、卫生等各局的工宣队工作,第二办公室分管进驻市区中小学的工宣队工作,第五办公室分管进驻郊县中小学的工宣队工作。

据1972年统计,全市派驻中小学的工宣队员共有8 668人,其中中学5 339

人,小学3 329人,与中小学教职员之比为1∶15。① 除了学校,工宣队也进驻教育行政机关。1968年12月,工宣队进驻上海市教育局,主持教育局的工作,各区县的教育部门也逐渐由工宣队把持。1969年4月3日,首都工宣队进驻最高教育行政机构——教育部。

二、领导学校

工宣队到校后,即与军宣队、师生员工中的"革命派"实现所谓的"三结合",建立起革命委员会,取得学校领导权,开展"斗、批、改"。

进驻上海各高校的工宣队成员一进校,就举办了"毛泽东思想学习班",开展批判"中国赫鲁晓夫的反革命修正主义路线"的活动。如工宣队进驻华东化工学院后,参与平息了学校里的派系斗争。

1973年7月至1976年初,市委文教组还举办了十期"工宣队学习班",从中"大力培养新干部",在317名学员中以"相面"的方式突击破格提拔71人为局、委、高校的负责人。②

三、改造学校

1968年8月27日,《文汇报》发表社论《无产阶级必须对资产阶级实行全面专政》。文章说:"在上层建筑的各个领域里,必须实行全面的无产阶级专政,即由无产阶级去统治资产阶级,由无产阶级去压迫资产阶级,用无产阶级世界观去改造资产阶级世界观,彻底铲除资产阶级和一概剥削阶级思想的恶劣影响。"

进驻沪上高校的工宣队到校后,主要做了三件事:第一,从班级等基层单位到校革命委员会,普遍举办毛泽东思想学习班,学习落实毛泽东最新指示,进行忆苦思甜的"阶级教育";第二,开展"大批斗",打击所谓的"阶级敌人",向"修正主义教育路线"和"资产阶级教育制度"猛烈开火;第三,改造学校面貌,整顿学校纪律,每天坚持早请示、背"老三篇"、出操。"天天学习毛泽东著作,日日批判资产阶级",成为师生员工的必修课。③

进驻中小学的工宣队同样把学习、宣传、落实毛泽东最新指示放在最重要的地位,在学校内办起了各种类型的毛泽东思想学习班。工宣队员还在师生中大力开展谈心活动,向师生倾诉自己的苦难家史,"以激发无产阶级感情"。有

---

① 吕型伟.上海普通教育史(1949—1989)[M].上海:上海教育出版社,1994:376.
② 中共上海市教育卫生工作委员会党史资料征集委员会办公室.中共上海市教育卫生体育系统党史大事记(1949—1989)[M].上海:上海交通大学出版社,1993:288—289.
③ 驻上海高校工人宣传队首战告捷取得经验[N].文汇报,1968-09-21.

些工宣队还经常组织中小学师生到工厂参观,让师生找差距,接受工人阶级的再教育。①

在办学问题上,工宣队突出"政治第一",强调学习内容要直接为工农业生产服务。进驻复旦大学的工宣队把"为农服务"作为生物系的办学方向,组织师生到农村,用生物学中的昆虫、微生物、植物生理等知识解决农业生产中的实际问题,批判以前生物系搞"三脱离"。②

在教学问题上,工宣队不但组织工人上讲台,还时时监控学校原有教师的教学中是否有"两条路线的斗争",随时"肃清修正主义路线的流毒"。

在教材问题上,工宣队要求在数、理、化的教材中也要突出"政治第一"。有的学校认为旧物理、化学课,"内容陈腐不堪,严重脱离实际,崇拜死人、洋人,追求成名成家",干脆就取消物理、化学课,设立工农业基础知识课。有的学校还尝试把物理、化学并成工业基础知识课,但经过一段教学实践,觉得工业基础知识课不能替代物理、化学,又主张物理、化学单独设课。③ 有的工宣队发动师生自己动手,编写出《教育要革命》《工业基础课》《农业基础课》等新教材。

工宣队还组织师生学工,到工厂参加劳动,在实际生产中接受再教育。

四、工人上讲台

工宣队进驻学校后,组成工人讲师团,"占领"讲台,往教师队伍中"掺沙子",参与学校的教学工作。这些工人文化水平不高,讲课主要是向学生忆苦思甜讲家史,进行"阶级教育"。1973 年 11 月 20 日,市教育局召开"中小学工人教师工作经验交流会"。

进驻上海市实验小学的工宣队组织了一支由 33 名工人、农民、解放军战士、里弄干部组成工农兵讲师团,登上讲台给学生上课。

1969 年 5 月,上海汽车电机厂选派了 10 名具有丰富实践经验和一定文化水平的工人参加北郊中学的教师队伍,担负起语文、革命文艺、数学、外语、工业基础知识等课的教学。上海医用缝合针厂于 1969 年派出 16 名工人到一所小学和一所中学去担任工人教师,分别负责毛泽东思想教育、语文、常识、算术等

---

① 上海工人毛泽东思想宣传队进驻中小学,把落实毛主席最新指示放在最重要地位[N].人民日报,1968-10-13.
② 驻复旦大学生物系工宣队.重要的问题在善于学习[N].文汇报,1972-04-06.
③ 上海塘桥五七学校教育革命组,上海中国五七学校教育革命组.中学要不要设物理、化学课?[N].人民日报,1969-09-22.

课程的教学工作。① 徐汇区清洁管理站在1969—1974年先后向中国五七中学、徐汇区第二中心小学等7所学校派出专职讲师11名、兼职讲师11名、巡回讲师20余名。② 中国钟厂革委会在接办安化中学后,建立了一支工人业余讲师团,由老工人、工人出身的技术干部和工人工程师组成,他们还经常带领学生到工厂进行现场教学。③

徐汇区于1969年建立了一支工人讲师队伍,1970年又先后两次在上海市第二中学和茶陵中学,组织了各有1 000多人参加的大型实践课,由10多名工人讲师进行示范教学,进一步扩大影响。到1973年,徐汇区工人讲师队伍达157人,分布在28所中小学。工人讲师以老工人为主,兼有青年工人和技术人员。为提高工人讲师的教学业务能力,全区先后举办了6期"红师班",每期两个月左右,有计划地轮训工人讲师。由于工人讲师大多数是兼职的,每个工人讲师在一个学期里,一般只承担两三个章节或两三课课文。一个电工工人讲师,专门讲"带电操作""照明电路""新型电光源"等内容,除在自己所在的学校讲课外,还先后到30多所中学、两所大学,讲了300多节课。④ 1974年,全区已经拥有一支以工人为主体的1 600多人的工农兵讲师队伍,分布在各中小学校和幼儿园。⑤

数以万计的工宣队员长时间待在学校里,⑥ 不但给学校教育带来了混乱,而且影响了工厂生产秩序。工宣队员文化程度低,许多进驻中学的工宣队员只有小学文化程度,缺乏教育教学和学校管理经验。有些工宣队员不会记、不会写,只好凭一本"肚皮账"办事。

由于派驻工宣队是重大的政治任务,许多工厂便派最优秀、最有实践经验的工人到学校。上海市第八印染厂进驻中国"五七学校"的工宣队,平均工龄在20年以上,不少人是厂里的生产骨干。⑦ 有些小厂在生产繁忙的情况下,抽调了近1/10的劳动力到学校搞"斗、批、改",影响了生产任务的完成。有些工宣

---

① 积极支持工人讲师搞好教学工作[N].文汇报,1970-01-21.
② 工人师傅上讲台[M].上海:上海人民出版社,1975:100.
③ 一支工人教师队伍在成长[N].文汇报,1969-03-25.
④ 无产阶级教育革命的一支生力军——上海市徐汇区组织中小学工人讲师队伍的情况和经验[N].人民日报,1973-07-27.
⑤ 工人师傅上讲台[M].上海:上海人民出版社,1975:1—6.
⑥ 1977年9月邓小平对教育部部长刘西尧说:"工宣队问题要解决,他们留在学校也不安心。军队是支左,无例外地都要撤出来。"11月,进驻大中小学的工宣队遵照教育部党组《关于工宣队问题的请示报告》,全部撤出学校。
⑦ 上海市印染工业公司革命委员会.工人群众参加教育革命的初步实践——上海市第八印染厂管理中国"五七学校"的调查报告[N].人民日报,1970-01-30.

队成员担心既管不好学校又耽误生产,后期打起退堂鼓,提前回工厂。

第二节 贫下中农管理学校

在城市,由工宣队进驻学校;在农村,则由贫下中农管理学校。1968年11月14日,《人民日报》发表山东嘉祥县马集公社马集小学两位教师侯振民、王庆余的来信,"建议农村所有公办小学下放到大队来办"。他们还算了一笔账:马集公社有2.1万多人,14处公办小学,教职员51人。每年国家要负担工资2万多元,修建费3000多元,吃商品粮19584斤。如果由大队管理,国家就可以用这些钱粮支援工农业生产,支援国防建设。次日,《人民日报》开辟了"关于公办小学下放到大队来办"的讨论专栏,为贫下中农管理学校进行舆论宣传和理论探讨。这个专栏一直延续到1976年8月26日。《文汇报》在1968年也紧随其后,不断地就"公办小学由大队来办"发表意见。

一、管理学校

早在侯振民、王庆余的信发表前一年,上海郊县农村就开始了由大队接管小学的尝试。1967年8月,松江县13个公社相继实行了贫下中农管理学校,其中佘山人民公社各大队相继宣布接管大队的学校,由贫下中农直接掌握农村教育大权。

1968年9月12—13日,上海市革命委员会郊区组、教卫组召开贫下中农管理经验交流大会。不少社、队分别建立了由贫下中农、农村干部、师生参加的"三结合"教育革命领导小组,对农村教育事业实行"公社领导、大队管理"的一元化领导,有的还决定中学由公社管理、小学由大队管理。

贫下中农进校后,即由大队党支部书记、大队长分别担任学校的正副校长,成立了"三结合"的教育革命领导小组,统管学校的人事权、财权和教学业务权。

公办小学下放到大队来办,国家不再给教师发工资,也不再给学校拨经费,自然是节约了大量开支。但贫下中农管理学校后,改变了以前区县文教局—公社中心校—大队小学的教育行政管理模式,而把学校作为大队的一个组成部分,由地方基层组织直接领导学校,大大削弱了教育行政部门对农村中小学的管理与控制,导致各地、各校自行其是,学校教育一盘散沙。

1969年5月12日,《人民日报》发表吉林省梨树县革委会的《农村中、小学教育大纲(草案,供讨论)》,就贫下中农管理学校提出了一系列操作性意见:将"突出无产阶级政治"放在重要位置,把"活学活用"毛泽东思想放在学校一切工作的首位;农村中小学实行九年一贯制,其设置以农民子女就近上学方便为原则,打破行政区域界限;农村中学采取推荐与选拔相结合的方式招生;教师的任免要由贫下中农讨论,大队革委会提出意见,公社革委会批准,报县革委会备案;农村公办小学下放到大队来办,教师的工资改为工分制,实行民办公助;小学设政治语文课、算术课、革命文艺课、军事体育课、劳动课五门课;中学设毛泽东思想教育课、农业基础课、革命文艺课、军事体育课、劳动课五门课。①《文汇报》于当日转发了这个大纲。

二、改造学校

公社、大队接管农村学校后,着手进行的改造主要体现在四个方面。一是打破学校与大队、生产队相脱离的局面,学校师生参加大队、生产队的政治活动,大队把学校的教育革命、教学活动列入工作计划;二是改革学制,办起了新型的"五七学校"(即小学办"戴帽子中学",附设初中班),使贫下中农子女可以不出大队,就近上中学,普及了农村初中;三是学生不只是在校读书,还经常组织学生参加大队、生产队的政治活动、生产劳动和其他社会活动;四是从贫下中农和知识青年中选拔教师,充实教师队伍。②

如松江县由公社、大队于1967年8月相继接管全县的中小学后,根据办学要近、规模要小、办法要好的要求,对全县中小学重新作了调整,基本做到每个大队有一所"五七学校"(或称小学附设初中班),隔一两里路有一所小学,初中不出大队,高中不出公社。经过重新调整,松江县小学由600多所增加到800多所,初中由17所增加到94所。③

"贫下中农管理学校委员会"大肆宣扬"土学校、土办法、土教师、土学生",有的使学校不只是学校,还成为大队的政治、文化中心。白天,学生们在学校上课,晚上,农村青年们在学校排演文艺宣传节目;每逢大队有重大政治活动,也放到学校里举行。

发展到后来,公办小学入学不收学杂费,教师实行评工记分,即改为大队给教师记工分,让教师参加一定时间的生产劳动,接受贫下中农的"再教育"。④还有人建议来自市区、城镇的教师到小学所在的大队插队落户,既当教员又当

---

① 吉林省梨树县革命委员会.农村中、小学教育大纲(草案,供讨论)[N].人民日报,1969-05-12.
② 贫下中农掌握文权的时代来到了[N].文汇报,1968-09-12.
③ 学校布局要有利于贫下中农掌握文权[N].文汇报,1969-05-13.
④ 上海县纪王公社教育革命领导小组.必须实现贫下中农对学校的政治领导[N].人民日报,1969-05-19.

社员,认为这样才能做到人在农村,心在农村。

贫下中农管理学校,还广泛开展了学农活动(当然,城市的大、中、小学学生在"文革"中也经常到农村学农,并在农忙时参加农业生产劳动),主要内容是到田间拔草、拾菜皮做饲料、运绿肥、扛粪、挑选种籽、移植秧苗。

三、贫下中农上讲台

贫下中农管理学校后,普遍认为"教师的世界观基本上是资产阶级的",①为此,在教师问题上主要采取了两种办法:一是有计划地安排原有教师分期分批下放劳动;二是建立由农村基层干部、贫下中农、民兵连长、农业技术员、生产队会计、赤脚医生等组成的贫下中农讲师团。但走上讲台的贫下中农文化素质较差,为学生上课,只能讲家史、村史、公社史(即所谓"三史")以及农业生产常识。有的农村地区教师短缺,还吸收部分复员军人和回乡知识青年担任教师。

第三节 市区中小学下放由街道、工厂管理

1968年12月2日,《人民日报》发表读者来信,以第一版的整版篇幅,就"城市的小学及中学应当如何办"开展讨论,建议城市的中小学由工厂办、街道办。《文汇报》紧随其后,也就此展开讨论。此后,许多城镇的中小学改由工厂接办,搞"定厂办学",京沪等大城市还将小学改由街道办事处管理。

一、尝试

早在《人民日报》开展讨论之前,上海在批判"资产阶级修正主义教育路线"和教育上的垂直领导时,就开始了城市学校究竟怎样办的实践探索,共分三种类型。

一是工厂办,即学校由附近的工厂来办(小厂可以几家合起来共同管理一所学校)。学校相当于工厂的一个基层单位(车间),属厂革命委员会直接领导。教师作为工厂的一员,不再由国家发给工资。

二是街道办,即把学校交给街道来办,吸收里弄干部、家长参加学校领导,发挥退休老工人的作用。在街道的统一领导下,学生、教师可以到街道工厂、菜场、清洁管理站等参加劳动。黄浦区、徐汇区、虹口区、南市区都进行了街道办

---

① 上海县颛桥公社向阳大队教育革命领导小组.正确对待教师,正确看待自己[N].人民日报,1970-11-08.

学的试点。

三是街道、工厂、学校三结合。如从1968年9月下旬起,中国中学和襄阳南路第三小学试办了由工厂、人民公社、街道联合管理的九年一贯制学校。经过一段时期的尝试,两校合并为"中国五七学校",由中国钟厂、印染八厂、徐汇区清洁管理站、永嘉路街道、曹行公社、虹桥公社长春大队等单位联合管理。全校4 000多人按高低年级分为三个营、一个直属连,以学生居住地区划分为班、排。平时上政治课、阶级教育课、劳动课,均以营、连、排为单位;在上文化课时,同一连中,按程度高低,分为几个不同年级。学生回家后仍然按排、班举办学习班。当时对这种"新型"办学模式的评价是:"由于学校由几个单位一起管理,师生们便有较多机会参加各种劳动,有利于将家庭教育、学校教育、社会教育结合起来。"①

此外,上海市第六中学、控江中学都曾积极准备在工厂、农村分别设立学工、学农分校;个别中学还设想把学校搬到农村去办。② 但由于中央没有明确肯定,这些尝试并未普遍推行。

二、下放

农村既然已经在1968年开始实行由基层组织和基层政府掌管学校,即小学由大队办、中学由公社办,以体现贫下中农管理学校,那么城市中小学是否也应当下放到基层组织和基层政府呢?有关"城市的小学及中学应当如何办"的讨论开始后,有人认为城市中小学应该由街道办为主,实行厂、校结合,有的认为应该由工厂来办,有的认为小学应该由街道办,中学由工厂办。

在这种讨论声中,普遍认为城市小学还是以街道为主来办好。于是,上海加快了市区小学下放街道的步伐。这种下放不光是指以前由各区教育局分管的中小学校,也包括由市教育局直属的中小学校、各高等院校附属中小学校。

1969年2月25日,《人民日报》发表《街道联合起来能够办好小学》,介绍上海市杨浦区控江街道联合办小学的经验。

三、多种形式

1969年6月出台的《上海市中小学教育革命纲要》将城市中小学的办学形式分为三种。

第一种是中学在区革委会领导下,由附近的工厂革委会派出工宣队参加学

---

① 工厂、公社、街道联合管理的新型学校[N].文汇报,1968-12-17.
② 上海徐汇、虹口、杨浦等区几个革命教师.城市的小学及中学应当如何办?[N].人民日报,1968-12-06.

校的领导,还与农村人民公社、附近的街道挂钩。如中国钟厂于1968年9月选拔了一批工人接办安化中学。学校来厂办"抗大学习班",由老工人担任了政治指导员。厂革委会的每周例会都把学校工作提到日程上来。为了解决教材问题,厂革委会发动全厂职工,同师生一起,组成各种课题的编写小组,共编出《工业基础知识》十讲、《农业基础知识》十一章。全厂还组织了一支60多人的工人业余讲师团,走遍了上海八个区、几十所学校。①

第二种是小学一般下放街道领导,并由附近工厂按学校或学区派出工宣队,直接参加学校的领导。如杨浦区控江街道在工宣队的领导下,于1969年初就全面开始了街道办小学的实践,学生半天在校上课,半天按班、排组织起来在校外新村活动,内容有大批判、军训、读报、公益劳动、出墙报等。学校在街道的领导下,组织工农讲师团,选请附近工厂、房管所的工人,商店、菜场的营业员和邻近郊区的贫下中农担任讲师,给学生讲家史(忆苦思甜)、讲算术、动植物知识课(园林工人讲绿化)等。②

第三种是工厂直接办学,这是体现工人阶级领导学校的另一种形式。城市中小学由街道、工厂接办,或者由街道、工厂、学校三结合来办,为学生学工提供便利条件。但对学生究竟以亲身参加劳动实践,取得直接经验为主,还是在课堂里学习书本知识,接受间接经验为主,大家的看法存在分歧。有一些单位往往把学工(或学农)的学生当劳动力使用。

四、学工学农

在"大跃进"时期,由于贯彻"教育与生产劳动相结合",学生经常到工厂、农村参加生产劳动。到"文革"时期,工人、贫下中农做了学校的"主人",更是使学生学工学农经常化、制度化,且时间上也大大延长。

1. 学工

当时,工厂被要求不光要创造物质财富,而且要关心和支持教育革命,要承担培养接班人的责任。接受学生学工的工厂感到责任重大,纷纷组织专门人员指导学生,甚至不惜让一线的生产能手和老工人也参与进来,表示"一定要把抓革命、促生产和培养无产阶级革命事业接班人两副重担一起挑起来"。上海电动工具厂革委会还专门派了一个常委负责学生学工工作,并组织了有领导干部、群众、学校师生参加的"三结合教育革命小组",具体安排学生的学工内容。③

---

① 上海中国钟厂革委会.工人阶级必须领导教育革命[N].人民日报,1969-02-20.
② 上海控江街道革委会教改组.街道联合起来能够办好小学[N].人民日报,1969-02-25.
③ 上海电动工具厂关心教育革命,积极支持学生来厂学工[N].文汇报,1970-07-30.

2. 学农

学生到农村学农或参加农业生产,并由贫下中农给学生讲家史、村史、"两条路线斗争史",开展访贫问苦活动。师生要与贫下中农实行"五同"(同吃、同住、同劳动、同学习、同批判资产阶级),农闲时一边劳动一边学习,每天劳动三小时,上课四小时;农忙时全天劳动,晚上读书一小时。生产队长、政治队长、辅导员、老贫农、技术员、会计、民兵排长、卫生员组成一支贫下中农教师队伍给学生上课。

南码头小学于1968年在川沙县六里公社许巷生产大队建立了学农基地,分期分批组织五、六年级师生去学农基地劳动,并结合农村实践,努力学习文化知识。在学农基地,政治课安排学习毛泽东著作《实践论》《人的正确思想是从哪里来的》等;农业常识课教《八字宪法》《水稻》等;外语课教《到农村去》《幸福不忘毛主席》等。他们还和贫下中农一起编写乡土教材,如《朱家花园的历史》《幸福大队访问记》等。①

学生到工厂学工,既影响了生产秩序,又耗费了工厂的大量人力,因为要选派有经验的工人师傅带领,要提供实践场地,要占用机器设备和原材料,要生产大量废品、次品。到农村学农,村里要将有限的田地分给学生种,将猪分给学生养。发展到后来,工厂和农村都将接受学工学农的学生视为负担。结果,学校放手不管,工厂、农村更无人过问,致使学生到了工厂、农村,"捏了榔头、锄头柄,甩掉书包和书本"。

第四节 对教师队伍的伤害

荀子曰:"国将衰,必贱师而轻傅。"② 工人、贫下中农领导学校后,遵照毛泽东"教改的问题,主要是教员问题"的指示,继续执行极左的政治路线,使教师队伍结构发生改变,教师地位急剧下降,教师工作热情锐减。十年"文革",上海教育系统制造了大量的冤假错案,一大批教师蒙受冤屈,人格受到侮辱,身体受到伤害,有的甚至失去了宝贵的生命。

一、清理阶级队伍

1967年至1968年,上海教育界在驻校军队和工宣队的领导下,开展了"清

---

① 发挥学农基地作用,提高学生思想文化水平[N].文汇报,1972-06-07.
② 王先谦.荀子集解(下册)[M].北京:中华书局,1988:511.

理阶级队伍",对所谓的"地、富、反、坏、右、特务、叛徒、走资派、漏网右派、国民党残渣余孽"来一次"大清查"。这些被"清理"出来的人多被冠以"隐藏在革命队伍里的叛徒、特务、反革命分子、顽固不化的走资派"之类的罪名,被"批深、批透、批倒、批臭"。大量的教授、副教授和在学术上有成就的教师被戴上"反动学术权威"的帽子,受到不同程度的迫害,许多人不堪摧残,含恨而死,也有一些教师被打成"牛鬼蛇神"后,精神上受到折磨。

经过"清理",教师们被划为不同的类别,有相当一部分被认为不能"使用"。为了弥补因此而造成的缺额,也为了有意在教师队伍中"掺沙子",改变"资产阶级知识分子统治学校"的现象。城市学校就推选优秀工人当兼职教师,农村学校就让有实践经验的贫下中农、复员军人、社队干部和"活学活用"毛泽东思想的积极分子做兼职教师。如松江县佘山公社1969年有教师235人,其中从贫下中农中推选出来的就有90多人,约占40%。① 一些地方还组织工农讲师团,一批一批地开进学校,登上讲台。

"清理阶级队伍"导致教师不能安心教育工作,工作积极性大大降低,甚至出现"干得越卖力,错误就越大"的忧虑。教师中普遍存在"三不起"思想:"家庭有问题脚提不起""爱人有问题腰杆挺不起""本人有问题头抬不起"。一些教师家庭夫妻一方有问题,另一方便被鼓动要从思想上与其划清界限,并做对方的思想工作。

一些大学教师为了自我保护,在具体教学工作中搞"一避、二平、三过头"。所谓"避",就是"争论问题,避而不谈";所谓"平",就是"观点平稳,严防走火";所谓"过头",就是"非要表态,宁左勿右"。②

二、接受再教育

1968年9月12日,《人民日报》和《红旗》杂志发表评论员文章《关于知识分子再教育问题》,提出"必须对大量从过去旧学校出来的知识分子进行再教育,争取和团结广大的知识分子"。要求通过再教育,解决知识分子"同工农兵结合,为工农兵服务"的问题。

《文汇报》于1968年12月21日发表社论《必须解决好知识分子问题》。文章说:"知识分子是搞意识形态的,是一个比较复杂的阶层。知识分子成了堆,那里的问题就难办。教育、新闻、文艺单位和机关等知识分子成堆的地方,最容

---

① 松江县佘山公社革委会.教改的问题主要是教员问题[N].文汇报,1969-06-12.
② 郑谦.被"革命"的教育——"文化大革命"中的"教育革命"[M].北京:中国青年出版社,1999:120.

易出修正主义。知识分子有致命弱点,就是动摇。他们脱离工农群众,一遇风浪,就会左右摇摆起来。……与其蹲在上面,还不如去做工、去种田。在斗、批搞一段时间之后,成群结队地走到工农中间去。"

进驻上海交通大学的工宣队、军宣队和校革委会选择了比较有代表性的正副教授,在校一级举办了学习班。然后推广举办教授学习班的经验,在全校各系和教研组都先后举办了教授学习班。在学习班上,主要是批判"资产阶级世界观"。批判形式有:请老工人诉旧社会的苦,请学生批判"修正主义教育路线"和旧教育制度等。①

华东师大二附中的具体做法是:

第一,让教师带学生到工厂、农村、部队去学工、学农、学军。该校于1969年4月起组织教师分期分批到工厂、农村参加劳动,接受工人、贫下中农的再教育。在短短一年多的时间里,共组织了7批教师70多人次到学农基地参加1—3个月的农业生产劳动。

第二,组织教改实践队,让教师在接受工农兵再教育的同时,积极开展教改实践活动。许多教师带着教学上的问题,去"请教"工人、贫下中农。

第三,建立再教育分校,分期分批组织教师去分校学习。到分校学习的教师和贫下中农实行同吃、同住、同劳动、同学习、同批判,拜贫下中农为师,接受他们的"再教育"。

第四,结合教改实践,组织教师到校办工厂劳动,培养劳动观念,学习工业生产的基本技能。②

许多学校和教育行政部门还根据毛泽东关于"广大干部下放劳动"的指示,办起了"五七干校",③让教职工轮流到干校劳动。同济大学就组织广大教师分期分批到设在皖南山区的"五七干校"劳动锻炼,直接接受贫下中农的"再教育"。

在农村的教师,有的曾改拿工资为记工分,本人及其子女转为农村户口。这样,教师不但要教学,还要与农民一起生活、劳动,参加农村的政治学习,这严重影响了教师的生活和教学。直到1972年后,情况才有所改观。

---

① 驻上海交大工宣队军宣队和校革委会举办学习班,发动师生对教授逐个落实政策[N].文汇报,1969-05-15.
② 在学工学农中培养又红又专的教师队伍[N].文汇报,1970-10-15;以"五七指示"为指针,改造教师队伍[N].文汇报,1971-04-29.
③ "五七干校"得名于毛泽东"五七指示",该指示全文是:"学生也是这样,以学为主,兼学别样,即不但学文,也要学工、学农、学军,也要批判资产阶级。学制要缩短,教育要革命,资产阶级知识分子统治我们学校的现象,再也不能继续下去。"

三、破师道尊严

"文革"中,在教育领域"革命"的一个重要内容就是破除传统的师道尊严。

由于尊师重教的观念受到批判,教师上课经常被恶意打断,无限上纲,有的学生甚至把与自己观点不同的教师从课堂上轰出去,以致教师们上课战战兢兢。大同中学、培坚中学被合并为上钢三厂"五七"中学,该校有位教师上课时对学生说:"你们应该像爱护自己家里的东西一样爱护公共财物。"这话立即遭到了红卫兵的批评:"这是'公私融合论'!"结果弄得教师下不了台。① 有一位教师为了使同学们分清"贫"字与"贪"字的区别,对同学们说:"贫字上面是'分',下面是'贝',古时候贝就是钱,把钱分光了就贫了。"后来被贴了大字报,批判道:"以前受压迫受剥削的工人、农民和劳苦大众,难道是钱被分光了才贫的吗?这种解释完全抽掉了阶级性。"②

学生走上讲台后,课堂的教学秩序完全被打乱了,课堂变成学生的"群言堂",弄得教师人人自危,有的教师干脆就对学生放任自流,撒手不管。

1970年初,上海各校大破师道尊严,要求教师们不能用"管、卡、压"的方式对待学生,而要向自己的教育对象学习,但教师又不能不管学生,他们只能在夹缝中开展工作。

1973年12月12日,《北京日报》发表《一个小学生的来信和日记摘抄》。28日,《人民日报》全文转载,表扬这个小学生"敢于向修正主义教育路线开火",从而将全国中小学"破师道尊严"推到新的高潮。

四、考教授

"文革"中为了贬低知识分子,发明了突然袭击"考教授",用"戏弄"专家、教授的方式,让其斯文扫地。

事件肇始于毛远新控制下的东北辽宁。沈阳医学院以开会为名,突然拿出事先策划好的考题,对基础部38名教授、讲师考了一下。一部分教师答不上来,学院马上让他们谈"认识"、说"感想",直到承认"张铁生交白卷是可以理解的"。1973年12月30日,国务院科教组和北京市革委会科教组采取突然袭击的办法,以开座谈会的名义召集北京市17所高校的正副教授631人,进行数理化考试,迟群、谢静宜先后到场巡视。考题是从1973年一些地区高等学校招生考试的数、理、化题目中选出来的。考试结果是及格者53名,不及格者360名,

---

① 革命教师要争当批判凯洛夫的"爆破手"[N].文汇报,1970-01-25.
② 工人师傅上讲台[M].上海:上海人民出版社,1975:62.

交白卷者 200 人,其他人拒绝应试。

  1974 年 1 月 5 日,上海市革委会文教组、市教育局向全市 18 所高校的 896 名正副教授突然发出开会通知,内称"会议重要,请勿缺席",共有 650 人如约而至。当文教组人员到场,才宣布是"考试"。考试科目为政治、语文、数学、物理、化学,且卷首标着"大学入学试题"。有许多人当即对这种做法表示不满,有的当场进行了抵制。然而考试还是照样进行,市革委会文教组负责人亲自到场监考,并允许记者现场采访,以扩大政治影响。结果共有 23 人(不足 4%)交了白卷。复旦大学在场的 104 名正副教授,仅 7 人过关,另有 7 人拒绝作答,被判零分。①

  "考教授"是"四人帮"对"文革"后期高校招生实行文化考查的报复,称其是"出资产阶级习惯势力的洋相,长无产阶级的志气",这成了他们奚落知识分子、全面否定考试的借口,认为文化考查是检验不出一个人真正的政治水平和业务能力的,"用这样的试题考工农兵完全是刁难和阻碍工农兵入学"。国务院科教组机关刊物《教育革命通讯》1974 年第 2 期曾发表《考教授有感》,说:"少数教授对这场考试不那么高兴。他们说,这简直是出我们的丑。我们说,是出了丑,不过并不是出哪一个人的丑,而是出旧考试制度的丑,出修正主义教育路线的丑。"

---

① 杨家润.考教授:"文革"中的一出闹剧[J].上海档案,2000(5).

第九章

大学如何办

"文革"十年中,围绕如何办大学,分歧和矛盾十分尖锐,甚至一度否定大学存在的合法性。上海在这方面作出了一系列"探索",产生了全国性的影响。总体而言,"文革"对高等教育的影响程度比中小学要深、要广,高校在办学模式、教学模式、招生制度、管理体制等方面无不受到严重冲击。

第一节 "七二一指示"与七二一工人大学

一篇调查报告《从上海机床厂看培养工程技术人员的道路》引起了毛泽东的高度关注,由此提出了办什么样的大学和大学如何培养人的问题。

一、上海机床厂的道路

上海机床厂始建于1946年,新中国成立前是一个简陋的农具修理厂,新中国成立后逐步发展成为生产精密磨床的大厂。1957年7月8日,毛泽东亲临该厂视察。1968年,上海机床厂拥有工程技术人员600多人。该厂的青年技术人员主要来源于大专院校历届毕业生和从工人中提拔的技术人员。"文革"中,该厂认为,从工人中提拔的技术人员要比从大专院校毕业的技术人员强,且成长快、贡献大。大专院校历届毕业生受了"修正主义教育路线毒害","长期脱离劳动,脱离工人,追求资产阶级名利,结果一事无成",而工人出身的技术人员有着深厚的无产阶级感情,不为名,不为利,不畏艰险,不怕困难,不达目的誓不罢休。最后的结论是,从工人中选拔技术人员,"是一条培养无产阶级工程技术人员的道路"。

基于这种思想,上海机床厂对学校教育提出的看法是:

第一,学校培养的决不能是那种脱离无产阶级政治、脱离工农群众、脱离生产实践的"三脱离"的"精神贵族"。过去大学毕业生分配到工厂、农村,就当干部,是不合理的。大学毕业生应当先到工厂、农村,参加劳动,当一个普通劳动者,在工人、农民那里取得"合格证书",然后根据需要,有些可以参加技术工作,但也要参加劳动,有的则继续当工人、农民。

第二,学校教育一定要与生产劳动相结合。只有接触实践,对于理论才能掌握得快、理解得深、运用得活。学校要由有经验的工人去当教师,让工人登上讲台,有些课程还可以在车间里由工人讲授。

第三,关于工程技术人员的来源问题,除了从工人中提拔技术人员外,还应该从基层选拔政治思想好的,具有两三年或四五年劳动实践经验的初、高中毕业生进入大专院校学习。选拔有实践经验的知识青年到大学培养,符合多快好省的原则。

第四,从学校出来的大量技术人员,应组织他们分期分批去当工人,或者让他们有更多的时间到车间去劳动,走上和工人相结合的道路,走上理论和实践相结合的道路。①

二、"七二一指示"

毛泽东看了《从上海机床厂看培养工程技术人员的道路》这篇调查报告后,写了一段话:"大学还是要办的,我这里主要说的是理工科大学还要办,但学制要缩短,教育要革命,要无产阶级政治挂帅,走上海机床厂从工人中培养技术人员的道路。要从有实践经验的工人农民中间选拔学生,到学校学几年以后,又回到生产实践中去。"此即"七二一指示"。1968年7月22日,《文汇报》记者、新华社记者的调查报告《从上海机床厂看培养工程技术人员的道路》和毛泽东的"七二一指示"在《人民日报》头版发表。

毛泽东为什么说"大学还要办"呢?"文革"开始后,大学停止招生。到1968年,1966届和1967届毕业的大学生陆续分配出校。又因经过"斗、批、改",大批教师到"五七干校"劳动,学校教学工作近乎停顿。加上对高校进行任意的"砍"和"并",上海高校数量日益减少。1965年上海有高校24所,到1971年降为17所;1965年有在校大学生52 013人,"文革"前半期每年以近万人的规模递减,1966年为42 346人,1967年为32 677人,1968年为21 331人,1969年为8 257人,1970年为4 010人,1971年仅剩下3 510人。当时,许多人对大学还要不要办产生了怀疑。国家政策虽没有明文规定"不办",但也没有办下去的意思,弄得高校里人心惶惶。一位教授回忆说:

> 1965年,我们大学的研究生和大学生都受到全面的培训。从1966年

---

① 从上海机床厂看培养工程技术人员的道路[N].人民日报,1968-07-22.

中期到1970年末期,我们没有进行教学,没有招生。那些1966年和1967年的毕业生一直到1968年才毕业,他们本来要学4年,实际上只学了3年。1969年的毕业生只在1965—1966年学了1年的课程,他们还是获得了毕业证书。那时很容易拿到证书,但他们并没有学到专业知识。①

毛泽东虽然回答了"大学到底要不要办"的问题,但紧接着又作了限定:"我这里主要说的是理工科大学还要办。"意思很明显,为了发展生产,革新技术,仍然需要由理工科大学来培养工程技术人才。至于文科大学,"办"与"不办"并没有明确。②

三、七二一工人大学

"七二一指示"发布后,全国各地从1968年9月起,许多工厂相继创办七二一工人大学(或称"七二一大学")。据统计,1972年全国共办七二一工人大学68所,学生4 000多人;1973年发展到122所,学生6 000多人;1974年达383所,学生23 000人;1975年扩大10倍多,达5 228所,学生25.1万人;1976年更是大发展,共办了33 374所,学生148.5万人。③ 不难发现,这种学校规模小,办学效益低,校均学生最高时也不超过60人。上海作为"七二一指示"的发源地和七二一工人大学的首创地,1969年有七二一工人大学12所,1970年有36所。1971年起,一批行业性中专,如纺织、机械、电力、轻工、航运、建材、船舶、化工、冶金等学校,逐步改为七二一工人大学。④ 1974年全市七二一工人大学有173所;1975年节节攀升,3月为244所,4月就达302所,5月达368所。⑤

仍以上海机床厂为例。该厂在"七二一指示"发布两个月后,办起了七二一工人大学,设机械制造专业,学制2年半到3年左右。待上一期学员毕业后,才招收下一期学员。第一期学员共52名,经过两年又十个月的学习,在"七二一

---

① 约翰·柯莱威利(John Cleverley).中国学校教育[M].张昌柱,等,译.石家庄:河北教育出版社,1995:190.
② "七二一指示"发布七天后,毛泽东召见几位大学生领袖时说:"我说大学还要办,讲了理工科,但没有讲文科都不办。"参见:周全华."文化大革命"中的"教育革命"[M].广州:广东教育出版社,1999:180.
③ 周全华."文化大革命"中的"教育革命"[M].广州:广东教育出版社,1999:206.亦可参见:中国教育年鉴(1949—1981),594.周全华还评论说:"1975年、1976年两年新办的3万多所七二一大学,大多是虚假的统计数字,许多地方的所谓大学,只是一个决议,一个计划,或只是挂了一块招牌,经费、教师、教室还无着落,学生亦未进校,只是一所'四无'学校。"见:周全华."文化大革命"中的"教育革命"[M].广州:广东教育出版社,1999:207.
④ 吕型伟.上海普通教育史(1949—1989)[M].上海:上海教育出版社,1994:384.
⑤ 天翻地覆慨而慷[J].教育实践,1975(2).

指示"发布3周年时毕业。① 至1975年,共招收了三期学员。刚开始只向本厂招生,从第二期起向市机电系统有关兄弟厂招生。学员从在职工人中选拔,学习期间,"身上不减油泥味,两耳不断机器声"。生产大忙的时候,学员回原班组参加生产劳动,或到农村去学农。开设的课程主要有毛泽东思想教育课、劳动课、学军课、专业课,并时时停课参加政治运动。教学上遵照"实践、认识、再实践、再认识"的教导,大体经历了短期基础知识学习,边实践、边教学,在实践基础上进行比较系统的理论教学和理论指导,再实践四个教学阶段。在办学思想上,坚持"无产阶级政治挂帅",以培养"知识化的工人,劳动化的知识分子"。学员毕业后仍回到生产实践中去,不发毕业证书,不增加工资待遇,不要工程师、技术员的称号。任课教师主要从工人中选拔,搞机床的、搞液压的、搞电器的工人都登上了讲台。所用教材由工人教师为主,发动工人和技术人员参加,根据生产经验的发明创造来编写。如《磨床设计和制造》一书,就是由80多位工人和工人技术人员参加编写的。②

七二一工人大学不光大厂办,小厂也办。上海人民无线电厂是一个只有500名职工的小厂,且以女同志居多。1972年,他们也办起了七二一工人大学,开设电子班,学制一年半。师资上,以能者为师,由有实践经验的工人担任教师,边干边教、边学边教。没有教材,就找老工人开调查会,分析电视机的每个部件、每道生产工序的特点和原理,群策群力,编写教材。没有教室,就挤出一间厂房当教室。找些板条往木箱上一搁,当课桌椅。办学三年,一共只花了几十元的教材和讲义誊印费。③

不但城市工厂办起了大量的七二一工人大学,连农村公社的办学也来走上海机床厂的道路。金山县朱行公社于1969年1月办了一所半工半读性质的农业技术学校,取名"五七中学",由各大队推荐优秀青年入学,从农民中培养农业技术人员。在校学生由各大队按同等劳力记工分,年终参加大队的统一分配。学生经过数月或一年的学习后即进行分配,大部分回本大队担任拖拉机手、电工、队办工业的技术员、赤脚医生、植保员、生产队会计、教师等工作。④

---

① 上海机床厂"七二一"工人大学第一期学员毕业[N].文汇报,1971-07-21.
② 新生事物是不可战胜的——上海机床厂创办七二一工人大学的调查报告[N].人民日报,1975-06-22.
③ 上海人民无线电厂工会.小厂也要办大学[M]//"七二一"道路放光芒.北京:人民教育出版社,1975:95-104.亦可参见:小厂能够办好大学——上海人民无线电厂七二一工人大学的调查[N].人民日报,1975-07-12.
④ 公社办学也要走上海机床厂的道路[N].文汇报,1971-08-16.

在"批林批孔"运动的推动下,七二一工人大学在 1975 年至 1976 年再次迅速膨胀。1974 年 7 月,上海有七二一工人大学 48 所,年底迅速增至 173 所。1975 年 5 月上旬,全市七二一工人大学猛增至 300 多所,学生 2.7 万多人,超过了 16 所普通高校普通班的学员人数。学制有 0.5—1 年,有的 2—3 年。① 到 1975 年底,上海市统计出的七二一工人大学已达 1 200 多所,一些工厂不仅办工人大学,还逐步发展到全厂每个车间也都办工人大学。②

1975 年 6 月,教育部和第一机械工业部联合在上海召开七二一工人大学经验交流会,会上介绍了上海机床厂七二一工人大学经验,指出普通大学的"教育革命"要沿着"七二一"道路前进。1976 年初,在"反击右倾翻案风"的运动中,批判了"上海机床厂'七二一'大学是个形式,但不是唯一的形式"的观点。据 1976 年上半年不完全统计,全国七二一工人大学从 1975 年上半年的 1 200 所、学员 9 万人,猛增到 1.5 万所、学生 78 万多人。③

第二节 理工科大学如何办

一、对"文革"前理工科大学的批判

1968 年《红旗》杂志第三期发表《从上海机械学院两条路线的斗争看理工科大学的教育革命》,以上海机械学院为靶子,对"文革"前上海理工科大学的办学进行肆意歪曲和批判:

> 在《从上海机床厂看培养工程技术人员的道路》那篇调查报告中,曾经提到上海机器制造学校。它是现在上海机械学院的前身。它创办于1952年……第一届招收的2 181个学生,全是从工人农民和一部分农村基层干部中选拔的。
>
> ……这个学校一共只有三次招收工农学生,1952 年招收了 2 181 人。一小撮走资派和资产阶级知识分子把它当成"包袱",在 1955 年 3 月的一份工作总结中,百般攻击和诬蔑工农学生,于是采取了"大大收缩"的方针,

---

① 培养工人阶级知识分子队伍的新型学校——本市"七二一工人大学"的调查[N].文汇报,1975 - 05 - 14.
② 七二一工人大学发展到 1 200 多所[N].文汇报,1975 - 12 - 18.
③ 郑谦.被"革命"的教育:"文化大革命"中的"教育革命"[M].北京:中国青年出版社,1999:355.

这一年工农学生只招了173名。1960年,在"以考试成绩入学,一视同仁"的幌子下,实际上对工农子女关门、为资产阶级子女开门,仅招收了17名工农学生。从此,有实践经验的工人农民要想入学比登天还难。

……在1957年的一次考试中,170多位工农学生有40多位留了级。有一位来自湖南的劳动模范、五级技工的学生,资产阶级老爷们费尽了心机,给他批了59分,硬是以"一分之差"要他留级。工农学生说:"分数线,分数线,是对工农的封锁线,是资本主义的复辟线。"1960年入学的17名学生,受资产阶级的考试制度的迫害,先后有14名学生被迫退学,他们怀着对修正主义教育制度的深仇大恨,愤然离校。

由于报告中提到了交通大学,于是上海交通大学就对"门槛高、基础厚、要求严"的老交大传统进行大批判,认为"旧交大体制是沿袭欧美、照搬苏修、跟在洋人的屁股后面爬行,维持资产阶级知识分子的统治;老交大传统就是封资修之大成,以'理论至上''论文第一'作幌子,把广大工农兵关在学校大门之外"。① 朱永嘉在复旦大学说:"理科大学是资产阶级长期盘踞的阵地,占领与反占领,改造与反改造,夺权与反夺权的殊死斗争,要继续很久。"②

二、教学与生产劳动相结合的"新"探索

1968年《红旗》杂志第三期在批判"旧"理工科大学的基础上,还着力推出上海机械学院在"文革"后的"新"探索,即教学内容贯彻少而精的原则,广泛开展现场教学,使教育与生产劳动相结合。"改革"后的理工科大学,既是一个学校,又是一个工厂,也是一个科研单位。"要什么办什么,做什么学什么,缺什么补什么。"

1969年3月29日,《人民日报》开辟专栏讨论"社会主义大学应当如何办"。《文汇报》也随即开专栏讨论。川沙县江镇公社的部分赤脚医生和黄楼公社的部分土记者对此进行了座谈,认为要以毛泽东著作作为基本教材,选派优秀的老工人和老贫农到大学去讲课。今后医科大学招生,应当从赤脚医生中挑选。应当把农业大学办到农村来,让大学生一面劳动一面学习。③ 上海机械学院认为,理工科大学,应由中央或省(市)一级革委会委托若干个与学校专业设

---

① 交通大学革命师生大力批判旧体制[N].文汇报,1970-08-08.
② 中共上海市教育卫生工作委员会党史资料征集委员会办公室.中共上海市教育卫生体育系统党史大事记(1949—1989)[M].上海:上海交通大学出版社,1993:273.
③ 旧大学一定要彻底革命[N].文汇报,1969-03-31.

置有关的工厂联合来办,这样既能保持工厂办学校和学校办工厂的"优点",又能克服由一个工厂办学校,或学校办工厂,或厂校挂钩的"缺点"。①

复旦大学生物系经过大量调查,认为生物系还是要办的,但必须彻底改革课程设置、教学内容、教学方法。生物系"灯塔大队教育革命实践队",在农村试办了一个为农业生产服务的新专业,进行"九二○"农药土法上马、大田使用的研究,表明生物专业面向农村,为农服务。②

三、开门办学

一些"大跃进"期间的过激做法在"文革"中又旧事重提,甚至有过之而无不及。以学校办工厂为例,许多学校在1958年办起的小型工厂经过调整整顿,1960年后基本上停产或取缔。如上海交通大学1958年在"学校办工厂"的教导下,办了20多个校办工厂,后来统统砍掉了,仅存一所附属机械厂。"文革"期间,由于鼓吹教育与生产劳动相结合,与"三大革命"相结合,一些学校(尤其是理工科大学和综合大学的理工科专业)又走向工厂和农业,办起了小型工厂,如华东化工学院到虹桥公社办起了五七抗菌素厂,举办青虫菌生产基本工艺短训班。

复旦大学物理系微电子专业在工宣队的领导下,于1969年4月1日办起了"四一"工厂,接受国家的生产任务和科研任务,实现教学、科研、生产劳动"三结合",生产半导体元件。采取"需要什么学什么,不懂什么学什么,学了就用"的教学方法,结合典型产品进行教学,并在半年内编出了七门试用教材。③ 复旦大学物理系师生在上"半导体线路基础"课时,首先从无线电应用着手,组织学员到生产第一线去参观收音机生产线、电视接收机生产线和电视台。然后让学员自己动手安装晶体管四管机,教师则根据安装进度,讲解单元电路的定性分析,使学员对半导体器件有一个感性认识。在此基础上,再让学员安装晶体管六管机,使学员对超外差接收机有一个较完整的了解。在学习三角函数时,则结合实地测量进行教学。④

同济大学1973年的挂钩工厂达120余个,各系师生大约有1/3的时间在工

---

① 驻上海机械学院工人解放军毛泽东思想宣传队,上海机械学院革命委员会.如何办理工科大学的一种设想[N].人民日报,1969-07-26.
② 在三大革命运动中创建大学理科新专业——复旦大学生物系灯塔大队教育革命实践队情况调查[N].文汇报,1970-01-09.
③ 一条改造旧理科大学的重要途径——复旦大学物理系微电子专业调查报告[N].文汇报,1969-11-26.
④ 抓紧批修整风,推动教育革命[N].文汇报,1973-05-18.

厂、工地直接参加生产实践活动。他们选择有代表性的典型工程、典型产品或科研项目,组织学生进行设计、施工或研究,教师则结合实际问题上理论课。同济大学路桥系的三年级学生34名和教师4名,还于1973年到安徽大别山区进行公路勘测设计。

1971年底,华东师范大学、上海师范学院、上海体育学院、上海教育学院、上海半工半读师范学院合并成立上海师范大学(1978年上海师范学院、上海体育学院、上海教育学院相继分出,1980年恢复华东师范大学校名)。1973年9月,该校师生分布在全市76个工厂、2个公社和外地1个工厂、2个公社搞"开门办学"。① 其中,数学系三年级学员先后到过上海船厂、上海交通电器厂、沪东供电所、上钢十厂、上海无线电十三厂、马陆公社等单位搞开门办学;物理系还在金山某公社办起了"板车大学"。

上海中医学院则在两年多的时间内,同奉贤、川沙、南汇三县建立了固定的挂钩关系,在上述三县举办多期专科训练班,培训中医教学的师资、赤脚医生,并在5个县级医院、6个公社卫生院、23个大队建立了农村医学教学基地。②

一些工厂还在学校的帮助下,办起了大学。如上钢三厂在复旦大学的协助下,于1969年5月创办了"四一"理工科大学,教师队伍由上钢三厂工人、技术人员和复旦大学物理系部分教师组成,实行开门办学,根据学什么编什么的原则,一年中,共编写出八门学科教材。③

1974年9月29日,国务院科教组、财政部联合发布《关于开门办学的通知》,将开门办学定性为"无产阶级教育革命的新生事物",是"上层建筑领域的一场深刻革命"。市革委会随即召开开门办学座谈会,由同济大学"五七"公社介绍经验。此后,文科师生下到工厂、农村、部队"批林批孔""评法批儒",宣讲儒法斗争史,并以此为中心确定教学内容、组织教学。理工科院校则按厂校挂钩、厂校合一、厂办专业、生产过程等形式组织教学。中小学也大搞厂校挂钩,大办小工厂和小农场。学校中的"阶级斗争"成为主课,劳动成为中心,教学计划经常变动。④ 这其实是一种狭隘的实用主义,学生只能学到零散的知识,无法受到系统、全面的训练。

---

① 袁运开,王铁仙.华东师范大学校史(1951—2001).[M].上海:华东师范大学出版社,2001:120.
② 社校挂钩,开门办学——上海中医学院的调查报告[N].文汇报,1973-11-12.
③ 四一理工科大学在"五七指示"大道上阔步前进[N].文汇报,1970-10-06.
④ 中共上海市教育卫生工作委员会党史资料征集委员会办公室.中共上海市教育卫生体育系统党史大事记(1949—1989)[M].上海:上海交通大学出版社,1993:306.

四、上海理工科大学"教育革命"座谈会

1970年6月2日,上海召开理工科大学"教育革命"座谈会,参加座谈会的有同济大学"五七"公社、复旦大学、上海交通大学、上海科技大学、上海机械学院、上海工学院、上海半工半读师范学院、华东化工学院、上海机床厂七二一工人大学的有关负责人和教师、学生,共19人,上海市革委会副主任和常委等与会。

会议以清华大学总结材料《为创办社会主义理工科大学而奋斗》作引子,主要探讨如何"走上海机床厂从工人中培养技术人员的道路"。提出:"教育革命,不单是学校的事,是社会的事";要求总结上海的经验来推动全国。要求从开始清理阶级队伍、整党建党、整顿领导班子,一直到招生、教学、教材、教师队伍改造,对理工科大学进行"全面改造"。①

座谈会纪要由《红旗》杂志发表后,《人民日报》等全国各大报刊竞相转载。1971年在全国教育工作会议上,纪要还被广为散发,流毒全国。

会后,全市高校都要求向清华大学、上海机床厂学习取经。座谈会上说交大运动是"温吞水",上海交通大学工宣队、军宣队、革委会发动群众,揭露矛盾,旨在烧开交大"温吞水",与清华大学形成南北呼应之势。②

五、同济大学"五七"公社

同济大学"五七"公社是该校对工科大学进行"教改"的试点单位。1967年11月3日,《人民日报》发表《同济大学教育改革的初步设想》。按照该方案,同济大学改为"五七"公社,公社是一个由学校、施工单位、设计单位组成的教学、设计和施工三结合的统一体。③ 作为先期试验,同济大学抽调220多名师生员工,华东工业建筑设计院抽调30多名设计人员,上海市建筑工程局抽调3个施工队,共900多人,组成"五七"公社。公社下设三个试验点,每个点有两个班

---

① 上海理工科大学教育革命座谈会纪要[J].红旗,1970(8).
② 上海交通大学校志编纂委员会.上海交通大学志[M].上海:上海交通大学出版社,1996:64.
③ "五七"公社废除系和教研室,设置若干专业委员会,委员会由学校、生产单位和设计单位的人员共同组成。专业委员会下设若干教学班,教学班里有教师、学生、工人、工程技术人员,并进行军事编组。"五七"公社实行两个"三结合":一是革命领导干部、革命群众组织负责人和民兵的三结合,二是教学、设计和施工的三结合。"五七"公社的部分教学人员将实行定期轮换,使干部在生产实践中得到锻炼和改造。"五七"公社各级建立政治工作部门,各专业委员会设政治指导员,各班配备政治干事。参见:同济大学教育改革的初步设想[N].人民日报,1967-11-03.同济大学"五七"公社教改方案在《人民日报》发表以后,在教育界引起了广泛的注意和强烈的反响。

级、一个工程队和一些设计人员,分别在三个工地进行工业和民用房屋建筑等专业的试点。师生和设计人员下到工地后,与工人同吃、同住、同劳动,一起举办学习班,实行教学、设计、施工相结合。通过"三位一体"搞设计、施工,边干边学。这样,工地成了学校,师生既是学生,又是工人、设计人员;既学习、劳动,又生产物质财富;既学政治,又学业务;既学文,又学工、学农。教学的方式也多种多样,公社根据"官教兵、兵教官、兵教兵"的原则,能者为师,不仅教师是老师,工人、设计人员也是老师,学生也上讲台。教学内容有的是原有的书本删繁就简,有的是在实践中"三位一体"编写出来的活页教材。师生还给工人举办文化学习班,和工人开展了所谓的"工学一帮一,一对红"活动。① 原来的工业与民用建筑专业一共有30多门课,需要5年的学习时间,现在结合具体工程进行教学,课程砍掉一半,学习时间大大缩短,将30多门业务课合并成结构、建筑、施工3门。②

1968年5月7日,在毛泽东"五七指示"发表两周年时,同济大学"五七"公社革委会正式成立。1969年11月,同济大学"五七"公社在试点两年后,被誉为"社会主义工科大学的雏形"。在实际办学中,"五七"公社既是一个学校,也是一个施工单位和设计部门,公社下面设大队,再设教学班。

在专业设置上,"五七"公社推倒了"旧大学"的专业设置,把原来的建筑学、工业与民用建筑和其他有关专业的部分内容合并为房屋建筑专业。将课程分为政治课和业务课两大部分,将原来20多门业务课程合并为建筑、结构、施工三条线。基础课被大量削减,如物理课被取消,高等数学占总学时的比例从过去的11.9%下降为3.7%,基础力学从10%下降为2.6%。③ 课程改革后,"五七"公社就编写了几十种新教材和参考资料。

教学上,同济大学"五七"公社提出实行教育与生产劳动相结合,选择一个具体工程或典型工程进行教学。将学生3年的学习全部固定在工程队里,围绕一项工程,同时进行几门课的教学,把一部分基础课和专业课结合起来,把课堂教学和现场教学结合起来,边教边学,边学边用。如工业与民用建筑专业,每周劳动3天,政治学习1天,外语和体育教学半天,初等数学和房屋建筑基础知识

---

① 同济大学"五七"公社.沿着"五七"指示的道路阔步前进——半年来"五七"公社教改方案革命实践的报告[N].人民日报,1968-05-09.
② 同济大学"五七"公社教育革命成绩显著[N].文汇报,1968-05-06.
③ 上海市高等教育研究所.上海高等教育年鉴(1949—1983)[M].上海:上海外语教育出版社,1989:23.

教学1天半。三年中,学生的时间安排是:实践活动占2/3,课堂教学占1/3。如5773班在学习工业房屋的建筑、结构设计时,就结合上海某厂的一座厂房工程,将教学过程分为三个阶段:一是战前练兵。从调查研究入手,学习党的基本建设方针、有关基础理论、基本设计原理和计算方法。二是边干边学。学生分为若干小组,在工人、设计人员和教员的指导下,先共同进行厂房的总体设计,然后分工做各部分的具体设计。三是总结提高。设计完成后,学生一面参加施工,一面分组进行总结,相互交流,把每个人学到的知识变成大家的知识。当然,有些基础理论课教学,如数学、力学,除了结合典型工程进行外,还必须独立进行。

师资上,采取在黏土里"掺沙子"的办法,请工人、设计人员上讲台。工人侧重教施工和建筑方面的课,原有教员以教数学、力学和结构课为主,设计人员主要参加指导学生设计。①

之后,同济大学地下建筑、机电、水暖、路桥、建筑材料等五个系陆续推广"五七"公社的经验。1973年10月31日,国务院科教组在京召开理工科院校教育革命座谈会,同济大学"五七"公社代表做了发言《大力扶植社会主义的新生事物——结合典型工程进行教学的体会》,其经验开始在全国理工科院校中推广。

第三节 文科大学如何办

一、对"文革"前文科大学的批判

"文革"对文科大学的批判是极尽歪曲、挖苦、讽刺、谩骂之能事。行文上纲上线,语言尖酸刻薄。如将"文革"前培养专门人才的教学目标说成"以资产阶级名利为钓饵,引诱青年学生走个人奋斗的白专道路","两耳不闻窗外事,一心只读封资修"。"将洋、名、古和封、资、修的东西通过经院式的课堂教学硬灌给学生,……灌得学生透不过气来。"②

20世纪60年代初,全国高校文科编写了中文、历史、哲学、经济、政治、教育、外文、艺术共70种、140本教材,发行量达400万册。这些教材体系在"文

---

① 社会主义工科大学的雏形——同济大学"五七"公社教育革命试点调查报告[N].文汇报,1969-11-18.
② 跃马上阵,反戈一击——控诉周扬、夏衍等"四条汉子"控制下的旧戏剧文学系对我们的毒害[N].文汇报,1970-01-09.

革"中被批评是"集封、资、修黑货大成",是"资产阶级在上层建筑领域对无产阶级实行专政的'总武库'"。① 复旦大学中文系在此次文科教材编选中编写的《西方文论选》《中国历代文论选》《中国历史文选》等教科书,被批判为:"旧复旦大学中文系,是周扬、杨西光之流长期惨淡经营的大学文科的重点之一","是资产阶级培养'吹鼓手'的基地,为复辟资本主义服务。""考进中文系,关在洋楼里,钻进古书堆,想的名和利,阶级斗争全忘记。"②

20世纪60年代初提倡的"弄清基本理论,掌握基础知识,熟练基本技能"的学习方法也遭到集中抨击,被认为这是让"学生在古希腊、罗马和先秦诸子的故纸堆里,成天和古人、洋人、死人打交道","脱离工农、脱离劳动、脱离'三大革命运动'"。

二、把文科大学办成"大批判"写作组

1969年冬,张春桥、姚文元在上海召开"文科教育革命座谈会",提出"要把文科大学办成写作组"。1970年1月8日,《解放日报》发表《文科就是要办成写作组》。《红旗》杂志1970年第1期发表《文科大学一定要搞革命大批判》,提出:"革命大批判是社会主义文科大学的基本任务。""文科大学不搞革命大批判,就是不培养无产阶级战士,而去培养资产阶级的'院士'。"《红旗》杂志1971年第6期又发表《用革命大批判改造文科大学》,再次提出文科要"到社会上去搞革命大批判","以革命大批判带动教学"。

> 社会主义大学的文科要为现实斗争服务,要到三大革命运动实践中去,同工农兵一起学习和宣传马列主义、毛泽东思想,批判资产阶级,巩固无产阶级政权。……我们需要的不仅仅是几个或几十个写作组,而是整个大学文科都应办成写作组。……文科大学必须把学生和教师组织起来,按照各自的专业,分成若干个写作组,参加阶级斗争,参加革命大批判,造就在思想文化战线上冲锋陷阵的无产阶级战士。这是办好社会主义文科大学根本的、唯一的途径。③

上海文科高校和设有文科的高校纷纷按要求成立写作组或批判组,各文科

---

① 复旦大学革命大批判写作组.评"文科教材"黑会——揭露周扬在大学文科复辟资本主义的阴谋[N].文汇报,1970-01-23.
② 砸烂旧文科精神枷锁,杀向大批判战场[N].文汇报,1970-01-07.
③ 尚劲文.把大学文科办成写作组[N].文汇报,1970-01-10.

系也成立了写作组或批判组,大量撰写批判文章。如华东师大写作组称该校60年代初编的一本教育学,"是一个封、资、修的大杂烩"。① 写作组的文章在发表时多用笔名,如复旦大学写作组署名"傅丹",上海师大写作组署名"尚思达"。还有一些跨校的写作组,如"石一歌"等。尤其在"批林批孔"和"儒法斗争"中,高校写作组出尽风头,充当了推波助澜的吹鼓手角色。办写作组对文科高校和其他高校文科系产生了灾难性冲击。

三、以社会为工厂

1971年4月至7月,国务院召开全国教育工作会议,提出文科要把整个社会作为自己的工厂。6月19日,《人民日报》发表驻北京大学工宣队、军宣队的文章《文科要把整个社会作为自己的工厂》。② 1973年6月5—18日,国务院科教组召开文科教育革命座谈会,强调要走以社会为工厂的道路,改造整个文科。

之后,上海高校文科的师生自1971年下半年始,走出学校的大门,以社会为工厂,大搞"开门办学"。学生们深入工厂、农村、商店,把学校与社会,专业理论学习与社会调查、"大批判"结合起来。复旦大学中文系文艺创作组与上海第二十一棉纺织厂工人写作组以及工农兵业余作者共同创作了一些作品。哲学系还到农村去学哲学,将哲学名词生硬地往种菜、养猪上贴,说僵猪和好猪之间的矛盾、对立是可变的、可转化的。③ 1972年8月,复旦大学政治经济学系接到一项农村调查任务,便到金山县枫围公社调查,写了调查报告30多篇。该校历史系二年级学生还在1972年用了1/3的时间,到上海县七一公社去编写《七一人民公社史》。④

上海师大中文系三年级(毕业班)109人于1973年到金山县、沪东造船厂、城建局养护处、闸北区清洁管理站等单位调查,写了文艺评论、短篇小说、革命故事、小戏、相声、散文、诗歌、通讯报道等作品60余篇。⑤

四、复旦大学"五七"文科

1968年初,复旦大学文科教改队"走上海机床厂从工人中培养技术人员的

---

① 华东师范大学革命大批判写作组.革命大批判是办好文科大学的根本[N].文汇报,1970-01-06.
② 文章说:以社会为工厂是文科的一场大革命。唯如此,文科大学才能坚持坚定正确的政治方向,才能深入批判资产阶级,才能做到理论和实际的统一,才能改造和建设教师队伍。
③ 复旦大学哲学系.结合社会调查学习马克思主义哲学[J].教育革命通讯,1973(8—9).
④ 紧密结合斗争实际组织教学[N].文汇报,1973-05-30.
⑤ 以批修整风为纲,结合战斗任务组织教学[N].文汇报,1973-08-14.

道路",到上海七〇二九厂办了一个工人文科学习班,吸收了31名学员。工人文科学习班开设政治教育课、毛泽东文艺思想课和写作课三门课;学员每周有2/3的时间参加本车间的生产、政治学习,1/3的时间在课堂学习。他们还从工人中培养了6名教员。①

1969年9月12日,复旦大学举办两年制"五七"文科试点班,提出要"在阶级斗争的第一线办文科",实行"大批判开路","以大批判为主课",把"五七"文科办成写作组,结合"战斗任务"组织教学。开始时有学员30人,其中工人学员24人,贫下中农学员2人,解放军学员4人。② 后来,试点班大面积推广,涉及复旦所有的文科系或专业(包括中文、哲学、政治经济学、新闻、历史、国际政治等系)。"五七"文科试点班贯彻执行毛泽东关于"文科要把整个社会作为自己的工厂"的指示,组织学生深入工厂、农村、商店,把学校与社会,专业理论学习与社会调查和大批判结合起来。

教材上,"五七"文科班明确以革命导师的著作为基本教材,重点学习毛泽东的哲学理论、政治经济学理论、文艺理论、教育理论、历史学理论、新闻学理论,并选读了鲁迅的有关著作。

教学上,"五七"文科班采取了多种教学形式。第一,相对集中一段时间,比较系统地学习专业理论知识。第二,结合实际任务,安排课堂教学。第三,围绕专题重点突破某一方面的内容。1972年,历史系二年级学生用了大量的时间,到上海县七一公社进行了从土改、互助组、初级社、高级社、人民公社到"四清"运动的全过程调查,编写了《七一人民公社史》和十多篇家史和村史。新闻系二年级学生有一半时间,以报社、电台等新闻单位为基地,接受这些单位的任务,到全市工业、农业、部队、学校、财贸各方面进行采访实践。中文系二年级创作组用大部分时间先后到上海第二十一棉纺织厂、上海水文地质大队、上钢五厂等单位深入生活,边劳动、边学习、边创作。③

"五七"文科班曾先后到15个基层单位参加大批判,进行调查研究工作。学生从入学到毕业,"战斗任务不断",专业课程教学则被"战斗任务"取代。如中文系的中国古代文学史被砍掉,历史系的中国古代史只剩几次"讲座"。学生

---

① 上海七〇二九厂驻复旦大学文科教改队工宣组,复旦大学文科教改队.我们试办了工人文科学习班[N].人民日报,1969-10-15.
② 复旦大学校志编写组.复旦大学志·第二卷(1949—1988)[M].上海:复旦大学出版社,1995:222.
③ 复旦大学文科组织学生深入工厂、农村、商店,与工农兵相结合[N].人民日报,1973-05-30.

只能通过不同的所谓"斗争任务",学习到一点零打碎敲的知识,根本无法受到系统的理论教育。历史系的学生毕业后,只知道"儒法斗争主线论",不知道社会发展的五种形态,更不知何为二十四史。

以《红与黑》的教学为例。在教学中,学员先学习革命导师批判唯心史观的有关著作和批判继承旧文化的论述。然后到工厂、学校去调查《红与黑》及其他西方文学作品在社会上的"流毒",把教学和批判、调查结合起来。教师自始至终地参加批判、调查,并向学员介绍历史背景,重点剖析于连这个"小资产阶级个人英雄主义者的典型形象,介绍在如何评价这类作品问题上的斗争史"。[①]

1971年4月,国务院召开全国教育工作会议,复旦大学在会上作了《用革命大批判改造文科大学》的发言。1973年6月,复旦大学又在国务院科教组召开的文科教育革命座谈会上作了《文科结合战斗任务组织教学问题》《历史系如何结合战斗任务组织教学》《文科以社会为工厂》等发言。会后,国务院科教组负责人迟群强令全国文科院校贯彻"五七"文科的经验,说:"文科如何搞? 请看复旦的经验。"[②]

1971—1976年,上海市委写作组根据不同时期的需要,给复旦大学文科各系布置了大量的"斗争任务",让复旦文科分析和研究现实的阶级斗争,撰写了大量的大批判文章、通讯报道、文艺评论、调查报告、思想评论以及大量"批林批孔"和反映"儒法斗争"的文章,如《论吕后》《胜利进行曲》《张良传》等。

第四节　工农兵学员"上、管、改"

工农兵学员是"文革"时期的产物,他们名义上是学生,但实际上除了学习外,还被赋予了管大学和改造大学的使命。1971年,全国教育工作会议还将"工农兵学员上大学、管大学、改造大学"写进《全国教育工作会议纪要》。这种关系和定位上的错乱,让工农兵学员在学校里的地位游移不定,更让教师和学校管理人员在他们面前"手足无措"。

一、普通高校招生体制"改革"

1. 停止计划招生

1966年6月1日,中央批转高等教育部《关于改进1966年高等学校招生工

[①] 培养学生分析问题和解决问题的能力——复旦大学"五七"文科试点班改革教学方法的调查[N].文汇报,1973-01-08.
[②] 上海市高等教育研究所.上海高等教育年鉴(1949—1983)[M].上海:上海外语教育出版社,1989:24.

作的请示报告》，规定当年招生办法采取推荐和考试相结合，文科取消按分数段录取。13日，中央和国务院发出《关于改革高等学校招生考试办法的通知》，认为招生考试"基本上没有跳出资产阶级考试制度的框框"，"必须彻底改革"，并决定当年高校招生工作推迟半年。7月24日，中央和国务院发出《关于改革高等学校招生工作的通知》，要求取消招生考试，采取选拔和推荐相结合的办法，并将招生工作下放到省市一级。实际上，全国高校自此停止按计划招生达6年之久。①

2. 批判"文革"前的招生体制

在批判"修正主义教育路线"中，"文革"前注重分数的高校招生政策遭到彻底批判，被认为是"一张考卷定终身，工人农民莫进门"，分数线"是资产阶级对工农兵的专政线（也有人说成'封锁线'），是资本主义的复辟线"。许多人列举各校招生中工农学生的比例，以"揭穿旧招生制度'择优录取'的实质"，说"学校大门朝着剥削阶级开的，为地主资产阶级培养接班人"。如新中国成立后复旦大学历年来录取的新生中，工农出身的比例只有在1958年超过50%，到1962年下降为32.8%（其中理科工农学生只占25.8%）；外文系在1961年招收工农子女2人，只占6.5%。② 上海第一医学院1958年录取的学生中工农子女曾达58%，到1962年后，招收新生中工农学员的比例下降至16%。③

3. 招收工农兵学员

1965年，全国共有在校大学生674 436人，到1970年只有47 815人，④ 按400所高校计，⑤ 校均不足120人，如果再不招收新生，高等学校将名存实亡。

1968年，毛泽东在"五七指示"中提出"大学还是要办的"。一些高校便开始计划进行招生试点工作。同济大学于1969年7月从工农兵中招收了28位学员，开设同济大学"五七"公社房屋建筑专业工农试点班，奔赴皖南山区。经过

---

① 1966年6月27日，高等教育部发出通知：因"文化大革命"运动，研究生招生工作暂停。自此，全国停止招收研究生达12年之久。6月30日，高等教育部发出通知：因"文化大革命"运动，选派留学生工作推迟半年。实际上，全国自此停止选派留学生达6年之久。
② 复旦大学"五七"文科. 分数线是对工农兵的封锁线[N]. 文汇报，1970-09-22.
③ 上海第一医学院教育革命组. 揭穿旧招生制度"择优录取"的实质[N]. 文汇报，1970-09-22.
④ 教育部计划财务司编. 中国教育成就统计资料（1949—1983）[M]. 北京：人民教育出版社，1984：260—263.
⑤ 《中国教育成就统计资料（1949—1983）》，缺乏1966—1970年的高校统计数据。1971年4月15日—7月31日，国务院召开全国教育工作会议，确定将全国417所高校保留309所。以此推测，1970年全国高校数当在400所以上。

一年半的学习,他们于1971年7月毕业。他们上的是"山沟大学",走的是"五七大道"。复旦大学在1969年9月,招收了30名工农兵学员,其中工人24人,解放军4人,贫下中农2人,办了一个两年制"五七"文科试点班,专业内容以文艺评论为主。①

1970年6月27日,中央批转北大、清华两校《关于招生(试点)的请示报告》,规定大学招生"实行群众推荐、领导批准和学校复审相结合的办法"。经过逐级审批后,来自全国各地的4 000多名工农兵大学生于8月底至9月初正式到北京大学和清华大学报到。② 10月15日,国务院通知各地,当年开始按此办法招收工农兵学员上大学。后来,又加了一条"自愿报名"。

招收工农兵学员,其目的是通过改变学生来源来造就无产阶级知识分子队伍,造就来自工人的技术干部队伍、教授、教员、科学家、新闻记者、文学家、艺术家和马克思主义理论家,③还体现出"以阶级斗争为纲"统领招生工作。

4."走后门"歪风

经过对知识和知识分子的贬损,尽管"万般皆下品,唯有读书高"的观念在"文革"期间已被批臭,但上大学仍然是许多人的梦想。④"自愿报名、群众推荐、领导批准、学校复审"的招生政策,并不表示广大工农兵都有平等的上大学机会。在当时的历史条件下,推选过程的透明度无法保障,"领导批准"成了最为关键的一环。

由于推荐上学对文化水平要求不高,它的选择面大大增加。人们将改变命运的希望寄托在升学上,在招生过程中各施"神通",于是产生了一种社会顽疾——"走后门"。各种幕后交易和营私舞弊在招生中愈演愈烈,并侵蚀到其他社会领域。一些手握实权者想尽办法,堂而皇之地将自己或亲朋好友或有利益关系的人的子女送入大学,如南汇县的盐仓、果园公社和东海农场等单位,把党委委员和革委会副主任等选送出来上大学。⑤

---

① 其他省、市高校也有些招生试点,相关情况可参见:郑谦.被"革命"的教育——"文化大革命"中的"教育革命"[M].北京:中国青年出版社,1999:76—77.
② 亿万工农兵的愿望实现了!——热烈欢呼工农兵大学生跨入新型的社会主义大学[N].人民日报,1970-09-21.
③ 坚持无产阶级政治挂帅[N].文汇报,1972-03-26.
④ 也有些青年工人不愿上大学,认为上大学有三个"划不来":政治上划不来,由领导阶级变成了"再教育"的对象;经济上划不来,由30—40元的工资变为19.5元的生活费;生活上划不来,找对象不能结婚。参见:郑谦.被"革命"的教育——"文化大革命"中的"教育革命"[M].北京:中国青年出版社,1999:84.
⑤ 南汇县革命委员会.把我们贫下中农的优秀子女送到大学去[N].文汇报,1970-10-10.

"走后门"引起了群众的强烈不满。1972年5月1日,中共中央发出《关于杜绝高等学校招生工作中"走后门"现象的通知》,指责这种在全国各地招生工作中蔓延的不正之风,① 要求加强对招生工作的领导,对违反招生规定的应予以制止纠正,今后如有违反规定的,对有关干部要严肃处理,还要将学生退回。通知表明,"走后门"在当时已"蔚然成风"。

　　1974年,钟志民的一份退学报告在反对"走后门"上掀起了一阵风浪。钟志民靠"走后门"上了南京大学政治系,入校1年后有所醒悟,自觉批判"走后门"上大学的错误,并要求退学。《人民日报》于1974年1月18日对此大加报道。接着,上海一些高校纷纷揭发、追查"走后门"上大学的问题。一些"走后门"的学生向钟志民学习,主动要求退学,一些"开后门"的领导干部也做了检查。

二、工农兵学员上大学

　　1971年元月,首批来自全国11个省市和部队的工农兵大学生2600余人抵沪,跨进复旦大学、同济大学和华东师范大学等高校。1972年,招生数迅速增加,复旦大学、同济大学、上海师范大学、上海化工学院、上海纺织工学院、上海机械学院、上海科学技术大学、上海海运学院、上海外国语学院、上海第一医学院、上海第二医学院、上海中医学院等12所院校采取"自愿报名、群众推荐、领导批准、学校复审"的办法,同时招生,共从全国各地招收了4700多名工农兵新学员。5月,新生入学报到,其中有一些从上海到外地插队落户的知识青年,作为工农兵学员重新回到上海接受高等教育。

　　1971年1月11日,《文汇报》和《解放日报》联合发表社论《用毛泽东思想改造大学》,对工农兵学员提出期望,鼓励他们上好大学、管好大学,造就新的知识分子。

　　工农兵学员文化基础普遍较弱,且程度参差不齐,从小学到高中不等。上海外国语学院工农兵外语试点班的一些学员,入学时连英文字母ABC都不认识,② 这就给教学工作带来了一定的难度。教师教浅了,文化程度高的听了不过瘾;教深了,文化程度低的听不懂;讲理论,老工人不容易听懂;搞实践,知识

---

① 该通知中还罗列了"走后门"的种种方式,说:"有少数干部,利用职权,违反规定,采取私留名额、内定名单、指名选送、授意录取,甚至用请客送礼、弄虚作假等不正当手段,将自己亲属和老上级的子女送进高等学校。有些招生主管部门和负责招生的干部,不按党的原则办事,讲私人交情,私送名额,或强令招生人员违章接收不够条件的人入学。"见:刘光.新中国高等教育大事记(1949—1987)[M].长春:东北师范大学出版社,1990:278.
② 怀达.为革命勤奋学习外语[N].文汇报,1972-01-06.

青年和复员军人又感到困难。按初中水平教学,高中水平的吃不饱,小学水平的又吃不消。① 1973年4月3日,国务院公布《关于高等学校1973年招生工作的意见》,强制性要求"保证入学学生有相当于初中毕业或以上的文化程度"。

三、工农兵学员管大学

在工农兵学员"上、管、改"中,管是关键,"只有管好,才能改好;只有管好,才能上好"。

并非所有的工农兵学员都视上大学为一次难得的学习机会,有些学员习惯了"大批判"精神,总有一种内在的"造反"冲动。学校一重视知识教学,他们就向学校开炮,认为学校在走老路,是鼓励学员钻进业务堆里,对"教育革命"漠不关心。如复旦大学"五七"文科试点班刚开办时,教员们从提高的角度出发,排了7门课,有学员便批评这种教改是"穿新鞋,走老路","上课像吃年夜饭,一盘没吃完,一盘又来了,实在吃不下"。② 又如同济大学路桥系桥梁与道路专业的学生,在1973年下半年学习"圬工拱桥"课程时,认为教材中有些内容脱离生产实际,便写了200多张大字报,对教材进行逐章逐节的"剖析"。③

为了发挥工农兵学员的"上、管、改"作用,学校组织学员就教学内容、教材、教学方法以及领导、教师思想革命化等问题展开讨论,要求教师解决"为什么人"的问题。有的教师怕犯错误,学员说什么便做什么,消极被动。

四、工农兵学员改造大学

改造大学是工农兵学员上大学的目的。为完成这一任务,他们由受教育者变成教育者,以自己肤浅的学识和敢于造反的激情,对学校的办学模式、学校管理、课程教学等肆意进行批判改造。

复旦大学"五七"文科试点班走"大批判写作组"的道路,先后到15个基层单位参加"大批判"。对教材的认识反反复复,导致"文科教材难编"的论调,一度出现无教材的状态。后来他们直接将马列、毛泽东的论著作为文科的教材,要求文科大学突破专业思想,把毛泽东思想作为整体来学。④

上海第二医学院在1974年1月准备期末考试时,基础部化学教研组提出一份考试方案征求学员意见。其中有一条:"考试时不准交头接耳,要按时交

---

① 郑谦.被"革命"的教育——"文化大革命"中的"教育革命"[M].北京:中国青年出版社,1999:84.
② 用革命大批判改造文科大学[N].文汇报,1971-06-29.
③ 上海市首届工农兵大学生胜利毕业[N].人民日报,1974-04-30.
④ 用革命大批判改造文科大学[N].文汇报,1971-06-29.

卷。"学员便批评"这是复旧",是"分数挂帅"。教师辩驳说:"要分数有什么不好?要反映成绩,总得有个分数啊!即使是篮球比赛也要记分,也要比胜负。"学员反驳说:"你们这样考法会冲掉无产阶级政治,是在搞智育第一。"教师说:"学习本来是艰苦的劳动。必要的压力还是要的。"学员说:"问题的实质是不信任学员,对学员搞管卡压。"最后,一个考试方案的讨论会开成了对"旧考试"制度的批判会。最终确定的方案是,考场由教室搬到实验室,师生共同命题,教师由监考变成助考,帮助考生在考场上掌握考试的内容。①

上海师大教师布置了10道题目就被批判是"智育第一",上课连讲两小时就被指责为"满堂灌"。想学习的人得暗中进行,看业务书时得在上面摆一本《红旗》以掩人耳目。② 该校数学系上基础课微积分时,学员搞不懂微积分是什么,就大搞"开门办学",在上海压缩机厂结合螺杆铣刀的设计来进行微积分教学,学员还是越学越糊涂,找不到抽象与具体的结合点,花费了大量时间,也影响了教学进度。1972年因抓紧课堂教学,没有下厂,到1973年下半年就挨批判,被说成"微积分教学中一场前进与倒退的斗争"。③ 生物系《植物生理学》教材厚、内容多,教师拖堂,引起学生不满,认为这是"修正主义谬论流毒未清"的反映。有的学员看《植物生理学》讲义中某些部分,看了三四个小时还看不懂,一气之下就把教材摔在地上,也有的想把教师"轰"下台。学员还接二连三地贴出大字报,将《植物生理学》教材诬蔑为洋奴哲学、爬行主义。市革委会文教组和上海师大负责人觉得有文章可做,便将该教材定为"复辟"典型,于1973年1月20日在师大召开现场会,对编写教材的教师进行批判。后来,工农兵学员到农村去做专题调查,仍然认为这门课程太繁琐,讲的是老经验、老古董,要求组成三结合编写组,重新编写《植物生理学》教材。④

---

① 记上海第二医学院基础部的一次化学考试[N]. 文汇报,1974-03-20.
② 上海师范大学大批判组. 一股阴风,几排恶浪[J]. 人民教育,1978(6).
③ 在微积分教学中一场前进与倒退的斗争[N]. 解放日报,1974-02-20.
④ 教育革命的生力军在茁壮成长——记上海师大生物系工农兵学员"上、管、改"的战斗[N]. 文汇报,1973-03-09.

第十章

整顿与"反复辟"

林彪反革命集团的覆亡以及"文革"内乱造成了一系列问题,对此,中央作出了局部纠正"文革"极左思潮和恢复社会正常秩序的努力,周恩来提出"落实政策",恢复了一些合理做法。教育领域在1972年开始出现了一丝复苏迹象,基础理论和文化课的教学重新受到重视。特别是1975年邓小平复出,开始了包括教育领域的全面整顿。但"四人帮"以"反击右倾翻案风"之名对恢复和整顿进行了批判和否定。上海教育在整顿中虽然有所改善,但作为"文革"的重灾区,在"四人帮"及其余党的淫威下,也上演了几出颇具影响力的闹剧,成为"反复辟"的标本。

第一节 教育调整与复苏

林彪事件后,全国掀起了对极左思潮的批判,周恩来努力在各个领域清理极左的危害,纠正极左路线。1973年,上海经济领域采取了调整政策,把农业放到首位,以保证人民的生活水平,使整体经济形势逐渐好转。1969—1973年,上海财政收入平均每年以8亿多元的速度增长。① 经济好转对教育发展非常有利,一方面能为教育提供人力和财力支持,另一方面,发展经济需要人才支持,有助于推动教育事业的发展。

一、落实知识分子政策

1972年至1973年,周恩来提出"落实政策",恢复了以前的一些合理做法。1972年5月10日至6月20日,国务院科教组召开综合大学、外语学院教育革命座谈会,上海方面有复旦大学、上海外国语学院参加。会议要求全面落实党的知识分子政策,发挥教师的业务专长,合理安排他们的工作,"鼓励教师为革

---

① 熊月之,朱金海,甘慧,等.上海通史·第12卷:当代经济[M].上海:上海人民出版社,1999:112.

命刻苦钻研科学技术"。从1972年7月起,《人民日报》连续报道各地整顿学校秩序、落实知识分子政策、教师陆续回到教学岗位的消息。①《光明日报》也发表相应文章,要求坚持对教师"大胆使用,并在使用中加强教育与改造"。②

1972年4月24日《人民日报》发表社论《惩前毖后,治病救人》,指出对一切犯错误的同志,要以教育为主,要"团结—批评—团结",指出新老干部都是党的宝贵财富。据此,上海教育系统的一批干部教师开始从"五七干校"和其他地方调回学校,恢复工作。上海高教界也有一批重要人物和高级知识分子复出工作,重新整治沪上大学。如复旦大学老校长陈望道于1972年被批准复出工作,担任复旦大学校革委会主任。③ 物理学家谢希德于1968年被诬陷为"特务分子",在隔离审查三年多后于1972年4月初恢复业务工作,参加教材编写,认定"具备任课资格"。据统计,在落实知识分子政策和干部政策的过程中,上海高教界受审查的114名局级干部"解放"的87人,使用的70人;434名处级干部中,"解放"的405人,使用的307人;1 006名副教授以上高级知识分子,有745人安排了工作。④

二、重整学校秩序

1972年上半年,上海市召开了一系列中小学教育革命座谈会和教育工作会议,提出中小学教育工作的六条意见,除了继续开展"批林"等政治运动外,还提出要努力提高教育质量。为此,采取了一些实际措施:(1)调整、充实中小学领导班子,使50%左右的原校一级领导干部恢复领导工作;(2)弄清政治与业务、理论与实践、批判与继承的关系,划清"智育第一"和德智体全面发展、"师道尊严"和尊敬教师、"管卡压"和必要的教学秩序之间的界线;(3)加强教师队伍建设,树立一些"忠于党的教育事业"的教师典型;(4)学校除年级组外,普遍按学科建立教研组,发挥有经验的老教师的作用,开展教师进修和培训活动,保证教师备课与教研活动的时间;(5)加强中小学的思想政治工作,加强纪律教育,在一些学校试点,重新建立考核、重读等规章制度,积极创造条件,开展体育、科

---

① 这些文章主要有:充分发挥教师在教育革命中的作用[N].人民日报,1972-08-16.发挥老教师的作用;调动教师为革命而教的积极性;采取多种形式提高教师的业务水平;新老教师团结互助,共同提高;认真抓好教师的业务学习;鼓励教师大胆抓教学质量;充分信任,合理使用,热情帮助[N].人民日报,1972-09-09,1972-11-03,1972-11-13.
② 狠抓路线教育,坚持对教师边使用边改造[N].光明日报,1972-03-22.
③ 邓明以.陈望道传[M].上海:复旦大学出版社,1995:313.
④ 中共上海市教育卫生工作委员会党史资料征集委员会办公室.中共上海市教育卫生体育系统党史大事记(1949—1989)[M].上海:上海交通大学出版社,1993:286.

技、阅读、文娱等活动。① 此外,在各科教学上也有不少恢复性举措,如语文课重新加强基础知识教学,数学课加强了代数、几何、三角等基础知识教学,将文艺课中的音乐、美术重新分开设课。

1972年10月17—18日,国务院科教组在北京召开教材工作座谈会,参加的有华东、中南、华北17个省市教育局的有关人员。会议就如何推动大、中、小学教材改革和建设进行座谈,交流编写教材的经验,组织协作编写,然后采用分科设点、择优推荐、集体修订、分工出版的办法,出版一批质量较高的教材,供各地参考使用。在此基础上,制定教材改革和建设规划,逐步建立教材编审、出版工作新体制。

许多教师出于职业道德和责任意识,重新整治学校教学秩序,为提高教学质量确实花了不少心血,他们找补充教材,不厌其烦地一次次讲解,让同学能够在有限的时间内掌握基础知识和基本技能,以便为国民经济的恢复增长造就建设人才。学生们在经过"文革"早期的狂热后,对一些问题也形成了自己的见解,在学习上也表现出一定的热情,在老师们的鼓舞下,开始扎扎实实、认认真真地学习。上海市中小学校也积极配合教育局的整顿措施,大大减少师生的劳动时间,砍掉或暂停小工厂、小农场的生产,真正做到学生以在校学习为主,以课堂教学为主,同时,恢复了一些原有的考试制度,如小考、阶段考、期中考、大考,以切实提高教学质量。

三、提倡基础理论

1972年5月8日,国务院科教组转发北京市革委会教科组《关于高等学校试办补习班的报告》,间接对推荐上大学提出了批评,②并要求各校按学员的实际文化程度和专业的不同要求,有重点地补习必要的文化基础知识。稍后,国务院科教组在综合大学、外语学院教育革命座谈会上提出,应注意进一步提高教学质量的问题,加强基础理论教学,"理科的基础理论课一般宜单独设课,系统学习,基础知识面要适当宽一些,保证必要的教学时间";应重视科学研究人才的培养,努力开展科学研究。

1972年7月,美籍华裔物理学家杨振宁访华,参观了北京大学和中国科学院物理研究所,希望提倡基础理论学习和研究。7月14日,周恩来在会见杨振

---

① 吕型伟.上海普通教育史(1949—1989)[M].上海:上海教育出版社,1994:403—404.
② 该报告内称:北京1972年11所高校招收的工农兵学员中,初中以上文化程度只占20%,初中程度占60%,小学程度占20%。见:《中国教育事典》编委会.中国教育事典·高等教育卷[M].石家庄:河北教育出版社,1994:151—152.

宁时对周培源说："提倡一下基础理论。"1973年7月，毛泽东在会见杨振宁时表示支持加强基础理论。1974年杨振宁再次来华，重提1972年建议，毛泽东于5月30日接见杨振宁时，又一次明确表示对该建议是赞成的。

1972年10月6日，《光明日报》发表周培源的文章《对综合大学理科教育革命的一些看法》，从理科的内容、理与工的关系、理科的培养目标、理论联系实际等方面，论述他对理科教育革命的见解，认为理科的专业设置仍宜按科学而不宜按产品区分。周培源提出："工和理、应用和理论都必须受到重视，不能偏废。""充分认识到科学实验和自然科学理论的重大意义。""在学校中，基础科学的教学工作一定要做好，综合大学理科要对基本理论的研究给予足够重视。"文章在教育、科技领域引起了很大的震动和反响。

对基础理论的提倡，使上海高等教育出现了短暂好转。1972年下半年，上海市各高等院校对工农兵学员增加了半年的文化补习时间。但是，"四人帮"在上海的余党不容许上海教育有任何"倒退"。周培源的文章导致了上海一批"文革"干将的不满，在他们的授意下，《文汇报》发表了一些不点名的批判文章，包括《这样提出问题是否妥当》《马克思主义是最基础的理论》《打什么基础理论》等。1972年7月，上海市召开高教工作会议，要求加强与生产的联系，批判"基础重要"的论点，强调不能"复旧"。这样，提倡学习基础理论者被戴上"复辟势力"的帽子，背上了沉重的思想包袱，承受着巨大的心理压力，一些旨在提高教学质量的举措也被加上了"修正主义教育路线回潮"的罪名。

在外交取得节节胜利的背景下，中国与西方国家的关系逐渐解冻，① 一批外籍学者先后来沪讲学，使闭塞多年的上海教育界和学术界重启对外交流的步伐。同时，中国也急需了解国外的教育发展问题。为此，国务院科教组于1972年11月15—16日邀请北京师大、上海师大、吉林师大、河北大学的有关人员，就开展外国教育研究进行座谈，并做出明确分工，上海师大着重研究北美、西欧的教育。

四、开展师资培训

由于1966年至1969年的高等师范学院停止招生，中等师范教育也遭到程度不同的破坏，这使上海中小学新师资的工作能力急剧下降，再加上原教师队

---

① 1971年10月，第26届联合国大会以压倒多数通过恢复中国在联合国的合法席位；1972年2月，中美联合公报发表，在中美关系史上揭开新的一页；3月，中英建立大使级外交关系；5月，中国与荷兰建交；6月，与希腊建交；9月，中日两国恢复邦交。12月，与澳大利亚、新西兰建交；等等。

伍中的部分人员被撤离教学岗位,初中和高中盲目普及,师资矛盾日益突出。为缓解矛盾,上海从知识青年中挑选部分人员进行短期培训,充任中学教师。1971年9月,从市郊10个县及国营农场选调了相当于初中和高中毕业的知识青年6 000多人,到华东师范大学和上海第一师范学校、上海第四师范学校、安亭师范学校举办的中小学师资短训班学习。经过半年至一年期限不等的学习,把4 500多人培训为中学教师,把1 500多人培训为小学教师。① 为了弥补高一级学校师资不足的矛盾,上海还采取了从低一级学校抽调优秀教师到高一级学校任教的做法。1973年前,从各区县小学抽调了3 000名教师充任中学教师。1975年,为适应中小学学制从"六四制"向"五五制"的过渡,又从小学抽调了4 000名教师补充中学师资。而高中教师的不足,则从初中教师中抽调补充。②

为了适应"文革"后期教育恢复发展中对提高教学质量的需求,对教师队伍的业务培训在1972年开始广泛开展。1972年暑假,上海市各区、县组织了十余万中小学教师开展政治和业务上的进修活动。尽管教师在进修时把思想和政治路线教育放在首位,但仍然请了先进教师和有经验教师来传授教育教学,在抓业务进修的同时,始终注意到各学科领域开展大批判。对于青年教师和新教师,主要是让他们多进行基本功的训练。对于有教学经验的教师,则多让他们钻研一些教学中比较深的问题。许多单位还交流了班主任工作经验和教育后进生的经验。③ 上海市工代会还举办了一期全市工人业余学校教师培训班,共有1 065人参加培训。

上海师范大学在1972年4月从各系抽调一部分教师,正式成立中学教学研究组。研究组同志深入中学调查研究,根据中学实际需要,采取请进来、走出去等方式,积极开展工作。他们的任务有三项:一是为区县培养教学骨干。他们举办语文、政治、数学、电子技术、军体等学科的骨干教师学习班,通过上实践课、交流经验、学习专业知识等活动,为区、县暑期培训工作创造条件。二是协助区县试办业余的各科备课辅导班和专题讲座,帮助一些教学上有困难的教师理解和掌握教材内容,学习一些教学方法。三是根据区县培训计划,组成各科小队到区县进行巡回辅导。④

---

① 本市中小学教育战线喜添五千多名新兵[N].文汇报,1972-07-04.
② 吕型伟.上海普通教育史(1949—1989)[M].上海:上海教育出版社,1994:374.
③ 十余万中小学教师开展进修活动[N].文汇报,1972-08-22.
④ 上海师大在毛主席的无产阶级教育路线指引下积极开展中学教师业余进修工作[N].文汇报,1972-08-04.

第二节 "反潮流"

就在教育系统的整顿稍有起色时,上海的"四人帮"势力感到形势不妙,便对之妄加诋毁。1972年10月,张春桥在上海市委有关组、办和驻沪三军政治部负责人会议上叫嚣:"反正,有农民种田,工人做工,天就塌不下来,都是文盲也不要紧。"① 1973年元旦,全国风向突变,开始从批"左"转向批"右"。至此,纠"左"的努力被迫中断,极左思潮再度在教育领域泛滥成灾。在所谓"反潮流革命精神"的鼓动下,辽宁出现了张铁生,上海出现了刘丽华,北京出现了黄帅,三个人因风起浪,狐威一时,产生了极坏的影响。上海的"四人帮"势力在教育上接二连三地上演了数幕闹剧,使教育整顿的成绩在"反击右倾复辟势力"和"批林批孔"运动中丧失殆尽。美籍华裔物理学家李政道曾于1974年到过上海,他后来回忆说:"1974年我回国到上海,在那里看到,不要说基础科学,连教育也几乎没有了。"②

一、"批林批孔"

1973年3月,在中央工作会议期间,毛泽东第一次提出在"批林"的同时也要"批孔"。随之,"批林"与"批孔"就被联系在一起了。1974年1月1日,《人民日报》《解放军报》和《红旗》杂志联合发表社论《元旦献词》,其中说:"要继续开展对尊孔反法思想的批判,……中外反动派和历次机会主义者的头子都是尊孔的,批孔是批林的一个组成部分。"1974年初,上海的"批林批孔"达到高潮。

复旦大学于1974年1月31日下午召开全校性的"批林批孔"誓师大会。会后,各系、各年级、各专业都纷纷召开了"批林批孔"誓师大会和批判大会,举办大批判专栏。历史系师生在几天之内成立了20多个批判小组。上海师范大学党委还举办了校系两级干部、工宣队员、工农兵学员和教师的学习班。上海师范大学政教、历史、中文、教育等系的600多名师生在1974年春节后到郊县农村,和贫下中农一道"批林批孔"。教育系着重研究法家对儒家复古主义教育思想的批判和斗争,突出法家的"废先王之教",提倡耕战的法治教育,肯定法家

---

① 郑谦.被"革命"的教育——"文化大革命"中的"教育革命"[M].北京:中国青年出版社,1999:348.

② 同上:346.

革新的教育思想。① 复旦大学在一个月内就有550多名师生走出学校,深入上百个工厂、农村、部队"批林批孔"。复旦大学中文系的毕业生编写出《评曹雪芹的反儒思想》《论〈儒林外史〉的反儒倾向》等讲稿和几十篇"批林批孔"文章,并且标点了《论语集注》,编写了《鲁迅批孔》讲稿,到社会上宣讲。②

复旦大学哲学系在1974年和1975年搞了十多万字的《孟子批注》,与上钢五厂工人理论队伍一起编写了十五六万字的《儒法斗争史》讲稿、《韩非子选注》,修改了《中国近代哲学史》。

在"批林批孔"运动中,上海郊区有9个人民公社办起了农民业余大学。农民业余大学强调同生产劳动相结合,学习内容以农为主,兼学别样,分别开设政治理论、农业技术、农业机械、农村电工和写作课等。川沙县六里公社农民业余大学的理论班,研究儒法斗争史,还到各大队调查历史和现状。③

中小学于1974年春在"批林批孔"运动中开学。和田中学先后共贴出5 300多份大字报,召开了250多次大小批判会,学生们经常写大字报到深夜。一个班在一个星期内就开了10次批判会,人人参加"战斗"。④ 松江县第二中学召开了80多次"批林批孔"大会,师生写了几千篇批判文章。1974年7月,根据国务院科教组的电话通知,全市各级学校甚至幼儿园都开展了对《三字经》《闺训千字文》《弟子规》《神童诗》《名贤集》等的批判。⑤

"批林批孔"使广大教师在1972年刚刚体会到的宽松氛围烟消云散,已经逐步缓和的师生关系在1974年以后重新变得紧张起来。在教育领域的带头下,全市其他行业也大搞"批林批孔"。

二、张铁生事件对上海的影响

在教育领域的悄然复苏中,国务院于1973年4月3日批转科教组《关于高等学校1973年招生工作的意见》,提出进行招生文化考查,以保证学生有初中以上文化程度。这个决定给校园吹来一阵文化气息的清风,许多教师开始编印参考资料供学生复习。上海在当年的高校招生中也进行了文化考试。但"四人帮"一伙神经质地认为,在高校招生中实行文化考查,以及在中小学初步恢复考试,就是"分数挂帅"和"智育第一",是反对"教育革命",是"修正主义教育路线

---

① 拿起笔作刀枪,批林批孔当闯将[N].文汇报,1974-02-02.
② 上海市首届工农兵大学生胜利毕业[N].人民日报,1974-04-30.
③ 上海郊区九个公社办起农民业余大学[N].人民日报,1975-03-10.
④ 狠批"克己复礼",巩固发展文化大革命成果[N].文汇报,1974-03-22.
⑤ 1974年9月7日《人民日报》还刊登了上海市蕃瓜弄小学"红锋"学习小组红小兵对《神童诗》所作的部分批注。

的复辟回潮"。① 因此，想尽办法要横加阻挠。

1973年7月10日，锦州市招生办公室在辽宁省招生考试座谈会上汇报了张铁生②在答卷背面写信的事。毛远新如获至宝，要求《辽宁日报》发表张的信，并在编者按中称张对"修正主义考试"交了一份"白卷"，却为无产阶级革命路线交了"一份出色的答卷"。上海的"四人帮"干将急于应和，最先于8月2日在《文汇报》上转载张的信，而《人民日报》则在8月10日转载。9月22日，上海师范大学在《人民日报》发表署名"葛明文"（谐音"革命文"）的文章《改革招生制度是巩固无产阶级专政的需要——谈张铁生同志的"答卷"》，为张铁生事件辩护。

1974年6月15日，国务院在批转科教组《关于1974年高等学校招生工作的请示报告》中，指责1973年招生工作"不少地区曾不同程度地沿袭旧高考的办法"，是受了"修正主义教育路线"的影响，要求在当年的招生工作中应体现无产阶级政治挂帅，把政治表现、阶级觉悟放在首位，文化考查则采取调查访问、座谈讨论等多种形式进行。

张铁生的信发表后，虽经渲染，但支持者毕竟是少数，多数教师纷纷指责："张铁生的信，是瓢冷水，把刚刚焕发出的教学热情全给浇下去了。"③ 然而，上海教育界发起了"选什么样的人上大学"的大讨论，认为过分强调文化考查，可能将优秀工农兵排斥在大学的大门之外，甚至将文化考查视为"资产阶级向无产阶级的挑战"，"是对教育革命的反攻倒算"。上海汽轮机厂在当年的高校招生中，"彻底破除旧的高考制度"，在文化考查中，按照推荐对象的不同工种，分成若干小组，进行座谈讨论，允许带书带资料，随时翻阅。考查小组结合生产实际，提出一些问题让被推荐者回答。回答时，别人也可以发表意见，遇到不同的看法，还可以展开争论。考查小组也穿插发表意见，以启发他们进一步思考问题。④

---

① 郑谦. 被"革命"的教育——"文化大革命"中的"教育革命"[M]. 北京：中国青年出版社，1999：321.
② 张铁生后来当上了铁岭农学院的领导，四届人大常委会委员。在"文革"后立即受到批判。1976年11月30日《人民日报》发表《一个反革命的政治骗局："四人帮"炮制〈答卷〉作者这个假典型的调查》，称张铁生是个大学迷。12月2日《人民日报》发表《从一个凶恶打手看"四人帮"篡党夺权阴谋》，其中说："四人帮"封张铁生为"敢于反潮流的英雄""工农兵学员的优秀典型""教育革命的闯将""新生力量的代表"，目的就是让他收罗反革命打手。1981年，张铁生被判处有期徒刑15年。
③ 郑谦. 被"革命"的教育——"文化大革命"中的"教育革命"[M]. 北京：中国青年出版社，1999：255.
④ 进行生动活泼的文化考查，选拔优秀青年工人上大学[N]. 文汇报，1973-09-25.

一些中小学也纷纷改变考试方式,到工厂、农村举行现场考试。

此外,中学的"马振抚公社中学事件",① 小学的"黄帅的来信和日记",② 将全国教育界搅得乌烟瘴气。

三、批"九斤老太"

1920年9月,鲁迅在《新青年》第八卷第一号上发表小说《风波》,"九斤老太"是小说中的一个守旧人物,由于她不能适应时代的变迁,经常发出"这真是一代不如一代"的感慨。她的主要理由是,她生下来是9斤重,到重孙女只有6斤重了。"文革"时期,教育教学混乱不堪,社会上便出现学生质量"今不如昔"的议论。

1972年10月31日,部分干部教师召开中小学教材编写和出版工作座谈会,与会人员讨论了"如何估计文化知识质量""教育革命形势是大好、中好还是小好"等问题。教师们认为学生的知识质量确实下降了,便对学校课程设置、领导体制等提出尖锐批评。这引起了上海"四人帮"势力的不满,他们认为教育革命形势是大好,"今不如昔"的议论是站到青年的对立面去了,教育质量下降的观点是"九斤老太"的观点,并将二者相提并论进行批判。上海的报纸极尽粉饰之能事,鼓吹"教育革命"的大好形势,于1973年1月开始连篇累牍地批判"九斤老太"哲学,并发动全市各行业、各领域批判"九斤老太"式人物和"一代不如一代"的观点。1974年4月,复旦大学还组织批判"老帅归位、小兵回营"的思想。

批"九斤老太"的实质是掩饰上海学校教育质量的严重滑坡,阻止广大教师为提高教学质量而采取的一系列努力,继续"文革"在教育领域的倒行逆施。亦可见上海"四人帮"势力之顽固!一些学校将撤销工人讲师团视为"修正主义教育路线回潮"的表现,对之进行批判,同时重新请来大批工人讲师。"外行领导

---

① 1973年7月10日下午,河南省唐河县马振抚公社中学初二学生张玉勤在英语考试时答题不出,便在试卷反面写了一首打油诗:"我是中国人,何必学外文,不学ABCD,也能当接班人,接好革命班,埋葬帝修反。"老师对她进行了批评,叫她写检讨。张玉勤在7月12日投水自尽。1974年1月,"四人帮"借题发挥,说张玉勤之死"完全是修正主义教育路线的迫害所造成的",马振抚公社中学"修正主义教育路线的回潮达到惊人地步",并扬言要"严肃处理"。该校两位老师因之判刑两年,整个唐河县为此揪斗了280余人。
② 黄帅是北京市海淀区中关村第一小学五年级学生。她在日记中对教师的工作方式方法提出批评,老师认为她太过挑剔,对她进行批评。黄帅不服,向《北京日报》《人民日报》等写信。1973年12月12日,《北京日报》发表了黄帅的信和部分日记,支持学生和老师对着干。28日,《人民日报》予以全文转载,并在编者按中称赞黄帅"敢于向修正主义教育路线的流毒开火"。后来,各地有许多人写信劝导黄帅,却招致"四人帮"的围攻。

内行"再次被说成是"普遍规律",工人阶级重新"占领和改造"教育阵地,批判"资产阶级",批判"修正主义",真可谓乍暖还寒,阴霾不散。如普陀区的53所中学、116所小学全部建立了工农兵讲师团,一支1 700多人的工农兵讲师队伍开进了学校。

此外,"开门办学"再次大面积试行。如和田中学在1973年下半年有1 000多师生采取各种方式,到吴泾工业区、江湾公社、东方红机器厂"开门办学",在化工厂车间上化学课,在田头由老贫农上水稻课。川沙县某中学语文课"开门办学",带领学生到公社、大队搞社会调查,回校后再指导学生写调查报告。讲电动机时,由工人师傅拆开电动机边讲边示范,回校后,根据书本上的原理,指导学生装配玩具电动机。①

四、"评法批儒"

"评法批儒"是"四人帮"大搞影射史学,恣意歪曲历史事实,大搞政治阴谋的产物。② 其中,上海乃至全国的一大批"笔杆子"、写作班子、批判组粉墨登场,投身于这场政治闹剧,其荒唐行径和恶劣影响波及整个社会。

1973年9月,《学习与批判》杂志在上海出版(编辑部设在复旦大学,直接控制者是上海市委及其写作组),其创刊号刊登了一篇文章《论尊儒反法》。文章将中国历史上儒家和法家的斗争说成是"守旧和革新,复辟和反复辟的斗争",赞扬秦始皇的"焚书坑儒",说"在奴隶主阶级的政治代表吕不韦窃据秦国大权的时候,曾招徕一大批学者,其中许多是儒家",使"大批儒生混进了政府机关和文化部门",以此影射周恩来和一大批恢复工作的老干部。

上海市委写作组"罗思鼎"在姚文元等人的指使下炮制了大量文章。1973年《学习与批判》第4期发表"罗思鼎"的《汉代的一场儒法大论战——读〈盐铁论〉札记》,骂丞相田千秋"是一个相当圆滑的老官僚","他善于摆平关系,模棱两可,始终不表态,最后各方面都不得罪",其实是指桑骂槐,恶毒影射攻击周恩来。1973年《红旗》杂志第11期发表"罗思鼎"撰写的《秦王朝建立过程中复辟与反复辟的斗争——兼论儒法论争的社会基础》,文章批"宰相",批"折中主义""反复辟",借此影射攻击周恩来。

除了政治攻击之外,上海的"评法批儒"还渗透到各种专门史和学术史领

---

① 狠批"克己复礼",巩固发展文化大革命成果[N].文汇报,1974-03-22.
② "评法批儒"的始作俑者当属中山大学教授杨荣国,他在《红旗》杂志1972年12期发表《春秋战国时期思想领域内两条路线的斗争——从儒法斗争看春秋战国时期的社会变革》,以极"左"视角和影射手法阐释中国历史上的儒法斗争。

域。如《文汇报》在1974年6月25日发表三篇文章：《把文学史上尊儒反法的旧案翻过来》《批判尊儒反法，编好历史教材》《在批林批孔运动中改造教育史学科》，为文学、历史、教育中的"评法批儒"鸣锣开道。① 大中小学还结合"评法批儒"进行教学，师生们到各种史书中寻章摘句，做卡片，写批注，将中国古典文化越描越黑。② 文科院校组织力量注释法家著作，写大批判文章，用"儒法斗争史"改造文史哲各科教材体系；理工农医类院校则研究"儒法斗争"对科学技术和医药发展的影响。这样一来，上海图书馆每天都要接待大量前来查阅资料的师生，成为一道难得的"风景"。

五、小夏在黄陵事件

1973年3月16日，《文汇报》发表经过精心炮制的通讯报道《小夏在黄陵》。小夏是黄陵中学学生，一次，老师在上课时说要"制止无政府主义"，被学生故意歪曲成"支持无政府主义"。围绕"制止"与"支持"两个音近意反的词，师生之间争论不休。小夏勇敢地站出来澄清事实，和老师站在一起。徐景贤等人利用此事大做文章，认为小夏这样的学生是"旧教育思想的产物"，要求《文汇报》利用这个题目多做文章，展开讨论。《文汇报》以"教师应该怎样看待有无产阶级觉悟，但学习成绩不好、不听话的学生？"为题，用专栏形式讨论了三个月。市革委会文教组、市教育局党委曾召开扩大会议，以此为例子，说明学校如果不抓教育思想的路线斗争，就会把学生培养成"小绵羊"，走上"否定文化大革命的邪路"。

小夏在黄陵事件的实质是要鼓动学生反潮流、造教师反，是上海教育界刮起的一股吹得教师们心寒的冷风，并影响到其他省市。讨论来、讨论去，弄得教师们人心惶惶，上课时战战兢兢，每天都要询问学生对教师有什么意见，生怕学生对自己有看法，一不小心便会掉进"反对修正主教育路线回潮"的陷阱。一些

---

① 上海的"评法批儒"只是全国的一个缩影。中央级的党报党刊发表了大量这方面的文章，如唐晓文.孔子是"全民教育家"吗？[N].人民日报,1973-09-27；施丁."焚书坑儒"辩[N].人民日报,1973-09-28；唐晓文.孔子杀少正卯说明了什么[N].人民日报,1974-01-04；梁效.孔丘其人[J].红旗,1974(4)；梁效.论商鞅[J].红旗,1974(6)，等等。

② 复旦大学哲学系师生在中国哲学史的教学中突出了法家的内容和地位，以各个时期儒法两家的斗争为主要线索来阐明中国哲学史。历史系师生对中国古代史的教学也进行了改革，结合编写《刘邦项羽》《王充传》《曹操传》《儒林丑史》等小册子和文章的"战斗任务"进行教学。中文系联系文艺战线上"两个阶级、两条路线"的斗争进行教学，组织学员批判"修正主义"文艺路线。哲学、历史、中文等系还组织编写《法家著作选读》，加强对法家思想的介绍和宣传。参见：复旦大学党委带领工农兵学员认真看书学习深入批林批孔[N].人民日报,1974-06-15.

学校又出现"干部管不了、教师教不了、学生学不了"的混乱局面。

六、刘丽华谈话

以批判"智育第一"为核心内容的刘丽华谈话发表于1973年11月21日的《文汇报》和《解放日报》,其导火索便是"白卷英雄"张铁生那"一份发人深省的答卷"。刘丽华是黑龙江肇州县贫农,念过6年小学,种了8年田,于1970年12月作为首届工农兵学员被推荐到上海师范大学中文系,担任校党委委员兼中文系团总支副书记。在临近毕业的时候,她突然发表一番谈话,发泄心中郁积的不满和怨气,以"引起领导的注意",与张铁生形成"反潮流"的南北呼应之势。

她从"上、管、改"的视角出发,认为自己经常参加社会工作和政治活动,学习没有搞好,受到讽刺和讥笑,是"有的人往往用考试和分数来卡我们",而"一些经常跑图书馆,埋头钻研业务,对政治学习和大批判不感兴趣的人,却得到赞赏"。她认为"智育第一""业务挂帅"的风气给人以很大压力,让她抬不起头来,甚至感到"孤立""发闷"。她还指责学校在选留毕业生的问题上没有发动群众讨论,没有听取她的意见,选留了她不满意的人。最重要的是,她下了一个"'智育第一''业务挂帅'的流毒尚未肃清"的断语,使上海乃至全国的高等教育出现了一个大倒退。

刘丽华谈话发表后,上海师范大学、复旦大学、敬业中学、风华中学、虹口区第三中心小学、中山南一路第一小学等单位贴出了一批又一批大字报,批判"智育第一""师道尊严""关门办学"。《文汇报》后来连续发表大量文章,批判"智育第一"。这些文章夸大其辞,上纲上线,认为"智育第一是资产阶级专了无产阶级的政""业务挂帅就会导致资本主义复辟""智育第一是教育革命的大敌""学问再多,方向不对,等于无用"。① 在刘丽华事件的影响下,1974年还将对工农兵学员的文化补习视为"修正主义教育路线的复辟回潮",上海高校对1975年入学的新生,也不再进行集中的文化补习。

---

① "四人帮"被打倒后,刘丽华谈话即遭批判。参见:"一石"激起什么"浪"?——从《谈话纪录》的"讨论"看"四人帮"篡党夺权的狼子野心[N].文汇报,1976-12-16. 1976年12月23日,上海师大党委召开全校师生员工大会,揭发、控诉"四人帮"及其余党炮制的"刘丽华谈话纪要"等罪行。之后,上海师大对刘丽华事件做了客观分析,认为她文化学习差,上课经常闹笑话,她的谈话内容也有许多不实之处,只是恰好应了"四人帮""把文章做大""把讨论搬上报"的意图。参见:上海师范大学批判组.一股阴风,几排恶浪[J].人民教育,1978(6).

七、骊山中学事件

如同刘丽华与张铁生的南北呼应一样,骊山中学事件与马振抚公社中学事件也构成了南北呼应。1973年9月27日,骊山中学青年政治教师胡祖丰向学校党支部写了一份思想汇报,就教育工作提出疑问:"教育方针中的劳动者应当是'有社会主义觉悟的有文化的',应当是在德、智、体几方面都得到发展的,然而,有人却恰恰把'劳动者'之前的两个极为重要的定语取消了……""如果把上山下乡和学工学农作为衡量教育教学质量的唯一标准,那么,还要学校干什么?"他认为,青年中存在的"读书无用论"思想是由学校的分配制度、升学制度等造成的。胡祖丰的意见得到了另一位教师的认同和支持。

1974年初,在"批林批孔"的浪潮中,胡祖丰被认定为"攻击教育革命的大好形势,妄想恢复原来一套教育制度",停止了党团组织生活,停职检查,除了在学校接受批判外,还被责令到里弄和工厂接受批判。骊山中学被树为"批林批孔"联系实际的典型,许多单位还派人去观摩学习。① 骊山中学事件波及全市,先后到骊山中学参观的人数多达11万,各中学随后纷纷揪斗胡祖丰式的人物,一批中学教师在"文革"后期深受迫害,教学秩序十分混乱。

八、学习"朝农经验"

"朝农经验"②是"四人帮"在"文革"后期在教育界打出的又一张黔驴技穷的王牌,也是辽宁省在毛远新的指使下,在全国教育界掀起的又一风波。

毛泽东早在1958年就提出,农业大学应该搬到乡下去。1968年12月1日,《人民日报》转载《红旗》第五期发表的江苏省靖江县的调查报告《"土专家"和农业教育革命》,提出:农业院校要统统搬到农村,由贫下中农管理学校。于是,全国农业大学开始大规模的搬迁。

1973年11月28日,《光明日报》以《一所深受贫下中农欢迎的大学》为题,发表辽宁农学院朝阳分院(即朝阳农学院前身)的调查报告。1974年12月21日,国务院科教组、农林部、辽宁省委联合召开学习朝阳农学院"教育革命"经验现场会。会上总结和宣传的"朝农经验"是:坚持在农村办学、分散办学;教学工作实行"三上三下";学生"社来社去",毕业当农民、拿工分,等等。会议还提

---

① 吕型伟.上海普通教育史(1949—1989)[M].上海:上海教育出版社,1994:409—411.
② 朝阳农学院的前身是沈阳农学院。1970年沈阳农学院一分为四,离开沈阳。原党委副书记徐明带一部分人来到山区朝阳地区,落户办学,连家属一起搬到了农村。朝阳农学院对学生实行"社来社去",教学上实行"几上几下"。

出,学大寨应当是农业大学学生的必修课、基本课,学大庆应是工业大学的必修课、基本课,要求农业大学必须搬到农村去,实行"社来社去"。会后,全国大学不论何种性质、专业,都来学习"朝农经验"。据统计,到 1975 年底,朝阳农学院共接待来自全国 29 个省、市、自治区的参观学习单位达 1 700 多个,人数达 8.4 万多人。① 中共上海市委书记马天水曾带领 14 人的代表团赴朝农取经,说:"我们是怀着当年到延安上抗大的心情来到朝农的。"

1973 年底,上海市高校即开始学习"朝农经验";翌年,整个教育领域都开始学习朝阳农学院经验。1975 年 1 月 6 日,市革委会文教组开会传达国务院科教组、农林部、辽宁省委联合召开的学习"朝农经验"现场会精神,要求各级各类学校、各级教育行政部门,都应学习研究"朝农经验"。会后,各高等学校对照朝阳农学院,订出规划,在招生上"社来社去",学习上以"学大寨""学大庆"为必修课,培养出来的学生要"头上长角、身上长刺"。如复旦大学生物系"坚持为农服务的方向",上海第二医学院医学系"坚持面向农村,加快教育革命步伐",同济大学要把"五七"公社办成上海的"朝农"。厂办大学也学习"朝农经验",把转变学生思想放在首位,做到"大学大家学"。

城市中小学也要求认真学"朝农",了解和研究教育与农业的关系,把学农、爱农、务农作为学生思想政治工作的重要内容,鼓励毕业生到农村插队落户。曹杨二中在长征公社真北大队办起了农村分校,开设拖拉机、农村会计、农村电工、蔬菜栽培等专业课。在农村会计课中,讲掌管财权的重要性和算盘上的腐蚀与反腐蚀斗争。在拖拉机课中,讲"农业的根本出路在于机械化"。在蔬菜栽培课中,突出讲自由市场的危害性和保障城市农产品供应的意义。②

第三节 "反右倾翻案"

邓小平在"文革"后期复出后,于 1975 年在全国开展了雷厉风行、大刀阔斧的整顿,虽然重在经济部门,但教育领域也受惠其中,特别是一批老专家和老领导复出后,在 1975 年下半年出现了抵制"四人帮"势力倒行逆施的努力,上海的教育工作再次自我纠偏。但不到一年,于 1976 年初发起了"批邓""反击右倾翻案风",政治气氛骤然紧张,上海教育事业再次陷入严重停滞。

---

① 郑谦.被"革命"的教育——"文化大革命"中的"教育革命"[M].北京:中国青年出版社,1999:340.
② 用无产阶级专政理论指导教育革命实践[N].文汇报,1975-05-17.

一、三项指示为纲

鉴于周恩来重病缠身,毛泽东于1974年10月4日提议邓小平任国务院第一副总理。1975年1月5日,邓小平被任命为中央军委副主席兼总参谋长,1月10日在中共十届二中全会上被选为中共中央副主席,1月17日在四届人大一次会议上被选为国务院第一副总理。由此,邓小平开始主持中共中央和国务院的日常工作,大刀阔斧地推行了一系列整顿、纠正和恢复性措施,使包括上海在内的全国国民经济、工业秩序、文化教育都有了初步好转。邓小平在"文革"后期的复出是一个标志性事件。一方面,周恩来重病,急需接班人整顿各项建设事业,以维持社会的稳定发展;另一方面,由于政治路线没有根本改变,这种整顿的政策空间相当有限。

邓小平睿智地将他的施政指导思想冠以毛泽东"三项指示为纲",① 重点在于发展经济,提高生产力。教育领域也是整顿的重要组成部分。广大干部教师在整顿的社会背景下,感到气氛有所改善,才自发或自觉地整顿学校秩序,发挥教师的积极性,加强各种文化课程教学,保证教学时间和质量。这种健康向上的趋势在1975年8—10月三个月得到了较为明显的反映。然而,由于教育领域长期为"四人帮"势力所把持,受惠于这次整顿的时间较短。

1975年7月6日,上海市革委会文教组和工宣队一办联合召开干部会议,学习毛泽东关于"学习无产阶级专政理论""要安定团结""要把国民经济搞上去"三项指示,要求文教系统对照做好自我检查。7月11—13日,上海师范大学召开了三天教育革命讨论会,交流学习"三项指示"的体会,总结教育革命经验,分析存在的问题,研究今后的努力方向。② 此后,上海师范大学各系进一步商讨改进学校工作的方法和措施,落实干部政策和知识分子政策。10月,上海师范大学许多教职工还对学校党委不搞整顿,而宣传"农业学大寨"表示不满。11月,上海师范大学党委召开部分老教师座谈会,交流学习理论的体会,以发挥老教师的经验,切实搞好学校工作。11月6日,敬业中学三位教师在市教育局贴出题为《不能容忍教育部门拖国民经济后腿》的大字报,对中小学教育质量下降已影响经济建设的问题提出意见。③

---

① 三项指示是:学习无产阶级专政理论,安定团结为好,把国民经济搞上去。这是毛泽东曾经在不同场合所说的三句话,邓小平巧妙地将其整合在一起,以便为整顿政策赢得更大的政治空间。
② 华东师范大学大事记(1951—1987)[M].上海:华东师范大学出版社,1991:282.
③ 吕型伟.上海普通教育史(1949—1989)[M].上海:上海教育出版社,1994:591.

二、"反击右倾翻案风"

1975年8月13日和10月10日,清华大学党委副书记刘冰等人两次上书毛泽东,反映迟群和谢静宜的问题。两封上书通过邓小平转呈毛泽东,这引起了毛泽东的不满,他在批示中说,"清华大学所涉及的问题不是孤立的,是当前两条路线斗争的反映"。清华大学随即发动全校范围的"教育革命大辩论"运动,一天就贴出2 000多张大字报,揭开全国性"反击右倾翻案风"的序幕。

1975年12月,《红旗》杂志发表了北京大学、清华大学大批判组的文章《教育革命的方向不容篡改》,继续以极左路线攻击教育上的整顿工作,言词装腔作势,以"大帽子"压人:"最近,教育界有一种奇谈怪论,说什么文化大革命以来,教育革命这也不行,那也不是,教育革命的方向'总没有解决好',因而'就是要扭'。这无非是说,教育革命搞过头了,搞糟了,要把教育革命的方向'扭'回去。"文章叫嚣:"我们必须抓住问题的实质,批判否定教育革命的错误思潮,分清路线上的大是大非,继续巩固和发展教育革命的成果,加强无产阶级在上层建筑领域对资产阶级的全面专政。"

1975年11月30日,中共上海市委召集复旦大学、上海师范大学党委和大批判组负责人开会,策划"反击右倾翻案风",要求复旦大学和上海师大利用其地位和影响力,与清华大学、北京大学形成南北呼应之势,发挥"窗口"作用,带头开展大批判。次日,两校就动员师生批判周荣鑫的所谓"摇头派"言论,批判否定"文化大革命"的言论。12月9日,上海师范大学贴出大字报1 700多份,兄弟院校前来参观大字报者达1 500余人。12月15日,《人民日报》发表《办好社会主义工科大学——同济大学"五七"公社三结合办学的调查》,认为实行学校、施工单位、设计部门"三结合"办学,是办好社会主义工科大学,大量培养有社会主义觉悟有文化的劳动者的一条有效途径,表示"要坚决批判否定教育革命成果的错误思潮,阔步前进在无产阶级教育革命的大道上"。

1976年1月14日,市革委会文教组在市二中召开"反击右倾翻案风"现场会,以总结经验为名,从批"智育第一"入手,着重批判教育部长周荣鑫,不点名诬陷邓小平等中央领导。市二中转身成了"窗口",约有17万人次前往参观,印发相关材料5 000份。① 1月15日,《人民日报》发表"梁效"的文章《教育革命

---

① 中共上海市教育卫生工作委员会党史资料征集委员会办公室. 中共上海市教育卫生体育系统党史大事记(1949—1989)[M].上海:上海交通大学出版社,1993:318—319.

与无产阶级专政》,其中说:"树欲静而风不止,斗争并没有停息。1975年7、8、9三个月,教育战线出现的那种刮右倾翻案风的奇谈怪论,就是代表资产阶级反对无产阶级的修正主义路线的突出表现。"1月21日,《解放日报》《文汇报》《人民日报》同时在头版刊登《风雷滚滚旌旗奋——喜看上海师范大学在教育革命大辩论中胜利前进》的长篇专题报道,使上海师范大学的大批判产生了全国性的危害,上海市各大中小学和工厂机关等单位数万人来校参观,不少省市也派人来上海师大取经,造成了极坏的影响。①

1976年4月,邓小平被打成"党内最大的不肯悔改的走资派",全国开始批判"三项指示为纲",煽起"反击右倾翻案风"。"四人帮"势力通过文教组、市教育局召开了批判现场会,以政治公开课、大字报、儿歌、大批判专栏等形式进行批判。

"四人帮"在"文革"后期的嚣张程度已经到了穷凶极恶的地步,越来越多的人看清了他们的面目并有了自己的观点和判断,因此,"批邓"虽然气势汹汹,但响应者寥寥无几。1976年10月,随着"四人帮"垮台,"批邓"便再也进行不下去了。

第四节　破坏与发展

十年浩劫使上海的各项建设和人民生活遭受重创,教育事业在"文革"中被彻底搞乱,其遭受破坏的程度远比工农业生产要大得多。上海教育在"四人帮"及其余党的控制下,既是重灾区,又产生了相当大的负面影响。通过前文论及的诸多方面,可知上海教育在"文革"中遭受的重创是无法估量的。但广大正义师生本着对教育事业的一腔忠诚,仍然在逆境中坚持斗争,使上海教育在波涛中艰难前行。

一、灾难性的破坏
1. 高等教育

1966年至1969年,上海高校有4年停止招生。1965年在校本专科学生数为5 203人,1971年下降至3 510人。1965年上海共有全日制普通高校24所,1972年上海普通高校减少到16所。"文革"中,华东政法学院、上海财经学院被撤销,② 上海对外贸易学院并入上海外国语学院;③ 华东师范大学、上海师范学院、上海体育学院、上海教育学院、上海半工(农)半读师范学院合并为上海师

---

① 华东师范大学大事记(1951—1987)[M].上海:华东师范大学出版社,1991:288—289.
② 上海财经学院于1978年恢复,华东政法学院于1979年恢复。
③ 1978年,上海对外贸易学院恢复独立建制。

范大学;① 上海机械学院和上海工学院合并为上海机械学院;② 上海水产学院、上海铁道医学院被迁往外地。③ 上海中医学院以公社卫生院为中心,在郊县农村建立教学基地。以"开门办学"为主要方向,理由是"花盆里长不出万年松,院墙里跑不出千里马"。④

据统计,全市高教系统在"文革"中遭到迫害被"立案审查"者达8 548人,其中局级干部157人,处级干部367人,正副教授962人,被迫害致死的达371人。⑤ 据华东师范大学统计,从1966年6月至1971年底,该校"非正常死亡"37人,其中教师、干部17人。另外,还有大批的老教授、老专家受到批斗,一些人被隔离和集中看管,身心受到极大摧残。⑥

"文革"十年,"斗、批、改"代替了正常的教学程序,大批判成了学校的中心任务。高等学校的科研工作遭到彻底破坏,许多专业研究机构被撤销或停止研究活动。如复旦大学的遗传学研究所、数学研究所、物理研究所、语言和文学研究室等单位被停办。复旦大学学报1966年停刊,直至1978年10月才复刊。1975年5月,由市教育局和上海师范大学主办的《教育实践》创刊,该刊在政治上、思想上秉承"四人帮"及其上海余党的旨意,为他们把持教育阵地作宣传、造舆论,在上海以至全国造成了极为恶劣的影响。

而工农兵上大学,则要求学生"头上长角、身上长刺",诋毁文化学习,教育质量相当低劣。1977年,上海市革委会科技组对分配到上海科技系统的大学毕业生进行了一次考试。考题都是中学学过的基础知识,考试前还打了招呼,给他们复习功课的时间,但考试的结果是,数学不及格的占68%,物理不及格的占70%,化学不及格的占76%。有些人甚至对自己所学的专业基本知识一道题也答不出,只能交白卷。⑦

---

① 1978年,上海师范学院、上海体育学院、上海教育学院从上海师范大学分出,恢复独立建制。1980年,上海师范大学恢复华东师范大学校名。1984年,上海师范学院改名为上海师范大学。
② 1979年两校恢复独立建制,名称分别为上海工业大学、上海机械学院。
③ 上海水产学院1972年迁福建厦门,改名为厦门水产学院。1979年从厦门迁回上海,在原址复校。上海铁道医学院1971年迁宁夏,与宁夏大学医学系合并成立宁夏医学院。1980年从宁夏迁回上海,在原址复校。
④ 王炳照,阎国华.中国教育思想通史(第八卷)[M].长沙:湖南教育出版社,1994:171.
⑤ 上海市高等教育研究所.上海高等教育年鉴(1949—1983)[M].上海:上海外语教育出版社,1989:22.
⑥ 袁运开,王铁仙.华东师范大学校史(1951—2001)[M].上海:华东师范大学出版社,2001:103;华东师大"文革"大事记[M].华东师范大学档案馆.
⑦ 卞古.文化考试很有必要[N].人民日报,1977-10-23.

2. 中小学教育

"文革"期间,上海普通教育系统大量教师、干部遭到迫害。卢湾区共有教师、干部1 147人被立案审查,其中35人致死,12人致伤致残。① 虹口区教职工被立案审查的案件多达2 570件,非正常死亡70人。② 静安区各学校干部、教师有1 600人被立案审查,其中非正常死亡达64人。③ 嘉定一中有51名教师被迫害,致死2名,致残1名。④

上海在"文革"前建立的较为合理的中学结构,在"文革"中遭到彻底破坏,普通中专、职业学校、技工学校、农业中学等都被作为"资产阶级双轨制"加以否定。1965年,上海市有中专65所、技校27所、职校11所、工业学校234所,及各类补习学校、广播学校和大量的农业中学,这些学校在"文革"中全部停止招生,在校学生毕业离开后,或停办,或改为普通中学。⑤ 上海第二女中在1968年还添招男生,易名为第二中学。

学生的主要时间是在校外学工、学农、学军,虽然名为"开门办学",但实质上则是"开门不办学",学生将大量的时间用来干体力活,接收学生的单位根本没有系统的教学体制,常将学生当劳动力使用。有的学校安排学生参加生产劳动的时间要占总学时的2/3,而教学时间仅占1/3。

"文革"中,学生在"造反有理""反潮流"等精神的鼓舞下,目无法纪,恣意破坏学校秩序,打架斗殴、损坏公物犹如家常便饭。某中学生为了显示其"有魄力",竟当着同学的面,用铁棒一口气打碎30多块玻璃,还洋洋自得。学生中违法犯罪的比例也大大上升。如徐汇区某中学1974届一个毕业班有7名学生被公安机关关押;1976届400多名学生中,被公安机关关押的就有16名。育才中学1977届一个班级有5人被关押,27名男生中有17人参与赌博,16人有偷窃行为。⑥

二、逆境中的发展

1. 函授教育

1974年,为帮助上山下乡知识青年学习政治理论和文化科学知识,复旦大学、上海师范大学、同济大学、上海交大、上海第一医学院、上海纺织工学院、上

---

① 上海市卢湾区志编纂委员会.卢湾区志[M].上海:上海社会科学院出版社,1998:823.
② 上海市虹口区志编纂委员会.虹口区志[M].上海:上海社会科学院出版社,1999:968.
③ 上海市静安区地方志编纂委员会.静安区志[M].上海:上海社会科学院出版社,1996:896.
④ 上海市嘉定县县志编纂委员会.嘉定县志[M].上海:上海人民出版社,1992:795.
⑤ 吕型伟.上海普通教育史(1949—1989)[M].上海:上海教育出版社,1994:384.
⑥ 同上:399.

海科技大学等13所高校积极为上山下乡的知识青年举办函授教育。经过三个月的筹备,于5月初在各地陆续开展。函授教育最初主要是在"上山下乡"知识青年比较集中的安徽阜阳、江西上饶、云南西双版纳、黑龙江黑河、吉林延边等五个地区试办,共设置了马列主义经典著作辅导、写作、农村会计、育种、化肥、农村电工、农机维修、气象、常见病防治等23个函授科目。招生采取自愿报名、群众推荐、领导批准的办法,共招收上海和各地上山下乡的知识青年3万人。①"来自四面八方的青年,身背行李,从几十里甚至上百里路以外,赶来参加面授学习。"②

1975年,上海高校的函授教育又扩大到安徽宿县和滁县、江西井冈山、吉林四平、黑龙江呼玛县等五个地区,招生人数也增加一倍,连同原有的五个地区,共招生6万人。特别是黑龙江黑河地区于1974年冬天举办函授面授学习,一些知识青年学员在接到学习通知后,冒着零下三四十度的严寒,背着行李,步行90里路赶来学习。还有两位知识青年,为了赶时间,搭乘敞篷车,经过100多公里颠簸,手脚都冻僵了。③

2. 科学研究

在"文革"期间,上海高校的科学研究工作尽管受到很大的破坏,但并没有完全停止,科研工作者克服困难,在逆境中不断探索。交通大学共接受海军建设科研项目320项,完成较好的有110项,如鱼雷指挥仪、火炮指挥仪、水下激光电视等。其中,重大科研成果有交通大学动力系研制的大功率液力耦合器,以及交通大学五七电工厂研制的用于数控机床的步进电机等。交通大学还与外单位合作,研制棉纱自调匀整装置,能控制棉纱不均匀度在1%以下,超过日本2%的水平。另外,射流化纤温度控制装置和数控车床也具有国内先进水平。④

复旦大学把国家建设中急需解决的问题作为科学研究的重点课题,共承担了420多项科学研究任务,其中包括电子技术、激光、新型电光源、石油催化、作物育种等方面。到1975年10月,已完成280多项科研任务,不少科研成果已在冶金、机电、造船、轻工、仪表、农业、电影、医学等部门试用或推广。如"地震勘

---

① 本市各高校为上山下乡知识青年试办函授教育[N]. 文汇报,1974-06-04.
② 知识青年函授教育在安徽等五省蓬勃开展[N]. 文汇报,1974-10-05.
③ 一面当先生,一面当学生[N]. 文汇报,1975-08-16.
④ 上海交通大学校志编纂委员会. 上海交通大学志[M]. 上海:上海交通大学出版社,1996:67,393.

探数字处理"的研究,对于勘探和开发我国石油、天然气资源具有重要的价值。1974年6月,美籍物理学家杨振宁在访问中国期间,复旦大学数学系教授谷超豪等同他一起研究了现代物理学中的"规范场"理论,取得了一定成果。① 复旦大学教授数学家苏步青1966年被打成"反动学术权威",送至江南造船厂"改造"。他参加了解决船体自动放样和钢板自动切割问题,运用计算几何的原理,归纳出数学模型,使技术革新最终获得成功。复旦大学历史地理研究室在谭其骧②教授的带领下编绘《中国历史地图集》,并于1974年春出齐了该图集1—8册的送审本。③

桥梁力学专家、同济大学教授李国豪虽然身处逆境,但仍然在家中坚持进行科学研究,于1973年底写出专著《桁梁扭转理论——桁梁桥的扭转、稳定和振动》,为我国和世界桥梁理论填补了一项空白。后来他又写出专著《公路桥荷载横向分布》等著作。此外,同济大学在"文革"中完成的主要科研成果还有:以平沪钢渣为主料试制水泥取得成功;上海市七〇八工程试验研制;七二八工程科研试验;上海体育馆的修复;预应力钢筋混凝土水压机的研制等。④

中国外交在20世纪70年代初获得了一系列突破性的进展。外交上获得的重大成就,对外语教学与研究工作提出了新的要求。1972年5月,国务院科教组召开综合大学和外语院校教育革命座谈会,要求重视外语教学与科研。1975年,教育部和国家出版局决定编纂100多部词典,其中上海外国语学院承担了10部。同时,上海外国语学院还编写了一些外语统编教材,如《日语》1—2册,《法语》1—2册,《英语》1—2册,并应政府的需要,在1976年10月以前翻译了大量外交文献和各国历史,如《联合国文件》《开罗文件》《福特言论集》《蓬皮杜传》《阿登纳回忆录》《日本社会党史》等。⑤ 这些科研成果的取得,展示了上海外国语学院的综合实力,扩大了其在国内外语院校中的影响力,基本奠定了

---

① 复旦大学科学研究取得可喜成果[N].人民日报,1975-10-14.
② 谭其骧(1911—1992),浙江嘉兴人。1932年毕业于燕京大学研究院,先后任教于辅仁、北京、燕京、清华、浙江、暨南等大学。1951年由浙江大学转入复旦大学历史系任教授,1957—1982年任系主任,兼任中国历史地理研究室主任。1982—1986年任中国历史地理研究所所长。是第三、四、五届全国人大代表。主要著作有:《中国历史地图集》《长水集》等。
③ 复旦大学校志编写组.复旦大学志·第二卷(1949—1988)[M].上海:复旦大学出版社,1995:53.
④ 《同济大学志》编辑部.同济大学志(1907—2000)[M].上海:同济大学出版社,2002:333—335.
⑤ 院史编写组.上海外国语学院简史(1949—1989)[M].上海:上海外语教育出版社,1989:63—64.

该校在高校外语教材编写领域的优势地位。

1976年10月粉碎"四人帮"以后,科学研究重新迎来春天。

3. 普及中等教育

《上海市中小学教育革命纲要》规定实行普及九年教育,不久又延长到十年,再加上废除了考试和留级制度,所有学生都能升级,这使全市中学生从"文革"前的55万人猛增至1975年的92万人。① 到"文革"后期,中学教育更是盲目发展,尤其是农村地区,许多农村小学就能办初中班;而市区的初级中学则大量办高中班。尽管教学质量低劣,但上海基本在数量上还是普及了市区的高中教育和农村地区的初中教育。

1970年起,普陀区有9所小学先后改办为中学,以适应普及中学教育的需要。如长寿路第三小学改办为普陀二中,另外又陆续新建了东新中学等9所中学。② 南市区在1973年全区中学生高达108 129人,比1965年增长53.7%。为满足中学生的入学需要,该区市八、市九、市十等三所女中曾改为男女生兼收,并分别改称上海市第八、第九、第十中学;又将南市区中心小学及人民路第二小学分别改为南市一中、南市二中。③ 长宁区的市三女中在"文革"期间也男女生兼收,并更名为上海市第三中学。黄浦区不顾师资短缺等因素,在初级中学一律增办高中班。嘉定县曾提出"读初中不出大队,高中不出公社"的口号,要求小学生全部直升初中,初中生全部直升高中。1969年,全县96所小学附设初中班。1970年,全县有中学79所,在校学生2.88万名,比1966年增加1.55万名。1976年,更是达到"社社有完中",全县完全中学由1965年的5所增加到35所。④ 奉贤县的116所小学于1970年起全部附设初中班(粉碎"四人帮"以后,小学附设的初中班全部撤销)。⑤ 南汇县在1965年有中学27所,到1973年猛增至176所。⑥

另外,上海在"文革"期间还编写出版了大量教材。1973年5月10日,市里召开大中小学教材工作会议,要求"批林整风为纲,破旧教材体系",但教师们还是以贯彻强调基础的原则进行具体的编写工作。到年底,共编写出版中

---

① 吕型伟.上海普通教育史(1949—1989)[M].上海:上海教育出版社,1994:383—384.
② 上海市普陀区志编纂委员会.普陀区志[M].上海:上海社会科学院出版社,1994:748.
③ 上海市南市区地方志编纂委员会.南市区志[M].上海:上海社会科学院出版社,1997:816.
④ 上海市嘉定县县志编纂委员会.嘉定县志[M].上海:上海人民出版社,1992:791.
⑤ 上海市奉贤县县志编纂委员会.奉贤县志[M].上海:上海人民出版社,1987:761.
⑥ 上海市南汇县县志编纂委员会.南汇县志[M].上海:上海人民出版社,1992:585.

小学教材及教学参考资料223种,大学教材52种,出版33种,各校自编教材711种。①

教育部门的援藏工作也始于"文革"时期。1974年4月26日,国务院批转科教组《关于内地支援西藏大学、中学、专科学校师资问题的请示报告》,筹建西藏师范学院和八一中学,所需要的图书资料、仪器设备,由上海交大、上海音乐学院和上海戏剧学院提供。7月13日,全市共抽调27名大学教师和46名中学教师赴藏。1976年5月18日,上海师大党委召开第二批援藏教师动员大会,会后选送20名教师支援西藏工作两年。② 当年,上海高校应届毕业生中也有18人离沪赴藏。

1976年10月,中共中央粉碎"四人帮"反党集团。稍后,中央决定由苏振华、倪志福、彭冲主持上海市委工作,撤销了"四人帮"在上海余党的党内外一切职务。随着"文革"的结束,上海教育事业终于摆脱了极左路线的桎梏,迎来了新的春天。广大师生守得云散见日开,欢欣鼓舞,群情激动,有一首小诗为证:

> 今日忽闻除四害,
> 多年积郁顿时开;
> 人人迸出欢欣泪,
> 处处呼成愤怒雷;
> 锣鼓那厢敲过来,
> 秧歌这里扭将去;
> 长街灯火明如昼,
> 旗海人潮真壮哉!③

---

① 中共上海市教育卫生工作委员会党史资料征集委员会办公室.中共上海教育卫生体育系统党史大事记(1949—1989)[M].上海:上海交通大学出版社,1993:291.
② 华东师范大学大事记(1951—1987)[M].上海:华东师范大学出版社,1991:292.
③ 杜宣.歌颂除四害[N].文汇报,1976-11-07.

附 录

1949—1976年上海教育事业发展统计表[①]

年份	高校数（所）	高校专任教师数（人）	高校学生数（万人）	普通高中学生数（万人）	普通初中学生数（万人）	小学生数（万人）	城市总人口数（万人）
1949	37	1 848	2.09	2.63	6.02	32.9	773.1
1950	35	1 899	2.34	2.79	6.39	37.5	768.0
1951	27	2 342	2.30	2.40	7.85	46.6	832.9
1952	17	2 678	2.13	2.92	11.78	57.0	850.5
1953	15	3 486	2.33	3.39	12.78	57.5	900.9
1954	16	3 717	2.73	4.01	15.88	62.3	957.7
1955	16	4 109	3.01	4.79	17.75	65.2	623.1
1956	19	5 214	3.59	5.92	23.22	74.4	634.9
1957	18	6 619	3.87	7.24	25.01	86.0	689.7
1958	21	5 993	4.55	8.08	31.25	155.1	999.6
1959	31	6 894	5.64	8.13	28.89	162.9	1 028.4
1960	43	8 436	6.35	9.45	29.41	179.2	1 050.6
1961	36	9 875	6.34	9.51	29.10	178.8	1 059.0

[①] 资料来源：(1) 高校数，见：教育部计划财务司编.中国教育成就统计资料(1949—1983) [M].北京：人民教育出版社，1984：254—257.该书缺乏1966—1970年的数据，再根据上海市高等教育研究所.上海高等教育年鉴(1949—1983) [M].上海：上海外语教育出版社，1989：251.（2）高校专任教师数，见：《中国教育事典》编委会编.中国教育事典·高等教育卷[M].石家庄：河北教育出版社，1994：572—576.（3）高校学生数，见：教育部计划财务司.中国教育成就统计资料(1949—1983) [M].北京：人民教育出版社，1984：260—263.（4）1949—1954年人口数，见：孙敬之，胡焕庸.中国人口·上海分册[M].北京：中国财政经济出版社，1987；1955—1976年人口数，见：国家统计局人口与就业统计司.中国人口统计年鉴(1995) [M].北京：中国统计出版社，1995：358—373.1955年人口数较1954年人口数差异悬殊，系这两组数据统计口径不一致，可能是胡著将1958年才划归上海市管辖的江苏10个县的人口也计算在内，而国家统计局的数据是按实际辖区面积计算的。

续表

年份	高校数（所）	高校专任教师数（人）	高校学生数（万人）	普通高中学生数（万人）	普通初中学生数（万人）	小学生数（万人）	城市总人口数（万人）
1962	34	10 124	5.90	9.31	35.34	175.9	1 057.9
1963	22	10 311	5.34	9.08	40.85	183.9	1 073.6
1964	24	9 997	5.31	9.40	51.52	199.2	1 086.2
1965	24	10 393	5.20	9.43	54.64	213.7	1 093.8
1966	24	11 104	4.23	6.47	48.11	202.6	1 096.0
1967	24	11 066	3.27	3.50	49.26	199.7	1 106.0
1968	24	11 114	2.13	17.31	40.13	192.4	1 109.0
1969	24	10 988	0.83	0.05	77.16	169.9	1 094.0
1970	24	10 957	0.40	0.31	71.23	164.6	1 072.0
1971	17	11 480	0.35	0.30	76.11	155.7	1 066.8
1972	15	9 850	0.81	55.17	76.30	163.5	1 064.1
1973	16	11 039	1.68	62.72	61.04	152.3	1 070.0
1974	16	11 594	2.55	60.36	54.00	138.2	1 073.8
1975	16	12 369	3.13	53.36	57.75	124.9	1 076.7
1976	16	12 671	3.36	46.88	66.27	105.9	1 081.3

主要参考文献

一、报纸和杂志

《人民日报》,1949—1976 年。

《文汇报》,1949—1976 年。

《解放日报》,1949—1976 年。

《人民教育》杂志,1950—1966 年。

《新教育》杂志,1950—1952 年。

《华东教育通讯》杂志,1951—1952 年。

《上海教育》杂志,1957—1966 年。

《红旗》杂志,1958—1976 年。

《教育革命通讯》杂志,1972—1975 年。

《教育实践》杂志,1975—1976 年。

二、史志资料

华东学习委员会办公室. 华东高等学校情况汇编·第四分册[G]. 内部资料,1954.

教育部计划财务司. 中国教育成就统计资料(1949—1983)[M]. 北京:人民教育出版社,1984.

中国大百科全书出版社,《中国教育年鉴》编辑部. 中国教育年鉴(1949—1981)[M]. 北京:中国大百科全书出版社,1984.

刘光. 新中国高等教育大事记[M]. 长春:东北师范大学出版社,1990.

中华人民共和国教育部办公厅. 教育文献法令汇编(1949—1952)[G]. 内部资料,1953.

中华人民共和国教育部办公厅. 教育文献法令汇编(1954)[G]. 内部资料,1955.

中华人民共和国教育部办公厅. 教育文献法令汇编(1955)[G]. 内部资

中华人民共和国教育部办公厅.教育文献法令汇编(1956)[G].内部资料,1957.

中华人民共和国教育部办公厅.教育文献法令汇编(1957)[G].内部资料,1958.

中华人民共和国教育部办公厅.教育文献法令汇编(1959)[G].内部资料,1960.

中华人民共和国教育部办公厅.教育文献法令汇编(1960)[G].内部资料,1961.

中华人民共和国教育部办公厅.教育文献法令汇编(1961)[G].内部资料,1962.

中央教育科学研究所.中华人民共和国教育大事记(1949—1982)[M].北京:教育科学出版社,1983.

上海市编制委员会办公室.上海党政机构沿革(1949—1986)[M].上海:上海人民出版社,1986.

上海市高等教育研究所.上海高等教育年鉴(1949—1983)[M].上海:上海外语教育出版社,1989.

中共上海市教育卫生工作委员会党史资料征集委员会办公室.中共上海市教育卫生体育系统党史大事记(1949—1989)[M].上海:上海交通大学出版社,1993.

上海市奉贤县县志编纂委员会.奉贤县志[M].上海:上海人民出版社,1987.

上海市崇明县县志编纂委员会.崇明县志[M].上海:上海人民出版社,1989.

上海市川沙县县志编修委员会.川沙县志[M].上海:上海人民出版社,1990.

上海市金山县县志编纂委员会.金山县志[M].上海:上海人民出版社,1990.

上海市青浦县县志编纂委员会.青浦县志[M].上海:上海人民出版社,1990.

上海市松江县地方史志编纂委员会.松江县志[M].上海:上海人民出版社,1991.

上海市宝山区地方志编纂委员会.宝山县志[M].上海：上海人民出版社,1992.

上海市嘉定县县志编纂委员会.嘉定县志[M].上海：上海人民出版社,1992.

上海市南汇县县志编纂委员会.南汇县志[M].上海：上海人民出版社,1992.

上海市上海县县志编纂委员会.上海县志[M].上海：上海人民出版社,1993.

上海市普陀区志编纂委员会.普陀区志[M].上海：上海社会科学院出版社,1994.

上海市杨浦区志编纂委员会.杨浦区志[M].上海：上海社会科学院出版社,1995.

上海市宝山区史志编纂委员会.吴淞区志[M].上海：上海社会科学院出版社,1996.

上海市黄浦区志编纂委员会.黄浦区志[M].上海：上海社会科学院出版社,1996.

上海市静安区地方志编纂委员会.静安区志[M].上海：上海社会科学院出版社,1996.

上海市闵行区志编纂委员会.闵行区志[M].上海：上海社会科学院出版社,1996.

上海市南市区地方志编纂委员会.南市区志[M].上海：上海社会科学院出版社,1997.

上海市闸北区志编纂委员会.闸北区志[M].上海：上海社会科学院出版社,1998.

上海市卢湾区志编纂委员会.卢湾区志[M].上海：上海社会科学院出版社,1998.

上海市虹口区志编纂委员会.虹口区志[M].上海：上海社会科学院出版社,1999.

上海市长宁区志编纂委员会.长宁区志[M].上海：上海社会科学院出版社,1999.

复旦大学校志编写组.复旦大学志·第二卷(1949—1988)[M].上海：复旦大学出版社,1995.

华东师范大学校史 1951—1959（初稿）[M]. 华东师范大学档案馆藏。

华东师大"文革"大事记[M]. 华东师范大学档案馆。

华东师范大学大事记（1951—1987）[M]. 上海：华东师范大学出版社，1991.

袁运开，王铁仙. 华东师范大学校史（1951—2001）[M]. 上海：华东师范大学出版社，2001.

交通大学校史编委会. 交通大学校史（1949—1959）[M]. 北京：高等教育出版社，1996.

上海交通大学校志编纂委员会. 上海交通大学志[M]. 上海：上海交通大学出版社，1996.

上海外国语学院院史编写组. 上海外国语学院简史（1949—1989）[M]. 上海：上海外语教育出版社，1989.

《同济大学志》编辑部. 同济大学志（1907—2000）[M]. 上海：同济大学出版社，2002.

南洋模范中学九十周年纪念特刊（1901—1991）[M]. 内部资料.

中国纺织大学校史编写组. 中国纺织大学校史（1951—1986）[M]. 上海：上海科学技术出版社，1989.

三、著作和论文

"七二一"道路放光芒[M]. 北京：人民教育出版社，1975.

埃德加·斯诺（Edgar Snow）. 漫长的革命[M]. 贺和风，译. 北京：东方出版社，2005.

把无产阶级教育革命进行到底[M]. 上海：上海人民出版社，1974.

曹孚. 曹孚教育论稿[M]. 瞿葆奎，马骥雄，雷尧珠，选编. 上海：华东师范大学出版社，1989.

彻底批判凯洛夫教育学[M]. 上海：上海人民出版社，1970.

陈桂生. 现代中国的教育魂——毛泽东与现代中国教育[M]. 沈阳：辽宁教育出版社，1993.

程晋宽. "教育革命"的历史考察：1966—1976[M]. 福州：福建教育出版社，2001.

崔峦，陈先云. 斯霞，霍懋征. 袁瑢语文教育思想与实践[M]. 北京：人民教育出版社,2003.

邓明以.陈望道传[M].上海:复旦大学出版社,1995.

丁晓禾.尘劫.知青畅想曲[M].北京:中共党史出版社,2006.

杜成宪,丁钢.20世纪中国教育的现代化研究[M].上海:上海教育出版社,2004.

段力佩.段力佩教育文集[M].上海:上海教育出版社,1982.

费正清(JohnKing Fairbank),麦克法夸尔(Roderick Macfarquhar).剑桥中华人民共和国史(1949—1965)[M].王建朗,等,译.上海:上海人民出版社,1990.

高皋,严家其."文化大革命"十年史:1966—1976[M].天津:天津人民出版社,1986.

高奇.新中国教育历程[M].石家庄:河北教育出版社,1996.

葛剑雄.悠悠长水:谭其骧前传[M].上海:华东师范大学出版社,1997.

工人师傅上讲台[M].上海:上海人民出版社,1975.

郝维谦,龙正中.高等教育史[M].海口:海南出版社,2000.

何沁.中华人民共和国史[M].北京:高等教育出版社,1997.

华东师范大学研究和总结上海中学生物教学先进经验科学研究小组.顾巧英的生物教学[M].上海:新知识出版社,1956.

华东师范大学研究和总结上海中学生物教学先进经验科学研究小组.顾巧英的植物学、动物学课课堂教学记录[M].上海:新知识出版社,1956.

贾植芳.狱里狱外[M].上海:上海远东出版社,1995.

江沛.红卫兵狂飙[M].郑州:河南人民出版社,1994.

金春明,黄裕冲,常惠民.文革时期怪事怪语[M].北京:求实出版社,1989.

金一鸣.中国社会主义教育的轨迹[M].上海:华东师范大学出版社,2000.

刘冰.风雨岁月:1964—1976年的清华[M].上海:当代中国出版社,2008.

刘少奇.刘少奇选集[M].北京:人民出版社,1985.

刘文杰.激扬与蹉跎[M].郑州:河南人民出版社,1994.

吕型伟.上海普通教育史(1949—1989)[M].上海:上海教育出版社,1994.

麦克法夸尔,费正清.剑桥中华人民共和国史(1966—1982)·上册[M].金光耀,等,译.上海:上海人民出版社,1992.

毛礼锐,沈灌群.中国教育通史(第六卷)[M].苏渭昌,撰.济南:山东教育出版社,1989.

毛泽东. 毛泽东选集[M]. 北京：人民出版社,1991.

米鹤都. 红卫兵这一代[M]. 香港：三联书店,1993.

前进在七二一道路上[M]. 上海：上海人民出版社,1975.

瞿葆奎. 中国教育学百年(中)[J]. 教育研究,1999(1).

斯诺(Helen Foster Snow). 重返中国[M]. 刘炳章,王中一,等,译. 北京：中国发展出版社,1991.

宋恩荣,吕达. 当代中国教育史论[M]. 北京：人民教育出版社,2004.

王炳照,阎国华. 中国教育思想通史：第八卷[M]. 苏渭昌,著. 长沙：湖南教育出版社,1994.

王年一. 大动乱的年代[M]. 郑州：河南人民出版社,1988.

王永贤. 上海成人教育史(1949—1989)[M]. 上海：上海社会科学院出版社,1991.

席宣,金春明."文化大革命"简史(增订新版)[M]. 北京：中共党史出版社,2006.

喜看今日工农兵大学生[M]. 上海：上海人民出版社,1974.

熊月之,陈同,宋钻友,马军. 上海通史·第14卷：当代文化[M]. 上海：上海人民出版社,1999.

熊月之,陈祖恩,叶斌,李天纲. 上海通史·第11卷：当代政治[M]. 上海：上海人民出版社,1999.

熊月之,朱金海,甘慧,等. 上海通史·第12卷：当代经济[M]. 上海：上海人民出版社,1999.

许美德(Ruth Hayhoe). 中国大学 1895—1995：一个文化冲突的世纪[M]. 许洁英,主译. 北京：教育科学出版社,2000.

杨先材,等. 共和国重大事件纪实[M]. 北京：中共中央党校出版社,1999.

约翰·柯莱威利(John Cleverley). 中国学校教育[M]. 张昌柱,等,译. 石家庄：河北教育出版社,1995.

郑谦. 被"革命"的教育："文化大革命"中的"教育革命"[M]. 北京：中国青年出版社,1999.

周全华. "文化大革命"中的"教育革命"[M]. 广州：广东教育出版社,1999.